后浪

战争、法律与现代世界的形成

The Gun,
The Ship & The Pen

Warfare, Constitutions and the Making
of the Modern World

Linda Colley

[英] 琳达·科利 著　姚军 译

民主与建设出版社
·北京·

目　录

引　言

在伊斯坦布尔，康有为见证了一场正在发生的变革。这位60岁的哲学家和改革家因为政治主张逃出中国，四处游历。1908年夏季，他进入奥斯曼帝国的心脏地带，身处骚乱之中。此时流言四起，称俄国和英国接管了阿卜杜勒·哈米德二世苏丹领地的一部分——马其顿。奥斯曼军队中的一部分人将此看作政府缺陷的进一步证据，便发动起义，希望建立议会。他们甚至还打算恢复帝国第一部成文宪法，这部法律于1876年实施，但很快就被废除。1908年7月27日，康有为抵达伊斯坦布尔，正是在这一天，军队的起义者成功了，正式恢复了宪法。他穿过这座拥挤的城市，尽管语言不通，但仍能感受到人们的兴奋之情，他看到"星月旗高悬，民欢饮击鼓，载歌载舞。万民高呼万岁，昼夜不止，大街小巷、园林内外，概莫如是……令人瞠目"。随后他记录了起义领袖最后通牒的精髓："彼等皆下跪敬告苏丹，'万国皆有宪法，唯土耳其先宣而后废，万民因此不悦。军心已变矣'。"[1]

这一幕解释了本书的核心主题。军人在这场宪政危机中起到了突出的作用，事实上，这场危机由外国入侵的威胁和对其的担忧所促发；其中也有康有为自己的态度。作为渴望在中国实现宪法变革的政治家，他依然认为有必要密切关注世界其他地区的政治实验与政治思想。他最为喜爱的私章上镌刻着"出亡十六年，三周大地，游遍四洲"。[2] 和本书中介绍的其他活动家一样（但更为极端），康有为意识到，要想制定一部成功的宪法，仅靠一个单独的国家反省当然是不够的，必须借鉴和学习其他国家。这种立场到了 20 世纪初期已变成常态。

不过，在康有为的记录中，军队起义者驳倒奥斯曼苏丹的论据最为惊人。正如他所说，军人们坚称，"军心"（即便在帝国普通士兵之中）已经"变矣"。他们还有一个断言更引人注目，那就是现在（1908 年）"万国皆有宪法"。这些说法在相当程度上是正确的。从 18 世纪中期起，新的成文宪法已以越来越快的速度传播到各国和各大洲，这有助于形成和改造多种政治体系与法律体系，也改变和瓦解了思维模式、文化习惯与大众的期望。

当然，政府规章汇编绝不是什么新生事物，它们已经出现了很长时间。早在公元前 7 世纪，一些古希腊城邦就颁布了此类法律文本。而在多个不同的社会中，成文法典出现的时间还更早。公元前 1750 年之前，刻有《汉谟拉比法典》的石板就已存在；汉谟拉比是美索不达米亚（位于今中东地区）的统治者。但这些古代法律文本通常是单一制定者或君王的手笔，多数法律都更加注重制定规则约束臣民行为，对破坏规则者实施可怕的惩罚，而疏于限制当权者的行为或规定个人权利。而且，大部分早期法典和法律汇编都未大量复制，也不考虑广泛的受众。即使有些国家开始将法律文本抄写在羊皮纸和纸张上，一些地区印刷业和识字率有所发展，严格限制法典流通的情况也依然在延续。1759 年，英国法学家威廉·布莱克斯通还抱怨，即便约翰国王的《大宪章》

是一部著名宪章，且在五个世纪前就已出现，但长期以来依然缺失"完整、正确的抄本"。[3]

　　不过，布莱克斯通急躁的抱怨说明，到这一阶段，情况有了变化。从 18 世纪 50 年代起，旨在约束政府行为、承诺各种权利的标志性文本和单一文件广泛传布，日益增多，地位也越发显要，在一些特别受到战争破坏的国家（如瑞典），这种现象出现得更早。此后，这类文件呈指数式增长，如同接连的波涛越过重重国界。一战后，新宪法数量激增，二战之后还更多，奠定了未来的基础。到 1914 年，这种立法手段在南极洲以外的世界各大洲还在发挥影响。此外，正如康有为对伊斯坦布尔青年土耳其革命的叙述所言，成文宪法也被普遍视为国家实现现代化或正在走向现代化的标志。本书研究和讲述的，就是全球的这些变革，以及它们与变动的战争和暴力形式的联系。

*

　　通常人们并不这样理解成文宪法的发展。因为人们往往从特定法律体系的视角去看待宪法发展，加上爱国主义热情，对宪法的分析通常只针对单独的国家。在这个层面，人们一直认为宪法是一种逐步跨越海陆边界蔓延的政治文件类型，这种蔓延大体上归功于革命的影响，而非战争。特别是，人们将成文宪法的出现归功于 1776 年后美国革命的成功，以及随之而来的其他史诗般的革命的冲击：1789 年的法国大革命、不久以后催生的海地革命、19 世纪第二个 10 年爆发于中南美洲西班牙及葡萄牙殖民地的起义。由于新宪法的出现与这些著名的革命紧密相关，人们往往以选择性的眼光看待新宪法的根本推动力，认为它们的起源和日渐盛行与共和主义崛起和君主制日渐式微是并行的，并将其与全球民族国家的不断兴起、民主制度不可阻挡的进步发展联系起来。[4]

大西洋沿岸发生的这些伟大变革以及它们所产生的宪法文本和思想，仍然是本书诠释的重要内容。但如果认为宪法本质上与某些重大变革、共和主义思想、国家的建立和民主制度相关，就过于狭隘了，容易误导人。到 1914 年，成文宪法已成为各大洲的常态，可除了美洲国家，当时的大部分国家仍是君主国（包括一些最为开明的国家）。1914 年，包括美洲在内，只有少数国家有全面的民主（即便到今天也是如此）；而在一战前夜，全球最强大的那些国家实际上也不是民族国家，而是陆地或者海洋帝国（也可能两者兼具）。

过多地以特定的经典革命的眼光去看待宪法，在另一方面也引起了误导。我们可能觉得革命比战争更有吸引力，更具建设性。但革命与战争这两种大众暴力表现形式之间的区别往往是不稳定的，并在 1750 年之后表现得越来越明显。美国革命和法国革命，以及后来的海地革命和南美革命，都是由跨大陆战争推动和加速的。由于更多的战争爆发，这些革命在思想、规模和后果上也有了进一步的革命性变化。[5]战争本身成了革命。而且，即使在 1776 年和美国宣布独立之前，战争与制宪之间错综复杂的联系也变得日益重要和明显。这是为什么呢？

主要也是最持久的原因就是战争与跨边境暴力的地理范围、频率、强度和要求的增加。关于一些地区的详细信息仍然不完备，但当地所发生的情况似乎有清晰的大致轮廓。在世界的某些地区，18 世纪初的武装冲突总次数可能有所下降，可正如马克斯·罗泽

（Max Roser）、彼得·布雷克（Peter Brecke）等人的细致记录，1700年之后，全球范围内显然更经常爆发大规模战争。这种大规模战争频发的模式持续到了20世纪中期。[6]

所谓的"伞形战争"（umbrella war）变得更为频繁，也就是说，战斗冲突的发生率有所上升，如七年战争（1756—1763年）、拿破仑战争（1803—1815年）和第一次世界大战（1914—1918年）。这类战争不仅在生命与金钱上的代价极大，而且扩展到不同地区的海上与陆上，在此过程中涵盖和加剧了各种局部冲突，从而变得更加危险、更具破坏力。[7]这些"伞形战争"传统的西式年份（我在上面介绍了一些）具有欺骗性，因为对于卷入战争的许多人来说，与此类公认年份相比，实际上战斗要么更早开始，要么持续得更久，或者两者兼有。18世纪起武装冲突的节奏越来越快，规模也日益扩大，促使军事技术逐步变得更加致命。就海战而言，这一点在17世纪50年代已变得更加明显。1800年特别是1850年之后，陆上战争的机械化水平也迅速提升，杀伤力也更强了。更频繁、更有弹性的大规模战争与更致命的作战方式的结合持续到了20世纪中期，到这个时期，推出成文宪法或以其为目的成了几乎所有地方的常态。

从某个层面上讲，战争模式的这些变化对制宪的影响是结构性的。现在，国家选择参与或被拖入超大规模战争的情况比以往更司空见惯，这些战争常常涉及大批海军和陆军部队，蔓延到多个大陆，（即便是次要和不情愿的参战国）在人员和金钱方面的代价也极大，使许多国家反复处在沉重的压力之下。结果是，一些政权被严重削弱而变得不稳定，其他一些政权则分崩离析甚至爆发内战和革命。在这些战争危机中出现的新政权越来越多地选择

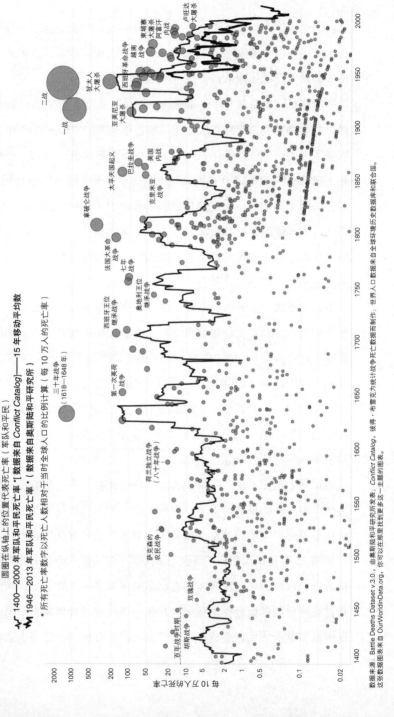

1400 年起全球冲突中的死亡人数（马克斯·罗泽制作）

● 每个圆代表一次冲突。[数据来自 *Conflict Catalog* (1400—2000)]
圆圈的大小代表绝对死亡人数多少（军队和平民）
圆圈在纵坐标上的位置代表死亡率（军队和平民）

〜〜 1400—2000 年军队和平民死亡率 * [数据来自 *Conflict Catalog*]——15 年移动平均数
〜〜 1946—2013 年军队死亡率 *（数据来自奥斯陆和平研究所）

* 所有死亡率数字以死亡人数相对于当时全球人口的比例计算（每 10 万人的死亡率）

○ 三十年战争
（1618—1648 年）

1400 年以来战争所致全球死亡率估算图。注意，1700 年后高伤亡率战争越来越多地重现

数据来源：Battle Deaths Dataset v.3.0，由奥斯陆和平研究所所发表；*Conflict Catalog*，彼得·布雷克统计战争死亡数据而制作；世界人口数据来自全球环境历史数据库和联合国。
这张数据图表来自 OurWorldinData.org，你可以在那里找到更多这一主题的图表。

实验新的成文宪法，作为重新组织政府、宣称国家疆域、宣告和主张其国内国际地位的手段。

即使是在战争中取得了更大胜利、避免了崩溃或严重分裂的国家与政权，也发现有必要重组国内政府，提升地位水平。因此，对这些更具适应力的国家（不仅在西方）而言，颁布新的法律和政治文本的诱惑力也越来越大。起草和发布成文宪法成为各国政府合法化其全新制度的手段。宪法文本能够争取更广泛的支持，证明不断扩张的财政需求与人力需求的合理性。这正是成文宪法诱惑力的关键部分。

广泛印发的新宪法，实际上在某种程度上成了纸面上的交易。男性国民可能得到某些权利，包括选举权，作为接受更高税赋和征兵制度的补偿。正如德国著名社会学家、法学家马克斯·韦伯所认识到的那样，这种情况越来越多。一战后，韦伯深陷祖国的宪政辩论之中，他向学生们讲述了多年扩张"军纪"的需求如何带来"民主制度的胜利"。他认为，不同的社会都"希望并被迫确保非贵族大众的支持，因而将武器和政治权利一起交到他们的手中"。[8] 如果一个男人愿意听从统治者的命令开枪或者在军舰上服役（这些事从 18 世纪起变得越发必要），他就能够得到投票权和其他权利；这笔交易可以通过成文印刷宪法而生效，在成文印刷宪法中得到概述和宣传。

韦伯直截了当的分析提供了一些答案，解释了为何（尤其是1850 年之后）除了欧美，亚洲、非洲部分国家颁布的宪法，在规定义务兵役制的同时，同样授予了全部或部分成年男性公民（只有男性公民）以选举权。这是战争规模加速扩大与宪法不断涌现之间密切联系的进一步结果。女性被认为没有能力服从"军纪"，因而一战爆发时，她们仍然被绝大多数宪法文本明确排除在积极公民之外。

暴力活动的升级在另一个重要方面也影响了宪法的传播与特质。从 18 世纪起，随着冲突的水平加速上升，规模加速扩大，帝国的竞争与征服活动也更加频繁。每个大陆（包括欧洲本身）都暴露在帝国入侵的高度威胁之下。传统上，人们将成文宪法与民族主义的兴起和新国家的建立相联系，这只是事实的一部分；不可避免的是，帝国在宪法的构思与扩散方面也起到了重要作用。到 1913 年为止，世界上人口最多的 12 个政治管辖区中，有 10 个不是民族国家，而是帝国：英国、俄国、法国、德国、荷兰、哈布斯堡君主国、奥斯曼帝国、日本、意大利、美国。此时的美国拥有联合的大陆帝国，并且控制了东南亚菲律宾群岛。[9]

在此过程中，为了各自的利益，上述所有帝国（包括英国）都曾实验了成文宪法，为宪法的传播与多样化做出了贡献。不同帝国利用大量印发的官方文件合法化其统治，管理其军队和移民占据的领土。一些帝国颁布新宪法，压制和歧视那些阻碍其领土扩张的民族，尤其是非白人。在有些情况下，帝国当权者也会颁布新宪法，在其属地上尝试他们不愿在本土核心地区冒险的政治计划与社会计划。与此同时，处于守势的帝国（正如许多面对压力的民族国家）在 19 世纪之后越来越多地起草和实施新宪法，作为重塑国家的手段，希望——如康有为 1908 年在奥斯曼帝国首都所见——在充满敌意的世界里保住臣民和领土。

然而，事情永远不是那么简单。就其本质而言，成文宪法是变化多端、极不稳定的政治技术。它们提出了诱人的承诺，其中的文字与条款将带来新的改良。新宪法提供（或者看起来提供）

了良性、令人兴奋的转变的前景。因此，促使 1750 年后宪法传播与吸引力扩大的因素，远不仅仅是压力沉重的政治家和国家、野心勃勃的帝国自上而下的反应。其他势力与游说团体也受到宪法这一政治文件类型的强烈吸引，逐步参与其制定过程；而战争与暴力模式的变化又一次在这方面起了作用。

在某种程度上，战争和侵略规模扩大造成的负担、破坏、危险，导致政治精英逐步将注意力转向新宪法，也能鼓动有时甚至激发下层民众——被统治者和属民。不断发生的战争耗尽了资金，还索求更多，损耗越来越多的士兵、水手、平民的生命，往往损害人们的生计，并一次次破坏贸易和社会的正常运转。这一切都促使人们以更具批判性的眼光审视和讨论权力结构，并激起人们的愤怒和憎恨。反过来，这可能（也确实）引发了下层民众要求在新的或修订的宪法中增加权利。

出于同样的理由，以西方为主的帝国主义扩张规模膨胀，导致西方以外处于西方武力威胁之下的国家实验防御性的独特宪法。到 19 世纪第二个 10 年，这种趋势在一些地区已变得显而易见，不过不一定陷入对西方政治法律的思想和万能妙药的亦步亦趋。相反，正如我们将要看到的，通过采用和修改成文宪法，西方之外的一些国家和民族面对西方强权的压力，能够做出调整并有望强化其政府与防御体系。宪法为它们提供了机会，使之在纸面上宣告自身是能够独立发展和实现现代化的，因而并不是帝国主义侵略的目标。宪法还为它们提供了机会，可以推进对国家、民族、现代化的不同诠释。

1750 年之后成文宪法日益普及，不应该将这种现象仅仅视为自由和民族主义思想与方法从大西洋两岸不可阻挡地向外传播的简单案例。借用塞巴斯蒂安·康拉德对启蒙运动（本书也将介绍）的诠释，宪法的全球传播这种变化是"许多不同行动者的成就"。这些"行动者"往往是"受到地缘政治与力量分布不平衡影响"的人。他们的理念和行动往往也"源于厚望和乌托邦式的期望"。但宪法的制定者和倡导者同样几乎总是在某种程度上受到"威胁和暴力"的影响。[10]

因此，密切关注不同时期、多个地区起草的宪法的条款和措辞是至关重要的，因为只有如此，我们才能发现、确定、剖析其中涉及的各种愿景与思想。所以，本书大量援引了多部宪法的文本，它们最初是以不同语言起草的，来自全球六个大陆。我也一直专注于一些宪法制定者及相关活动家的思想、个性、行为，那些人（在1914年之前主要是但并不总是男性）往往痴迷于暴力、枪炮、舰船，但也运用手中的笔进行研究。

因为制宪活动与战争和暴力活动紧密相连，本书中这些写作者和思考者不一定符合你的期望。君王、政治家、法学家、政治理论家当然常常会出现，但陆海军军官和帝国官员、曾经的奴隶、银行家、教士、医生、知识分子、记者以及各种类型的文化人士也可能出现。由于我的意图是跟踪和分析不同时代与地区的态度和策略的变化，所以我不仅关注宪法的官方制定者，还关注民间行动者，他们参与此类文件的起草，可能是因为渴望或野心，也可能是希望推进特定政治、知识、社会议程，或者仅仅是痴迷于写作和文字。

我之所以强调这一点，是因为宪法往往被人划分出来，被当作有别于其他写作与创造性活动的单独类型。但本书中出现的许多宪法起草者、思想家、拥护者也参与其他的文学及文化活动，从俄国的叶卡捷琳娜女皇到加尔各答的拉姆·莫汉·罗伊，再到委内瑞拉和智利的安德烈斯·贝略、日本的伊藤博文、塔希提的波马雷二世、塞拉利昂的詹姆斯·阿弗里卡纳斯·比尔·霍顿，都是如此。我们最先提到的康有为，除了研究和编制宪法，还痴迷并擅长书法。[11]

而且，在战争与帝国主义侵略的压力之下，1750年之后的这段时期既见证了成文宪法的创制与接受方面的关键进展，也见证了世界大部分地区的识字教育的加速扩散、印刷品的激增和传播、报纸数量的大增、无数新书面语的发明、翻译活动的频次增加以及小说的越发流行，这绝非巧合。毕竟，宪法和小说一样，关心的是创作和讲述国家及民族的故事。这些文件的意义超出了文本本身，也超出了法律与政治的范畴，过去如此，现在也是如此。它们需要重新评价和重新发现，需要跨越国界的限制来认识。

*

从18世纪到第一次世界大战，跨越大洋与陆地疆界的有关宪法的创制、辩论、后果，直到今天仍在影响着国界、政治、思维模式，没有一本书，当然也没有一位作者，能够涵盖这一非凡的研究领域。对于这些发展阶段，可以也应该写下许多不同的历史作品。我的策略是专注于一系列重要主题和标志性的紧要关头，它们影响着新宪法与各种各样的战争和侵略行动反复的纠缠联系，并从这种联系中浮现。接下来的每个章节按照粗略的时代顺序，围绕一个重要的主题和节点展开。在每一章的开头，我都将追忆特定地区宪法创制的特殊情节，然后探索该主题对世界其他地区产生的更广泛影响。

最后还要说明一点，我是以局外人的身份涉足这个主题的。我出生于英国，它与新西兰和以色列一样，是世界上罕见的没有法典化宪法的国家。[①]20 世纪末，我移居美国并在那里工作，该国将成文宪法变成了一种信仰，因此在政治和其他许多方面，这种经验都让人印象深刻。这也唤起了我的好奇心，因为在我出生的国家，宪法文件显得非常奇特。我的立场超然，不过我也想要更好地理解这些文件。历史学家们没有以更具雄心的方式，将它们放在全球背景下做不同的研究，这令我大惑不解。本书就源于这些早期的好奇与疑问。

在写作本书的过程中，我已成为成文宪法的皈依者，或者至少是它坦率的朋友。宪法始终是不可靠的人类脆弱的纸面作品，不管存在于何时何地，只有政治家、法庭、广大民众能够去关注，且愿意投入精力思考，在必要时加以修订并实施，它们才能发挥很好的作用。宪法也显然不是一种清白的手段。从一开始，成文宪法在限制权力的同时，也在授予种种权力，这一点之后将变得显而易见。

但我相信，宪法仍然可以有多种用途。我也相信，宪法发展与传播的方式仍继续影响着全球的思想与政治，曾帮助宪法机制运作并吸引人们注意和参与的一些力量，现已削弱并面临日益增长的压力。然而，这是本书最后要谈及的问题。现在，我们所要做的是回到 18 世纪的地中海，开始我们的讨论。

---

① 英国内战时期的类似宪法的文件最终失效了。——译者注

第一部

欧洲内外

第 1 章

战争的多重轨迹

科西嘉

有些时候，小地方也会发生重大的历史事件。帕斯夸莱·保利（Pasquale Paoli）于 1755 年 4 月 16 日登上科西嘉岛，很快成了名人。他的大名将会登上书籍、信件、报纸、诗歌、艺术作品、宣传册，被歌颂为"战士与立法者"、剑与笔结合的典范。一名英国记者将他比作"自由之星，在前进中温暖着每个灵魂"。大西洋两岸的崇拜者甚至将他与从斯巴达手中解放底比斯的传奇名将伊巴密浓达相提并论。1768 年，《科西嘉的记述》（*An Account of Corsica*）成为被广泛翻译的畅销书，在这本书中，离经叛道、聪明且野心勃勃的苏格兰人詹姆斯·鲍斯韦尔进一步宣扬了保利"高于"常人的观点。当时的一名荷兰艺术家给保利画像时毫无奉承之意，但仍描绘出一个令人敬畏的形象：身材魁梧，眼光机警，颔部宽大，下巴有凹陷，两把手枪紧紧地插进腰带。然而，一度围绕着帕斯夸莱·保利的英雄崇拜不仅掩盖了他的全部天性，也掩盖了他的所作所为的一些更宽广的意义。[1]

就在乘船前往出生地科西嘉前的几个月，保利的自述中包含的并不是力量、使命、笃定，而是软弱与怀疑。他在一封信中坚称，他的身体十分虚弱，无法参加武装斗争，不适合"在那样的岗位上服哪怕最少的役"。可是他既受过正规的军事训练，也拥有武装斗争的家庭背景。1728 年，他的父亲贾钦托·保利（Giacinto Paoli）曾参加了科西嘉的一次武装起义，反抗长期统治该岛但日渐式微的热那亚共和国霸权，最终成为起义领袖之一。1739 年，贾钦托被迫带着 14 岁的儿子帕斯夸莱流亡到意大利南部的那不勒斯王国。和许多在此寻求庇护的科西嘉男青年一样，帕斯夸莱加入了那不勒斯军队。然而，与在昏暗的要塞服役和在炮兵学院的日子相比，帕斯夸莱·保利更感兴趣的似乎是共济会纲领、如饥似渴的阅读，以及在那不勒斯纯洁的大学校园里进一步学习的零星尝试。[2]

　　他冒险返回科西嘉的决定出于多种动机，其一当然是雄心受挫。1755 年，保利年已三十，但多年以来看不到在那不勒斯军队中升迁的前途。相反，他的故乡却带来了希望，他的姓氏在那里有着某种意义。而且，对热那亚统治的抵抗之火重燃，其原因超出了科西嘉岛本身的范围。保利并不认为自己在性格上或身体上能够胜任战争，但他拥有军事特别是炮兵技能，有受过一定训练的聪明头脑，还有其他一些因素，这些促使他放下疑虑返乡。他已经构思出"我想确立的政府规划"。[3]

　　1755 年 7 月，保利成功当选科西嘉政治与经济总长（capo generale），实际上就是该岛的起义总指挥和行政负责人。四个月以后，在科西嘉中部高地防御坚固的科尔特城中，他熟练运用意大利语，起草了十页长的宪法，文本中明确使用了"Costituzione"（宪法）这一术语。1760 年之前，科西嘉似乎没有

任何印刷机构，因此他没有发布这一文本。科尔特城中甚至没有
文具商。为了保证起草工作所需的白纸，保利不得不重新利用一
些旧信件，用剃刀刮掉上面的字迹。因此，这份易损的原始文件
很早就消失了，只有早期一些不完整的手稿抄本留存下来，向我
们展示了他的大胆计划。

　　保利的宪法序言如下：

　　　　科西嘉人民是自己的合法主人，他们的总议会根据（保
　　利）将军（确立）的形式，于 1755 年 11 月 16、17、18 日

荷兰艺术家创作的帕斯夸莱·保利画像，1768 年

在科尔特城召开。科西嘉人已夺回自由，我们希望将（总议
会的）规定和法令转化为一部适合于确保国家安康的宪法，
给予其政府持久、固定的形式……[4]

这些残缺不全的语句中包含一些激进的政治改革举措与抱负。
科西嘉此时有了类似国会的"总议会"（General Diet），取代了习
惯上不定期召开的咨政会。保利起草的宪法文本规定，这一机构
每年开一次会。1769 年之前，它一直如期举行会议。科西嘉这个
岛屿就要摆脱热那亚数百年的统治，恢复独立地位，正如保利所
写，科西嘉人已经"夺回"自由。他坚称，科西嘉人将恢复而不
仅仅是主张他们的天赋人权，再次成为"自己的合法主人"。而
且，这种新秩序将用一部成文宪法加以巩固与赞颂。

该宪法赋予帕斯夸莱·保利许多权力。他被确认为该岛的终
身将军，还成为国务委员会的领袖。国务委员会由三个分会组成，
分别负责政治、军事、经济事务。只有保利可以决定科西嘉议会
每年在何时何地开会。送呈议会与国务委员会的议案也先由他过
目。他还指导外交事务，并最终负责决定是战是和。不过，宪法
并没有给予保利以议会席位。至少在脆弱的纸面文件上，科西嘉
的行政机关与立法机关是相互独立的。而且，与其他所有重要的
科西嘉官员一样，保利每年将向议会议员"准确报告"其行为。
宪法规定，他将在这个时候"恭顺地等待人民的裁决"。

科西嘉议会同样有决定税收、制定法律的责任，因此它应该
有广泛的代表性。保利的宪法对选举的安排所述甚少。不过，在
实践中（从 1766 年起由法律规定），该岛所有 25 岁以上的男性
居民似乎都有议会的选举权和被选举权。[5] 这种机制可能在科西嘉

实现了比 18 世纪中叶世界其他地方更广泛的民主。即便在英国的美洲殖民地，大量廉价的土地使移民能够轻易取得公民权，当时也只有大约 70% 的白人成年男性能够投票，愿意投票的人就更少了。然而，这些政治技术上的新举措与变革出现在地中海西部的一个小岛上，意味着什么？为什么会是科西嘉？为什么在这个时间点？

更广泛的原因

这些问题的答案往往集中在帕斯夸莱·保利本人无可置疑的魅力、领导天赋以及政治思想上，可是，这方面的证据很零碎，也很模糊。诚然，他是在那不勒斯成长起来的，那个时期，这座城市古老的大学是启蒙运动中政治、经济、法律思想的重要孵化器。然而，这位因囊中羞涩而挣扎漂泊的下级军官，能有多少时间专注于学术研究与知识交流，我们并不清楚。尽管关于这一主题有各种各样的研究，但我们也不知道保利在多大程度上受惠于法国政治哲学家孟德斯鸠及其杰作《论法的精神》（1748 年）。我们确实知道，保利曾于 1755 年 3 月购买了一本孟德斯鸠的著作，但那时已经是他设计出第一个科西嘉政府规划方案之后六个月了。

至于保利对政治结构兴趣日浓，似乎他早期接触的希腊与罗马经典著作对此影响更大。他曾在有志成为立法者的父亲贾钦托·保利的鼓励下，熟读李维、普鲁塔克、贺拉斯、波利比乌斯的著作以及其他许多古代史书。[6] 1735 年，也就是儿子起草第一部宪法之前 20 年，贾钦托曾与律师塞巴斯蒂安·科斯塔（Sébastien Costa）一起，为科西嘉起草了一套宪政提案。这些早期提案从未实施，但意义重大，它们强调了军人与价值观的重要性，坚持成文法案至高无上的作用与效力。[7]

科斯塔和贾钦托希望在科西嘉成立一个改组的战争部，由六位"这个王国最勇敢的军人"组成。他们还倡议任命一位"三军上将"，并为岛上的每个省份选出一位中将，由他们负责选拔地方民兵军官。此外，贾钦托和科斯塔打算将岛上现存的外来政治著作与法律付之一炬。他们认为，如果科西嘉政府能够成功重建，那么必须系统性、仪式性地消灭源自 13 世纪以来热那亚对科西嘉领土主张的旧权力语汇，代之以新的文本：

> 热那亚人制定的法律与章程……将被废止，政府将颁布法令，要求所有科西嘉人将家中的法律与章程副本送到国务部部长（Secretary of State）手中，以便公开焚毁，这象征着科西嘉人与热那亚人、科西嘉与热那亚的永远分离。[8]

从这些流产的提案中可以看到，帕斯夸莱·保利的 1755 年宪法是有先例的。他的父亲贾钦托在他还是孩子的时候就一直在为独立、重组的科西嘉而构想计划；关于该岛政府形式的更迭也有其他专门的方案。推动这一系列书面方案产生，并使它们变得更加急迫的，不仅有科西嘉对热那亚的持续屈服，还有该岛面对其他更加严苛的外界压力时的脆弱性。

科西嘉是个贫穷的地方。它的矿产资源很少，可耕地也有限，18 世纪 50 年代，它的人口不超过 12 万，且多数都是文盲。该岛被连绵起伏的山脉分割成数百个半自治的社群，整个岛饱受管辖权争端与部族战争之苦。这些内部纷争在一定程度上解释了为什么保利的 1755 年宪法大部分内容都涉及更集中的控制和国内秩序的改善。保利严肃地规定，用棍棒击打他人头部，将被判入狱至少 15 天。至于在流血冲突中致人死命，作恶者将：

> 不仅被宣判犯故意杀人罪，其房屋还将立即被摧毁；在废址上竖起一根耻辱柱，上面写明罪犯的名字和所犯罪行。[9]

部分是为了根除国内混乱，正如父亲之前所做的那样，保利规划了多层次的强硬军事化权力机关。他的 1755 年宪法规定，每个科西嘉社群将设置一名军事特派员，每个地方堂区有一名上尉和一名中尉。这些军官都是"积极的爱国者"，将召集当地男子（"没有前来报到者罚款 20 索尔多"），把他们组织成纵队，应对任何国内动乱和武装对抗，以"武装力量"粉碎反对派。保利认为，宪法的这些条款与宪法对男性民众参政的支持之间没有任何矛盾——而是恰恰相反。他的推论颇具说服力：他解释道，"每个科西嘉人必须有一定的政治权利"，这是因为"如果他们唯恐失去的公民权最终只是一个可笑的谎言，那他们还有什么兴趣去保卫这个国家呢？"。[10]战争、武装暴乱的持续威胁与更广泛的男性民主制度的成文条款必然纠缠在一起。

这种关于锻造武装公民的承诺，归功于保利对古代经典的热爱，但也是对科西嘉自身所面对的特定危险所做的反应，这种危险不仅来自内部，也来自外部。即便是保利在科西嘉的势力处于巅峰的时候，热那亚的陆海军力量也一直徘徊于该岛沿岸。而且，还有更强大的外来挑战。科西嘉虽然弱小，战略地位却令人垂涎。该岛位于地中海西部（欧洲主要强国的海军在那里激烈竞争），与法国的距离不过 100 海里。詹姆斯·鲍斯韦尔于 1765 年访问科西嘉挖掘写作题材时注意到，岛上有一系列有用的港口。但他也记录道，岛上缺乏经济资源和熟练的劳工队伍，而这些是打造一支能够击退海上进攻的有力海军的必要条件。[11]

因此，帕斯夸莱·保利在 1755 年决心将科西嘉政府重塑为"持久、固定的形式"，很大程度上源于该岛受到双重威胁的事实。科西嘉内部混乱，遭受热那亚压制，外部又面临强国海上入侵的潜在威胁。保利起草科西嘉宪法的首次尝试（他在 1793 年还将再次尝试）出现于后世所谓的七年战争（美国人称其为"法国和印第安人战争"）初期，并非偶然。

七年战争发生于 18 世纪中叶，这场大规模战争四处蔓延，是不同大陆上多场争斗的集合体，它深深吸引了保利的注意力，其巨大规模也对他暂时有利。[12]尽管科西嘉对热那亚统治的抵抗运动从 18 世纪 20 年代起就不断高涨，但这些局部斗争常常在法国军事干预下失败。法国宁愿让一个日渐式微的意大利共和国名义上控制该岛，也不愿意让另一个更强大的外国势力接管。1739年，德马耶布瓦（de Maillebois）侯爵统率的法国军队在几周之内打垮了科西嘉起义军，迫使贾钦托·保利和他年轻的儿子流亡国外。18 世纪 40 年代，法国军队再次干预科西嘉局势。可是，1755 年这次，法国显然没有出手干预阻止帕斯夸莱·保利登陆并重启独立运动。次年，确实有一些法国士兵抵达该岛，但仅限于在海岸线上警戒，他们主要是为了远离法国国内正在发生的政治革命。

法国人的克制态度如此不同寻常，其原因很明显。从 18 世纪50 年代中期起，法国统治者不得不将大部分注意力和陆海军部队放在对抗及监视英国及其盟国上，不仅在欧洲大陆，在亚洲多地、西非沿海地区、加勒比地区、北美地区也是如此。正是七年战争（温斯顿·丘吉尔恰切地称其为"第一场世界大战"）吸引了法国大部分注意力，才使帕斯夸莱·保利赢得了短暂的机会窗口，这几年也是他探索研究的重要政治时期。[13]

对保利和科西嘉而言，与后世许多地区的其他例子一样，战争的威胁与爆发很大程度上造就、加强、影响了革新性的成文宪制。在这一方面，武装冲突的大爆发和对它们的恐惧日益成为助推要素，这是因为战争的性质与要求正在转变。我们必须理解个中缘由。

越发膨胀、代价越来越大的战争

战争一直是塑造国家与帝国及其命运的重要因素。正如美国社会学家查尔斯·蒂利的著名评论所言，国家造就战争，而战争往往反过来造就、强化（也毁灭）国家。不过，到 18 世纪中叶，战争在世界许多地区的作用正在改变和强化。这些变化，尤其是陆上战争的变化，与新技术的出现没有太大关系。火药武器早就改变了大规模暴力活动的特性，不仅在欧美地区，在中国、朝鲜、日本、越南、爪哇、印度次大陆、奥斯曼帝国和西非各地也是如此。[14]尽管世界多地的军人明显增多，但到 18 世纪中叶，战争中较为明显的变化也主要与军队规模无关。这一阶段，战争特性较为关键的变化属于另一种类型。许多大规模战争的地理范围，以及这些战争随后对人员、金钱、武器的要求，正比以前更夸张、更迅速地扩大。

七年战争促进帕斯夸莱·保利在科西嘉做短暂的宪法实验，这场战争是个极端的案例。七年战争将欧洲大陆卷入致命的战斗中。1756—1763 年，强大的德意志邦国普鲁士估计损失了 50 万士兵和平民，而该国战前人口仅为 450 万。但早在欧洲人因为这场战争而遭受严重破坏、伤亡、生态损失之前，与其主要动因（英法之间的对抗）相关的激烈战斗就已经影响到亚洲与北美多地。早在 1754 年，现印度东南泰米尔纳德邦的几个地区就"长期是"英法军队与各自当地盟友的"战场"，据报道，那里"几英里①内几乎没有一棵立着的树"。[15]

七年战争的范围明显超出了欧洲大陆，说明这场战争绝大部分战事都不是发生在陆地上。与 17 世纪涉及多个强国的大多数史诗级对抗（如三十年战争）不同的是，这场超大规模战争涉及多个海域与大洋。在七年战争的六次大规模的海战中，有三次不是发生在欧洲海域，而是发生在印度洋。这场伞形战争还见证了以高昂的代价将数万名欧洲军人船运到大西洋彼岸的情景，这一人数远多于此前的战争。这些军人以及美洲殖民者和土著战士的行动，改变了从上加拿大到今佛罗里达州的北美政治边界。除了北美洲的这些变化，以及对印度次大陆的影响，七年战争还席卷了加勒比地区，波及南美洲沿海地区，牵涉西非的塞内加尔。最后阶段，七年战争的范围扩大到太平洋地区菲律宾的马尼拉。[16]

应该强调的是，18 世纪中叶的几十年内，战争的地理范围更明显地扩大，破坏程度更明显地加深，这并不仅仅是西方国家的侵略和野心造成的。这个时期的一些亚洲大国显然也参与了远程

---

① 1 英里约为 1.6 千米。——译者注

战争。18 世纪 20 年代末起,出身牧民但来自有名家族的波斯统治者纳迪尔沙·阿夫沙尔很快成长为杰出的军队组织者和冷酷的战术家。他对高加索地区、美索不达米亚,以及现在的土耳其、阿富汗、印度北部发动了一连串凶猛的进攻。1747 年,纳迪尔沙在即将进一步入侵东亚前遭到刺杀,但原在他手下的将军艾哈迈德沙·杜兰尼继续进攻。到 1757 年,杜兰尼已兼并了旁遮普、克什米尔、拉合尔,洗劫了沿路的圣城,进行了恐怖的大屠杀。据说,因他的进攻而死者极多,以至于腐尸堵塞了恒河支流亚穆纳河。[17] 就在这个时候,另一个根基更深、实力更强的亚洲大国也雄心勃勃地向目标进军。

从 17 世纪 40 年代统治中国起,清王朝一直希望强化中亚方向的边境,平定蒙古西部的准噶尔汗国,后者是一个松散的游牧国家,声称控制着现中国新疆、青海以及西藏部分地区,还有哈萨克斯坦等地。正如历史学家彼得·珀杜(Peter Purdue)所言,在如此广袤的地域内进行持久战争,保持大军的补给十分困难,因此很长的一段时间内,清朝统治者都因后勤问题而退缩不前。但到了 18 世纪中叶,清王朝第六位皇帝乾隆在位期间,形势出现了重大突破。[18]

乾隆支持不同的艺术风格,本人也是诗人、政论家,毫无疑问,他是极有智慧和思想的皇帝,也是务实、高效的好战者。他下令修建一条进入新疆的新补给路线,打造一系列军火库。通过这些准备工作,到 18 世纪 50 年代,他已经能够派出 3 支各 5 万人的部队进入准噶尔领地,在那里长期作战。这些清军的行军距离超过了拿破仑军队 1812 年的莫斯科远征,他们最终击溃了准噶尔军队。正如 1759 年乾隆昭告天下的那样,准噶尔灭亡了。

就远距离进军的兴起这方面而言，我们可以确定 18 世纪中叶的几十年中发生了某种"大趋同"。[19] 这一时期，亚洲的一些强国对印度北部的猛烈侵袭变得越发无情，范围也越发扩大；与此同时，到 18 世纪 50 年代，西方主要强国发动的战争跨越了比以往更远的距离，清朝的情况也是如此。

虽然西方与亚洲一些强国在 18 世纪 50 年代都发动了远距离的进军，但其中也有明显的差异。这一时期大部分（但不是所有）较为活跃的西方强国追求各种混合战争（hybrid warfare）。今天，"混合战争"这个词通常指的是在冲突中同时部署多种力量与破坏手段：非正规部队与正规部队共同作战，辅以恐怖袭击、网络战、虚假信息战等。[20] 而在本书中，我使用这个词的狭义——有计划地在海上和陆上同时作战。到 18 世纪，这种混合战争模式逐渐成为西方多个主要强国惯用的侵犯方式。相比之下，这一阶段的大部分非西方强国仍然更多在陆地上征战。情况并非一直如此。15

由陆路征服：18 世纪 50 年代，乾隆的骑兵部队取得和落霍澌之捷

世纪，中国明朝在航海的距离与投入方面曾超越所有西方强国，清朝的海军在 17 世纪末也取得过海战胜利。

可是，虽然乾隆皇帝继续守卫本国的海岸线，并寻求某些方向的海上贸易，但他的势力极度依赖于对广阔农业地区的控制，以及仅在陆上征战的大规模步兵与骑兵部队。有些中国学者认为，到 1800 年，甚至对明朝海上力量及其活动的记忆，都可能已经从清政府的档案以及高级官员的认知中消失了。[21] 在清朝，绝大多数战事已成为有关武装士兵、数百万战马、土地的问题。

相比之下，18 世纪的大部分欧洲强国都加强了在海上和陆上的作战，这一事实造成了广泛、持久但也自相矛盾的后果。正是这种混合战争模式（在海上和陆上同时进行的远程大规模作战）引发的成本、挑战、紧迫要求，从多个方面有助于促发、加强、引导政治变革与宪政创造的新尝试。

证明上述结论的理由之一，是反复陷入混合战争涉及巨大的财政成本。到 1650 年，由国家提供资金专门建造军舰（区别于特殊改装的商船）已成为西欧和东欧许多国家的常态。但在漫长的 18 世纪，军舰变得越来越大，越来越多，越来越复杂，越来越昂贵。1670 年，拥有 30 门火炮的军舰已称得上是"风帆战列舰"——欧洲海军中最强大、最威风的军舰。可到了七年战争时期，这类战舰习惯上配备 60 门火炮，有些战舰甚至更多。[22] 建造"胜利"号一级战列舰的订单是七年战争中订下的，这艘舰是 1805 年特拉法尔加海战中霍雷肖·纳尔逊的旗舰，设计包含至少 100 门火炮。

这些海上巨兽的建造、配员、维护成本高到荒谬的地步。要建造一艘 74 门火炮的战舰——这还不是当时最为致命的战舰——造船厂可能需要近 3000 棵成熟的橡树；而优质木材仅仅是造船所需原材料中的一种。除此之外，这样的巨舰可以轻松地消耗掉 20 英里以上的麻绳和几英亩①的帆布，铁钉与大炮要用掉大量钢铁，船身则需要许多铜板，一旦建成，还需要无穷无尽的食物补给。建造战舰首先需要专门的造船厂与专业工匠，航行和海军基地的维护需要的人手更多。然而，仅在 18 世纪 80 年代，法国就建造了近 50 艘这种昂贵的庞大战舰。[23]

从法国的战舰投入规模可以看出，庞大海军从不是一个国家独有的。当然，从 18 世纪的大部分时间到 19 世纪后半叶，这种级别的海上火力只有少数国家拥有，主要是西方强国。同一时期，人们普遍接受了英国皇家海军不太可能在规模上被其他任何一个国家超越的事实。但是，由于战争的地理范围迅速扩大，所有能够进入大海的国家都面临日益增长的压力，它们必须获得某种类型的海军力量。海军不仅要发动精心策划的海战，还要守卫海岸线、保护商船队。的确有几个时期，竞争者的海军规模的扩张超过了英国海上力量的增长。例如，到 1790 年，英国海军规模仍然远胜于对手，但只比 1750 年增加了 21 艘军舰。相比之下，在这一时期（1750—1790 年），法国和西班牙的舰队规模几乎增长了一倍，同时还维持着庞大的陆军。[24]

但是，仅有海上力量永远是不够的。各国对混合战争越来越重视——海上要有更多的舰艇，地面也要有更多的部队——英国不能只依靠占优势的海军，也必须扩充陆军。英国人确实这么做了。1740—1748 年的奥地利王位继承战争期间，每年有大约 6.2 万名士兵在英国陆军服役。七年战争期间，这一数目为 9.3 万。

---

① 1 英亩约为 4047 平方米。——译者注

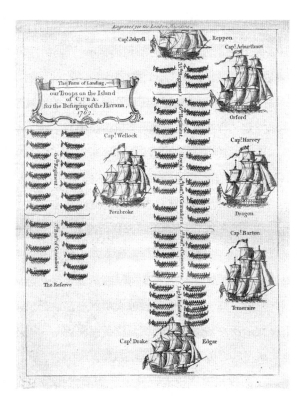

混合战争实例：英国士兵与美国士兵在军舰护送下，于
1762 年入侵西班牙控制的哈瓦那

到 1775—1783 年的美国独立战争时，英国除了开动超过 220 艘
风帆战列舰，还需要每年动用超过 10.8 万名士兵。[25]

从广义上讲，"这一时期海战的变化远比陆战小"的说法是不
正确的。但是，也不能说海战的地位明显超过陆战。[26] 关键是，到
18 世纪 50 年代，雄心勃勃的西方强国（最终还有一些非西方国家）
比以前更强烈、更主动地认为，必须协同指挥庞大的陆军和海军。

这些发展在全球造成了震撼和严峻的后果。正如前文所说，

它们也是自相矛盾的。在某种程度上，正如人们所普遍承认的，某些欧洲强国组建了远多于以前的地面部队，建造了更多军舰，对缺乏手段或意愿做出应对的其他国家来说，这些强国变得更加危险了。"我可以在陆地上击败他们。"白手起家的印度南部迈索尔统治者海德尔·阿里曾如是说。这应该是他对18世纪70年代入侵的英国军队的评论，有些时候，他确实做到了。海德尔拥有一支装备精良、资金充足的陆军，根据不同的估计，人数在10万—20万之间，18世纪60年代末，他们迫使逐步渗透的英国东印度公司求和，后来又于1780年使该公司的军团在伯利鲁尔战役中遭受耻辱的失败。海德尔与他强势而有才干的儿子，迈索尔的继承者提普苏丹，也试图建立一支海军舰队。可是，与同时代的其他印度统治者一样，两位勇武的迈索尔君主都缺乏发动和承受大规模混合战争所必需的财政组织与资源。海德尔·阿里本人也承认，他的陆军尽管实力强大，但不能"吞下大海"。[27]

不过，我们提出这些论点，并不是为了宣扬另一个版本的"西方崛起"论。毫无疑问，结合了庞大的国家海军和扩充后的国家陆军，至少在一段时间内，少数西方国家能肆无忌惮地跨陆地和海洋投送力量、人员、信息、物资，这种行动的规模还在不断扩大，达到可怕的程度。但这一切还有另一面时常被人忽视。西方强国参与并承担大规模混合战争（不仅是更多战争，还有战争特性不断变化），反复陷入这种战争模式，并为必然涉及的大量人员及装备做准备，这使它们为此投入了最大力量，面临着极端的压力。[28]这种多重压力在18世纪中叶变得更加明显，在培育新政治思想的过程中一再发挥实质作用，引发了一系列重要的政治和制度冲击以及重构。

混合战争与革命

最为戏剧性的是，日益扩大的混合战争有助于催生一系列真正的革命，每次革命都促进了成文宪法以及所涉思想的构思与传播。18 世纪和 19 世纪初，英国、法国、西班牙这三个最先实践混合战争的国家都遭受过这一系列革命战争的损害，但方式各不相同。就英国而言，最大的危机不是来自本土，而是来自它最古老、最有感情的殖民前哨——北美大陆。

自 17 世纪中叶以来，英国增加税收以偿还国家债务，动用威斯敏斯特议会合法化这些苛捐杂税的能力不断加强，出于某种原因，英国历史学家倾向于对此沾沾自喜。然而，陷入规模更大、范围更广的混合战争仍然带来了沉重的代价。奥地利王位继承战争期间，英国年度财政支出已经比相对平静的前十年高出三分之二。增加的支出中，超过 40% 花在皇家海军上，其他则花在陆军上。传统上，这种做法一直不受英国军队的欢迎，但现在为了满足混合战争的要求，支出膨胀了。事实证明，七年战争的代价更高，不仅因为其中的跨大陆作战规模史无前例，还因为英国取得了大胜。

七年战争之前，英国人一直认为没有必要在海外殖民地维持永久军事基地（与往常一样，爱尔兰是这一规则的例外）。但在这场战争中空前地派出 2 万名士兵到北美参战之后，伦敦于 1763 年战争正式结束时做出重大决定，在和平时期提供 1 万人的常备部队，驻扎于其北美殖民帝国各地。其中 7500 人派驻英属北美——从今天的哈得孙湾延伸到佛罗里达群岛，从大西洋沿岸延伸到密西西比河。[29]

　　这支部队明显规模不大，事实证明，它完全不足以应付所面对的广阔地域和各项任务。首先，士兵要监视英国新占领的魁北克地区讲法语的臣民，后者往往没有什么显著特征。其次，部队还必须监视美洲东海岸人口众多的城镇，镇压那里的走私活动，以及在伦敦看来愈演愈烈的暴乱。此外，这一小股英国陆军部队还应该管理不断增多的移民和在北美西部边疆争夺一席之地的投机者，安抚和保护愤怒的土著，后者的土地正遭到上述外来者的侵犯。不出所料，捉襟见肘的英军实质上在三项任务上都失败了。一位英国殖民地前总督在七年战争之后回顾北美发生的事件时评论道："英国从这场有史以来最辉煌、最成功的战争中所得到的，不过是我们……同样无法维持、防御、管理的帝国疆域而已。"[30]

　　然而，正如许多书籍中所记载的，英国战后驻扎在北美的军队（其中一些士兵实际上是在美洲出生的）是非常有效的政治教育与帝国分治代理者。出于某种原因，许多殖民地居民将这些士兵视为英帝国权威的更独断、更具侵略风格的代表。过去，美洲不同殖民地往往各行其是，而现在，针对英国驻军以及伦敦为供养驻军而征之税的对抗情绪，锻造了这些殖民地之间同情与协作的纽带。

　　新帝国驻军还以其他的方式激起了对立情绪。七年战争期间，美洲殖民地居民前所未有地见证了英国军队出现。战后，有些殖民地居民遭遇到更多"红衫军"：他们并不总是喜欢亲眼所见的情景。1770 年 3 月，英军在有大约 1.6 万人的东海岸主要移民城市波士顿杀死了 5 名殖民地暴乱分子，能言善辩的美洲人士立即巧妙地将这一事件命名为"波士顿屠杀"。然而关键的一点是，在波士顿有影响力的美洲殖民者（与大西洋对岸受过教育的英国人一样）从他们对历史和政治思想的理解出发，将士兵在平民领域的侵略行动与暴政联系起来——而在这个时刻开枪的是身穿英国陆军军服的人。[31]

反过来，美洲殖民地居民抵制税收的情绪日益高涨，不断质疑英国官方武装在他们之间非常有限的势力，这引发大西洋彼岸的英国人抱怨殖民地居民忘恩负义。为了在美洲殖民地维持这些部队，英国每年要付出 40 万英镑的成本，接近政府预算的 4%。除了七年战争之后需要偿还的巨额债务，英国人还要承担这些额外的税负，这一点有助于解释为什么对政治变革的鼓动以及对宪政事务越来越浓厚的兴趣，在 18 世纪 60 年代的伦敦和其他英国城镇中也展现了出来；也有助于解释为什么威斯敏斯特的政治家顽固地坚持从美洲殖民地居民那里榨取更多钱财，以至少部分弥补战争成本。[32]

英国大臣查尔斯·汤曾德于 1765 年威吓道，如果美洲殖民地希望"我们的舰队"保护它们，就"必须增加我们的收入"，[33] 这再次说明了结合无与伦比的海军力量和庞大陆军所带来的压力。结果，七年战争之后，财政压力迫使皇家海军削减规模，降低维修水平，这可能限制了英国在 1775 年后跨大陆战争再次爆发时的初期表现。这一次，战争主要发生在英国的美洲殖民地。在这场对抗于 1783 年结束之前，12 个昔日的美洲殖民地通过了自己的成文州宪法。当然，美洲殖民地居民最终在这场战争中获胜，这导致在 1787 年，作为一个整体的新美国起草了一部开创性的宪法。[34]

对法国来说，参加七年战争也是一个转折点，但原因不同。与伦敦的对手一样，巴黎和凡尔赛的政治家不得不应对 1763 年后国家近乎破产的局面。不过英国还要面对学习如何治理、适应新征服的过多领地和支付其开销的挑战，而法国在战后则不得不应付全面战败和失去大部分海外殖民地所带来的震惊和耻辱。法国王室在这场战争中投入的金钱两倍于此前的奥地利王位继承战争。因此，到 18 世纪 60 年代，路易十六国王年收入的一半以上都要用来偿还债务。然而，恢复法国国家威望的决心仍推动了一连串耗费很大的新军事计划和代价极大的改革。[35]

法国在欧洲内外都有新的殖民地争夺行动。1768 年，2.5 万名法国士兵在科西嘉登陆，武力镇压该岛脆弱的自治政府和帕斯夸莱·保利的政治实验，兼并了该岛。1763 年后，法国也花费巨资升级混合战争机制。20 年间，法国的一流军舰增加了不止一倍。与此同时，数千名被视为导致七年战争失败的陆军军官遭到解职，新军官接受训练后取代了他们的位置。法国在新军事贵族阶层和一系列新训练学校中也投入了巨资，[36] 包括法国香槟地区布列讷的一所军校。1779 年，一位阴郁、瘦小的科西嘉青年到这里学习战争的艺术，当时他自称纳波莱奥内·迪·波拿巴（Napoleone di Buonaparte）。

混合战争机制与人员上的进一步投入，使法国在 1778 年与美国革命者的军队公开结盟时取得了优势。虽然这次大规模军事干预确保了美国的独立，也成了该国宪法成功重构的先决条件，但法国自身在这场新的混合战争中付出了巨大的代价——超过 10 亿里弗尔。这笔钱几乎都通过短期借贷筹措。由于法国王室因部分债务违约而名声不佳，而借贷利率要求又严苛，所以到 1787 年，法国政府在财政和政治上都彻底垮台了。历史学家林恩·亨特对接下来发生的事件所做的总结切中要害：

> 破产的威胁迫使（法国）王室寻求新的收入来源，当它
> 无法从专门召开的名人会议或巴黎最高法院得到这一切时，
> 只得不情愿地同意召开三级会议，以考虑新税收。三级会议
> 已有 175 年不曾召开了，因此 1789 年 5 月的会议打开了宪
> 政革命与社会革命的大门。[37]

接下来的 1789—1815 年，法国经历了连续、狂暴的政权更替，与之相随的是为这个国家提供新成文宪法的九次正式尝试。此外，革命后的历届法国政府及军队都致力将成文宪法这种政治技术输出到欧洲大陆的其他地区，在此过程中，长久改变了那些地区的思想、期望、疆界、法律实践和政府体系。

18 世纪混合战争的三个主要倡导者中，西班牙常常被看成最弱小者。但倘若西班牙实力可观的海军在七年战争开始时加入法国舰队，那么可以想象这场战争的最终结果和后续的世界历史进程就会大不相同。法国与西班牙如能在战争初期缔结这样的军事同盟，就可能取得胜利，或者至少迫使英国和其他对手迅速求和。那样，法国也许就能更长久地控制其北美殖民地。反过来，英国在北美的殖民地将更长久地依赖伦敦的保护，武装反抗的局面也会大大推迟。可实际上，西班牙直到 1761 年才参与七年战争，加入法国一边，这个姗姗来迟的行动没有什么战略目的，就西班牙自身情况而言，是一场代价高昂的惨败。

然而，事实证明，西班牙战后的反应在某些方面比对手英国和法国更有效。与法国的君主和大臣一样，西班牙国王卡洛斯三世战后竭力重整该国的混合战争机制。到 1788 年驾崩时，他手下的陆军纸面上有 5 万人，超过了当时的英国陆上部队，他的"军

士国王"的绰号名副其实。卡洛斯输送到西班牙海军的资源更多，到 1800 年，西班牙海军已经拥有 200 艘舰船，一位西班牙重要大臣抱怨道："它得到了国库所能给的一切。"[38]

这些拨款大部分来自西班牙在美洲的殖民地。为了保障这些收入来源，维持在全球的影响力，西班牙和英国一样——不过在短期内再次取得了更大成功——在 1763 年之后采用了更系统、更实际的帝国主义策略。西属美洲殖民地修建了更坚固的前哨站，启动了新的西班牙测绘项目与财政项目，有了更多的士兵和地方总督，与土著也签订了更多条约。西班牙还开始了新的领土扩张——从圣迭戈到圣弗朗西斯科的太平洋沿岸有了新的西班牙人定居点，在太平洋西北部沿岸地区也有了更强大的势力。

与英国对待其美洲殖民地一样，西班牙采取的这种更为严酷的帝国主义政策激起了抵抗。1765 年的基多（现属厄瓜多尔）起义和 1781 年新格拉纳达城市公社起义，都是日益增加的税收要求和马德里下达的其他"改革"命令所激发的。更为危险的 1780—1783 年图帕克·阿马鲁起义也是如此，不过西班牙政策只是部分原因，这次起义一度威胁到西班牙对整个秘鲁总督辖区，以及拉普拉塔总督辖区多地的控制。[39]

不过，西班牙最初还是成功控制住了这些殖民地暴动，保证了该国的正常运转。在某种程度上，这是因为西班牙可以依赖大量的美洲白银，其中绝大多数来自墨西哥。1760—1810 年，流入西班牙的白银价值估计为 2.5 亿比索，用于支付新西班牙殖民政府的开销。墨西哥白银还为哈瓦那的船厂提供资金，这些船厂负责重整西班牙海军的大部分工作。此外，这些白银还成了从荷兰银行借贷的抵押品，从而有助于资助西班牙进行后续的帝国主义

战争。直到 1792 年后爆发了新一轮大规模的混合战争，西班牙君
主制在伊比利亚半岛的地位才受到严重挑战，南美殖民地对它的
依附关系被彻底破坏。[40]

　　在 1792 年后这场为期更长的战争中，西班牙的战争机器尽
管经过代价高昂的"大修"，仍不足以完成任务。扩张后的西班牙
海军难以与英国海军匹敌，这一点在 1805 年的特拉法尔加海战中
暴露无遗，而同样经过扩充的西班牙陆军也没能阻止拿破仑·波
拿巴的军团在三年后入侵并占领伊比利亚半岛的大片土地。正如
1776 年起的美国、1789 年后的法国、1775 年的科西嘉，这些与
战争相关的危机使西班牙人革新性地转向笔和墨水。1812 年，反
对派议员在西班牙西南海岸重要港口加的斯集会，发布了 19 世纪
最富雄心、影响最广泛的政治宪法之一。甚至在此之前，阿根廷、
危地马拉、委内瑞拉、哥伦比亚等西班牙殖民地居民已开始自己
的战争，起草自己的新宪法。

海地：破坏和证明某些规则的例外

　　混合战争持续升级，给投入最大、最全面的三个强国（英国、
法国、西班牙）带来了严重而又各不相同的挑战。对它们来说，
远程战争模式变化带来的代价、调整、挑战成为政治变化与意识
形态变化的催化剂。混合战争的压力引发了极端暴力活动，这些
活动可能发生在这几个国家的本土、与其有联系的领地，或者两
者兼有。在此过程中，传统统治秩序的合法性遭到质疑和削弱，
新的政治格局出现，催生了有影响力的新成文宪法。

　　这种说法似乎有些疑问。在某些方面，强调跨大陆战争或者

其他大规模广泛变化的影响，有可能压平重要和本质的区别，贬损特定国家、文化群体、个人的具体作用与贡献。正如人类学家阿琼·阿帕杜雷（Arjun Appadurai）所言，人们可能担心，处理大规模的问题将容易"边缘化已在边缘的事物"，导致忽略"小组织和局部生活"。[41] 不过，我们没有必要陷入这种先有鸡还是先有蛋的争论。将注意力吸引到重要、广泛的联系上，并不意味着（也不应该意味着）忽略和抹杀具体、局部、小规模、经过细致研究的单独细节。在 18 世纪中叶到 19 世纪初最广为人知的四次与战争有关的革命风暴中，最后一次革命最能说明问题。

这场最终被称作"海地革命"的运动往往以其独特性而引人注目，理由很充分。圣多明各位于大安的列斯群岛中伊斯帕尼奥拉岛潮湿、多山的西部（西班牙占据了该岛其他部分），17 世纪 50 年代的法国入侵者为它取了圣多明各这个名称，此后的一个世纪，它发展为世界最大的咖啡产地。岛上的种植园也出口大量食糖，出口量相当于牙买加、古巴、巴西的总和。这个定居地无疑是法国最富庶的海外殖民地，其境内囚禁着将近 50 万名黑奴，每十名成人黑奴中，可能有七名生于非洲。但法国过分沉迷于混合战争，最终导致 1789 年的法国政治危机，其涟漪也波及已四分五裂的圣多明各。

接下来发生的基本故事情节，在最近几十年中已被复述和研究了多次。[42] 最初，法国大革命早期的消息传来，点燃了这个殖民地约 3 万名白人居民的激情，他们开始为属于自己的政治变革而鼓噪。此后，圣多明各一些相对富裕的黑人自由民发动小规模起义，要求巴黎给予优待，比如公民权利和政治代表权。不过，真正改变局面的，是 1791 年 8 月该殖民地北部平原地区 10 万名奴隶发动的一场规模更大的起义。弗朗索瓦角圣多明各议会的法籍主席哀叹道："摧毁我们财产的原则已在我们当中点燃了火焰，武装了我们自己的奴隶。"[43]

奴隶起义在加勒比地区及美洲经常发生，但大部分起义规模很小，很快就被扑灭了。1791 年的圣多明各奴隶起义并非如此。很快，参与战斗的不同派系都动员了大量黑奴战士。1794 年，在暴动的压力下，也为了平息事端，法国在其所有领地废除了奴隶制度。只有圣多明各没有平静下来。

大约十年以后，持续的极端暴力风潮与饥荒消灭了半数黑人居民，英国、西班牙、法国海陆军的干预也失败了。1801 年，圣多明各颁布了第一部成文宪法，宣告奴隶制"永远被废除"，它也终于摆脱了欧洲人主导的军队和管理者。1804 年 1 月 1 日，取得胜利的黑人和混血领导人颁布了正式的独立宣言，主权国家海地诞生了。1820 年之前，这里还将产生另外五部正式的宪法。[44]

当时的人们普遍承认的，不仅有这些变革的猛烈程度，还有它们的创造性。1804 年，一名欧洲废奴主义者以惊讶而又有启发性的口吻评论道："一个不从属于任何同地域欧洲居民、独立于所有外部政府的非洲民族，（现在）扎根于安的列斯群岛中心。"[45]海地成为 20 世纪 60 年代加勒比地区去殖民化运动开始加快之前，第一个也是唯一由黑人统治并拥有宪法的主权国家。1790 年后，海地发生的事件有着更为深远的政治意义。这些事件说明，已在欧洲传播并随之发展的新宪法进入北美各地，随后又进入南美洲，可能经过活动家的改编，施行于黑人占多数的国家。

在某些情况下，成文政治文本的起草者似乎将自己看作完全或者部分的非洲人，这一点正是一名同情海地政治的见证人在

关于杜桑·卢维杜尔于 1801 年 7 月宣布未来海地第一部宪法的讽喻画

1816 年所强调的。他评论道："所有公开文件都是由那些人撰写的……以那些人之名命名……他们都属于黑人或者有色人种。"海地独立后的首任领导人让-雅克·德萨林（他是无情、聪明的战士，曾经是奴隶）在 1805 年撰写的宪法序言中表达了同样的基本观点，但措辞更加夸张：

> 在上帝面前，全人类都是平等的，为了以造物的多样性彰显他的荣耀与力量，他将这么多的物种分散到地球表面，世间万物中，我们在漫长的一段时间里一直被不公正地视为弃儿……[46]

现在，过去一直被剥夺所有权利的人将要规定、写下、付印、散发、宣布各种权利。

这一切都很了不起。但发生在圣多明各 / 海地的事件也证实了，世界其他地区同样明显的趋势与发展有多么重要。首先，这里的事件进一步强调，到 18 世纪头 10 年，海上影响范围与资源越来越重要。只是在海地这个例子中，起到最关键作用的并不是海军战舰，而是欧洲航海技术另一个快速发展的成分——长途贩奴船。

在实践中，这两种彰显暴力的远洋船只之间存在相当大的重合。与海军战舰一样，大部分贩奴船都有武装。18 世纪 30 年代和 40 年代从布列塔尼港口南特出发的法国贩奴船"勤勉"号（*Diligent*）吨位相对较小，但也携带有"8 门 4 磅炮、55 支步枪、18 支手枪、20 柄剑和 2 门回转炮，它们的状况都很好"。[47] 由于贩奴船的船东和船长需要能够操纵这些武器的船员，他们往往招募曾在海军服役的人。

因此，一些欧洲国家海军史无前例的扩张，与欧洲奴隶贸易的增加有紧密的联系，这种联系尚未得到充分的研究。法国的情况就能很好地说明这一点。18 世纪的前 25 年，法国船只带出非洲的奴隶估计有 10 万人。而法国海军于 1750 年后规模大增，法国贩卖奴隶的数量随之高涨。18 世纪的最后 25 年，法国贩奴船运送了 40 万名非洲人。这些人中大约有 70%（绝大多数是男性）来自安哥拉沿海和几内亚湾沿岸地区（包括贝宁、多哥、现尼日利亚地区）；在 5000 英里的漫长旅程中存活下来、抵达加勒比地区的奴隶，大多数来到了圣多明各北部、西部、南部沿海。[48]

圣多明各 / 海地发生的事件还证实了 18 世纪战争规模扩大带来的政治影响与破坏。它也强调了这并非西方独有的现象。在西非的大部分地区，18 世纪中叶的几十年里似乎也见证了更加多元的冲突。以达荷美为例，这个位于现贝宁境内的强大王国拥有自己的常备陆军和火药武器。1724 年，该国军队入侵曾经的沿海强国阿拉达，俘虏了 8000 多人。达荷美自身在 18 世纪 20—40 年代也曾七度遭到约鲁巴人的奥约帝国军队的入侵。这个帝国在今尼日利亚境内，其军队人数有时超过 5 万人。这一辽阔地域还发生过其他冲突。在日渐衰落的刚果王国（该国疆域曾扩张到今安哥拉、加蓬、两个刚果共和国多地），一场漫长的内战在 18 世纪 60—80 年代达到了高潮。[49]

由于西非地广人稀，这一辽阔地域的统治者们通常更愿意以俘虏作为战利品，而不是利用胜利夺取更多疆土。他们有时候还将这些战俘卖给欧洲奴隶贩子，换取进口商品、枪炮、亚洲纺织品、宝贝贝壳等。所以，到 18 世纪中叶，西非各地明显扩大的战争规模，有可能也造成了为大西洋沿岸奴隶市场增加黑奴供应的后果，恰在这个时期，法国奴隶贩子的活动更加活跃。

因此，一些非洲文化研究者曾坚称，18 世纪末，法国奴隶贩子运到圣多明各的"许多奴隶"实际上可能是"在沦为奴隶前曾在非洲军队服役"的老兵，被非洲对手的军队俘虏后卖给了欧洲奴隶贩子。历史学家约翰·桑顿推测，也许这些曾受过训练的非洲战士在圣多明各的存在，是 18 世纪 90 年代反奴隶制起义"早早取得成功的关键因素"，也使这里的黑人起义军能在"遭到欧洲援军威胁"的情况下坚持下来并发动反击。[50]

由于 18 世纪 90 年代和 19 世纪初在圣多明各参加战斗的绝大多数黑人没有留下任何记录，他们卷入此前西非军事作战的程度，以及非洲战争往事与传统对他们的影响，都不得而知。不过显而易见的是，1750 年后，混合战争的加速发展在世界许多地方造成了动乱，也助长了海地的危机。

由于参加美国独立战争的人力要求和财政成本巨大，法国不得不削减了在圣多明各的守卫部队。可用于维护圣多明各种植园经济、镇压奴隶反抗的白人常备军人数减少，意味着维持该殖民地秩序的负担更多地转移到当地民兵身上。这一群体包括大量黑人自由民：正是这类人在许多情况下选择加入 18 世纪 90 年代初的起义。[51]

混合战争规模扩大导致法国军事和财政负担过重，这些负担在另一个方面对海地发生的事件有决定性影响。1792—1801 年，以及 1802 年之后，连续几届的法国政府都无法将其力量和资源集中用于镇压圣多明各的黑人抵抗运动，因为法国的陆军和海军陷入了大规模战争，不得不在多个大陆、国家、海洋上对抗一系列

强国。欧洲战事升级对海地还有个人层面上的影响。除了学习西
非战争的经验和不朽传奇，海地一些最显赫的黑人指挥官还曾在
欧洲混合战争主要倡导者指挥的军队中服役，从那里得到了军事
经验与技能。

例如，海地革命战争中最著名、最富魅力的领导人杜桑·卢
维杜尔是 1801 年该国首部宪法的推动者，他于 1776 年获得个人
自由，曾在西班牙陆军部队中服役过一段时间，也曾与法军部队
一同工作和战斗。杜桑后来回忆起自己在欧洲军队中服役的经历，
他的"右臀部曾中了一颗子弹，子弹现在仍留在那里"，他的头部
还"被一枚炮弹的弹片击中，弹片打掉了大部分牙齿"。[52]

杜桑的主要副手让-雅克·德萨林也从后来成为敌手的欧洲军
团那里借鉴了经验，他最终为杜桑复了仇。德萨林可能出生于非
洲，曾沦为奴隶，1802 年前在法国陆军中担任军官 8 年之久。[53]
而亨利·克里斯托弗则是黑人自由民，可能有格林纳达血统，他
签署了海地独立宣言，后来控制了该国北部一个地区。克里斯托
弗似乎比上述两人更早加入法国混合战争机器，曾于 1779 年与
法国军队在美国独立战争中并肩作战。他从未享有海地独立运动
其他领袖的崇高声誉，与 1803 年死于汝拉山脉一个法国要塞地下
室中的杜桑相比，他看上去没那么高尚，也没有那么多悲剧色彩。
在海地独立的缔造者中，他也不像后来遭到刺杀的德萨林那样重
要。但是，亨利·克里斯托弗相对受到忽视，仍没有富有想象力
的重要传记作品，主要是他最终努力构建的海地政府类型使然。
不过，与圣多明各 / 海地发生的大部分事件一样，他的筹划和最
终的事业都很重要，其重要意义超出了该地区。

刚刚获得自由的海地人非常贫穷，绝大多数都是文盲且受过

大量暴力训练，当地又没有健全的民事机构，19 世纪 20 年代之前，法国再次入侵并恢复奴隶制度的威胁一直存在，面对这些挑战，所有早期海地领导人必然都是高度依赖军事力量的强硬派。正如帕斯夸莱·保利 1755 年为危机深重的科西嘉制定的宪法那样，海地早期宪法中焦虑地密布着军事组织和强硬统治的规定。

在 1801 年海地的首部宪法中，杜桑·卢维杜尔成为"总司令……任期是他辉煌一生余下的全部时间"。德萨林于 1805 年颁布的宪法表明，"任何人（指的是任何男性）如果不是……一名好的战士，就不配成为海地人"。这部宪法还规定，海地被分为六个军区，每个军区由一名陆军上将指挥。直到 19 世纪 20 年代，海地的历任总统都使用印有大炮图案的官方信笺。[54]

从这个意义上讲，亨利·克里斯托弗被贴上强硬独裁者的标签是意料之中的。根据他的指令，1807 年为分离出去的海地北部制定的宪法确认了"不可剥夺的人权"，每位居民都"完全有权"获得自由。但这部宪法也规定身为总司令的他有权利选择继任者，只不过强调是"从将军中"选出。然而，1811 年 4 月颁布、在"战歌声中"于"所有公共场所"宣读的另一部宪法中，亨利·克里斯托弗向不同的方向迈出了一大步。[55] 他自立为王，号称海地国王亨利一世。

德萨林于 1805 年主持制定的宪法已经宣告，海地将成为一个帝国。但宪法文本中规定，该国的君主将是"选举而非世袭的"。与此相反，亨利·克里斯托弗的目标就是彻底的世袭统治。他的 1811 年宪法宣布，"为了传达权力至上的观念"，继承权将"只授予……长期致力于国家荣耀与幸福的一个杰出家族中的合法男性子嗣（永久排除女性）"，这里所说的"杰出家族"指的就是亨利自己的家族。他的妻子玛丽-路易丝将成为海地王后，他的儿女将成为王子和公主，推定继承人维克托得到了"王太子"的头衔。"由国王陛下提名和选拔"的公爵、伯爵、男爵等将形成全面支持国王的贵族阶层，新设的每一种海地爵位都有专门设计的长袍。王室宫廷将适用正式的服装规范，以及新的骑士勋章。该宪法还规定，在海地北部亨利国王判定"适合居住"的任何地方修建宫殿。最终，那里有9座宫殿，以及一些"庄园"，取了如"胜利女神"和"国王美景宫"等名称。[56]

人们很容易将这一切看成纯粹的自大之举，或者至少是特别厚颜无耻的"发明"传统的行为。可是，这将错过太多信息。亨利·克里斯托弗并不是这个时代唯一从冷酷的将军自立为王，急切地为自己戴上王冠并将其代代相传的人。当这位新的海地国王昭告天下之时，几乎同时代的拿破仑·波拿巴于1804年加冕为法国皇帝，后又自封为意大利国王。与拿破仑一样，亨利·克里斯托弗不仅将成为世袭君主视为自我吹嘘的方式，也将其看作确保广泛的国际承认与接受的手段。他还将此看作一个战略的一部分，这个战略将使这片长期受战争蹂躏、仍受外国入侵威胁的领土（或者如新宪法所言，"最顽固的敌人准备将这个国家投入深渊"）恢复秩序与稳定。[57]与拿破仑和其他许多后来的统治者一样，亨利不认为戴上王冠与颁布成文宪法之间有任何不协调的地方。

为了让人注意到亨利·克里斯托弗与拿破仑的这些相似之处，亨利的一位宣传人员特意在印刷品上宣称，这位海地君主实际上"是波拿巴的近亲"。[58]不过，亨利虽然有意识地从拿破仑法国借鉴语言、仪式、方法、合法化技巧，但这位新近自封的国王在盟友中也谨慎地保持折中，好像他始终是个革命者。他不仅发展与法国的密切关系，也与其主要对手英国保持联系，与伦敦的政治家和废奴主义者通信，向英国纹章学权威机构"纹章院"请教海地骑士勋章和盾徽的设计问题。

亨利还委托艺术家理查德·埃文斯为他画了一幅华丽的正式肖像，埃文斯是当时英国王室成员与贵族的首席画家托马斯·劳伦斯的弟子和助手。埃文斯所作的肖像中，亨利身穿深绿色双排扣军队礼服，胸前别着他新设立的圣亨利军事勋章，旁边的桌子上放着最近打造的王冠。他在代表危险的乌云背景前摆出架势，象征着一位军人出身的国王勇敢地参加捍卫领地的战争，而这块领地依靠黑人战争而确保了独立。[59]

这种对王室形象的自觉投入有时候也给亨利带来了坏名声，这在一定程度上是有道理的。此类举措和嗜好所需的资金，依靠的仍然是强迫大批贫苦的海地男女在种植园辛勤劳作。不过，更令人怀疑的是，人们往往含蓄地（有时甚至明确地）认定，亨利的君主制实验从本质上说是反革命行动，因而不符合成文立宪主义的实质。以上两种解释都是站不住脚的。

没有多少证据表明，1790 年后在海地起而斗争的大批自由民与奴隶本身是坚定的共和主义者；如果他们真的是，那就奇怪了。在这个时期，世界上大多数地区（包括非洲大陆的大部分）仍然由自称为国王或与国王同等身份的人统治。在美洲之外的大部分国家和帝国，尽管变革的成文宪法激增，君主制在一战之前仍是正规国家的默认制度形式，这种情况在有些地区还持续了更长的时间。

而且，人们有一种感觉，亨利·克里斯托弗如此创造性和处心积虑地寻求变成君王，建立自己的王朝，在此过程中，他不是反革命的倡导者，而是深刻的革命家。另一位新晋君王拿破仑·波拿巴至少还可以声称自己有一点儿贵族背景，并受过军官的正式训练。可是亨利·克里斯托弗只是没有受过教育的黑人工匠，曾当过鼓手、客栈老板、屠夫，他成为将军并最终宣告自己是世袭君主，实属大胆之举——许多同时代人都承认了这一点。他宣布，他打算成为"新世界第一位加冕的君主"，以及"暴政的摧毁者，海地国的改革者和恩人"。[60]

　　这是亨利的生涯更值得注意的原因之一。他的思想和行为证实，这个混合战争愈演愈烈的时代戏剧性地引发了一连串的暴力革命，但这些革命并不一定与新的君主制实验相矛盾，正如君主制本身并不一定与制定和采纳重要的新成文宪法相抵触一样。不过，亨利·克里斯托弗在海地北部的君主统治试验很快失败了。1820 年 10 月，病中的他知道权威正在丧失，于是用枪射穿了自己的心脏。他 16 岁的儿子兼继承人维克托王子（理查德·埃文斯也给他绘制了华丽的油画画像）立刻遭到刺杀，尸体被丢弃在粪堆之中。

　　然而，这并不能掩盖一个事实：亨利·克里斯托弗是一个革新者，他意识到，对于渴望成为世袭君主的人来说，大胆地运用成文宪法可能有利可图。越来越多人接受这一现实——成文宪法不仅与共和政治契合，也与君主制相容——对这种新政治技术的越发成功是至关重要的。

　　海地发生的事件尽管独特，但也证实了我们在本章中讨论的其他战争危机与政治危机（发生于科西嘉、英国及其美洲殖民地、法国、西班牙及其大西洋殖民帝国）中所看到的情况。事实证明，1750 年后，在世界的很大一部分地区，战争（特别是混合战争）

1821 年的一幅英国讽刺印刷画，攻击海地国王是暴君，并将其与不受欢迎的欧洲君主联系起来

的冲击与后果是系统性的，比过去更加难以避免，往往成为不同类型的革命与政权更替的根源与加速器。[61] 了解这种在陆地与海洋上暴力活动频仍的动荡背景，人们肯定能够在一定程度上理解有些人为什么对制定、利用、宣传宪法文本的兴趣愈发浓厚。

　　但是，我们仍然存有一些关键疑问。战争的蔓延以及战争性质与规模的改变，是重大的政治动乱与地区动乱以及思想转变与实践转变的重要原因。可是，为何对这些战争相关的动乱与转变，人们的应对办法越来越多地采取新成文宪法的形式？想要得出这个问题的答案，我们就必须回到过去，并关注世界的其他地区。

第 2 章

旧欧洲，新思想

圣彼得堡

与艾尔米塔什博物馆画廊中的大部分名画相比，叶卡捷琳娜二世女皇的一幅画像乍一看并不起眼。它被放在金属框中，尺寸只有不到 4 英寸 × 8 英寸 [①]，绘画手法业余且有些杂乱。画面展示了凌乱的皇宫房间，有柱子、猩红色帷幔、铺着天鹅绒软垫的宝座；还有彼得大帝的胸像，他是俄国最伟大的沙皇，也是改革家。胸像放在右上角的位置，眼睛好像正赞许地看着坐在画面中央的女皇。女皇在金饰的书桌前工作，此时她的眼光从文稿上移开，坚定地向外凝望。制作这幅珐琅画时，叶卡捷琳娜已经快 40 岁了，在不知名艺术家笔下，她浓妆艳抹，身体略微发福，下巴松弛。可是，她那深蓝色的眼睛、高高的鹰钩鼻、小巧的薄嘴唇如此引人注目，以至于人们很容易忽略她的双手。这一时代，有些欧洲王室女性肖像会描绘这些女子向一些权力象征做出的手势，但那些象征与她们有实实在在的距离。而在这幅画中，叶卡捷琳

---

① 1 英寸为 2.54 厘米。——译者注

娜并没有做出姿态，而是紧紧抓着东西。她坚实有力的右手抓着一支羽毛笔，左手则拿着她最重要的杰作——《圣谕》(*Nakaz*)。

从 1765 年（执政的第三年）年初起，超过 18 个月的时间里，叶卡捷琳娜几乎每天凌晨 4 时到 5 时定时起床，撰写这份文件，据说她因此罹患头痛和眼疲劳。在顾问们传阅初稿之后，她于 1767 年 7 月将修订后的版本付印，第二年春天又增加了两个小节。完整的《圣谕》共包含 22 章、655 个条款。叶卡捷琳娜二世虽然有一名秘书，但她仍然亲自选择和组织素材，撰写定稿。她公开表示，投入这么多的时间与精力撰写这份文件，是为了给立法委员会提供指南和议程，这个委员会是她召集到莫斯科的，将致力于俄罗斯帝国法律的现代化和系统化。因此，艾尔米塔什博物馆的这幅画作虽然在美学上有局限性，却极为重要，值得注意。20 世纪之前，描绘女性积极参与起草重要的法律和政治文件的艺术作品非常罕见，这是其中之一。[1]

叶卡捷琳娜的性别与生活方式有助于解释，为什么《圣谕》更广泛的意义无人探究。在这方面，它的诞生地也有一定的影响。一些世界史著作仍然经常将俄罗斯帝国边缘化，将其视为一些奇特甚至具异域风情的领地的集合。如果涉及政治革新和现代化的主题，就更有可能发生这种边缘化的情况。1762 年叶卡捷琳娜登基时以及此后相当长的一段时间里，俄罗斯帝国是"极端专制的君主制国家"。[2] 统治者的权力没有受到任何制度限制，立法的主动权也完全在他们手中。叶卡捷琳娜在位期间，俄国甚至没有受过训练的律师。因此，在那样的环境下产生一份革新的宪法文本，具备超出俄罗斯帝国疆域的影响力，似乎是不可能的。然而，《圣谕》虽然不是成文宪法，但意义重大，它让人们明白这一类型的政治文本是如何发展和扩散的。

1750 年之后，范围更广、更激烈的战争加速了一系列有影响的、创造性的政治革新。但如果我们仅将目光停留在科西嘉、美洲、法国、海地和其他地方爆发的早期革命上，可能就会把新宪政举措和宪法文本广泛传播的历程压缩成在有利土壤上出现几个重大时刻的故事。关注战争的升级，还能让我们观察到世界其他地方更具想象力的宪政活动模式，形成更准确、细致、全面的认识。一旦我们采用了这种更广泛、更透彻的视角，俄国和其他许多国家就成了需要特别重视的地方。七年战争之后，正如哲学家汉娜·阿伦特所言，俄国和其他许多欧洲君主国一样，在那里，"一份书面文件，一个持久的客观事物"变得更具突出地位和吸引力。[3] 这一切是怎么发生的呢？

战争、文件、启蒙运动

18 世纪中叶，更具野心的宪法文本越来越流行，要理解这种趋势，将它们放到同时代的其他新官方文件的背景下，是很有助益的。因为那些文件是风起云涌的战争和愈演愈烈的国与国竞争促成的。七年战争之后，各战胜国狂热地争相积累新占领地的情报，发布按照征服者的意志重整这些地区的计划。

因此，英国政府征服未来的加拿大之后，生于瑞士的军事调查员约瑟夫·德巴尔（Joseph Des Barres）开始了测绘纽芬兰到纽约殖民地之间海岸线的计划，这个计划不时得到喜欢冒险、颇有前途的皇家海军青年军官詹姆斯·库克的帮助。他们的工作成果是 1777 年的《大西洋海神》（*Atlantic Neptune*）：不朽的四卷海图、地图、视图，旨在协助英国的海上和帝国势力扩张，就其细致、优美、准确而言，它至今仍称得上艺术品。[4]

18 世纪 60 年代，海上战争的胜利者和失败者也推出了一系列新计划，目标是在耗费极其巨大的战争之后，提高收入并重启负债累累的政府。例如，何塞·德·加尔韦斯（José de Gálvez）从教士改行做了律师，后又当了西班牙帝国官员，他在 1765 年抵达新西班牙最北的西属美洲总督辖区后提出一项计划，用马德里直接任命的公务员替换他和主子认为腐败的殖民地官员。七年战争以后，各国还发布了一些法典，包括 1770 年撒丁国王卡洛·埃马努埃莱三世的《法律与宪法》。[5] 这是与国王建设堡垒和陆军并举的文字工作；在埃马努埃莱看来，这也是面对不断升级的战争和外部压力，支撑和改造国家的另一种手段。

由于多个大陆都饱受战争升级的困扰，欧洲以外的政权在这个世纪中叶也推出了大量新文件。18 世纪 60 年代，清朝对准噶尔的战争结束后，乾隆皇帝下令编撰《钦定皇朝通志》。北京的 150 名学者与官员历经 18 年，完成了这部文献汇编。他们研究了此时已大为扩张的中国领土上的地理、法律制度、行政惯例、自然资源和语言等方面，撰写的文字有 120 多个章节。此书的用意是作为清政府的工作参考资料，特别是针对新取得的领地。[6] 与 18 世纪 60 年代英国扩张主义者对孟加拉和北美的看法一样，乾隆希望澄清新领地的情况，使它们能够得到合适的统治与认识。

与当时的其他许多战后官方文件一样，《钦定皇朝通志》也有宣传和庆贺的功能，编订这部典籍是为了宣扬乾隆已牢牢掌握广大领土。这部 2000 页的著作（值得更广泛的对比）最终于 1787 年付印，与美国在费城起草的宪法同年面世。

正如这部清代巨著所述，这个时期，人们对情报的收集、系统化、发布的欲求越发强烈，几乎到了贪得无厌的地步。这种情况并不仅限于欧洲及其殖民地，世界上的其他地区也可以看到类似的趋势，尤其是正在应对战争余波的地区。1750 年后的几十年里，欧美官方文件激增，其中较为独特的一点是，它们会在某些时候导致明确的宪政转向。与启蒙运动有关联的人对这种文件也产生了显著的影响。

叶卡捷琳娜二世的《圣谕》就是极其恰当的例子。编撰这份文件时，女皇认真挑选和编辑从其他作者那里借鉴的内容，根据轻重考虑加以调整。不过，她从启蒙著作中抄取的内容仍然多得惊人。《圣谕》中有超过 290 个条款（几乎相当于总数的一半）在某种程度上借鉴了孟德斯鸠的《论法的精神》——帕斯夸莱·保利购买这本畅销书为时已晚。《圣谕》中还有大约 100 个条款取自意大利法学家切萨雷·贝卡里亚的开创性著作《论犯罪与刑罚》（1764 年），叶卡捷琳娜在该书出版一年后便读过其法文版。女皇还从法国《百科全书》中汲取思想与措辞。这是一部多卷合集，出版于 1751—1772 年，其主要推广者的意旨是将其作为参考书和推进启蒙改革的"战争机器"（象征性说法）。叶卡捷琳娜从这一著作中抄取甚多。例如，她在《圣谕》中始终坚持，法律必须以朴素的语言写成且容易理解，这与《百科全书》中的建议相合："最简单的立法才是最好的。"[7]

从叶卡捷琳娜的"抄袭"行为可以看出，这一时代对官方思想有显著影响的许多作家都是法国人，或者是以法语发表著作的个人。在某种程度上，这是因为法语仍然是欧美很多国家乃至奥斯曼帝国部分地区外交与政治文化的主要语言。法国特性很重要，不过实践中的地理范围也同样重要。1750 年之后，对欧美君主与高层政治行动者影响最大的启蒙运动人物与著作倾向于谈论跨大陆事务，并对冲突及其后果所波及的范围日益变大表现出兴趣。伏尔泰于 1751 年写道："我们耗尽人力和财力，在遥远的亚洲和美洲相互破坏。"[8]

启蒙运动杰出人物为战争的范围与危险性的扩大所花费的笔墨与做出的分析很能说明问题。这充分说明，当时已有公论，那些有关战争的剧烈变化有重要意义。出生于日内瓦的哲学家让-雅克·卢梭于 1755—1756 年（此时，后来所谓的"七年战争"正愈演愈烈）写道，"我举目远眺"，

> 我看到火焰、荒废的田园、遭到掠夺的城镇。野蛮的家伙，你们要将那些可怜的人拉到哪里去！我听见骇人的喧嚣、骚动和尖叫，近前是一幕杀戮的景象，成千上万的人被屠杀，尸积如山，垂死的人遭到马蹄的践踏，忍受着死去前最后的折磨。[9]

唤起对失控战争的如此想象之后十年，卢梭（他本人曾幻想成为法国元帅）汇编了《科西嘉制宪拟议》手稿。关于这个岛屿在冲突连续不断而迅速扩大的时期如何才能同时保持体面的独立和安全，他提出了自己的观点，事实证明，他的想法希望渺茫。[10]

如此多的启蒙运动明星人物积极入世，关注全球不同地区以及权力与暴力的运作，这是他们吸引高层注意力的关键原因。在一个混合战争蔓延的时代，统治者和政治家必须反复重新思考并

建立治理结构，他们认为一些已经出版的启蒙著作能提供实用的分析与解决方案，这在很大程度上也是作者们的意图。正如一名历史学家所说，许多启蒙运动重要倡导者有意"在知识分子的勇气与世俗传统之间求得平衡，以便与有教养的精英阶层和统治者结盟"，希望借此说服后者改善政府、法律、社会。[11]

在这方面有助益的是，其中一些人物（而且这些说法语的启蒙运动杰出人物绝大多数都为男性）在国家机关或军队事务方面有直接的经验。瑞士法学家埃默·德·瓦泰勒（Emer de Vattel）就是一个恰当的例子。在整个奥地利王位继承战争和七年战争期间，他在萨克森选侯国担任外交官；萨克森是德意志邦国，当时正苦于对抗邻邦普鲁士的军队和野心。[12] 瓦泰勒的名著《万国法》（*The Law of Nations*）最早于 1758 年出版，乔治·华盛顿曾在 1789 年从纽约的一家图书馆借阅此书，直到十年后去世，此书仍在其财物中。瓦泰勒在这部著作中详述了武装冲突的必然性。他还讨论了更好地控制战争暴行的方法，（不实地）暗示欧洲军队比其他地方的军队作战更人性化，以此来安抚潜在的精英读者，他满意地说道："对欧洲大部分国家在当前的战争中表现出来的人道主义精神，什么样的赞扬都不为过。"另外还有一点很关键，在最初的几个章节中，他专门留出一章介绍"国家宪法"。他写道，不言而喻，

> 国家完全有权自行制定宪法，按照自己的意志维护、完善、管理有关政府的一切事务，任何人都无法阻止。

政治宪法并不是僵化的遗产，不是代代相传、理所当然的，而会

被在与之有关的社会中生活的人所改变和更新。[13]

　　夏尔-路易·德塞孔达·孟德斯鸠男爵身上也有战争及其要求的印记。他出身于法国西南部的贵族家庭，曾在波尔多大学修习法律。不过，孟德斯鸠是陆军军官的儿子，他也选择了一名军官的女儿为妻。他的著作《论法的精神》于 1748 年匿名出版，俄国女沙皇叶卡捷琳娜二世将其敬为"任何有常识的君主的祈祷书"，该书中贯穿了对同时代战争系统性特征的论述。孟德斯鸠评论道："有一种新的疾病在欧洲蔓延，传染给我们的君主，令他们觉得必须维持十分庞大的军队。"而且，他认识到，这种疾病

　　　　……势必要传染，因为一个国家增加所谓军队时，别的国家也马上增加它的军队，结果是各国都会一无所得而同归于尽。每个君主都尽量养兵，仿佛他们的人民已面临灭顶之灾……这种状况的结果，就是无尽期地增加赋税。

他警告读者，很快，"我们全都要变成士兵"。[14]①

　　孟德斯鸠还注意到，欧美之外的军事动乱也在加剧。他认为"亚洲已经发生了大变革"，并在书中散漫地提到中国和日本，为这两个国家各花费了一个章节的篇幅，同样还有关于印度、奥斯曼帝国、现印度尼西亚的章节。他曾经的合作者让-巴普蒂斯特·勒朗·达朗贝尔（达朗贝尔本人是一名炮兵军官的私生子）写道，孟德斯鸠理所当然地认为，世界各地的男人，"从进入社会时起"，就被"相互征服的意愿与希望"所驱使。因此，很有必要

---

① 译文参考了张雁深译《论法的精神》，有改动。——译者注

推出新的法律、制度，它们可作为"锁链……以延缓或者控制他们的打击"。[15]

这就是许多启蒙运动领军人物吸引欧洲君主追求更广泛的政治变革的诱饵：在一个陆地与海上军事暴力猖獗、代价高昂、有破坏力的时代，革新的、见多识广的立法者可以出手干预，弥合社会创伤，重建秩序，重塑各自的国家，并在此过程中加强自己的名声。卢梭处心积虑地鼓动道："如果我是君主或者立法者，就不会浪费时间去谈论需要做的事情，而是动手去做。"[16]

人们常常说，活动家和有抱负的统治者可以将摩西作为有利的榜样。摩西是律法的启示者和记录者，率领他的人民度过战争的危险，《旧约》《古兰经》、犹太律法书把他描写为充满魅力的人物，法国《百科全书》满怀嘉许地提到他近 650 次之多。从 18 世纪中期起，对摩西以及其他真实和传说中的立法者，如近乎神话的古斯巴达立法者来库古以及查理大帝、穆罕默德、孔夫子、盎格鲁-撒克逊王阿尔弗雷德等的颂扬，不仅出现在政治、哲学和其他学术作品中，还见诸建筑设计、雕塑等艺术作品。[17] 这一时期对弥赛亚式立法者的膜拜日益狂热，甚至出现在小说中，例如 1770 年出版的路易-塞巴斯蒂安·梅西耶（Louis-Sébastien Mercier）的乌托邦式畅销小说《2440 年》。

梅西耶本人与武装暴力也有联系。他是一名巴黎工匠的儿子，父亲凭借打磨剑刃的手艺挣钱供他上学。在小说中，梅西耶想象 25 世纪的墨西哥依靠一位黑人"新世界复仇者"清除了殖民地暴力活动。小说主人公打败了欧洲掠夺者，但梅西耶继续描述"这位伟大的人，这位有名的立法者，这位被大自然赋予全部力量的黑人"后来"放下刀剑"，决心"向万民展示神圣的法典"，他设

威廉·布莱克《领受律法的摩西》，作于约 1780 年

计出一部联邦宪法，在这一过程中成为其他统治者的榜样。[18]

　　但是，回想过去英雄般的立法者，想象遥远未来的此类人物，显然是不够的。一些启蒙运动代言人认为，当前，要确保真正理性的改革，唯一的方法是让那些真正拥有权力的人了解情况，并采取有力的行动。贝卡里亚在《论犯罪与刑罚》中强调："如果现在是第一次制定法律，人类该有多么幸福；我们在欧洲的王座上看到的是仁慈的君主……他们是民族之父，是加冕的公民；他们权力的增加就是臣民的幸福。"[19]

　　对这种立法者崇拜的复苏最为敏感的统治者，与努力宣传自己革新的法律文本和宪法文本的统治者有某些共同特征。他们通常都以自己的启蒙文化为豪。他们往往本身就是写作者，对语言的运用很感兴趣。他们多半有一定的新教背景。几乎无一例外，他们统治的地域都在 18 世纪中叶的战争中遭到扫荡，因而充满挑战和混乱。这让我们回想起俄国的叶卡捷琳娜二世。

女性著作

　　对启蒙思想的浓厚兴趣、语言与写作的爱好、受到的新教徒教育、对战争升级的冲击与考验做出反应的判断，所有这一切都是叶卡捷琳娜的特质。战争确实伴随了这位女子的一生，影响到她的生涯中大部分关键阶段。1729 年，她出生于斯德丁（今波兰什切青），称号为"安哈尔特-采尔布斯特的索菲公主"。当时，斯德丁和现在一样是个驻防城市，也是波罗的海重要港口，有防御工事、阅兵场、全副武装的士兵。这座城市也是普鲁士在1700—1721 年的大北方战争中从瑞典手中夺得的战利品。索菲的父亲就是斯德丁的小王侯，他是路德派新教徒、普鲁士军队高级军官，负责指挥驻守该城的一个团。[20]

1744 年，索菲的一切开始发生变化。没有子嗣的俄国女沙皇伊丽莎白选中 14 岁的她，来做外甥、皇位继承人彼得未来的新娘。索菲被带到圣彼得堡，正式皈依东正教，取名叶卡捷琳娜·阿列克谢耶芙娜，学成了一口不错的俄语。1745 年，婚礼如期举行，事实证明，这对叶卡捷琳娜的新婚丈夫是一场灾难，对双方来说也都是丑闻。1762 年 1 月，伊丽莎白女皇驾崩，叶卡捷琳娜的丈夫即位成为俄国沙皇彼得三世，此时她已生下至少两个私生子，孩子的父亲似乎不是同一个人。她还打造了自己的政治网络，制订了种种计划。

新皇登基后六个月，叶卡捷琳娜率领 1.2 万多名步兵与炮兵进入丈夫在彼得霍夫宫的居所，那是圣彼得堡外围的一处宫殿和皇家园林建筑群。叶卡捷琳娜事后托人留下一幅关于这场政变的画作，画中的她披散深色长发，跨在一匹白马上。她手举宝剑，穿着精锐的普列奥布拉任斯基近卫军的深绿色制服和马裤。[21] 叶卡捷琳娜不仅通过这种武装干预迫使彼得三世退位，不久之后还可能以某种方式参与了勒死他的阴谋。此时，她的许多强力支持者都预计，她可能会满足于摄政者的角色，代替长子（可能是合法子嗣）保罗执政，直到他 17 岁。可她并没有这么做，而是自己坐上了俄国沙皇的宝座。

可以理解，这些事件为叶卡捷琳娜赢得了与众不同的声誉。但她后来的一些行为更具代表性。和许多领导起草重要的政治文件与法律文件的人一样，叶卡捷琳娜是在极大的压力及战争与危险的阴影下执政的。当然，她全心投入《圣谕》的写作，是出于自己的天赋与爱好，特别是她如饥似渴地阅读某些启蒙思想家的作品，对写作也有自己的品味。但这些并不是她的行为的关键根源。她在这个项目中投入了大量精力与时间，是因为她希望也需要巩固自身的地位，并彻底改造她的帝国。

叶卡捷琳娜面对的一些威胁是针对她本人的。她在 1762 年发动的政变以及后续的风波，不仅在整个欧洲，在美洲、奥斯曼帝国甚至中国都被广为记述。因此，尽管她精心安排了对自己的个人崇拜活动，但从一开始就有更多的负面评论，既有讽刺画，也有文字报道。在俄国之外，这位女皇出现在成百上千的讽刺画中，其中许多画都十分粗陋，并将焦点放在性别上。外交官们有时候会在官方信函中加入有关她的无礼描述。而在国内，她成了春宫画的主角，有些图画似乎是她的侍臣所作。[22] 叶卡捷琳娜是女性统治者，在彼得三世死后名义上单身，但她私生活糜烂，这一点广为人知，无疑助长了人们的过度关注，也给这些关注的目光染上了色彩。数十年后，一位俄国将军忍不住记下了 1796 年垂死的叶卡捷琳娜躺在病榻上时，他瞥见"女皇裸露的屁股"的一幕。[23] 同样令人沮丧的是，叶卡捷琳娜与同时代的强力领导人一样，经常将自己描绘成骑马的形象，但是只有她遭人谣传，谣言称她曾与这种动物发生过性关系。即便是现在，历史学家有时仍会分心，没有全心全意地去研究她的思想与计划，而是推测她究竟用自己的身体做了什么。

不过，叶卡捷琳娜没有任何俄国皇室血统，她是出生于国外的暴力篡位者，这才是她在私人和政治方面容易受到攻击的最重要的根源。一名外国评论家称，叶卡捷琳娜是"杀戮沙皇"，她谋杀丈夫的图谋引发了"一场俄国革命"。[24] 在她的整个统治期间，尤其是初期，再次发生政变的风险一直存在，可能另一个篡位者等着取而代之，也可能有人会刺杀她。

此外，和同时代的其他统治者一样，叶卡捷琳娜面临着战争的巨大挑战。18 世纪 50 年代和 60 年代初，俄国只有不到 20 艘军舰，其中许多都老旧不堪，没有能力参加混合战争。可是，俄国的地面部队却大量投入欧陆战争，付出了巨大代价。1762 年叶卡捷琳娜登上皇位时，未来取得军事与扩张行动成功的希望似乎非常渺茫，陆军的军费已经拖欠了几个月。俄国是欧洲人口密度最小的国家，这在征兵和税收方面都带来了显而易见的问题；叶卡捷琳娜的财政收入最初只有法国国王的五分之一，而后者统治的领土却要小得多。到 1771 年，当她发动又一场战争（对手是奥

1792 年的一幅法国讽刺画。袒胸露乳、气势汹汹的叶卡捷琳娜令其他（男性）统治者相形见绌，但他们仍然窥视着她的裙底

斯曼帝国）时，她的财政赤字已经达到 800 万卢布。[25]

叶卡捷琳娜和当时的俄国有着共同的特性：弱点突出，却有极大的野心。她好战，极其努力，强硬而又十分能干；但她又是女性篡位者，地位与行为都受到质疑。她拥有的帝国虽然疆域辽阔，却供应不足，用后世一位俄国诗人的话说，是"强大而贫穷的"。[26] 这种局面影响了《圣谕》的要素与内容。《圣谕》本身不是成文宪法，但与后来的宪法文本有共同的特性和技巧手段。更重要的是，它是在极度危险的阴影之下写成的，带着增强国内支持度与凝聚力、在国外宣扬正面形象的希望。

因此，《圣谕》以一篇精心写成的导言开始，其目的是给人留下深刻印象，并扫除怀疑与反对情绪。叶卡捷琳娜宣称，俄国是"欧洲强国"，这在很大程度上沿袭了彼得大帝的传统。她经常提到彼得大帝，仿佛他真是自己血缘上的祖先。可是，尽管俄国毫无疑问是欧洲国家，但它地域辽阔，只能从整个世界的角度来理解。女皇夸口道，这个国家跨越了"地球上的 32 个纬度和 165 个经度"。接着，她说这样广阔的疆域决定了俄国政府的模式："君主拥有绝对的权力，因为对于如此之大的帝国，除了将绝对权力加以一人之身，没有其他合适的做法。"[27]

然而，这个绝对主义政体的目标并不是剥夺俄国人民的"天赋自由"。相反，政府的本质目的是人民的"幸福"，以及"公民、国家、君主的荣耀"（叶卡捷琳娜列出这些要素时，将"公民"放在第一位，当然经过了深思熟虑）。确实，到《圣谕》第二章的末尾，她就不再提到绝对主义，更不用说专制了。她选择论述的，是"君主制政府"锻造俄国"自由观念"的能力。[28]

这种自由的核心是某种平等："公民的平等，在于他们都服从相同的法律。"因此，俄国的法律必须"以朴素、简单的语言"重写，使每个人都能理解。她认为，未来的法典必须容易获得且价格低廉，以"和一份字母表类似的低价"印发。至少从理论上说，叶卡捷琳娜是大众教育的支持者，她呼吁在俄国的每一间教室陈列一本《圣谕》以及她期望从这本著作衍生出的法典，将它们与《圣经》一起大声读给孩子们听。（检查并颂扬关于政府与法律的文本，将其与《圣经》或其他核心宗教典籍一起诵读，从而使它们得到"半神圣"地位，这一想法受到后来很多立宪主义者的推动。）叶卡捷琳娜还在《圣谕》中提出，必须将大众的福利扩展到整个俄国，因为国家不仅仅是一块领土，也应该是一个"共同体"。女皇提议，"政治包含全体人民"。对她而言，这真是一个了不起的主张。[29]

那么，仅仅让俄国人民拥有一套统一的法律是不够的，还需要探索与之相关的一些计划。叶卡捷琳娜写道，扩大宗教宽容是必不可少的，因为"这个帝国治下有如此多的民族"。她坚称，未来的任何审查行动都必须谨慎执行，以免"摧毁人们的思想天赋，压制写作的爱好"。《圣谕》中甚至默许某种福利制度。法国 1793年宪法的起草者宣布，社会救济是一项"神圣的债务"，"不幸公民的生活费"是社会欠下的。而在此之前超过四分之一个世纪，叶卡捷琳娜就已经将这种解决社会经济不平等现象的药方加到了她的《圣谕》中：

> 为街上的贫民提供救济，并不意味着政府已经完成了使命，它必须为所有公民提供可靠的生计、食物、合适的服装以及无损于健康的生活方式。[30]

叶卡捷琳娜强调，所有这些改革都是为了建立一个更强、更好的俄国。但想实现这一目标，还需要进一步的改变。税收（"每个公民为自己的福祉而做出的奉献"）必须增加。这要求系统发展制造业和贸易，因为这些行业将充实国库收入："哪里有贸易，哪里就有海关。"人口也必须增加。她坚称，永远不能将任何机器引进俄国，那可能导致"劳动人民"减少。但是，发展农业至关重要，只有吃饱肚子的男男女女（至少她是这么认为的）才能造就更大的家庭。叶卡捷琳娜若有所思地写道："有的民族征服其他地区之后，与被征服的民族通婚；这样，他们就能实现两个伟大的目标：牢牢拴住被征服的民族，并增加本民族的人口。"增加俄国人力资源储备，即增加未来的工作者、纳税人、军人，这将成为她后来兼并克里米亚、1772 年后入侵并逐渐肢解波兰的部分理由。在这一兼并和入侵过程中，俄国额外得到了 700 万左右的臣民。[31]

由此可见，叶卡捷琳娜的教化存在无情的限制。因此，评论家们一直对《圣谕》的重要意义以及女皇本人的政治地位存在分歧。对一名 1767 年驻圣彼得堡的外交官来说，她的倡议无异于"专制君主为了人民……而自愿交出统治权"。[32] 这是大方到荒谬的评论。当时和此后的岁月中，有人认为《圣谕》不过是一位虚荣的专制君主对其教化的炫耀，但这些人误解了它的意义。

更切中要害的，是德尼·狄德罗提出的异议，他是法国启蒙运动的极端倡导者之一，一度与女皇相熟并有书信往来。他在对《圣谕》的批评文章中写道："一部精良的法典，应该从第一行就约束君主。"[33] 这正是女皇的文件中明显有意避免的。叶卡捷琳娜草拟和宣传《圣谕》，并不是为了建立君主立宪制度。她至多只是提出了合法君主制度的理念，作为统治者，她将勤勉地为不同阶层的臣民拟定仁慈的法律，她本人也许会遵守这些法律，但也保留了修改它们的自由。

　　尽管有这些局限性，《圣谕》仍是引人注目的著作，它的启迪意义远不止于俄国。这部革新之作颇具影响力，尤其是叶卡捷琳娜为了推动和宣传它而设计了技巧手段。1767 年 8 月在莫斯科开会讨论《圣谕》的立法委员会，与后来意义重大的制宪会议有所不同，但从某些方面看，前者是后者的先声，甚至超越了后者。与 1787年在费城召开的美国制宪会议一样，莫斯科的这个委员会也集合了来自俄国这个迅速扩张的大陆帝国全境的代表。当

俄国、普鲁士、奥地利君主一起完成对波兰的殖民和瓜分。1794 年的印刷画

然，该机构中通过选举产生的 564 名代表在权力和主动性上远不及美国的开国元勋；最终，他们取得的成就也少得多。不过，这些代表在社会、经济、宗教、民族背景上明显要比费城的那些人更多样化。[34] 这些人当中大约有 30% 是贵族，但有一些来自更低的社会阶层。例如，一个男性只需要拥有一所房屋，或者一门生意，就有资格被选为俄国某个注册城镇的代表。女性的地位在这个莫斯科委员会中也得到了一定的承认，这种情况在革命后的美国、法国、海地、西属美洲殖民地都没有发生。选举 1767 年委员会成员的投票者中有女性土地所有者，她们可以委托他人投票。

正如 1787 年的费城人对居住在美国的约 70 万奴隶所做甚少那样，1767 年在莫斯科集合的代表们也没有为俄国农奴做任何事，俄国的农民阶级中，大约有 50% 的人是农奴。叶卡捷琳娜原先打算利用《圣谕》改善这些人的生活条件，并逐步解放他们，将他们转化为"新公民"。但由于地主阶级反对，加上她担心与贵族疏远，这些解放方案沦为牺牲品。[35]

但是，俄国的所谓"国家农民"（state peasant）在立法委员会的代表中占据 10% 以上的名额。而且，与 1787 年的费城人形成鲜明对比的是，莫斯科的代表们并不都是白人，也不全是基督徒。这个帝国的非俄罗斯族居民中，许多人都是穆斯林，他们在七年战争中也被大规模征召入伍。他们在立法委员会中有所收获，得到了 45 个代表席位。关于 1767 年 12 月该委员会的会议，叶卡捷琳娜志得意满地写道："东正教徒与异端人士、穆斯林齐聚一堂，三者都平静地听取不同信仰者的意见；所有人都经常聚在一起讨论，使各自的观点能为其他人接受。"[36]

应该重申，立法委员会是顾问机构，不是制宪会议，从没有制宪的意图。但它是选举产生的机构，其成员明显来自整个国家的多个民族，目的是围绕一个标志性文件展开讨论。至少在形式上，所有代表都是平等的。不管他们的社会阶层、宗教信仰、民族、来源地区为何，每个人都被称为"代表先生"且得到一份薪水，此举也默示了某些代表并非富人。同 1789 年法国大革命爆发时的三级会议代表一样，1767 年的每位俄国代表得到指示，以书面形式提出其所在地区独有的不满与要求。如 1787 年的美国宪法制定者一样，莫斯科的这些代表也受到鼓舞，将参加商讨看成令全世界和子孙后代钦羡的事情。每天的会议都保留记录，以便"未来能真实地叙述这一重要事件，评判其对这个世纪思想的影响"。至于《圣谕》本身，则与后世的许多宪法一样，被人们视为应当珍视与崇敬的圣物。根据叶卡捷琳娜的指示，人们将一份《圣谕》原本用银质护板（riza，是一种金属盖板，通常用于保护和珍藏俄国东正教圣像）包装起来。[37]

最终，立法委员会及其成果逐渐消失。1768 年爆发的俄土战争使该委员会的议程边缘化，但它的一些附属小组在随后的十年中继续举行会议。不过，到那个时候，《圣谕》的影响已经超出了俄罗斯帝国的边境，也超越了叶卡捷琳娜最初的意图和盘算。

从一开始，女皇就一直费心地将《圣谕》的副本寄给其他君主，以及她选择的一些外国知识分子和记者。1770 年，在又一次战争的压力下，她开始了一场更有条理的运动：在帝国疆域之外传播《圣谕》的事实与内容。当年，叶卡捷琳娜托人制作了一个新的雕刻版，将该文件的德文和俄文（也就是她的母语和后天学习的语言）版与拉丁文、法文（欧美学术与外交的惯用语言）翻译版组合在一起。《圣谕》还有部分为商业、部分为赞助的版

本。1768 年，俄国驻伦敦使馆官员米哈伊尔·塔蒂舍夫（Michael
Tatischeff）将《圣谕》翻译成英文，该译本被多家英国杂志加以
评论，并被一些美洲殖民地报纸摘录。此外还有一些德文、法文
的译本，以及希腊文、意大利文、拉脱维亚文、罗马尼亚文、荷
兰文的译本以及瑞士版。到 1800 年，《圣谕》至少有 10 种不同语
言的 26 种版本，被多国的报纸杂志大量摘录。[38]

除了在俄国之外宣传叶卡捷琳娜的创举，一些译本还使人们
对《圣谕》中的激进成分产生了夸大的印象。这份文件并不是为
更广泛的个人政治权利而制定的方案，也没有认真限制行政权。
但在译本中，有时文本的表达和人们对此的理解就是如此，这就
能解释，为什么早期的法文版本被法国官方查禁。伏尔泰是法国
哲学家中最迎合叶卡捷琳娜的崇拜者，他在寄给女皇的一封信中
以精心的措辞叙述了法国发生的情况：

事实是：一家荷兰出版商出版了这本应该属于全世界国
王和法院的指南，并将两千册寄到了巴黎。该书被交给某个
无礼的杂种审查……他向上司报告说，这是一本危险的进步
书籍；结果，它们未经进一步检查就被退回了荷兰。

法国是西欧最专制的国家，《圣谕》在那里被当成危险的进步
书籍，在某种程度上却造成了奇迹，反而成为戏剧性政治变革的
宣言书。一名英国记者带着可预料的沙文主义怒气报道："这本书
在巴黎遭到禁售，真实的原因似乎是官方担心其中如此强烈的真
正自由精神会感染法国的气氛。"[39]

《圣谕》的版本和解读方式随着传播语言与地区的变化而有所

不同，部分原因是翻译中始终存在的矛盾与易变性，但这个问题在《圣谕》的例子中显得特别严重。译者从俄语原文入手，就必须应对当时俄语不甚严密且缺乏合适词典的问题。此外，有些译者抓住这一机会，在他们的《圣谕》译本中加进了自己的政治思想与抱负。例如，1771 年首次将其翻译成希腊文版本的欧金尼奥斯·弗格里斯（Eugenios Voulgaris）是博学的独身神父，也是希腊重要的启蒙人士，曾翻译了约翰·洛克的著作，这一点反映在他对《圣谕》的翻译处理上。[40] 塔蒂舍夫在其英译本中也有大手笔（当然是有意的）的修改，他与政治和法律改革家杰里米·边沁相熟，当时年轻的边沁已提出自己的异见。以塔蒂舍夫在译本中使用 "constitution"（宪法、体制）一词为例，该词在俄语中的同义词 konstitutsya 直到 19 世纪初才出现，且到了 19 世纪 60 年代，俄国保守派人士对这个词的使用仍存争议。可在塔蒂舍夫的《圣谕》英译本中，叶卡捷琳娜 "被" 使用了 "constitution" 一词，这是为了推动她似乎从未有过的主张。塔蒂舍夫 "让" 她宣称，"一个国家可以两种不同的方式改变：要么是因为它的宪法做出了修正，要么是因为同一部宪法腐朽了"。[41]

　　叶卡捷琳娜的《圣谕》跨越地理边界，被翻译为其他语言，以及这一过程中它的内容的变化和对它的重新解读，又一次预示了即将发生的事件。随着时间的推移，新的成文宪法的政治影响与文化影响越来越广泛，其中一个原因便是它们多数都不只在其发源地传播。这些宪法文本由文字组成，是为印刷而量身定制的，很容易传播到其他地区，被翻译成其他语言。当它们跨越地理与语言的界限，读者和政治行动者对它们的理解和运用就会不断变化发展。

男性君主与创新

当时，在世界各地，1750 年后战争规模的扩大并没有引发极端的革命危机，而是推动了重新配置和表述各国政府体制的尝试，有些时候，这些尝试是通过发布重要的新法律文本的办法来实现的。这些举措不应仅仅被归类为开明专制之举。正如叶卡捷琳娜的《圣谕》所表明的，这些文本可能涉及各种权利的讨论，以及有关政治传播新形式的实验。孟德斯鸠曾在《论法的精神》中论述："总的原则是，君主可以征收更多赋税，但要与臣民得到的自由相当。"[42] 在一个国家内部改善权利并广而告之，可能有助于增加财政收入和军费，这一论点引起了一些掌权者的注意。在一个战争耗费越来越大的时代，发布革新的国家法律文本以更好地吸引多数臣民，确保国家的武装力量与税收，同时以某种关乎自由与福利的保障作为回报，对某些欧洲君主来说，不失为一种谨慎的做法，也是值得冒险的赌博。

事实证明，往往是在某些方面（有新教背景，受到启蒙思想的吸引，既掠夺成性又脆弱）与叶卡捷琳娜二世相似的统治者，在推进这类雄心勃勃的政治文书与法律文书的工作上最为大胆。普鲁士的腓特烈（弗里德里希）二世就是个例子。1740 年，他继承了这个不断扩张的德意志北部王国，也继承了残暴的父亲腓特烈·威廉一世打造的纪律严明的 8 万大军。腓特烈二世当年挺进中欧的西里西亚，引发了奥地利王位继承战争。他并不满足于此，又在 1756 年入侵萨克森，使七年战争欧洲战场的局面更趋紧张。[43]

然而，这种显眼的侵略性是因为腓特烈深知自身领土的潜在弱点。普鲁士是由几块互不接壤的国土组成的，因此，它相互分离的多个边境一直存在遭好战敌国袭击的危险，俄国、瑞典、奥地利、波兰、萨克森有可能单独或者结盟掠夺它。七年战争开始的时候，腓特烈写下了一段名言："我就像一个旅人，周围是一群恶棍，他们想要杀死我，瓜分我的财物。"[44]

与俄国的叶卡捷琳娜一样，侵略性和不安全的感觉夹杂在一起，促使腓特烈探索不同的举措，如在普鲁士领土内部，尤其是在作为未来军人和主要纳税人的男性中，加强团结和政治共同体的意识，以及战备状态。与叶卡捷琳娜的情况类似，腓特烈对公共传播和政治传播新模式的探索，也与他明显的启蒙倾向和对书面文字的爱好相契合。叶卡捷琳娜曾羡慕地说道："他的写作和打仗一样出色。"[45] 这种说法并不真实，不过，除了率领大军参加过20 次不同的战役，这位国王还创作了诗歌、哲学小册子、关于政府的论文、历史著作，包括 1763 年对七年战争的选择性记述。他还启动了一些实验性的文书工作。

执政的前十年，腓特烈委托法学家、高级官员萨穆埃尔·冯·科克采伊（Samuel von Cocceji）制订改革计划，使普鲁士的法律更有效、更易于理解，并可能由此编纂了新的德意志法典。法典方案于 1751 年公布，正如叶卡捷琳娜对《圣谕》所做的那样，腓特烈也命令将法律文本翻译为多国语言。这个法典方案从未得到恰当执行，不过它仍然是后续普鲁士法典编纂的基础，而后者逐步发展成一部书面宪法。但后续的这部《腓特烈法典》并不仅仅与法律的运作有关，它的各部分内容也和《圣谕》一样，可以做多种解读。这部法典的英译本于 1761 年在爱丁堡出版，开篇的第一句话是："人与生俱来的第一种状态是自由的状态，因为所有人生来就是自由的。第二种状态，则是公民的状态。"[46] 托马斯·杰斐逊抢购了该法典，放进他在蒙蒂塞洛的图书馆里。

但瑞典国王古斯塔夫三世的例子或许更加引人注目，此例说明在美国独立战争之前，一些欧洲统治者已在创造性地实验新的政治文本与技术。在某些方面，古斯塔夫一如既往之例。与俄国的叶卡捷琳娜和普鲁士的腓特烈一样，他有路德教派的背景，也积极参与启蒙文化活动，于1786年创建了瑞典学院，他更早地访问巴黎，在知识分子沙龙中见到了卢梭、爱尔维修和其他哲学家。古斯塔夫曾经的家庭教师、亲密的政治盟友卡尔·弗雷德里克·谢费尔（Carl Fredrik Scheffer）也是启蒙运动人士。他熟悉孟德斯鸠的著作，与多位法国改革家有书信往来，其中包括重农主义者皮埃尔·萨米埃尔·杜邦·德内穆尔。德内穆尔是美国杜邦公司创立者的先祖，未来法国国民制宪议会的主席。与叶卡捷琳娜和腓特烈相似的是，古斯塔夫本人也有强烈的侵略野心，深知自己面临的严峻挑战，尤其是战争升级的威胁。不过，对瑞典和古斯塔夫而言，战争的威胁特别持久而凶险。[47]

今天，瑞典在人们眼中是一个特别爱好和平的文明国家，但在近代时期，它的名声却大不相同。从16世纪50年代起，瑞典统治者就发动了一系列大规模战争。最初，这些连续的武装斗争使瑞典发展成欧洲重要的陆上帝国，其疆域延伸到波罗的海地区大部，在西非和美洲拥有殖民地和定居点。但在1700—1721年的大北方战争中，瑞典独自对抗俄国、波兰、丹麦-挪威、一些德意志邦国，有时甚至还与奥斯曼帝国交战，招致巨大的伤亡、债务和失败。它被迫让出大片领土，并且失去了国王卡尔十二世：1718年，他被敌人（也可能是一名疲惫不堪的瑞典士兵）的一颗子弹射中身亡，没有留下子嗣。[48]

这种危急形势迫使瑞典王室做出很大的政治让步。正如同时代的一名编年史作者所说："瑞典人在持续的战争中疲惫不堪，国库几乎耗尽……他们决心摆脱专制统治的枷锁。"[49] 就这样，瑞典成为一个超前的例证，说明 18 世纪极端战争不断增加的趋势促成了更高级别的政治变革。1719 年和 1720 年，瑞典王室不得不接受新的《政府约法》(Instruments of Government)中规定的条件，这些文件实际上相当于成文宪法，它们废除了 17 世纪 80 年代以来瑞典形成的大部分专政机器。《政府约法》还要求国王像 17 世纪初期那样，与瑞典枢密院和瑞典国会共享权力。

这是一项重大的改革，因为瑞典国会有四个不同的等级，包括贵族、教士、城镇平民等级，以及在欧洲各大国议会中独一无二的农民等级。国会做出决定时，每个等级有一票，适用简单多数原则。这意味着，如果被选出的三个非贵族等级——农民、教士、城镇平民——的代表齐心协力，就可能以多数票击败瑞典贵族。这一切都有助于解释，为什么在 18 世纪中期的一些外国观察者看来，"对民主的热爱"成了这个国家的"流行病"，尤其是随着教育程度的提高和印刷品的普及，国会中的非贵族等级和瑞典一般民众越来越了解政治并提出更高要求。[50] 这一切也有助于解释古斯塔夫改革的决心。

古斯塔夫一直是个不屈不挠的人。与前面介绍的两位君主相比，他属于更年轻的一代。1771 年执政时，他才二十五六岁，而普鲁士的腓特烈（他的舅舅）已年近六旬，而俄国的叶卡捷琳娜二世（她的表姐）也已四十出头。古斯塔夫十分聪明，个性优雅而又喜怒无常，在口头和书面表达以及一些行为上也表现出矛盾的状态。他和丹麦公主的婚姻并不幸福，他被一些政治对手指控为同性恋，但他可能根本就是性冷淡者：他对任何亲密接触的兴趣，都不如对制定新的政治与文化方案、给人留下印象、探索新想法的兴趣。听到美国宣布独立的消息，他的反应放松而好奇，那就是他的典型做派。据说，他曾评论道："看到一个国家自我创建，真是部有趣的活剧。"[51] 他对戏剧表演的强调是有启发性的。在政治上，他也渴望创作并表演一场戏。

1772 年 8 月，古斯塔夫在瑞典做出了重申王权的努力，这差不多就是一场军事政变。不过，他在行动中最大限度地减少了暴力，在当时似乎广受欢迎。伴随这些行动的，是激进甚至民主化的语言和倡议。古斯塔夫利用政变推出了一部新的瑞典宪法——《政府形式法》（Form of Government），这是他在卡尔·弗雷德里克·谢费尔的协助下匆忙起草的，保留了 1719 年和 1720 年《政府约法》的措辞和条款，但在权力平衡上更倾向于王权。瑞典国会保留了大部分征税权，法律只能由它和国王一起制定。不过，执行法律的权力现在完全在古斯塔夫一人手中，他在枢密院的协助下统治国家。而且，只有国王能够任命枢密院成员，这些人不能做出违背国王意愿的决定，除非他们一致同意反对国王在缔约与结盟问题上的观点。[52]

从这一规定可以看出，1772 年的《政府形式法》对外交和战争非常关注。这是经过深思熟虑的做法。古斯塔夫对政变做公开辩解，即他想将瑞典从老朽的贵族精英阶层手中拯救出来，后者败坏国家内政，对外又遭遇了七年战争的失败。瑞典参与这场战争，损失了 3 万名士兵，新增的战争开支相当于该国现有国债规模。这些军事与财政上的失败，加上瑞典早年在大规模灾难性战争中的遭遇，都有助于解释古斯塔夫对政治与民族新起点的承诺最初为何颇具吸引力。[53]

　　然而，古斯塔夫私下渴望再次发动战争，发动一场混合战争。他打算建设瑞典海军，并在 18 世纪 80 年代小有所成。他还希望逆转瑞典领土缩小的趋势，入侵挪威和俄国，在统治末期，他计划夺取圣彼得堡。这个城市的一部分是 18 世纪初期由 2.5 万名大北方战争中的瑞典战俘修建的，因而是复仇攻击的理想目标。

　　这些好战的扩张主义计划，1772 年宪法并未提及。不过，古

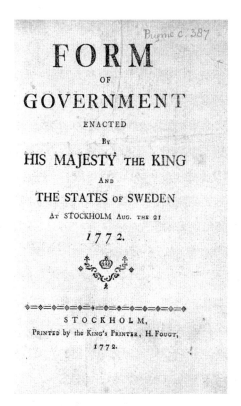

古斯塔夫三世的 1772 年瑞典宪法公开出版的一个译本

斯塔夫确实谨慎地加入了强调其军事权力的条款。他保留了原《政府约法》中禁止君主在国会没有"自愿同意"的情况下募兵、筹资的条款。但是，他加入了一个新条款：如果瑞典遭到袭击，"国王陛下有权采取符合领土安全和臣民利益要求的措施"。他还进一步新增另一条款，坚称"整个军事力量的最高指挥权，不管是海上还是陆上的"都属于他，"因为这一点在古老而幸福的时代是成规，那个时代是瑞典王国最辉煌的时代"。[54]

但是，这部宪法最引人注目的一些革新在于措辞。俄国的叶卡捷琳娜二世自如地提到"公民"一词，可她使用这个词似乎更多是为了修辞，而不是暗示任何政治权利与法律权利。普鲁士的腓特烈大王偶尔更进一步，他有时在私人作品中愿意将普鲁士臣民称为"公民同胞"。然而，古斯塔夫属于更年轻的一代，他迈出了更大的步伐，利用新宪法公开以印刷品的形式宣布自己是公民。他在宪法文本中写道，他"最大的荣耀是成为真正自由的民族的第一公民"；他确保这一主张得到广泛报道。[55]

政变之后，古斯塔夫于1772年8月21日在斯德哥尔摩王宫大厅里向国会议员发表讲话，他夸口道："我拯救了祖国、拯救了自己，没有伤及一个公民……我已承诺过，要管理一个自由的民族。"演讲稿后来以哥特字体印刷，这种字体常用于瑞典的小学课本和宗教出版物，大部分受过教育的瑞典人对此很熟悉。为了进一步确保公众知道他的讲话，他命令在教堂（去教堂参加公共礼拜是一种义务）张贴和高声朗诵演讲稿。后来，古斯塔夫常常在演讲中自称"是一位国王，也是公民"，有意将"国王"和"公民"两个词联系在一起。这种强调，以及国王对祈求平等与自由（正如他的宪法所言，这是"人类最崇高的权利"）的喜好，不仅仅是政治姿态。[56]

1772 年《政府形式法》文本规定，它本身被视为"不变的神圣基本法"，该法的瑞典语原版称之为"不可改变的法律"。所有瑞典成年男性都将向这部成文印刷宪法和国王宣誓效忠，而不单单是向国王宣誓效忠。最关键的是，古斯塔夫本人也宣誓忠于这部新宪法。在 8 月 21 日的王宫讲话中，他宣布这是"一部对我和你们都有约束力的法律"。这部宪法还明确规定，国王的官员和王室后代适用相同的法律：

> 我们在此宣布并确定，这部《政府形式法》是不变的神圣基本法，我们和我们的子孙后代，不管是已经出生还是没有出生的，都必须履行、遵循它的内容，而试图引诱我们背离它的人，我们将视其为国家的敌人。[57]

这些条款可能代表着政治和法律上的重大飞跃。有人认为，关于成文宪法是"至高无上的基本法……同时授予和限制它所确立的政府机构的权力"的观念，是在 1776—1787 年，在新建立的美国才开始得到明确表达的。[58] 实际上，此类想法更早之前就在某些欧洲君主国国内流传并得到实验。1772 年瑞典发生的事情就是恰当的例子。

七年战争之后，一些欧洲君主的这些法律文本创举确实有助于解释，为何在美国独立战争之前，"宪法"一词的使用和理解就已在不断变化。在欧洲多种语言中，"宪法"及其等价词语传统上一直用于描述国家组织和政府，以及某种事物（包括人体）的复杂组成。然而，到了 18 世纪 60 年代末，这种用法不管在少数人研究的文本中还是在更流行的作品中都遇到了压力。1771 年，就连一名普通的英国记者也将"政治框架与人体系统之间的"类比斥为陈腐的老生常谈，认为其毫无意义。这名作者论述道，"人体……从出生到死亡都有着相同的耐力"，相反，"政府体制可能突然出现全面的变化"。这名不具名的记者判定，政治共同体"不是由自然而是由人类技艺确立的"。因此，它们适合于建立和重建。[59]

七年战争后的王室政治文件有着深远的意义，但其局限性也很重要。普鲁士的腓特烈大王和俄国的叶卡捷琳娜都从未制定成文宪法，可两位君主，尤其是叶卡捷琳娜，都发展了政治传播与政治宣传的技术，随后的成文宪法倡导者都借鉴了这些技术，或者将其作为基础。而且，1776 年之前的这个阶段，君王们很少有兴趣制定和宣传可能严重限制其权力的法律文本。正如狄德罗对叶卡捷琳娜大帝及其《圣谕》的评论："你偶然会（在《圣谕》中）看到那么几行，她不知不觉又拿起了开始时放下的权杖。"[60]

古斯塔夫三世的《政府形式法》中有国王与人民都"受到法律约束，我们双方都通过法律捆绑在一起，并受到它的保护"的条款，这更接近于确立对行政权的约束。然而，尽管这位瑞典国王的一些语言和行为很激进，甚至是准民主的，但 1772 年宪法并没有阻止他在统治的后几个阶段攫取更多权力。这也就能解释，为何在古斯塔夫的宪法颁布后 20 年（1792 年），他会在斯德哥尔摩皇家歌剧院的一场假面舞会上遇刺受重伤。那些向他射出子弹和弯钉的刺客主要是瑞典贵族，以及对他与俄国交战感到愤怒的军人，但其中也不乏对其篡改宪法而感到不安的人。动手之前，他们对国王说："日安，俊朗的蒙面客。"[61]

撇开其他局限不谈，这些君王的冒险行动尽管重要，但在很大程度上仍是自上而下的举措。然而，1750 年后的大西洋两岸，在更广泛的社会群体中，人们对探索政治文件新形式的兴趣也明显越来越浓厚，这同样容易理解。战争规模的扩大以及启蒙思想的传播，吸引和迫使一些欧洲统治者及其手下的官员设计和发表新的法律文本，重整他们的国家，接触各自的人民。此外，更系统的战争也导致下层的批评和索求日益增加，更多的人有了政治意识。

人们要为耗费越来越大的战争交税，看着更频繁、范围更广的武装冲突破坏他们的生活、工作、财产、生意。他们被迫参加战斗，或者将家人送上战场，也许再也看不到亲人返回。这样的人可能被新的政治方面的法律与文本所吸引，因为新法律可能在某些方面增强他们的影响力，约束他们的政治主人。为了给美国独立战争前此类更大众化的宪政变革举一个戏剧性的例子，我们将转向另一个早已受到启蒙思想影响并在战争中投入巨大的欧洲新教国家——英国。

谈谈宪章倡导者，谈谈托马斯·潘恩

在许多方面，潘恩都与我们一直关注的人物截然不同，他是越来越远离这些人所代表的政治体制和社会阶层的。不过，推动宪政改革的君王与托马斯·潘恩之间确实有共同点，尽管他们和他可能会对这种联想感到愤怒。战争迫使 18 世纪中期的一些欧洲君主写出更具创造力的政治著作。而混合战争的加速发展也造就了潘恩这位与众不同者的生活与职业生涯，影响了他的作为，以及他的作品和观点。

牢记托马斯·潘恩与战争的紧密联系很重要，因为他总是给传记作家带来难题。[62] 1737 年，潘恩生于英国诺福克郡的城镇塞特福德，出身低微。他的父亲是贵格会教徒、佃农，也是鲸骨女胸衣的制作工匠，母亲则是社会地位稍高一些的圣公会教徒。潘恩 12 岁便已辍学，我们并不清楚他之后的阅读和知识方面所受的影响的性质与范围。他一再地奔波迁徙，改换工作，经历多次婚姻，前往不同的城镇和国家，与过去的盟友争吵后变成敌人，凡此种种。在此过程中，他的许多个人和家庭文件都丢失了，尤其是早期的文件。因此，人们很容易认为，他在出生国的经历相对不重要。然而，当潘恩于 1774 年 10 月启程前往美洲，他已经 37 岁了，人生过去了一半，他的一些最为重要的反应、见解、癖好都已成形，对这些方面造成部分影响的因素，便是英国越来越多地卷入混合战争。[63]

正如潘恩后来的叙述，他第一次是以水兵的身份暂别英国沿海（"某种移民"）。七年战争初期，他加入了"普鲁士国王"号（得名于与英国结盟的腓特烈大王）私掠船，劫掠法国商船。但他和战争的代价与后果的直接接触比这更长久。潘恩历时最久的有薪岗位是税务官员，他于 1761—1765 年担任该职，1768—1774 年再次任职。消费税是英国连续作战的主要财政来源。常见的消费品都要征税，包括肥皂、盐、啤酒、纸张、煤炭、皮革、蜡烛等，由一支不断扩大的征税队伍强制征收。1690 年，税务官员大约有 1200 人。到 1770 年，潘恩在苏塞克斯的新教集镇刘易斯费力当着税务官时，混合战争发生得越发频繁，其地理范围日益扩展，代价越来越大，使征税人员增加到 4000 人以上。[64]

托马斯·潘恩。根据遗失的 1779 年肖像画而作的版画

　　潘恩不得不依靠管理一项"不仅从富人那里征收，还加重大多数消费者负担"的税收来谋生，这对他不断发展的政治观点有至关重要的影响。这段经历引发了一个论点，这个论点出现在他的大部分重要著作中：君主制国家天生好战，而为此付出代价的是大部分普通人。正如孟德斯鸠和瓦泰勒一样，潘恩的生活与工作环境（与前两人的不同，更加低微）加深了他对战争变得越发流行的理解，他曾抱怨道："欧洲王国林立，不可能长期保持和平状态。"[65]

　　潘恩当过水兵，因此他也理解，欧洲主要国家之间日益加强

的海上对抗，以及同时变得尖锐的陆上冲突，是战争的地理范围
与耗费变大的重要原因。他在 18 世纪 90 年代提出，"现有海军"
规模应该削减到十分之一：

> 如果人们可以如理性者应有的那样去思考，那么排除所
> 有的道德思索，没有什么比如下的事情更荒唐可笑了：各国
> 竞相花钱建造军舰，配备水兵，然后开进海洋，看看谁能最
> 快地击沉对方。

他相信，这种"永久性的战争与开支体系"的受益者只有君
主及其在政治和社会上的同谋。不过，尽管有上述观点，潘恩还
是逐渐认识到，混合战争不断扩大造成的负担本身也许会成为瓦
解与变革的有用资源，激发健康的愤怒和政治行动，使激进思想
升温。他写道："政府的巨额开支已引起人民的思考，让他们觉
得，一旦面纱开始撕裂，就不可能被修复。"[66]

潘恩对战争的评论有时候与贵格会教徒父亲的影响有关。不
过，潘恩对一般的武装侵略似乎并没有那么愤怒，他更愤怒于欧
洲世袭君主国发动的战争。他宣称："君主制和继承权，已将世
界（不仅是这样那样的王国）埋葬在血腥与灰烬之中。"[67] 尤其是，
他很早就开始鄙视好战的英国，这个国家强迫他经年累月以卑微
的税吏身份，与愤怒的商人和不情愿（有的很贫穷）的纳税人苦
苦周旋，给他支付的薪水却很微薄，给他的休息时间也很少。

就潘恩政治观点的发展而言，母亲弗朗西丝的影响可能比父
亲的更大一些。弗朗西丝的背景很重要，她的父亲托马斯·科克
是律师，担任塞特福德镇政府秘书。科克的职责之一是管理塞特

福德的各种章程，其中许多章程都可以追溯到中世纪：管理该镇地方政府及边境的章程，与镇上的学校、教堂、慈善事业、土地所有权等有关的章程。因此，潘恩从儿时起就对政治文件（在这里是宪章）的功用有深刻的理解。

他后来写道："宪章可以理解为有关庄严义务的盟约，全体人民都要加入，以支持每个单独一方的权利。"正是这种有关宪章的家庭背景，促使潘恩后来对成文宪法产生了浓厚的兴趣并大加倡导。潘恩在他伟大的辩文《人的权利》（1791 年）中坚称，"宪法不仅仅是名义上的事物，而且是实实在在的"，这样的实体"不仅具有观念，还是真实的存在，如果它不能以有形的方式出现，那它就不存在"；他的观点无疑源出于他对革命性的美国宪法的直接经验，以及因法国发生大革命而产生的激动情绪。但是，他坚持宪法需要真实、可见、有形的形式，这种想法也来源于早期对章程的熟悉。几乎从一开始，这些文件就让他感觉到政府约法的必要性。[68]

潘恩对宪章以及有关权力、权利、法律的纸质大纲的兴趣，也使他成为同时代和英国的标志性人物。尽管与英国日渐疏远，但他的一些政治观点是在少年和青年时代在英国发展出来的。英国和其他一些欧洲君主国一样，不断扩大的战争需求培养和恢复了人们对关于身份与权利的标志性文本的兴趣。但英国君主缺乏欧洲其他许多君主拥有的专制能力与控制手段。1727—1760 年统治英国的乔治二世和年轻的继位者乔治三世都不可能像叶卡捷琳娜二世和古斯塔夫三世那样，起草和宣传与《圣谕》、1772 年宪法类似的标志性政治和法律文本。相反，英国人对标志性文件的兴趣往往集中于一个存在已久的文件——1215 年起草的《大宪章》。

　　然而，人们对这一自由文本（正如有些人想象的那样）的膜拜的复苏，并不是对古代宪政的颂扬，而是对某种更捉摸不定的新事物的向往。不列颠博物馆（1753 年创立于伦敦）开馆初期，人们能看到对《大宪章》的重新挖掘和塑造。这所博物馆的大部分历史手稿一直锁在柜子里。可是，七年战争期间，《大宪章》的

伦敦激进派人士亚瑟·比德莫尔的纪念画。画中他在 1762 年因煽动诽谤被捕之前指导儿子阅读《大宪章》

一份原稿被隆重展出。博物馆为它专门制作了一个玻璃盒子，贴上了"我们的自由堡垒"的标签。如果读者能记住不列颠博物馆创立者的意图，这些行为的意义就更明显了：这所博物馆将起到国民大学的功能，至少在理论上向所有渴望通过参观学习实现自我提高的英国人开放。[69]

当时尚未成名的牛津大学法学家威廉·布莱克斯通也对《大宪章》的复兴做出了贡献。他的《大宪章》一书于 1759 年出版，当时正值七年战争的高潮时期，这本书详细研究了不同版本的《大宪章》手稿。不过，布莱克斯通选择以一种可能令人信服的手法写作，使这本书不仅对古文物收藏家和同行学者，对其他读者来说也有吸引力且容易理解。在第一版的最后，出版商加入了一幅版画，描绘了在地位神圣的《大宪章》手稿之下安宁的英国山林景色。这幅画没有提到威斯敏斯特议会或者英国王室，只是对一份包罗万象的重要宪政文本的赞颂。[70]

换言之，到 18 世纪 50 年代，英国重新出现了一种论调：《大宪章》不只是历史遗迹，来自遥远过去的"伟大经典"，它被越来越多的人称作伟大的法律文件，是与英国宪法共存并紧密相连的基础文本。这种主张有时候很明确。1759 年，也就是布莱克斯通的《大宪章》面世的同一年，伦敦出版了一本《英国宪法与现状报道》(*An account of the constitution and present state of Great Britain*) 的小册子，作者不详，卷首插图是不列颠尼亚女神向一些聚精会神的"年轻人"提供建议。该书告知读者，在她的面前是"一座自由的祭坛，上面放着象征英国宪法的《大宪章》"。[71]

在当时的英国，和俄国、普鲁士、瑞典及其他一些欧洲国家一样，与战争不断扩大的经历与压力相伴的，是对宪政文本与法

被当作英国宪法的《大宪章》，1759 年的插图

律文本日趋浓厚的兴趣。但英国的情况有决定性的差别。欧洲大陆上不断发展的文件崇拜，有时候与负责任的君主的新举措有关。1750 年之后，英国人明显也越来越关注宪法文本，但因为王权所受的限制，这种发展不完全是自上而下的，显得更加多样化。

诚然，18 世纪 60 年代，乔治三世和他的一些贵族伙伴选择在画像中让自己靠近《大宪章》，从而象征性地表明，它是现有政治秩序与社会秩序的支柱。但在这十年和以后，英国和爱尔兰的激进分子和改革家也广泛引用《大宪章》，希望合法化且推进变革的要求，这是当时被认识到的趋势。1766 年，一名苏格兰保守分子抱怨道："有些人轻率地大胆断言，这部伟大宪章的任何内容都是神圣的基本原则，就连议会都不能废止。"如此人所言，《大宪章》在某些方面正在被人重新组织为一部基本法，甚至可以约束威斯敏斯特议会做出的决定。这名苏格兰人不满地说道，英国的"普通民众"正在受到怂恿，"在《大宪章》中发现……古代爱国者从未梦想过的自由"。[72]

因此，除了继承母亲的家族对章程的兴趣，潘恩成长于英国，他的思想也随着英国政治辩论的性质变化而向这一方向转变。我们知道，在 18 世纪 60 年代和 70 年代初，他积极参与伦敦和刘易斯的激进政治俱乐部的活动，并大声疾呼，而刘易斯有大批不安分的选民。这有助于解释潘恩在宪章方面非常前瞻的立场。1780 年，他在关于弗吉尼亚殖民地宪章的文章中写道："我不喜欢引用这些傲慢的昔日遗物，可是……我们必须有某个出发点……任何能够达成一致的规则总比没有规则好。"[73] 古物研究和陈旧的文件并非潘恩所好，不过他很早就相信，从古代的自由经典中，有可能为未来更好的新改革找到精妙的思路和补充。

　　这些不断发展的观点，这些与宪章及其重要性相关的论点，造就了潘恩的首部畅销力作《常识》。1776 年 1 月 10 日，在他抵达美洲后不到 14 个月，这本书在费城出版，很快就多次再版，仅在未来的美国就销售了至少 7.5 万本，实际可能要多得多。众所周知，《常识》呼吁美洲殖民地居民与英国及乔治三世王决裂，寻求成为独立的共和国。这本小册子还提出了制定成文宪法的理由。潘恩更准确也更有预见性地建议，13 个殖民地各出两名代表，组成一个 26 人的国会，立即着手制定新的"政府宪章"：

> 在议员集会的时候，应该让他们草拟大陆宪章或联合殖民地宪章（以回应所谓的英国《大宪章》）；确定选举国会议员、州下院议员的人数和方式，以及他们开会的日期，在他们之间划定职责和司法的界限。[74]

　　在大西洋的这一边，没有一位君主般的人物自上而下指定法律与政府模式。相反，潘恩预测，美洲（白）人将一同打造自己的政府模式与原则。虽然《常识》读者群体的规模和该书的影响一直受质疑，但很明显，该书大胆而强烈的乐观主义、朴素清晰的语言、出色的辩论技巧、显而易见的愤怒情绪，使许多美洲读者对帝王君主的忠诚烟消云散。这正是潘恩和他的费城盟友（如本杰明·拉什）所希望的。

　　尽管如此，这个阶段潘恩对旧习的冲击仍有许多局限。《常识》（该书是匿名出版的）早期版本的扉页明确表示，这本书是"一个英国人写的"。这种做法不仅仅是策略。在某种程度上，托马斯·潘恩在写作这本小册子时仍像一个英国人那样思考和反应。

但这个英国人的思想积极地与七年战争及其代价、战后的激进政治思想、对古代宪章的研究与重塑联系在一起。1776 年晚些时候匿名出版的一本小册子似乎也是潘恩的作品，阐述了他的这种经久不息的痴迷。这本书的作者抱怨道，人们常常"随意提起'宪法'，"一词，却很少有人为它下定义。不过，作者坚称这个词的含义足够简单明了，必须从本质上将宪法视为"成文宪章"。[75]

在人生的这个阶段，托马斯·潘恩仍然是宪章的倡导者，这也就是他在本节出现的理由。他和 18 世纪中期来自不同社会阶层的许多欧洲人一样，因为史无前例的战争规模带来的压力与苦难，更密切、更急迫也更有创造性地看待政治与法律文书的工作。潘恩来往于不同大陆，将大西洋一边的思想与政治技术带到另一边。他来到美国，身心解放，欣喜若狂，但仍然借鉴和再利用了在英国时的论点和立场。

欧洲君主在战后文件中开创的一些思想与技术也来到了大西洋彼岸。俄国的叶卡捷琳娜二世坚决进取，确保她的《圣谕》能在多个国家、以多种语言传播，希望以此加强她受到争议的统治的地位。白手起家的美国开国元勋本杰明·富兰克林出生于马萨诸塞州，与同样白手起家的俄国女皇是完全不同的人。但和女皇一样，富兰克林也是痴迷于印刷文字的启蒙人物，也同样擅长宣传，并理解宣传的政治价值。

独立战争期间，富兰克林就别出心裁地做出安排，将美国宪法文件翻译成不同语言，印发到不同国家，和《圣谕》一样，用这些文本为一个仍处争议中的政治体争取外国的支持和尊敬。其他美国革命者改编了适用于早期欧洲改革派君主的语言和意象。如其中几位革命者那样，乔治·华盛顿被崇拜者和宣传人员比作摩西——战争中人民的领导者，被奴役人民的拯救者，标志性法律的制定者。[76]

托马斯·潘恩关于政治和法律文书的激进观点也传播到了更远的地方。他不是受限于单一领地和统治事务的君主，他可以自由移居，直接传播他的思想。1774 年 11 月 30 日，他在英属北美最大、最富有的城市费城上岸。五个月后，另一场血腥的混合战争爆发，这一次参战两方是英国与它的大部分美洲大陆殖民地。对此欣喜若狂的潘恩很快意识到这场战争的重要意义。他欢呼道："将事情从论点变成武器，就开创了一个新的政治时代；一种新的思维方式出现了。"[77] 就宪政而言，这实际上并不能算是全新的时代，但它将给旧世界带来戏剧性的变化。

第二部

从战争走向革命

第 3 章

印刷的力量

费　城

1787 年 5 月 25 日，费城会议的与会者达到法定人数，他们欣然接受了与外界隔绝的环境。开会地点在费城切斯特纳特街由红砖盖成的宾夕法尼亚州议会大楼，四周都有武装警卫。那个夏天跟往常一样潮湿，大部分代表穿着紧身的多层军装或正装，但州议会大楼的窗户紧闭，里面还用厚窗帘遮起来。漆成绿色的会议室里，几张小桌子面对着一个低矮的讲台，不允许任何观众进入，也不允许记者发表有关的定期报道。变换不定的代表共 55人，他们也得到指示，不能向外部传递信息。根据命令，"在这座大楼里说的一切，不得擅自印刷出版或传播"，就连私下做笔记也不行。身高只有 5 英尺①4 英寸的弗吉尼亚州代表之一詹姆斯·麦迪逊是个非常聪明的人，他不得不小心地草草写下每天的事务和演讲内容。他对费城制宪会议的记述经过大量修订，直到他去世后四年（1840 年）才得以出版。1

① 1 英尺约为 0.3 米。——译者注

　　这种极端而有意的保密工作，使费城会议的代表们可以畅所欲言，讨论比原来的简报更多的内容。他们的任务是修改《邦联条例》，这份正式文件是为了独立战争期间和之后13个州的合作而制定的。代表们朝着不同的方向迈出了一大步，但这是经过尖锐、持久的辩论才实现的。1787年9月8日，他们才做好准备，将完成的文本提交给"体例委员会"（committee of style，这个名字表明，本次大会实质上与书面文件相关）。9天以后（9月17日），大约4500个单词的美国宪法完成稿以红色和黑色墨水正式抄写在4张各2英尺长、2英尺宽的羊皮纸上。

　　二战之前，这份手稿通常被藏了起来，有些时候人们还想不起来它放在哪里，不过后来，它成了一种象征。[2] 现在，它被珍藏于华盛顿的美国国家档案馆圆形大厅里，每年吸引数百万游客观览。但是，就这部宪法在国内的直接作用和在国外的影响而言，1787年9月17日在费城发生的一些事情比它正式写在羊皮纸上更为关键。同日，宪法草案的一个副本被转交给两名印刷商——出生于爱尔兰的约翰·邓拉普（John Dunlap）和在费城土生土长的戴维·C. 克莱普尔（David C. Claypoole）。

　　这两人都是独立战争的老兵，共同拥有美国第一份成功的日报《宾夕法尼亚邮报及每日广告报》（*The Pennsylvania Packet, and Daily Advertiser*）。9月19日（星期三），预先一睹宪法草案真容的邓拉普和克莱普尔将全文发表在报纸的头版。到10月底，宪法文本已刊登在其他70多家美国报纸上。年底，至少有200个不同的印刷版本面世。[3] 早在这之前，该宪法的摘要就已出现在远离美国的不同国家和殖民地的报纸、宣传册、书籍、杂志、海报上。

首次印发美国宪法草案的报纸，1787
年 9 月 19 日

费城发生的这些事件及其余波，是新宪法兴起时期最著名的插曲。但确定同一事件的广泛意义却很有挑战性。这不仅是因为围绕美国宪法产生了海量的分析和解读，还因为这部宪法与民族特殊性的叙述纠缠在一起。正如晚年的詹姆斯·麦迪逊在 19 世纪 30 年代所说，这部宪法的形成、内容、影响成了美国"证明过去认为不可能的事"的关键论据，也成了美国典型特征的一部分。4

毫无疑问，重要的地方差异从一开始就存在。早在 1775 年之前，由于名义上的英国君主远在 3000 多英里之外，美洲殖民地居民的自治和政治抱负受到了鼓舞。殖民地议会变得日益自信，殖民地居民中广泛的投票权与读写能力，都促进了这一抱负的发展。但是，在费城起草的宪法并不只是一系列完全的内部发展与特性的产物。

　　首先，美洲殖民地的宪政思想和对策借鉴了美国独立之前英国宪章的传统，这些宪章概述了美洲殖民地的边界，陈述了政府的基本情况。大部分殖民地宪章以当时英国君主的名义发布，但有少数由外来的英国人发布，比如1701年的《特拉华宪章》和1682年的《宾夕法尼亚政府框架》，都是由英荷混血的贵格会殖民者威廉·佩恩制定的。不过，所有的美洲殖民地宪章都印刷出版了，不断提醒人们牢记大西洋两岸的联系与相互影响。它们还

塞缪尔·亚当斯和《马萨诸塞宪章》，约翰·辛格尔顿·科普利作

作为提醒和例证，告诉人们政府的体制与原则可以方便地写进单一文件。正如一位历史学家在很久以前指出的那样，美国人"无须费尽心思，无须大胆飞跃"，就可以从这些殖民地宪章迈进到"限制政府常规行为的固定成文宪法"。[5]

的确，正如英国激进分子在 18 世纪 60 年代一直致力重塑《大宪章》，将其作为武器那样，美洲的一些异见分子在这十年里也忙于改造殖民地宪章，服务于反对派。约翰·辛格尔顿·科普利为塞缪尔·亚当斯（他是波士顿啤酒酿造商的儿子，后来成了政治活动家）所画的肖像证明了这一点。正如科普利画作中所表现的那样，亚当斯毫不妥协的热忱在朴素的毛料套装和阴沉的表情中展露无遗，他的食指直指《马萨诸塞宪章》。这部宪章于 1691 年由威廉三世国王和玛丽二世女王两位君主批准并签署。但科普利的画作并不是要歌颂一张旧的羊皮纸，而是纪念亚当斯用这部殖民地宪章来支持和推动异见者的新事业：他在 1770 年英国军队"屠杀"当地抗议者后提出要求，将英国君主乔治三世的部队赶出波士顿。

18 世纪 60 年代大西洋两岸发生的有关旧宪章的新转折说明，美洲宪制的变化有些时候反映了整个欧洲（而不仅是说英语的地区）的政治发展。1787 年在费城起草的宪法，并不是首个在与殖民势力做军事斗争后，正式确定新政体并为建立共和国做准备的文件。我们已经看到，帕斯夸莱·保利于 1755 年在科西嘉就尝试过，他发动了反对热那亚统治的起义，并在这一过程中起草了被他明确称为宪法的文件。历史学家戈登·S. 伍德曾写道，1776 年之后，美国"以独一无二的方式利用了宪法惯例"。[6]但是，美国宪法惯例中所运用的一些技术及其功能，俄罗斯的叶卡捷琳娜早已经在为推动另一部标志性文本《圣谕》而设立的莫斯科委员会中演练过。同样，以成文宪法为至高无上的基本法，限制政府并给政府授权的思想，也不是白手起家的美国发明的。瑞典国王古斯塔夫三世已在他的成文宪法——1772 年的《政府形式法》——中实验了这些想法。

我并不认为，这些举措和 1750 年后欧洲各国的其他创举直接影响了美国宪法方案（尽管在各个殖民地，人们对保利在科西嘉的作为确实有广泛的认识）。关键的是，就宪政而言，与其他许多方面一样，大西洋实际上绝对不是鸿沟。在这片大洋两岸，从 18 世纪中叶起，政治实验与政治文件的数量大增，也更有创造性，这是因为两岸都有一些大体相似的刺激因素与挑战。与在许多欧洲国家一样，启蒙运动关于对政府、法律、权利做系统化和改革的思想，吸引着美洲的知识分子和活动家；在美洲，由于战争的影响和要求加强，人们更加急迫于根据这些思想采取行动，这一点也与许多欧洲国家相似。

与几乎所有革命战争一样，1775 年后在 13 个前英国殖民地爆发的战争在某种程度上是一场内战，对阵双方是分离主义者和亲英派。这场特殊的革命战争还包括奴隶起义，数万名黑奴逃离主人，其中一些人依附英军。此外，这是一场形式多样的帝国战争，英国试图压制原殖民地居民，而美国革命军入侵加拿大，目标是用武力迫使它加入新的共和国。这场战争还牵涉多个土著部落与白人领导的军队及掠夺者之间频繁、凶险的斗争。[7]

最为重要的是，究其直接后果，美国独立战争是到当时为止，世界历史上爆发的最大规模的陆海混合战争。于 1776 年 7 月在纽约登陆的英国远征军最终牵扯了皇家海军的半数兵力，以及英国陆军三分之二的兵力。1781 年英军在约克敦遭到全歼之役也是一场混合作战，法国与美国共出动 1.6 万名陆军官兵，加上配备了 1.9 万名水兵的法国舰队，取得了胜利。

从一开始，这场涉及多股势力的美洲战争就对宪政产生了显著的影响。1776 年的《独立宣言》一定程度上起到了战争宣言的作用，而且它的本意就是如此。其起草者的意图是在说明，与其他"地球上的国家"一样，北美殖民地居民现在也有权发出这种最后通牒。在宣言中，英王乔治三世成了混合战争中特别邪恶的代表人物。《独立宣言》起草者宣称：

> 他在我们的海域大肆掠夺，踩躏我们的沿海地区，焚烧我们的城镇，残害我们人民的生命。他此时正在运送大批外国雇佣兵来完成屠杀的勾当。[8]

1776 年起出现的美国各州新宪法也与战争密切相关。在受战争破坏特别严重的州里，有的宪法会明确表明这一点。例如，从 1777 年纽约州宪法的措辞可以看出，在关于紧张激烈、难以预料的战争的阴沉暗示重压下的痛苦呻吟："可能在当前的战争结束之后立刻……""在当前的战争持续期间"，等等。[9]

但是，战争对这些美国州宪法的形成还有更深刻的影响。这些法律文本中对各州地方长官权力的限制，以及其中许多文本对诸权利法案、无记名投票、降低投票财产资格要求等的强调，来源于许多想法和不同地方的情况。不过，1776 年起美国政治生活的扩展，始终是为了吸引和加强地方民众对革命事业的支持，以对抗极大的外部军事和意识形态压力。

各州宪法也被用于在美国之外推进和宣传革命事业。1776 年之后，它们和《独立宣言》一样，经常被重印并传播到海外，尤其是在法国，因为新成立的美国急需法国在财政和军事上的援助，只有这样，才有可能在与英国长久的混合战争中支撑下去。[10]

印刷品在美国独立战争中的中心地位为我们提供了宝贵的视角，让我们可以更透彻地研究 1787 年在费城起草的宪法，以及此后出现的其他宪法。研究费城会议代表们在 1787—1788 年对印刷品的持续利用，我们能发现，其中许多人都认识到，自己所从事的工作充满风险。深入了解它与印刷品的密切关系还有助于解释，为什么这部美国宪法能够超越此前起草的类似文本，生根发芽，经久不衰。对印刷活动做认真、广泛的研究，可以揭示更深入、更长期的特征，这样就能清楚地说明美国宪法对世界其他地区的影响，也能阐述这种影响的一些局限性。

武器、人、印刷文字

美国独立战争的激烈程度和规模引发了 1787 年费城会议上的各种辩论，也有助于解释人们为何对这次会议成果做出各不相同而没有把握的反应。一方面，美国的支持者对正在尝试的事业和未来前景怀有明显的自豪感、坚定的信念、狂喜的心情。但是，这次会议的参加者们极度保密的做法，也带来了焦虑和深深的不安。

我们以两位最令人敬畏的代表詹姆斯·麦迪逊和出生于加勒比地区的亚历山大·汉密尔顿，以及美国外交官约翰·杰伊（后成为美国首位大法官）撰写的 77 篇支持批准宪法的文章为例。这些文章于 1787 年 10 月到 1788 年 5 月以笔名"普布利乌斯"发表在纽约的报刊上，后来被收录到《联邦党人文集》里，其中最为今人所知的一段或许是汉密尔顿最初的激昂豪言：

> 似乎有一个重要问题留给这个国家（美国）的人民来解答：人类社会是否真能通过深思熟虑和选择来建立一个好的政府，还是永远注定要依靠机遇和强力来决定其政治体制。[11]

事实证明，这类主张不仅在美国，在其他地方也极具吸引力。18 世纪 90 年代，英国激进人士、女权主义者玛丽·沃斯通克拉夫特几乎独自生活在危机四伏的巴黎，身边只有不可靠的美国情人基尔伯特·伊姆利，每当她想起美国的新宪政，仍会觉得精神振奋。她欢呼道，那个国家向世人证明，宪法并不必然"是偶然形成并不断修补的"。美国人已经表明，政府体系可以在"理性的基础上"重新锻造。[12]

尽管《联邦党人文集》强调了新的开端和自由的政治选择，但在前 10 篇文章中，有 9 篇还是聚焦于武装力量带来的威胁和约束。开头的 4 篇文章标题为"外国武力及影响的危险"，另外 3 篇则专门论述"各州之间不和的危险"，还有 2 篇针对的是"国内派别之争和暴乱"的问题。在后续的系列文章中，类似的忧虑和不安反复出现。例如，第 21—36 篇担心美国可能为了应对未来爆发的混合战争，不得不负担陆军和海军的开支，因为"航海技术的进步已经……很大程度上使遥远的国家变成了近邻"。[13]

汉密尔顿和合著者以这种方式写作，在一定程度上是深思熟虑的策略。他们想要引起美国读者的惊恐，使这些人向地方代表施加压力，以批准宪法草案。不过其中的原因不止于此。即便在当时的私信中，汉密尔顿也常常承认自己深感不安，"习惯性认为这个国家困难重重，危机环伺"。[14] 在这方面，费城会议的代表中不乏有同感者。

美国及其宪法的根基稳固之后，1787 年的会议就被广泛重构为"半神的聚会"（托马斯·杰斐逊语）：一群经过法律训练的开明之士聚集在一起，为幸运的后代美国人和留意此事的世界做出了冷静、贤明的典范性决定。1787 年费城会议的许多代表确实怀有启蒙的理念，也确实有许多人拥有法律背景。但同样重要的是，代表中有更多人曾接受战争考验或者经历过战争准备工作。[15]

这些代表的平均年龄在 40 岁左右，也就是说，他们在投身独立战争之前都经历过七年战争（少数甚至参加了战争）。有 30 名代表曾在七年战争的军队中服役，包括亚历山大·汉密尔顿，他曾是炮兵中校。这种与军事装备和危险战斗的联系有助于解释，为何汉密尔顿在 1804 年与政治对手阿龙·伯尔的最后一次致命冲突之前，曾卷入多场决斗。[16]

汉密尔顿是五位曾为乔治·华盛顿军事助手的费城会议代表之一。一些不那么出名的代表参会次数比他更多，也更加不掩饰对战争和战争文化的迷恋。例如，南卡罗来纳州代表、有影响力的奴隶制度支持者查尔斯·科茨沃思·平克尼和英国出生的北卡罗来纳州代表威廉·理查德森·戴维，委托画家为自己画像，画中他们都没有表现为冷静的立法者形象，而是穿着耀眼浮夸的陆军制服。

即便是 1776 年后以文职才能留任的代表，也往往熟悉州级别的军务和战争财政，或者曾是原大陆会议的成员（也可能两者兼有）。自学成才而令人敬畏的康涅狄格州代表罗杰·谢尔曼，以及富有、聪明、好色的纽约商人兼律师，宾夕法尼亚州代表古弗尼尔·莫里斯，便是这方面的例子。而且，1787 年费城会议的所有代表都是在一位陆军将军主持下开会的，他就是乔治·华盛顿。最初，乔治·华盛顿一直不愿参加会议，原因不仅仅是他需要经营在弗吉尼亚州弗农山庄的地产。他此前曾与辛辛那提协会有过约定，该协会是精英军官组织，成员至少在美国大陆军或海军中服役过三年。

　　费城会议代表们丰富的军事经验影响了他们的优先考虑事项和观点，决定了他们的想法和行动，也影响了他们写下并付印的文章。毕竟，战争可能还没有过去。美国表面上是有凝聚力的独立国家，其实仍然是由半自治、往往互不协作的州组成的邦联。因此，费城州议会大楼的绿色会议室设置了不同的桌子，为来自不同州的代表提供专门的谋划、商讨场所。持续的国内分裂局面，令外部势力更显然有可能发动进攻。1787 年和以后的很长时间，坚持扩张主义的欧洲国家（显然包括英国，它一直在上、下加拿大拥有基地；还有控制佛罗里达和路易斯安那的西班牙，甚至有从阿拉斯加定居点向南移动的俄国）很有可能会入侵美国，从而使难以驾驭的美国各州相互分离或者出现不稳定局面。

　　费城会议的代表们都为建设自己的大陆共和制帝国的前景而兴奋不已，但正如 1776 年之前英国的帝国主义者那样，一些代表也担心如何管控阿巴拉契亚山脉以西迅速蔓延的移民群落。古弗尼尔·莫里斯警告道："定居点正在我们的西边形成，那里的居民不承认任何权威，只相信自己，除了刀剑之外没有任何裁

陆军将军与立法者。安东尼奥·卡诺瓦为乔治·华盛顿雕像所做的模型，
1818 年

判。"[17] 如果这些桀骜不驯的边境群落（从地图上看，他们主张拥有的土地占美国领土的一半）未来寻求建立自己的独立国家，该怎么办？

某种程度上，费城代表们面对的是与 18 世纪中期许多欧洲和亚洲政府面对的类似的挑战。和这些政府一样，费城代表们及其支持者不得不规划如何从大规模战争的疲劳和破坏中复原。与此同时，他们还必须研究如何使公民团结一致，并提供充足的财政与军事准备，以应对未来的武装冲突，这些冲突可能不是他们选择的，但无论如何都会发生。约翰·杰伊警告说，"在任何有可能通过战争得到好处的地方，各国一般会选择开战"。他认识到在世界各大洋上，混合战争日益盛行，因此他担心如果美国继续分裂和内乱，"他们还能希望拥有什么样的舰队呢？"。还有，美国又该如何承担这些军事装备的费用？[18]

独立战争刚结束时，根据《邦联条例》，美国国会无权通过征税来偿还战争贷款，或者将税收作为新贷款的抵押。它只能依靠各州自行收取财政税收。事实证明，这一体制很不合适。1785年，美国不得不停止支付法国贷款的利息，后来只能违约。次年，美国领导人无法从各州得到足够的资金，以支持镇压马萨诸塞州和佛蒙特州抗税运动的军队。一位前大陆军将军、费城会议代表在 1787 年曾发出警告，美国"正在做没有真正军事力量的实验"，他认为，这个国家有"迅速走向无政府状态"的危险。[19]

越来越多的历史学家认为，这些压力和焦虑意味着，费城宪法的绝大多数起草者身上都有战争的印记，这部宪法在当时往往并未被视为"自由、民主社会的蓝图"，或者信心十足的建国方略，而更像是建立更有效、更具防御力的联盟的冷酷的必要计划。

1787 年 6 月，直率的罗杰·谢尔曼对其他代表说，"对于这个联盟的目标，我考虑得不多"：

> 1. 抵御外部威胁。
> 2. 防范内部争端以及诉诸武力。
> 3. 与外国签订条约。
> 4. 管理外贸并从中取得收入……
>
> 仅仅为了实现上述（甚至更少的）目标，就有必要建立各州的邦联。[20]

然而，与大部分时候的政治行动者一样，多数费城代表都将谨慎的倡议、潜藏的忧虑与充满希望和理想主义色彩的措施结合起来。由此，在最后关头对美国宪法草案序言的更改似乎主要由纽约人古弗尼尔·莫里斯完成，他时年 25 岁，是最年轻的会议代表之一。最初，宪法草案的开头是"我们新罕布什尔州、马萨诸塞州、罗得岛州……人民"，以大西洋沿岸从北到南的顺序列出了美国各州。可是在最后一刻却改成了"我们，合众国人民"，这一改动既有雄心壮志的成分，也有策略原因，其根源则在于不安的情绪。

这一措辞的修改没有将人们的注意力吸引到分离、不和谐的各州，而是在呼唤一个实际上还不存在的统一美国。正如政治宪法中常用的措辞，它传达出一种令人陶醉、欣喜的印象：这是一个团结一致、秩序井然的新国家。莫里斯的修改也有助于平衡序言其他部分过于务实的特征。这句话有助于中和宪法对"立善盟，树正义，护国安，保共守"的过分强调：这几项当务之急象征性地列在"得享自由之幸"的希望之前。[21]

最关键的是，莫里斯鼓舞人心的新措辞转移了人们对神秘的费城代表的注意力。相反，借由这个调整后强有力的虚构国家实体，"我们，人民"走到了前台，成为美国宪法的真正主人甚至鼓动者。草案在《宾夕法尼亚邮报》头版上发表时，约翰·邓拉普和戴维·克莱普尔有意促进这样的解读，他们以超大的粗体印刷"We"（我们）中的字母"W"，从而将读者的注意力吸引到这段摄人心魄的开场白和承诺上。

这种排版策略说明，印刷技术及其实现的各种可能性对美国宪法的作用，要比之前的任何成文宪法更大。印刷技术不仅记录和传播了所发生的一切，还成了这些事件的关键媒介与动力。当然，利用印刷推进宪政倡议并不是什么新鲜事。18 世纪 60 年代，叶卡捷琳娜二世委托印刷多个版本和多种语言的《圣谕》时，就已经完全了解了印刷的力量和优势。但当时的俄国没有任何报纸或地方刊物能够帮助她，女皇不得不面对国内人口识字率不到10% 的现状。

相比之下，美国的大部分白人和一些自由的黑人熟悉各种印刷品。1760—1775 年，美国报纸数量就增加了一倍，到 1790 年又翻了一番。此外，到 18 世纪，80% 的成年美国白人男性有阅读能力，或许除了北欧各国，全世界其他任何地区都没有这么高的识字率。[22]费城代表和支持者们在很大程度上认为识字和印刷品是理所当然的，这决定了他们采取的策略，也可能影响了宪法的制定。

文学学者弗朗哥·莫莱蒂曾表示，西方小说在流行程度和跨大陆影响力上超过年代更久远的中国小说，原因之一便是 18 世纪之前，前者的篇幅较为短小，更适合于印刷复制，供相对较广的读者消费。[23] 不管是真是假，似乎美国宪法惊人的简洁性（最终形式只包括 7 个条款）是其成功地广泛传播的因素之一，也是起草者熟悉商业印刷的结果。费城代表满怀热情，以多种方式利用印刷技术。但其中许多人也从印刷品的角度思考问题，十分关注其用于不同传播形式的可能性。

在这方面，他们遵循美国革命的先例。此前的《独立宣言》也以简洁而闻名，只有 1337 个单词，能够用便宜的大幅纸张印刷，方便钉在住宅、店铺、酒馆的墙上，也可以印在报纸的一面上。由于宣言短小精悍，还可以不费气力地在听众面前全文朗读，就像乔治·华盛顿的士兵们有时会专门列队，"在各自队列的空心方阵里"聆听。[24]

对费城会议的代表而言，和宣言的作者一样，将文本付印不仅是出于本能，也是绝对必要的。1787 年 9 月的宪法终稿最后一条规定，13 个州中必须至少有 9 个州批准，宪法才能生效。所有州都召开了批准会议。让充满争议且保密的草案得到大多数州的批准确实是一项挑战，但美国印刷业的地理分布简化了这个难题。这个国家多数白人劳动人口是生活在乡村的农民，信息来源有限。但报纸集中在城镇，那里正是召开批准会议的方便场所。而且，当时大部分美国报纸、邮局、印刷厂的经营者似乎都与费城的邓拉普和克莱普尔一样，是拟议宪法的支持者，已经相应地做出了谋划和行动。即便如此，正如现在所公认的那样，批准的过程也是一场拉锯战。[25]

从许多方面看，马萨诸塞州都是抵抗大英帝国的意识形态中心，但当地的批准会议仅以 187 票对 168 票批准了宪法草案。弗吉尼亚和纽约这两个富庶的重要大州的票数差距更小。美国宪法直到 1788 年 6 月才得到决定性批准，由于结果长期不确定，活动家和支持者投入精力、思考、金钱，传播宪法草案，并制作了许多有关宪法有效性及意义的论战印刷品。这种传播的影响范围远远超出了美国，也一直是宪法起草者的本意。

值得重申的是，独立战争期间，这个新共和国最重要的政治文件已在海外广为流传。《独立宣言》、各州宪法以及其他具有探索性和雄心的文件经印刷和翻译，细心地传播到海外，其目的是让欧洲各国政府相信，这个新生的美洲共和国、它所做的政治实验的启迪意义、它抵抗英国的决心都是严肃认真的，因此，它关于战争贷款、持续贸易、军事援助的要求也应该得到认真对待。从 1787 年起，美国采用类似的印刷策略，在海外宣传本国宪法。[26]

来到外国首都的美国外交官和领事照例会向当地统治者和其他重要人物分发宪法印本。许多海外美国商人和爱国侨民同样会这么做。例如，出生于苏格兰的约翰·保罗·琼斯原是奴隶贩子，后来在革命中变身为成功的私掠者，1788 年他到圣彼得堡寻找工作时，为了向叶卡捷琳娜女皇示好，就进献过一本美国宪法。宪法印本还成了美国外交信函的一部分。乔治·华盛顿写信给杰出的摩洛哥苏丹西迪·穆罕默德，告诉他宪法最终获批时，曾精心地加了一句："谨随函附上一份宪法印本。"[27]

美国官方做出这些努力，是因为它认为，其选定的国家的权贵将会立刻对新宪法的语言和思想产生深刻印象，因这些条款而相信美国现在拥有比以前有效得多的中央政府。宣传这一事实，可能有助于阻止国外的武装入侵，安抚和吸引海外商人和潜在投资者。美国宪法在国外的官方和非官方传播得到了外国印刷媒体非正式报道的帮助，并淹没在了这些媒体众多报道之中。

在这一方面，美国可以从它曾强烈排斥的帝国那里得益。美国印刷商和出版者与爱尔兰及英国同行自然有历史悠久的密切联系。因为多年的贸易和职业关系，以及语言上的共性，美国发行的报纸、小册子、书籍常常会越过大西洋。美国宪法草案文本在《宾夕法尼亚邮报》上首次出现后仅仅五周，便发表于伦敦的报纸上。而且，伦敦曾经是世界最大的海港，有最庞大的商船队，因此进口的美国物资迅速从那里运出，不仅运往欧洲的其他地方，还运往南亚和东亚、西非、南美、加勒比地区，最终到达太平洋的各个地区。就连加拿大人似乎也更多是从经太平洋运回的伦敦报刊而非通过陆上传播了解新美国宪法的细节的。[28]

但是，这场印刷风暴的接受者怎么样了呢？面对如此众多的美国宪政主义出版物，世界不同地区的男男女女受到了怎样的影响？

理解与借鉴

从某种程度上说，在一些地方，美国宪法的影响是巨大、迅速、深刻的。尤其是在多个大陆的激进分子和改革家之中，美国发生的一切，革命、主人公的思想、对一个贪婪的帝国取得的胜利，以及随后出现在纸上的政治革新与法律革新，还有一个重要的事实，那就是这个来之不易的政体存活了下来，都让他们对可能发生的变革感到激动。

新的美国政治文件还促进和巩固了人们对 1776 年前就已出现的"宪法"一词的不同理解。现在，人们越来越普遍地认为，政治宪法可以甚至应该是容易印刷的单一文件。对手的反应是这种转变的一个信号。从 18 世纪 80 年代起，某些德意志邦国和英国保守派人士开始以嘲弄的暗示口吻提到"纸面宪法"。纸张当然是印刷机的关键"燃料"。[29]

美国人忙于用印刷来宣传和植入他们的宪法，这也成为其他人渴望探索的一种策略。这有助于解释，为何在 18 世纪末和之后起草的宪法中，关于使印刷版本更容易获得的条款明显变得重要。对 1776—1850 年全球发布的宪法做一分析，有助于证明这一点：

1776—1850 年各国宪法提及权利的次数 [30]

出版自由	560 次
宗教自由	534 次
人身保护	492 次
人民主权	477 次
请愿自由	408 次
言论自由	196 次
集会自由	172 次
贸易自由	169 次
迁徙自由	68 次

从 1776 年美国《独立宣言》发表到 19 世纪中叶，不同国家和大陆颁发了成百上千的宪法文本，其中关于印刷（出版）的条款多于有关宗教自由或人民主权的条款，也明显多于关于言论自由和集会自由的条款。从这些文本可以看出，这一时代的宪法制定者判断，获得印刷品的权利几乎比任何其他权利都更关键。这

不仅是因为其中一些人虔诚地认为，受过良好教育的公民有其内在价值，还因为如果宪法这种新的政治技术要在国内和国外起效，则印刷确实是不可或缺的。

在未来由黑人当家做主的海地，主要的独立战士杜桑·卢维杜尔似乎本能地理解了这一点。1799 年底，拿破仑·波拿巴颁布了新的法国宪法（当然是印刷的），规定法国殖民地从此将依据"特别法"治理。加勒比地区视此举为在法国殖民地恢复奴隶制的威胁，如发生在马提尼克岛和瓜德罗普岛的情况一样。但在官方仍称作圣多明各的地方，杜桑的反应是在 1801 年颁布自己的宪法。他无视法国顾问的意见，有意将宪法文本付印。通过颁布并印刷宪法，杜桑宣传了如下规定：圣多明各的所有前黑奴现在都是公民，因此当然也是自由人。正是他的这一举动促使拿破仑派出一支海陆大军攻击圣多明各，逮捕了他，不过最终也加速了法国势力在这一地区的消亡，以及海地的独立。[31]

杜桑在海地的政治继承人也理解印刷的价值。他们也吸取了美国革命者采用的策略，例如，于 1804 年 1 月 1 日发布了自己的独立宣言。[32] 不过，他们的这些借鉴行为并没有与深入效仿美国政治制度相结合。正如前文所述，新的海地很大程度上是专制的军国主义国家。在南美各地，有意效仿美国推进宪法的技巧，同时明确效仿美国自身政治制度要素的做法更为明显，理由也很充分。

19 世纪 10—20 年代的南美独立战争之后，考虑到地理上邻近，一些南美人将美国视为最好、最明显的政治模板。其他因素也同样如此，除了巴西在 1889 年之前仍保留君主制，南美出现的十个独立国家最终都选择（此过程中出现过一些逆流）和美国一样建立共和国。与美国类似的是，这些新兴的南美国家也是反抗欧洲帝国的革命战争的胜利产物，是自觉的新创造。因此，虽然1789 年的一位法国宪法制定者认为，让自己的"古老民族"效法美国（"世界上刚刚诞生的新国家"）的政治设计确实是可怕的想法，可是对一些南美人来说，北方邻国的新兴之处只会增添该国政治计划的吸引力。[33]

因此，一些南美国家乐意借鉴 1787 年美国宪法的条款和思想。它们从中吸取了总统制的思路。最重要的是，它们往往还复制了美国的联邦制度。例如，"大哥伦比亚"迅速宣布成立为联邦共和国，该国在 1819 年后的一段时间包含今天的哥伦比亚、巴拿马、委内瑞拉、厄瓜多尔大部分领土。就连巴西在最终抛弃君主制时也复制了美国的联邦制度，于 1891 年颁布了新宪法。

南美国家还借鉴了美国人行之有效的一些印刷与宣传技术。智利 1818 年首部临时宪法的作者迅速努力促使这个法律文件得到批准，并规定："一旦这份草案付印，将根据命令在这个国家的所有城市、乡村、市镇发行。"[34] 其他南美政治活动家也欣赏 1776年后美国国会有效运用的策略。他们编辑宪法文件的宣传册，然后将这些纲要送到海外，以便影响和吸引外国舆论，刺激未来的投资、结盟、贷款。

1811 年成为第一个宣布从西班牙独立出来的南美国家之后，委内瑞拉就是这么做的。在首都加拉加斯草拟的委内瑞拉新宪法与其他革命宣传文件一起，很快被送往伦敦。1812 年，合订本在伦敦出版，西班牙文与英文版本印刷在相邻的两页上，准备在海外多地发行。[35]

内容充实，有时甚至令人感动的委内瑞拉宣传册值得研究，因为它揭示了许多东西。首先，它说明了委内瑞拉革命者选择借鉴美国时，经受了多么巨大的军事与政治压力。在呼唤上帝之后，他们的宪法以"我们委内瑞拉国民"开头。接着，它宣布准备建立联邦共和国，并精心将其命名为"委内瑞拉联合省"。宪法中还有条款规定建立一个众议院和一个参议院，两院议员与美国一样，年龄分别在 25 岁以上和 30 岁以上。这本委内瑞拉宣传册还包含另一次向美国榜样的致敬——加入了一份《独立宣言》。不过，美国《独立宣言》反复聚焦在乔治三世真正臭名昭著的失败上，而委内瑞拉的版本则不断重提 300 这个数字，以阐述其反帝境况：西班牙人带来的"300 年的奴役、苦难、不公"，"300 年的屈服与牺牲"，等等。[36]

与美国立法者和政治家一样，委内瑞拉宣传册的编辑者知道，宪法文本不仅是国内法律和治理的工具。通过印刷手段，这些重要文件可以越过陆地和海上边界，将有关新政体及其统治秩序特性、理念的信息传递给其他人。印刷的成文宪法是一种理想的媒介，通过它可在全世界宣传新建立的国家或政权，并确立其地位。

正如这一宣传册的编辑者所宣称的，如果没有将他们的宪法印刷输出，委内瑞拉人就"不能向世界庄严宣告（他们的）目标"。[37]虽然制作者为"仓促出版"造成的排版错误表示歉意，但他们明显很认真地考虑了宣传册的外观，以及打动未来外国读者的方法。书中散落着盾牌、头盔、长矛的图案，它们提醒读者，新委内瑞拉正是依靠战争和牺牲，才能勇敢地屹立于世界。书中还反复出现一艘满帆的加利恩大帆船的图案，直观地提醒外国读者，一旦委内瑞拉成功实现独立，就可能出现商业机会。

尽管其领导人付出了努力和才智，到 1812 年中期，委内瑞

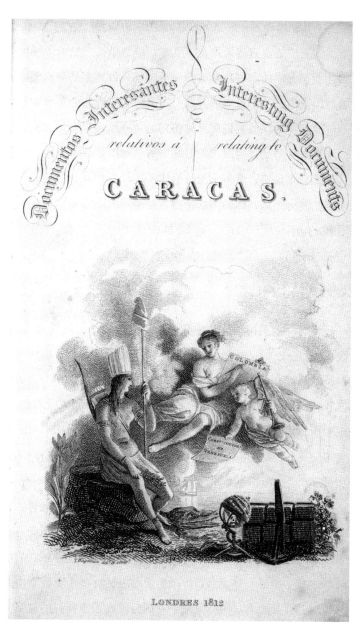

Documentos Interesantes Interesting Documents

relativos á relating to

CARACAS.

LONDRES 1812

委内瑞拉宪法宣传册，1812 年，以西班牙语和英语印刷

拉第一个共和国还是在西班牙军队的干预和内战中灭亡了。不过，它丰富的宪法文本宣传册留存了下来，成为迅速增长的不同国家宪政计划与方案的印刷档案中的一员。世界各地宪法印刷版本不断增加，说明了一个重要的观点。的确，美国宪法创举与印刷创举的规模与技巧促使其他国家效仿它的一些政治观点和方法。然而，同样重要的是，美国人的这些努力也帮助世界不同地区发展出其他（有时是相互竞争）的政治体系，以及相互竞争的成文印刷宪法。制定宪法，印刷出版，然后在不同大陆宣传，这成为许多国家（但不是所有国家）可以参加的游戏。

回顾跨大陆上演的剧本

毫无疑问，美国独立战争和从这场战争中产生的成文宪法，在改变和塑造思想、推进 1776 年前在某些欧洲国家已经出现的新政治技术方面起到了重要而持久的作用。尤其是美国宪法，由于其内容和所处环境，也因为通过印刷手段传播，所以在漫长的 19 世纪中所产生的影响要比美国《独立宣言》广泛得多。第一次世界大战之前，《独立宣言》当然也在一些地区被广泛传阅和重印，但从没有产生与美国宪法同样深远的影响。

《独立宣言》具有强烈的意识形态色彩，从某种程度上说，它是一份小众文件。1776 年之后，它吸引的主要是有愿望和能力摆脱另一个国家（或帝国）统治的地区。1914 年前，这样独立的情况仍然很少。当然，19 世纪 10—20 年代摆脱西班牙统治的南美各共和国，以及脱离法国的海地都发现，发表独立宣言的策略很有用，因此效仿了这一做法。然而，在美洲之外，情况就不同了。

1790—1914 年，似乎只有 10 个国家选择发表自己的独立宣言。[38]

怎么可能发生其他的情况呢？这一时期，世界上的大部分帝国和复合君主国都没有受到破坏。直到第一次世界大战之后，更多的是在 1945 年后，以及欧洲其余的海洋帝国瓦解之后，独立宣言这种类型的宪政文件才有更大的吸引力和推动作用。

相比之下，美国宪法产生广泛影响的时间要早得多。亚历克西·德·托克维尔的《论美国的民主》（1835—1840 年）可能是流传最广的、写于 19 世纪的、由外国人分析美国的著作，但该书中完全没有提到《独立宣言》，而是用很长的一章专门介绍 1787 年美国宪法，并在书中多次引用。[39] 考虑到他自己和许多读者的兴趣偏好，这样的篇幅分配是可以理解的。19 世纪（此后越来越多），各种政体的活动家都对宪法实验感兴趣：共和制国家如此，君主制国家亦然；新国家中如此，旧国家中亦如此；某些帝国和反抗帝国的国家中也都有这种情况。对美国之外的大多数民族而言，美国的宪法似乎是最切中要害、最吸引人的文本，最值得密切注意。

不过，有一点应当注意。1787 年在费城起草的宪法虽然引起了广泛的兴趣，但对致力设计自身同类文件的外国活动家和狂热者来说，它绝对不是唯一的影响因素。相反，随着越来越多的国家采用成文宪法，这些文本也更多地被印刷并在各国出版，对这类政治技术有兴趣的人们也有了越来越多的选择。他们不仅可以研究和抄取大量重印与翻译的美国宪法文本，还可以逐渐获得有关其他国家宪法的信息，阅读和借鉴这些文件。

18 世纪 90 年代，精明的出版商已经察觉到这种趋势，并开始利用。他们不只是简单地分别出版单个国家的宪法，还开始发行多个国家宪法的合集。[40] 这样，感兴趣的读者以及有抱负的宪法制定者可以在纸面上对比相互竞争的国家组织模式，认识如何规定权利和法则。20 世纪初，有些新兴的国家和政权确实出资发行了这类的多宪法合集。

1922 年，新兴的爱尔兰自由邦就发生了这样的事情，这个自由邦是在对抗英国的六年内战之后建立起来的，根基并不稳固。都柏林的自由邦政府委托发行了一本《世界宪法选集》(*Select Constitutions of the World*) 的大部头书籍。在这本书中，新的爱尔兰宪法赫然印在首位，还包含 18 个其他国家现行宪法的文本。和美国 1776 年后忙于在海外宣传其宪法文本一样，都柏林政治家做出的这个印刷举措是官方深思熟虑的结果。爱尔兰自由邦的政治家将他们仍不稳固的新宪法和其他更受认可的国家宪法收录在同一本选集中，然后将选集印本送到多国首都，目的是昭告天下，他们全新的共和国现在与世界上所有独立国家是平等的。[41]

这种由国家资助、汇集世界不同地区多个宪法实例、面向国际读者的出版项目未来仍将存在。而官方印刷的宪法纲要在很早以前就已扎根。1787 年后越来越多地涌现的，是一种知识聚集与散布的新方式，不过这在欧洲各地早有预兆。印刷技术的快速发展，助推新的宪法以此前无法想象的方式广为流传，也反过来导致变化的政治学说的提炼、借鉴、比较、选择。参与宪法起草的政治家、法律工作者、知识分子、军人，以及希望构思宪法的个人，都越来越容易选择和组合宪法内容。他们可以从日益增多的不同国家宪法印刷版本中研究和选择思路、制度、法律，然后再将选择要借鉴的东西与自己固有的思路、愿望、法律、政治准则熔于一炉。

我们可以从 1814 年挪威宪法的制定过程中看到这种本地与外国影响交织的情况。[42] 在至今仍有效的宪法文件中，这部宪法的历史是第二长的，仅次于美国宪法；而且，它也是一部由军事冲突促成和塑造的宪法。到 1814 年，由于拿破仑战争引发的纷争与压力，挪威与丹麦的长期联盟已经瓦解，这导致丹麦国王将其在挪威的治权让给了瑞典国王。因此，1814 年 4 月聚集在埃兹沃尔庄园（Eidsvoll Manor，奥斯陆城约 30 英里处一所雅致的新古典主义别墅）二楼的 112 名男子必须迅速行动。他们不顾一切，希望在祖国被瑞典控制前，为其主权加上某种保障。仅仅五周，他们就在"成堆的报纸"（其中许多报纸都在报道瑞典军队已出动，可能入侵挪威的消息）包围下，起草了一部新的挪威宪法。

这种外国即将接管的威胁——瑞典军队于 7 月份按时抵达挪

奥斯卡·韦格兰 19 世纪晚期的画作，描绘了 1814 年挪威宪法的制定者。该画现在悬挂于挪威议会

威——并没有阻止埃兹沃尔的代表们浏览多份外国文件以帮助他们构思自己的宪法，甚至使他们更加急迫地这样做。正如世界史学者威廉·麦克尼尔所说，借鉴比发明更容易，因此，在极大的压力下，埃兹沃尔的代表们疯狂地借鉴。[43] 尽管他们之间意见不一，相互抵触，但他们仍决心制定出可行的宪法文件，在外部压力迫使他们改组政府之前付印。所以，他们勤奋地工作，杂乱无章地阅读资料，从中筛选，有时候直接复制。

传统上，挪威一直通过丹麦首都哥本哈根接收大部分海外政治情报，这座城市是与巴黎密切联系的印刷业与大学中心。例如，大部分挪威人似乎都是从这条陆上途径首次了解到 1787 年美国宪法的。不过，挪威也常常从海上，特别是从英格兰、苏格兰、爱尔兰、荷兰、德国的沿海贸易商那里接收海外的新闻和印刷品。这些形形色色的情报网络有助于解释，为何 1814 年起草的挪威宪法表现出了一系列不同的血统。

人们很早就认识到了这一点。维多利亚时代的学者、瑞典法学家尼尔斯·赫耶尔（Nils Höjer）煞费苦心地研究了 1814 年在埃兹沃尔起草的宪法文本。虽然其研究工作得不到计算机分析这类现代技术的帮助，但他仍发现并指出了挪威宪法受到的影响：

> 有些情况下是逐字翻译的——有来自 1791、1793、1795 年法国革命宪法，以及美国联邦宪法和多个州的宪法、1791 年波兰宪法、1798 年巴达维亚宪法（荷兰宪法）、1809 年瑞典宪法、1812 年西班牙宪法的内容。[44]

除了从不同的外国印刷品中取得的素材，以及挪威知识分子、神职人员、王宫官员所起草的意见书，埃兹沃尔的代表还从出版的英国政治著作中吸取了在本国采用君主立宪制的思想。

换言之，在瑞典军队进入祖国之前，这些人以坚忍不拔的精神制定的宪法明显并不纯粹是国内的创造。但它并非主要来源于美国宪法（挪威宪法中重复最多的一个词是"国王"），也不是来自其他单一的外国宪法。它与大部分宪法一样，更像一块拼布床单。它的最终形式是全新的创造，但它一定程度上是由许多源于其他地方的不同旧素材组合起来的。

与大部分宪法制定者一样，挪威宪法的宣传者也大量利用印刷品。他们的做法表明，伴随着交通更广泛的发展，以这种方式使用印刷品也有了更多的可能。利用挪威蓬勃发展的邮政系统，新宪法印本于 1814 年在本国的 25 个主要邮局和将近 100 个邮政支局出售。这样，前来投递或者收取信件包裹的男男女女就可以在等待的时候翻看，或者给自己买一本，或者寄给更偏远地区的亲友。挪威人还受到鼓励，将宪法印刷版贴在家中墙上，不夸张地说，这使该国的新政治主张融入民众家庭，成为他们日常生活的一部分。此外，挪威邮政投资轮船，用它们在该国漫长曲折的海岸线上的站点投递邮件，其中一艘轮船被命名为"宪法"号。人们在岸边等待接收邮件时，就会看到镌刻在这艘船侧面的这个词，受到提醒。[45]

除了迎合不同地方的官方宪法制定者，日益扩展的宪法文本和宪法评注的印刷档案也为异见者和反对派团体，尤其是面对外部帝国入侵的那些人，提供了研究探索的机会。以墨西哥的《伊瓜拉计划》为例，反对帝国主义和排外主义的不同团体都曾传播和改动该计划。

这个计划最初由后来称帝的墨西哥军阀阿古斯丁·德·伊图尔维德上校于 1821 年 2 月颁布，该计划意图作为更加独立的墨西哥政府的蓝图，但这个政府可能仍将坚持君主主义。不过，该计划的第 12 条对世界上其他地区追求不同政治目标的人最有吸引力："新西班牙的所有居民，无论是欧洲人、非洲人还是印度人，都是这个君主国的公民，有权根据其长处与德行，从事任何职业。"[46] 经过翻译并以印刷的形式跨越国界之后，《伊瓜拉计划》传递的信息有时候被诠释为一种榜样：在未来的变革中，将政治权利慷慨给予所有男子，无论其宗教信仰、肤色、种族为何（妇女仍然被排除在外）。

1821 年秋，《伊瓜拉计划》英文版已在美国流传，到当年年底，这个版本传到爱尔兰，人们对它的理解和使用立刻出现了变化。《伊瓜拉计划》发表于《康诺特日报》（*Connaught Journal*），这家天主教自由派报纸给爱尔兰奉献了对该计划的经验教训的解读。虽然爱尔兰于 1801 年通过《合并法案》正式并入英国，但该国占多数的天主教人口仍遭到排斥，不能直接成为设于伦敦的议会的代表。当时，只有少数爱尔兰天主教徒可以投票；而且，在 1829 年之前，根据法律，他们因为宗教信仰而没有资格被选入威斯敏斯特议会。

因此，墨西哥《伊瓜拉计划》对《康诺特日报》的经营者和读者（主要为天主教徒）有一定的吸引力。"这是一个刚刚从不幸的奴隶制度和几乎无可救药的未开化状态中获得新生的国家，我们的国家能从这个范例中看到多么有益的寓意！"既是改革者又是仇外者的该报编辑宣称：

如果爱尔兰的政治家和立法者开会时都能秉承墨西哥宪法第 12 条所述的和解精神，这个国家就不会有这种悲惨、绝望的情景——致命的纷争、每夜都发生的杀戮。[47]

1822 年，这种对《伊瓜拉计划》更广泛的意义和影响的诠释——墨西哥宪法文本为不同文化、阶级、种族的男性更好地得到承认和授权提供了榜样——传到了印度及其重要港口城市加尔各答。

加尔各答曾是英国东印度公司的大本营，该公司宣称对印度次大陆的很大一部分拥有支配权。加尔各答是十分混合的城市。漂亮的白色大楼与土路比邻。50 万左右的居民中，大部分非常贫穷，但有一小部分（与种族差异有关）是放债者、投机者、富商。这里只有 2000 名居民可以称得上是"英国人"，其中多数与其他欧洲人和半欧洲人往来（或不往来）。但最重要的是，加尔各答已是世界印刷业中心之一，是印度和英国印刷厂的基地，印刷总量超过了许多欧洲国家的首都。[48]

加尔各答的印刷总产出中，可能有三分之一与东印度公司及其统治机器存在某种关联。不过，心怀不满的欧洲人和印度活动家也利用该城的印刷资源，批评东印度公司横征暴敛，并鼓动政治、宗教、经济、社会变革。这种印刷抵抗运动的一个主要的早期例子是《加尔各答日报》（*Calcutta Journal*），它是印度次大陆的首份日报。从 1818 年创刊到 1823 年最终遭禁，这份报纸历经沉浮，它由两位非法越界者联合经营：一位是英国人詹姆斯·西尔克·白金汉（James Silk Buckingham），他有时喜欢穿阿拉伯和印度服装；另一位则是来自孟加拉的古林族（Kulin）婆罗门拉姆莫汉·罗伊（Rammohan Roy），他身份地位很高，很喜欢穿欧洲的鞋子。

两人的出身、财富、社会阶层、教育背景截然不同，但都是非凡人物。白金汉是完全白手起家、喜欢冒险的旅行家，曾自夸熟悉"欧洲、亚洲、非洲的部分地区，以及……地中海、大西洋、红海、波斯湾、印度洋"。[49] 在不同时期，他当过传教士、海员、记者、作家，当然也曾是印刷商。白金汉比表面看上去更有原则，激烈反对种族歧视，他也是狂热的反奴隶制活动家，与美国主要废奴主义者联系密切。

拉姆莫汉·罗伊所受的教育远高于白金汉，他家境富裕，学识极其渊博，近年来引起了越来越多人的注意。他身高六英尺，有一头漂亮的黑发，这头黑发就如他的高种姓出身以及女人缘一样，都是他强烈虚荣心的来源。拉姆莫汉"改革"印度教的努力在当时和现在都饱受争议。他批评东印度公司，但有时仍会为其工作，并投资该公司的股票。由于他的大部分波斯语和孟加拉语文章已散佚，我们对其思想发展的理解受到了限制，但很明显，他对各种语言的原理和多样性十分着迷。作为精通波斯语、梵语、阿拉伯语和多种欧洲语言的语言学家，拉姆莫汉在众多著述之外，还出版过一本关于英语和孟加拉语语法的书。[50]

拉姆莫汉·罗伊与白金汉于1818年首次相见，在一段时间里几乎朝夕相处，有时，两人会于晚间乘坐马车，在加尔各答刚完工的环路上缓缓而行，秘密讨论政治项目与报刊项目；有时则与其他的印度和欧洲的知识分子及作家在漫长的工作早餐会（基于种姓原因，拉姆莫汉不吃这种餐食）上相见。二人还交换文稿，拉姆莫汉用英语向《加尔各答日报》投稿，并对版式和宣传活动

詹姆斯·西尔克·白金汉与妻子在巴格达，1816 年

提出建议；而白金汉则不时为他的朋友和伙伴经营的波斯语和孟加拉语报纸提供翻译，补充素材。[51]

两人都对新宪法的进展和政治主张感兴趣，但程度不同。即便在中年后期成为英国议会议员，观念变得更加传统之后，白金汉仍坚信成文宪法有不可比拟的优点。他在 1841 年足够准确地论述英国:"如果没有成文宪法作为指南,我们就没有任何固定或有形的参考。"[52] 至于拉姆莫汉,他除了从海外寻找思想,同样逐渐发展出自己关于印度古代宪政的理论,坚持认为印度本土曾有宪章和政治权利的变体。

拉姆莫汉这一论调的意图,是要反驳"只有东印度公司的统治,才能将印度从其原始的专制统治中拯救出来"的主张。但他开明知识分子、贵族自由主义者的身份,以及印刷品的流动,确保他的一些关于古印度朴素宪政主义的观念最终传到了英国。从

拉姆莫汉·罗伊画像,1826 年,可能作于印度

威廉·布莱克斯通经典作品《英国法释义》（初版于 1765—1770 年）的维多利亚时代早期版本中，人们可以看到它们的影响。到了 19 世纪中叶，该书读者已经确信，传奇的盎格鲁-撒克逊议会的名称 Witenagemot 实际上可以在印度北方语言中找到对应的词。这暗示着，古代英国人享有的自由，古印度人也有可能拥有。[53]

白金汉和拉姆莫汉都钦佩美国的政治成就。前者曾前往美国旅行，而后者在 1833 年访问英国期间去世时仍希望能去一次美国。然而，不管他们多么热心地拥抱"这个创造、改变、重塑宪法的时代"，两位盟友在《加尔各答日报》上都只用有限的篇幅介绍北美宪政。相反，这家报纸的焦点更多集中在伊比利亚半岛和南美洲的政治变革上。因此，1822 年，拉姆莫汉和白金汉发表了秘鲁独立后首部宪法草案的翻译稿。他们还发表了大哥伦比亚开国宪法的节选。当然，他们也发表了 1821 年墨西哥《伊瓜拉计划》的译本，包括此前爱尔兰天主教记者认为其激动人心的一个条款版本：

> 新西班牙的所有居民，无论是欧洲人、非洲人还是印度人，都是这个君主国的公民，有权根据其长处与德行，从事任何职业。[54]

"印度人"这个词在加尔各答的意义自然与在墨西哥不同，这是至关重要的一点。白金汉和拉姆莫汉都希望确保增进印度本地民众的自由与法律权利。在这方面，美国成文宪法尽管有种种特质，但用途有限，而且还将逐渐变少。到 19 世纪 10—20 年代，美国越来越多的州颁布了新宪法，这些宪法都明确拒绝非白人男性行使任何政治权利。

相比之下，南美立宪主义者密切关注极其重要的 1812 年《加的斯宪法》。1820 年，该宪法在西班牙再度发行，这一版本题献给拉姆莫汉·罗伊。正如我们将要看到的那样，这部宪法提供了政治解放的措施，并带来了跨越种族分歧的希望。和《伊瓜拉计划》相似（但程度不同），可以将其理解为一部相对开放、精英治理、没有种族偏见的宪法。因此，这些西班牙语宪法文本（无论是南美还是西班牙本国的）对拉姆莫汉和白金汉很有吸引力，他们将其当成典范，希望在印度次大陆实现类似成果。他们并不想结束英国东印度公司的统治，因为对 19 世纪初亚洲和欧洲的大部分激进分子而言，这种结果似乎不可能实现；他们宁愿改革该公司的统治和法律实践，以及改变大英帝国，使帝国内"欧洲人……或者印度人之间没有任何区别"，所有群体都"根据其长处与德行"得到相应的待遇。

印刷的力量与局限

加尔各答发生的这些事件有助于解释，为何到 19 世纪 20 年代，一些乐观的观察者认为，已经可以设想一个普遍存在有改革精神的成文宪法的世界。19 世纪 20 年代初，一名欧洲激进人士写道："到目前为止，革命都是孤立发生的，但现在全世界似乎都弥漫着一种情绪。我们应该能在几年内看到，亚洲国家将要求实行代议制——是的，非洲也是如此。"[55] 这一阶段，对新宪法的倡导跨越陆地边界与海洋，其程度确实惊人。印刷一如既往地对这种思想传播起到关键作用，然而，在某些地区，与印刷和语言相关的因素却阻碍了宪政的发展。

在这个早期阶段，世界大部分地区仍然普遍存在文盲，但这并不是成文宪法的传播受到限制的主要原因。正如美国革命者在1776 年理解《独立宣言》那样，要对宪法文本中包含的内容有所认识，并不需要阅读能力。在一个有文化的社会里，即便是文盲也通常能够找到识字的人，比如神父、律师、政治家、军人，或者仅仅是受过教育的邻居，为他们解释新宪法的大概内容和意义。但是，这类政治宪法越来越流行，确实对缺乏书面语言的民族不利，也给一些地区带来了挑战，那些地区在官僚、宗教、学术的手书方面有悠久辉煌的传统，但印刷机的推广及印刷产品便利的商业传播发展缓慢且不均衡。例如，在奥斯曼帝国的部分地区，在中亚和东亚多地，就是如此。

在这些地方，19 世纪初时，印刷品和印刷机相对匮乏，并不能阻碍新成文法典出现，也不能阻碍思想交流，或阻碍重要的改革性政治文件推出。[56] 不过，在印刷机制不普及的社会里，散布关于国内政治变革的信息可能更为困难，将关于这些变革的丰富信息传播到国外也同样困难。

贝内加尔·希瓦·拉奥（Benegal Shiva Rao）是印度民族主义者，也是该国未来制定独立宪法的关键人物，他在 1933 年访问伦敦时发现了这一问题。他在伦敦无意中看到了一本在都柏林印制的 1922 年版《世界宪法选集》，立刻意识到这种宪法摘要可能"对那些积极关注印度将要发生的宪政改革的人"很有助益。拉奥迅速从爱尔兰自由邦取得许可，以出版该书的印度版。可是，正如他后来所说，他最初希望加入 1906 年的波斯宪法和 1923 年的阿富汗宪法，以抵消都柏林版本中的西方偏见。然而，他发现在伦敦找到这些文件的发行本绝非易事。因此，当他的新版《世界宪法选集》于1934年在马德拉斯面世时，它确实是选集，其中没有来自主要伊斯兰国家的宪法。[57]

但是，不管是西方还是东方，取得印刷品的渠道都不是宪法传播的主要决定因素。与其他因素相比，盛行的权力结构以及当权者的态度造成的限制才最为关键。

考虑一下日本和中国发生的事情。在这两个国家，印刷术早已普及。甚至在19世纪末印刷文化发生巨变之前，中国传统的木版印刷技术已能将廉价的印刷品送到某些更富裕的农民手中。当时，在这片广阔的土地上，推出成文印刷宪法并没有不可逾越的技术或技能障碍。1831年，澳门的一名美国商人就指出了这一点。他发表于当年《广州杂录》（*Canton Miscellany*）的一篇文章说得足够准确：当前，在西班牙和葡萄牙甚至汉诺威和萨克森这样的"小邦"，"宪法制造厂"都在努力工作，"中国的造纸业无疑可比肩"这些欧洲国家，可是为什么清朝没有产生出成文印刷宪法？[58]

这名作者一定也知道，上述质疑不过是带有挑衅意味的幻想而已。19世纪六七十年代之前，中国统治者、政治家或官僚从没有持续地认真尝试过政治变革。在一定程度上，这是因为到当时为止，大规模战争对中国的破坏几乎都在可控范围内。

1840—1842年的第一次鸦片战争（在这次战争中，英国海军破坏了中国的海防，迫使其割让香港岛）之后，少数中国官员和知识分子确实对立宪思想的广泛传播表现出了一定的兴趣。但宪制改革的呼声以及官方对此的反应仍然很有限，直到中国统治者遭受了更持久的战争压力——首先是19世纪50—60年代初的太平天国起义，然后是 1883—1885 年中法战争和 1894—1895 年中日甲午战争的失败——才开始认真考虑提高税收、重整政府以准备应对现代混合战争的必要性。[59]

出于同样的原因，在 1868 年的政治军事变动之前，印刷品繁多的日本也鲜有对成文宪法的高层次讨论。这主要不是因为印刷技术或文化水平的阻碍，而是因为日本统治阶级对新的政治技术及其所能实现的目标兴趣有限。换言之，印刷术在推动和塑造各大洲新宪法的过程中起到了关键作用，但仅仅有印刷术还远远不够。

即便在美国，对权力的考虑也可能限制印刷品促进宪政举措的能力，从 19 世纪 20—30 年代的一系列极端残酷的事件中就可以看出这一点。到这个阶段，费城代表认为理所当然的美国开国 13 州已经扩大到 24 州，同一时期（1787 年到 19 世纪 20 年代）美国登记人口已经增加到原来的三倍。然而，美洲土著居民即印第安人并没有被划入美国官方的人口普查范围。这些人不属于负有交税责任的主要人口，也没有被纳为美国公民，他们也基本上不是奴隶。那么，他们的身份是什么？1827 年，有约 1.5 万名切罗基人居住在新兴的佐治亚州，他们中的主要活动家决心表明，他们实际上构成了一个独立国家，因此需要一部成文宪法。

在这些人看来，先决条件已经具备。此时，切罗基的土地和人口已被白人侵略者严重侵蚀，但越来越多的切罗基人得到了一定的教育，且很多人是劳动的农民。而且，最关键的是，他们有取得印刷品的途径。塞阔雅（Sequoyah，关于他的出身和思想，我们知之甚少）就是他们之中的一员，他发明了一个书写体系，使切罗基语能够被书写、印刷、阅读。[60] 这个体系的一项成果是

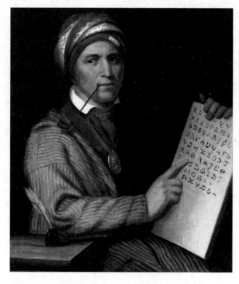

塞阔雅和他的切罗基语音
节表

CONSTITUTION

OF THE

CHEROKEE NATION,

FORMED BY A CONVENTION OF DELEGATES FROM THE
SEVERAL DISTRICTS, AT

NEW ECHOTA, JULY 1827.

ᏣᎳᎩᎯ ᎠᏰᎵ ᏗᏂᏱᏒ ᏣᎳᎩ ᎤᎾᏓᏤᎸ,

ᏣᏫ ᎢᏯᏗᎾᏓᏍᏗ ᎤᎾᏓᏤᎸ ᎤᏩᎾᏰᏓ, ᎢᎦᏛ ᎤᏕ 1827 ᎤᏪᏴᏓ.

We, THE REPRESENTA-
TIVES of the people of the
CHEROKEE NATION in Con-
vention assembled, in order
to establish justice, ensure
tranquility, promote our
common welfare, and se-
cure to ourselves and our
posterity the blessings of li-
berty; acknowledging with
humility and gratitude the
goodness of the sovereign
Ruler of the Universe, in
offering us an opportunity so
favorable to the design, and
imploring his aid and direc-
tion in its accomplishment,
do ordain and establish this

ᎠᎪ ᎢᎣᏫ ᎠᏍᎩ.Ꭵ ᎠᎦᎵ ᎠᎠᎢ
ᎥᏫ, ᏣᏫ ᎣᎬ-ᎤᏣ ᎠᎩ.ᎯᏣᎵ,
ᏍᎩᎠᎦ ᎠᎩ.ᎠᏥᎵ.Ꮇ, ᎠᎥ ᎠᎠ Ꭵ
ᏯᎦᎠᎩ.ᎷᎥ, ᎠᎥ ᎥᎡ ᎢᎯᏎᎠᎵ
ᎠᎷ ᏏᎡ ᎠᎭᎢ ᎬᎤᎩ ᎠᎦᎵ ᎬᎩ.Ꮳ
ᎦᎷᎵᎵᏣ, ᎣᎠᎥ ᎠᎩ.ᎡᏣᎵ.ᎵᏣᎠ
Ꭵ ᏣᎡ ᎬᎤᎢᏣ ᏏᎭᎡᎬ ᎯᎤ, ᎠᎥ
ᏏᎠᎢ ᎥᎭᎠᎥ ᏔᎩ.ᎠᎵ ᏏᎠᎦᎵᎥ.Ꮅ
.Ꭰ, ᎬᏢᎩ.ᎵᏣᎵ, ᎠᎠ ᎢᎦᎠᏫ.Ꮳ
ᎬᏫ ᎥᏫᏎ ᎠᎭᏎᎣ.   ᎨᏫ.Ꮅ.Ꭰ
ᎠᎠ, ᎯᎡᎣᎢ ᎣᎡᏣ.ᎵᎷ, ᎠᎭ.ᎠᎢᎠᎵ;
ᎠᎡ ᎦᏣᎡᎵ.ᎵᏢ ᎥᎠᎩ ᏔᏣᎭᎡᎷ
ᏂᎡᎥ ᎠᎠ ᎤᎠᎥ ᏔᎦᏣᎵ ᎩᏯᏣᏎ.Ꮅ
ᎠᎵ ᎯᎯᎡᏣᎵ.ᎵᎷᎵ, ᎠᎥ ᎤᎠᎥ ᎠᎵ
ᎥᎠ.ᎵᏣ, ᎠᎥ ᎠᎵ.Ꮅ.ᎵᏣ, ᏏᎭᎠᎵᏣᎵ

1827 年的切罗基国宪法，以切
罗基语和英语印刷

《切罗基凤凰报》(*Cherokee Phoenix*)——美国历史上首份印第安人拥有和编辑的报纸。另一项成果是，一些切罗基领袖于1827年举行会议，通过了一份"(他们的)未来政府的宪法"，这份文件得以印刷发行，每一页分为两栏，将条款的切罗基语和英语版本并排列出。

和其他宪法制定者一样，这些切罗基立法者有意"剪贴"了美国宪法的不同部分。他们的宪法以"我们，由大会确定的切罗基国人民代表"开头。这些人还详细地规定了"这个国家的领土边界"，这些边界"从此以后不可改变"：

> 从田纳西河北岸的奇克索废弃耕地开始，沿上述河流主水道（包含其中所有岛屿）直到海沃西河河口，然后沿这条河主水道（包含所有岛屿）上溯，直到河流旁边的第一个小山，在海沃西旧镇以北约200英里……[61]

不过，无论是对这片土地的独特构想，还是切罗基人组成"自由和独立的国家"、享有自治权的主张，都没有取得任何支持。华盛顿的美国联邦政府和全由白人组成的佐治亚州立法机构，都拒绝承认这部宪法的合法性，以及切罗基人国家愿望的正当性。19世纪30年代，大部分切罗基人被赶出佐治亚州的故土，移居现在称为俄克拉何马州的地方，其中大约4000人死于迁徙途中。这通常被描述成一场美国边疆特有的悲剧，但它不只是悲剧。

从一个层面上说，这一幕再次强调了印刷手段与积极参与制宪的密切关系。而从另一个层面看，19世纪20—30年代佐治亚州发生的这一系列事件证明，印刷术创造的机会和宣传的思想，可能被权力更大的人抛在一边。1776 年之后，美国白人逐渐利用成文印刷宪法网络，帮助锻造、编织、合法化一个广阔的跨大陆帝国，并昭告全世界。而美国领土内利用这些手段推进单独立法方案与立国方案的竞争性尝试都没有得到允许，且往往被冷酷压制。

尽管如此，切罗基人在 1827 年的这一创举为后世的其他美洲土著群体所效仿，它提醒我们，宪法和印刷品一样，本质上是不稳定的，没有人能绝对地拥有它们。[62] 在 19 世纪余下的时间里，其他受到西方帝国主义侵略威胁的民族还将努力使用成文印刷宪法主张其独立自主的政治身份，有时他们取得了比切罗基人更大的成功。

最后一点是，这些民族在 19 世纪 20 年代的努力，以及遭到的压制，有助于形成有关成文宪法总体的更宽广的重要观点。宪法往往只是被看成建国的重要辅助手段，但在实践中，它还有助于帝国的建设和合法化。在美国的扩张主义道路毁灭切罗基之前很久，世界其他地区的强国就已经注意到了这个事实。

第 4 章

立法者的军队

巴 黎

美国宪法草案完稿后不到一年，纽约的古弗尼尔·莫里斯再次遇到了宪法这种新的政治技术，不过是在另一个地方。1788 年 12 月，他渡过大西洋，希望吸引欧洲人投资美洲的土地与烟草业。他抵达巴黎时，离 1789 年 1 月 24 日正式批准召开三级会议的日子刚刚过去几天。三级会议是沉睡已久的法国议会，它的重开是为了解决该国过于沉湎混合战争导致的财政危机，推进重建行政与税务体系的工作。莫里斯富裕又聪明，讨人喜欢，而且法语讲得不错，本质上自信的他很快就参与了这些发展进程。他很顺利地进入法国宫廷和巴黎城中的一些政治沙龙，于 1789 年 5 月参加了三级会议的开幕式，记下了代表们的发言。他还以其他的方式接触各种活动。莫里斯是个厚脸皮的浪子（"我知道这是错的，但忍不住"），与大街上传播流言的妓女厮混在一起，也追求更富裕的女子。其中一些人会把从丈夫那里听来的政治传闻和秘密以及别的事情告诉他。[1]

起初，莫里斯既乐观又自负，深信法国将开始效仿他的祖国的政治进步。他写道，"我在大西洋的这一边看到了和另一边很相似的情况"，"现有制度"已经"根基动摇"，"新秩序"正在迅速浮现。这种早期的高涨情绪在大西洋沿岸上流社会的改革家中蔓延。以莫里斯为例，如果这种情绪很快消退，那部分是因为（和许多费城会议代表不同）他对极端暴力没有多少直接经验。现在，见证了巴黎街头不时发生的杀戮、暴乱、随意的残忍行为，他感到迷惑和害怕。[2] 法国的宪政计划如此之快地偏离他的英美规范，也令他不安。

就连宪法中的术语也不一样。三级会议及其后继者国民议会的议员都不说"编写"或者"起草"宪法，而说"确定"宪法。[3] 而在 1787 年，费城代表们选择在他们的宪法草案中省略关于权利的法案，有意避开任何接近社会变革的事件。莫里斯本人曾主张，新的美国参议院应该由"伟人和有确定资产者即一群贵族"组成，他们将终身拥有议席。但 1789 年 8 月的国民议会通过了《人权与公民权宣言》，宣布在新法国，"社会差别只能建立在公益基础上"。[4]

其他差异令他惊恐。美国宪法规定了两院制的立法机构，最早的美国各州宪法也是如此。但 1791 年 9 月颁布的首部法国宪法采用了更为激进的一院制模式。它还掏空了行政权力，使君主路易十六（此时距离他被送上断头台只有差不多 16 个月）步履维艰，并创立了人数超过 740 人的国民立法机构，其成员主要是缺乏政治经验的年轻人。莫里斯是健全行政机构的坚定信徒，他对此感到惊骇，又十分鄙视。他抨击道，"即便是万能的上帝"，要让提议中的法国政府体系正常运作，"除非创造新的人种"，否则也会觉得难以措手。[5]

然而，莫里斯最有意义的顿悟发生在不久之后——1791 年 12 月 8 日。他此时已经相信，法国正"迅速走向毁灭"，但仍然决心"尽我所能阻止"，他决定在巴黎市中心很时尚的黎塞留街的住处度过那一天。他下定决心，根据自己的经验起草"这个国家的宪法形式"，这当然会是对国民议会努力成果的改进。他才刚刚动笔，一个陌生人闯进了房间。这个不速之客是个法国人，自己也承认从没有去过美国。可是，他却向迷惑不解的莫里斯保证，他对美国这个国家"非常了解"，甚至曾经研究"这一主题……五十年以上"，他最近草拟了"美国宪法的形式"，并把它发表了出来，为的是引起乔治·华盛顿的即刻注意。[6]

莫里斯以尽可能快的速度将这个男子（我们永远不知道他的名字）哄骗出了他的住处，但随后他就意识到，自己和闯入者同样天真，怀着自以为是的热情。他在日记中伤感地写道："一个想为美国制定宪法的法国人，另一个同样为法国做善意斡旋的美国人，两者是如此相似，令我不由自主感到震惊。"[7]

莫里斯在巴黎一直住到 1794 年，他变得越来越惊恐，也逐渐感受到幻想破灭。但那也许是他最具洞察力的一段时间。他在陌生人闯入当天匆匆写下的评论，以及导致这一遭遇的事件，从两个方面启示了新宪法的发展。首先，莫里斯的经历说明，在那个时候，构想和撰写宪法文本不仅吸引着官方参与者，也吸引着业余和非正式的实践者。今天，我们通常认为制定宪法是法律工作者、政治家、公务员的工作领域。可是，正如莫里斯本人和素昧平生的法国客人所表现出来的那样，在 18 世纪末和以后的很长一段时间，拟写宪法经常是个人的追求，和赋诗、创作剧本、撰写报纸文章或者写小说一样，是一种文学形式与文化创意活动。

毕竟，起草宪法和写小说一样，都是可以在几乎任何地方进行的活动。简·奥斯汀比莫里斯晚一年逝世（1817 年），她的主要小说作品是在查顿小屋写成的，这间小屋在一个靠近汉普郡温彻斯特的村庄里，兼做门厅的小内室有一扇咯吱作响的门，有人闯入时可提醒她。同样，打算尝试起草政治宪法的个人不需要投入太多的金钱或空间。只要有充足的时间、白纸、热情、自信，任何识字的人都可以坐在家里，或者像莫里斯那样坐在租住的房间里，甚至在小酒馆、咖啡屋、船只甲板上，着手规划和撰写宪法。

这样的情况与日俱增。随着越来越多关于宪法的信息流传开来，随着政治变革加快，尝试这一政治体裁也越发有吸引力。18世纪 90 年代，斯特拉斯堡是法国革命激进主义和暴力活动的温床，那里的一家报纸甚至为自己动手起草宪法的人印刷模板，建议合适的标题，并留下空白位置，供热衷此道的人填上自己的改革想法。[8]

其次，古弗尼尔·莫里斯在巴黎的遭遇还说明了其他事。试图草拟宪法的人，不管是官方还是私人，并不会总是限于重新规划祖国的政府形式。正如莫里斯和他的法国不速之客，有些人还为其他地区和人民起草和规划。

但是，以这种方式为其他国家谋划会遇到很大的挑战。如果你想为外国起草一部政治宪法，而且希望你的努力能够引起更广泛的关注，那么阐明你在所涉国家的直接经验，是很有帮助的。然而，在铁路和轮船普及之前，长途旅行（除非因为工作、经商、宗教或家庭急务）对大部分个人来说都太昂贵也太艰苦了，他们甚至连想都不敢想。1791 年 12 月闯入古弗尼尔·莫里斯住所的那位法国长者明显对美国十分着迷，不顾一切想给它的政府打上自己的印记。可是巴黎与美国隔着大洋，相距 3500 多英里，因此不管这个人是谁，除了在他自己的想象中，他不太可能游历过美国。

不过，更根本的障碍是缺乏影响力。个人怎么可能有希望塑造外国的政治运行方式呢？古弗尼尔·莫里斯家境富裕，世故机敏，如詹姆斯·麦迪逊所言，他因负责美国宪法的"最终风格与布局"而享誉大西洋两岸。然而，一旦来到法国，这种质朴的立法背景就起不了多大作用了。莫里斯可以向形形色色的革命派政治家和路易十六本人提出自己的观点，但不会起到任何效果。一名巴黎记者嘲笑道："也许他真的自负又傲慢地将自己的作品呈送到了国王面前，但那是荒谬可笑之举。"此人接着想象，莫里斯的方案"得到的关注能否超过其他人秘密发表的几百部同类作品"；这一评论也强调，热心的业余爱好者制定宪法蓝图此时呈激增趋势。[9]

可是，对一大类人而言，为外国撰写宪法的这些障碍，如旅行成本高、缺乏明显影响力并不那么可怕，有时候可以克服。1850 年之前，世界各地能够长途旅行的人数量有限。然而，在军人和海员中，情况有时就不一样了。这些人大多数很年轻，身体也相对健壮，频繁的跨国和跨大陆旅行是他们工作中不可缺少的一部分。而且，对军人来说，长途旅行的费用通常是他人支付的，或来自税收，或来自途中的劫掠和强征的资金。

军队指挥官拥有更大的优势。不管在本土还是海外，他们都可以动用军事力量推翻现政权。然后，他们可以使用或者威胁使用更多武力，强加变更后的宪政秩序。事实证明，这样通过武装力量建立新制度的现象长久存在，直到今日。例如，从 1958 年起，巴基斯坦的政府和宪法就一再因军队的干预而更替，在这方面该国也不是独一无二的。[10] 同样值得注意的是，一个或多个国家（通常来自西方）的武装攻击，在强迫他国采用自己的宪法版本方面起到了作用。因此，盟国军人、律师、官员利用二战的胜利，在战败的德国和日本制定了新宪法。美国及其盟友在 2003 年入侵伊拉克以后也试图做同样的事，只是收效远不如前。

在国内，有时在国外，动用军事力量和攻击手段强制实施新宪法，这已经是宪法技术传播中一再起作用的因素。从 18 世纪 90 年代起，这种趋势愈发明显。由于变革，也因为战争、权力结构、思想的延续，动用军事力量推动和塑造成文宪法在这个阶段变得更加突出。法国大革命之后，因为一个开始自称为拿破仑·波拿巴的人不屈不挠地崛起，所以使用武力实施新宪法也越来越成为主流做法。

混合战争重复发生并扩大

1790 年后的 30 年中，新宪法的技术在地理范围与规模上的变化有多大、多快，很容易从下表中看出：

新宪法的数量（1776—1820 年） [11]

年份	美国	欧洲	南美和海地	非洲
1776—1791	20	2	—	—
1792—1800	7	20	—	—
1801—1810	2	59	5	—
1811—1815	1	38	16	—
1816—1820	7	24	7	1（利比里亚）
总计	37	143	28	1

与大部分数据集一样，上表并不能反映全貌。这一时期对现有宪法所做的修正并没有列在表中。其中一些修正案——最显著的是 1791 年的美国《权利法案》——非常重要。此外，欧洲和南美的总数中包含了许多短暂存在的宪法。而如果将这些地区起草但并未实施的所有宪法包含在内，那么总数将会高得多。1808 年，塞尔维亚发生了长时间的武装起义，引发了起草宪法的风潮，这是巴尔干半岛的首次。但这些宪法并没有付诸实施，很快就被奥斯曼帝国和俄国废除了。[12]

尽管如此，这些数字揭示的总体模式是无可争辩、引人注目的。1776 年之前，一些欧洲领导人发布了开创性的宪法文本，以应对战争规模的迅速扩大和启蒙思想的刺激。不过从这以后，美国的宪政实践最为冒险，也最成功。这一模式随后的改变不仅仅是因为法国大革命的爆发。正是此后的战争时期拉长并产生了巨大影响，导致新宪法迅速在世界其他地区传播。1791 年见证了两件大事：一是法国首部成文宪法实施，这部宪法令在巴黎的美国人古弗尼尔·莫里斯恼怒不已；二是法国国民议会决定让国民自卫军成员服兵役。仅在当年 6 月，这就使法国陆军多征召了 10 万人。随着 1792 年法国君主制垮台，新革命政权与多个欧洲强国（奥地利、普鲁士、西班牙、英国、荷兰等）爆发冲突，宪法文本在欧洲大陆上开始明显加速传播。

由于拿破仑·波拿巴崛起，上述趋势更加明显。意大利半岛之前曾有几次成文宪法的实验，但差不多都是纸面上的初步方案。然而，1796—1797 年，当时仍是法兰西共和国将领的拿破仑在意大利的首次军事行动就导致四部新宪法和两部权利宣言颁布。他成为法国的统治者后，军事侵略和跨地区立宪活动进一步加速，由此导致的对旧统治秩序的破坏不仅限于欧洲。如上表所示，1815 年拿破仑最终在滑铁卢战役中失败，也并没有完全消除这些影响。对新宪法技术的抵抗力再也没有从法国大革命和拿破仑战争的破坏中得到复原。这些技术以不同的方式，继续在越来越多的地方更快地蔓延。

为什么这些战争对政治与宪法的影响如此之大，这是什么样的战争？这些问题的答案很大程度上取决于你所考虑的地区和选择的着眼点。如果聚焦于陆上冲突和法国大革命，那么 1792 年开始的激烈斗争可能是新型战争。之所以称其为新型战争，是因为其中往往涉及意识形态狂热和极端主义，有些时候，就连普通的法国战士也表现出了使命感，尤其是战争的早期阶段。[13]

在旧制度下的欧洲以及其他地区，普通军人中很少有传说中那种受压迫的"机器人"。许多人都是有献身精神和积极性的行动者，而不仅仅是高压政治下阴郁沉闷的受害者。不过，法国大革命中某些士兵的政治化水平显然不同，原因之一就是成文印刷宪法广为传播，可以作为教育和激励的文本。以约瑟夫-路易-加布里埃尔·诺埃尔（Joseph-Louis-Gabriel Noël）为例，他是自耕农，来自法国东北部仍较为平静的于布西村，平日是温顺的居家男人。可当他于 1791 年 8 月登记成为当地志愿部队的步兵时，他很快就自称为"宪法战士"、命运之子，甚至在写给家人的信中都是如此。"我们必须经受考验。"他在家信中坚定地说道。他所读到、看到、听到的，以及长官告诉他的一切都令他坚信，胜利肯定会到来，而且不仅是法国的胜利。他欢呼道："我们必须发动进攻，让暴君们战栗，解放被奴役的人民。"[14]

这种刺激偶然会让人们产生志愿参军的热情，但更重要的原因是法国和其他国家推行了征兵制，使招募的士兵的人数空前庞大，成分也空前复杂。在漫长的执政期间，叶卡捷琳娜征召了100 万名士兵，而她的孙子、1801 年继位的亚历山大一世仅为了打败法国及其盟友，就需要 200 万名士兵。当然，1812 年他遇到了最大的挑战。当年夏季在拿破仑率领下肆虐俄国的法军人数大约为 68 万人，其中超过半数不是出生在法国。[15]

在这些以"崇高法国"之名出战的外籍士兵中，很少有人像阿卜杜勒-塔鲁特（Abdel-Talut）走得那么远。他最初在埃塞俄比亚被掳，在开罗被卖为奴隶，被拿破仑侵略军救出牢笼后历经艰辛和压迫，参加了法军的多次战斗，从莫斯科撤退时在严寒折磨中死去。[16] 阿卜杜勒-塔鲁特个人的军事生涯比较特殊，但他不得不参与的越境行动则是更多士兵的普遍经历。因为法国大革命和拿破仑战争持续了很长时间（1792—1815 年），而且波及全球的许多地方，大批士兵多次奉调远渡重洋，前往不同的国家和大陆。这些长久的大规模军事调动产生了重大的政治后果。

然而，从整体上看，这些战争实际上并不是全新的战争形式，法国大革命和拿破仑战争跨大陆作战的范围清楚地说明了这一点。相反，它们标志着陆海联合战争明显以更大的规模持续了下去，自 18 世纪初以来，这种联合战争的开支和范围一直在增大。拿破仑战争是大规模混合战争的又一个例子，而拿破仑本人并不是特别擅长此道。

拿破仑在陆上取得的辉煌胜利多得不可思议，因此上述观点很容易被掩盖。其中大约 50 次胜利，对他的崇拜者和历史学家（两者有时重合）造成了催眠效应。然而，尽管陆地上号角鸣、战鼓响，但实际上海上的战事对决定这场长久而广泛的战争的总体进程与方向起到了关键作用。拿破仑战争中引人注目的海上部分也有助于解释，从 18 世纪 90 年代起对新成文宪法越来越强的依赖。

据称拿破仑最初渴望成为水兵，在他的战争生涯中，有些决定性时刻既涉及海军，也涉及陆军。[17] 他于 1798 年入侵埃及时，麾下有 330 艘战舰和运输船，5 万多名士兵、科学家、工人，士兵与远洋装备的数量令法国在美国独立战争中的投入相形见绌。这次入侵的目标是确保法国在亚非交界处的永久性战略地位。法国人希望，此举可以弥补此前被英国抢走的殖民地，并开辟一条前往印度的通道。这些长期的战略野心连同此次远征一起失败了。不过，对拿破仑登陆埃及、夺取亚历山大港和开罗、在金字塔阴影下作战、进军叙利亚的事迹的一番精心报道，使他在 1799 年 10 月返回巴黎时，比以往更像一位公众英雄。[18] 这明显降低了他不久之后发动政变的难度。

拿破仑还发动了另一次意义重大的远距离海上和海军探险行动。1800 年，他批准了一次远洋考察，这次考察由海军军官、博物学家、前法国东印度公司员工尼古拉斯·博丹带队，测绘不久后被命名为澳大利亚的那块大陆的海岸线。博丹和船员们在两年后抵达塔斯马尼亚，最终带着约 20 万件偷来的珍稀物返回法国，包括即将种在约瑟芬皇后花园里的植物。此外，博丹带回了报告和海图，这些本是为了方便法国海军日后在新南威尔士登陆。新南威尔士是英国人在这块广袤的太平洋领地上建立的首个定居点。[19] 这些海外计划同样无果而终，而拿破仑的下一次越洋冒险是更广泛、更具破坏性的失败。

1801 年 12 月，拿破仑派遣 50 多艘舰船和 2.2 万名士兵前往加勒比海，准备恢复法国对曾经的种植园殖民地圣多明各的统治，后来又运送了 5.5 万名士兵过去。拿破仑这次远征的野心不仅仅是重夺圣多明各。在他的设想中，重新夺回的圣多明各，加上1800 年西班牙割让给法国的广阔的路易斯安那，这两个地方将成为楔子，启动法兰西帝国在北美与加勒比地区的势力的恢复进程。直到临终之时，拿破仑都在思忖着，有了在圣多明各招募的"2.5万到 3 万名黑人组成的军团，我怎么可能不进攻牙买加、安的列斯群岛、加拿大、美国呢？"。他也期待着掌握进入密西西比河通道的前景。他认为，从这条大河定期漂来的木材供应，对重建法国作战舰队价值不凡。[20]

这些计划又失败了，然而其影响经久不息，尤其是在宪法的传播方面。1803 年，入侵圣多明各的法军最终投降，确保了由黑人统治的自由国家海地的建立。接下来的 15 年中，这里出现了五部意义重大的宪法。法军在海地的失败，以及拿破仑的北美与加勒比计划（尽管他直到 1810 年仍在考虑重来一次）的垮台，加速了进一步的转变。[21] 拿破仑决定以 1500 万美元的价格，将仍未勘察的路易斯安那出售给美国，这一庞大的土地转让项目产生了深刻、持久的影响。

结果是，美国控制了这块广阔的未知地域，国土面积增大了一倍，国界从密西西比河延伸到落基山脉，这种地理跨度与资源的重大变化，使美国及其行政模式在整个世界的姿态更加引人注目。这次土地转让不久后被称为"路易斯安那购地案"，它使美国定居者和军人大批拥入这片各土著部落在过去安居乐业、不受外界影响的土地。随着定居者和美国军队的流入，美国出现了 11 个新的州，每个州都有自己的成文宪法。

拿破仑曾计划，用向美国出售路易斯安那所得的资金打造能够入侵英国的庞大舰队。在 1805 年底的特拉法尔加海战中，法国-西班牙联合舰队的 33 艘昂贵的巨舰中有 19 艘被摧毁，这一海军扩张计划也随之流产。我们通常不认为拿破仑在进军莫斯科和滑铁卢之战前曾经遭遇失败，也一般不会将他与海洋联系起来。可是，与他之前在海上受到的挫折相比，特拉法尔加海战这一最后的逆转对他的战争的总体命运有重大影响。

由于不能成功入侵英国，拿破仑既无法消灭也无法控制皇家海军。到 1805 年，皇家海军拥有 136 艘战列舰，而法国能与之对抗的力量只剩下 41 艘大型战舰。[22] 庞大而善战的英国皇家海军完好无损，可以在各个大洋上自由行动，这一事实意味着拿破仑此前打造跨洲帝国的企图已经失败，他将来的远洋冒险活动也可能处于危险之中。拿破仑一度势如破竹，很长一段时间内在欧洲大陆上未尝败绩，但同时也逐步被封锁在陆地上。

因此，认为拿破仑的扩张野心始终自愿地仅限于欧洲，是完全错误的。他之所以在他所暗示为"鼹鼠丘"的欧洲大陆上苦苦争斗，是因为事实证明他只能暂时在这个地区构建和保留帝国。在这样的局面下，他构建的欧洲大陆帝国鼎盛时期达到 29 万平方英里①面积，4000 万人口（乍看很了不起，但在他眼中并不够），这在很大程度上驱动他对成文宪法产生兴趣。

拿破仑反复采用宪法手段，以稳定、粉饰、合法化他在欧洲占据的领地，这些也是他仅有的能够夺取并暂时保留的领地。他在某些领地上强加政治制度，目标是将这些领地作为人力与税收

---

① 1 平方英里约为 2.59 平方千米。——译者注

的来源，以维持和扩张自己的势力，以及波拿巴家族的地位。不过，他也实验各种宪法，以作为变革手段和实现某些现代化目标的工具。

制宪者拿破仑

鉴于拿破仑多次发动军事入侵，对数百万人的死亡以及基础设施、文化财富、民生的大规模破坏负有直接和间接责任，不出意料，他在新宪法技术上的投入常常引起怀疑。詹姆斯·吉尔雷（James Gillray）是法国大革命和拿破仑时代最重要、最具创造力的艺术家，他的作品很早就对此做了出色的批判。1800 年的第一天，他的版画《拟定新宪法的法国三执政》（*The French-Consular-Triumvirate Settling the New Constitution*）于伦敦发表。这时距离拿破仑在巴黎成功发动政变还不到两个月，而就在几周之前，拿破仑主持制定了法国新宪法，那是不到十年内法国实施的第四部宪法。吉尔雷的画作之所以影响巨大，既是因为它的构思与手法，也是因为他让这部作品发挥了很大作用。

他的版画描绘了四个现实人物，他们在一间过度装饰而令人压抑的昏暗的巴黎式房间里。其中两人是律师：让-雅克-雷吉斯·康巴塞雷斯后来在拿破仑《民法典》编纂中起到了重要作用；夏尔-弗朗索瓦·勒布伦是未来的法国驻荷兰总督、法兰西银行创办者。融入背景的第三个人是埃马纽埃尔·约瑟夫·西哀士，他是天主教神父、政治理论家，也是法国 1791 年宪法的主要起草者。但吉尔雷笔下的第四个人物拿破仑，才是理所当然的统治者。他比勒布伦更瘦削，显得更饥渴，更不用说和肥胖的康巴塞雷斯相比了，他那有邪恶尖头的军靴与康巴塞雷斯难看的脚踝形成了鲜明的对照。只有他佩了剑，也只有他真的在标着"Nouvelle constitution"（新宪法）的桌上书写文件，他用同一个词"波拿巴"填满了每一行。

吉尔雷是个多变、经常陷入贫困的艺术天才，他首先想的是卖出自己的作品，从来没有明确的政治观点。但在这幅特别的画作中，他借鉴了爱尔兰辩论家、哲学家、议会议员埃德蒙·伯克的思想和意象描述。伯克很快就会对法国大革命及其制宪和改变信仰的模式感到担忧。

吉尔雷首先从伯克那里借鉴了嘲讽元素，嘲笑的是这样的观念：一个国家可以按照新造的意识形态，在纸面上被重塑。版画通过西哀士的形象表现了这种观念，他曾帮助拿破仑策划政变，以为这一成功能够使他规划新的法国宪法。在画中，他被描绘成瘦小枯干的知识分子，单薄的唇含着一支鹅毛笔，已被更加世俗的阴谋家推到幕后。他拉开帘子，露出一排排文件木格子，里面装满了不同的宪法草案。吉尔雷参照了伯克的小册子《致一位贵族老爷的信》（*A Letter to a Noble Lord*，1796）中的一段话，那段话就是对这种新政治技术发展最为尖刻的控诉之一：

> 西哀士有整柜整柜现成的宪法，它们贴上了标签，分门别类，还加了编号，适合于各种季节、各种幻想……有些宪法设置了元老和年轻人组成的议院；有些则干脆不设议院。有些宪法规定由选举人选出代表；其他宪法则由代表来选择选举人……因此，只要喜欢掠夺、压迫、任意监禁、没收、流放、革命裁决和合法谋杀的模式，任何宪法爱好者都能在

他那里找到合适的宪法。[23]

吉尔雷将拿破仑制宪与猖獗的武装侵略联系起来，这一点也与伯克相似，伯克曾有意将革命后的法国新政权斥为异类。[24]仔细观察就可以看到，版画顶部的三色缎带上印着夸耀的箴言"Vive le constitution"（宪法万岁），与两支雷筒（现代滑膛枪的短管先祖）缠绕在一起。拿破仑的帽子上有象征其军事胜利的桂冠装饰，而他的军靴践踏着一份掉在地上的法国 1793 年宪法手稿，这部宪法思想激进，追求平等，但从未得到恰当执行（这表明吉尔雷在政治观念上并不总是跟随埃德蒙·伯克）。在这个充满邪恶、玩世不恭味道的密室里，"自由"一词仅有的位置，便是拿破仑的佩剑剑鞘；在这些法国权力掮客围坐的桌子下面，并行展示了工业生产的场景，不过这个场景发生在地狱：魔鬼们正在忙着打造锁链。吉尔雷想告诉我们的是，拿破仑和炮制宪法的同伙做的也是同样的事情。

这是英国针对海峡对岸敌人的恶意宣传。但和所有善意的宣传一样，它也包含了真实的成分。正如当时一些法国观察者指出的那样，拿破仑确实蓄意利用和塑造宪法，以提升和合法化自己的权力。[25]这种情况就发生在法国。与之前的宪法不同，他于 1799 年 12 月 15 日发布的简短宪法（就是吉尔雷画中讽刺的那一部）没有宣示任何权利。相反，它将行政权力授予三执政，实际行使权力的是第一执政，即拿破仑本人。而且，这部宪法是借由操纵公民表决而推动通过的，法国军队参加了投票，以确保多数赞成。1802 年，拿破仑又颁布了一部法国宪法，宣布自己为终身第一执政，有权提名继任者。1804 年，他再次利用新宪法成为法国皇帝，此时，继承权"由拿破仑·波拿巴的直系、自然、合法的男性后代世袭"。[26]

毫无疑问，拿破仑试图让这种新的政治技术为己所用，但他在几个方面还是认真对待的。与不同时期宪法文本的许多宣传者一样，他深深迷恋文字与印刷品。在一生的不同阶段，他曾雇记者、公法学家、顺从的回忆录作家记录和纪念他的成就，为他的士兵办报纸，并在军事行动中带着印刷机。他本人对书面文字也十分着迷，既喜欢阅读，也喜欢写作。年轻时，他曾尝试写小说、诗歌、短篇故事、历史作品；像很多白手起家、自学成才的人一样，他将遇到的生词仔细汇编成表，以增加自己的词汇量。[27]

拿破仑一直相信书面文字的功效和变革力量，不曾动摇。人们甚至可以在他 1798—1799 年入侵埃及时看到这一点。拿破仑从未在埃及设立制宪委员会，但是，他建立了一个 14 人组成的全国统治委员会（Diwan）以及各地区统治委员会，发布翻译成阿拉伯语的、有关自由平等的公告。他也至少考虑过编写和发布某种统制和说教文本的想法。他后来声称，自己一直希望使埃及摆脱"令人厌恶的文明的障碍"，闪耀东方风格，并设想"（在那里）创立某种宗教……骑着大象……手里拿着一本我为满足自己需求而创作的新经书"。他幻想着自己能成为新的宗教领袖，不仅是战士，还是鼓舞性文字的贩卖者，以及睿智法律的鼓动者。[28]

拿破仑对宪法的兴趣还被他的出身所激发，而且从一开始，也被战争所推动。1769 年，他出生于科西嘉岛西海岸的阿雅克肖，当时法国正在加强对该岛的军事兼并。他后来回忆道："在我出生的时候，法国人拥上我们的海滩，在摇篮的四周，到处都是垂死者的哀号、受压迫者的呻吟、绝望的眼泪。"这段话很大程度上是装腔作势，为自己编造传奇，但他最初没有心甘情愿地自视为法国臣民和公民，而是自视为法国侵略与殖民的受害者，似乎确是事实。[29]

十几岁时，他写道："科西嘉的历史只不过是一个小国……与想要统治它的邻国之间永无休止的争斗过程。"有段时间，拿破仑确实崇拜令人钦佩的帕斯夸莱·保利，并为他工作。保利是军人爱国者，早在 1755 年就规划了科西嘉的宪法。[30] 拿破仑凭借着强烈的野心和相当的机敏，加上法国大革命无情剔除保王派军官而带来的极大加强的军事晋升机会，才从粗笨、不合群的科西嘉人纳波莱奥内·迪·波拿巴，摇身一变成为坚定的法国军人，改了新的名字。

拿破仑自我认同的转变得益于法国国民议会 1790 年 11 月的一项决议。这项决议规定，科西嘉虽然保留一定程度的自治，但未来将完全加入法国，依据相同的法律来治理。因此，拿破仑从早年在故乡的生活中得到了两个教训，它们影响了他后来的宪政活动。一方面，他的科西嘉出身使他理解被外敌征服和占有的人产生的耻辱与憎恨；另一方面，他意识到，征服者的立法举措有些时候能够缓和军事入侵的影响，安抚受到冲击的民众。他写道，"只有通过心理方法"，改变"政权组织模式，才能保证被征服的辖区服从于胜利者"。[31]

拿破仑毕竟是律师的儿子，从一开始就意识到法律的重要性与效用。他一度热衷于让-雅克·卢梭的作品，以及其他启蒙作家关于立法者崇拜的作品。当然，他对"啰唆的"理论家和计划制订者（像西哀士那样的人）并没有什么耐心，对法国国内的成文宪法可能持粗暴的简化论态度。不过，在法国之外，他的做法有时候更具创造性。和许多帝国缔造者一样，他在某种程度上将帝国的前哨看成实验室，他可以在那里做各种政治实验，而绝对不愿意在法国这个帝国的心脏地区冒险。

这一点甚至体现在他最早的创造物即阿尔卑斯山南共和国（亦译西沙尔平共和国）上。1797年7月，拿破仑建立了这个国家，当时他不到28岁，还只是个将军，正率军突入意大利半岛。在巅峰时期，这个共和国包括伦巴第、皮埃蒙特、瑞士、威尼斯、摩德纳部分地区，以及所谓的"教皇辖区"——罗马涅、费拉拉、博洛尼亚。拿破仑指定两个委员会草拟该共和国的宪法，并亲自监督。由于军务压力巨大，他的主要目标是同化各地以及建立法兰西的共和制帝国，因而这部宪法的许多条款取自法国1795年宪法，但某些方面走得更远。该国人得到了一份权利宣言和由五人组成的理事会监督下的两院制立法机构。该国人还在纸面上得到了出版自由和关于初等教育的规定。与此同时，该国的男子将为战斗做准备。[32]

1791年起，只有在国民自卫军名册上登记的法国男人（这样在未来的征兵中更容易辨认他们）才有资格投票。因此，积极公民身份明确了性别，并与兵役联系在一起。阿尔卑斯山南共和国新宪法规定，该国公民-士兵必须学习"军事操练"，每个男人都要配备一支枪和用于携带弹药的皮质椭圆盒子。拿破仑也给他炮制的另一个意大利邦国利古里亚（以原热那亚共和国为基础）强加了类似的宪法，他将该国分为10个军区，并着手建立一所陆军学院以及一个军事学校网络。[33]

由此可见，拿破仑宪政计划的主要动力是对更多人力与资金供应无休止的需求。是的，意大利要做改革，男性要获得更广泛的民主；有些时候，从简化传统的社会与宗教等级的角度看，意大利确实更现代化了。但是，为了方便军事动员和征税，也总是存在管控和关于机制的规定。

在阿尔卑斯山南共和国宪法的措辞中，不同的愿望相互冲突，令人尴尬。拿破仑用了一个小节，明确表示放弃法国的征服权利。根据其宪法，这个新建立的意大利共和国是"自由和独立的"。不过政府成员仍由拿破仑本人任命，但"仅此一次"。该宪法还规定，任何外国军队都不能进入这个新国家境内，"与阿尔卑斯山南共和国友好和结盟的共和国"的军队，也就是四处攻城略地的法国大军除外。

正如最近的一名评论家所言，这种扭曲的表达总是引发对拿破仑是"残酷的暴君还是贤明的改革家"的争论。[34] 这种争论不仅徒劳无益（在不同时期，不同地点，他有时候兼具这两种特质，甚至有更多特质），还会掩盖某些重要的事实。不管是在欧洲还是其他大陆，军事征服者试图通过武装暴力夺取领土，或者独揽大权，都不是什么令人震惊的新鲜事。在拿破仑的例子中，值得注意的是他达到目的的某些手段：他在多大程度上将宪政措施与法律措施作为他的好战与帝国野心的组成部分。

"我们试图再造它们，将它们拉到我们的行列中来。"一名美国法律学者在 2004 年写道。他对美国在入侵伊拉克后制定伊拉克新宪法时表现出来的道德问题感到苦恼，同时回顾了二战之后德国与日本的制宪实践。他继续写道，在为其他国家立法时，美国希望使这些战败国"在全球战争中站在我们一边，并在战争中为我们所用"。[35] 改造各个国家，使它们坚定地加入自己的行列，并使它们在全球战争中为己所用，很大程度上也是拿破仑设计外国宪法时的目的。但他在这方面的行动远比后来美国人的冒险活动多，过程中也没有那么多烦恼。

在这种程度上，拿破仑力图说服公众和自己，他的行为是合理的。和此前的法国大革命领导人一样，他经常使用"堕落"（描述他要推翻的政权）和"重生"（说明在这些激烈的变革之后，刚得到解放的民族将如何能够走向兴旺）这两个词。1797年，他宣称："阿尔卑斯山南共和国的使命是，向全世界证明……现代意大利并未堕落。"[36] 拿破仑以这样的方式将旧制度描述为"堕落"，就可以把强制接管说成是必要的高尚行为。晚年最后一次被流放到南大西洋上的小火山岛圣赫勒拿时，他甚至自比"上帝……对人类的苦难施以救济，有时手段暴烈，但不被人们所理解"。[37]

这当然又是他在制造传奇，但很明显，对他来说，"堕落"和"重生"这两个词明显越来越不可或缺。入侵并占领西班牙大部分地区之后，拿破仑在1808年拟定该国首部宪法前，命令手下的官员发来有关该国眼下"无序混乱状况"的情报。他坚称，这些报告是"必要的"，"有朝一日我可以发表出来，说明西班牙已经沉沦到何等地步"，由此就可以证明他在这里的所作所为是合理的。不久，在对西班牙人民发布的公告中，他宣称："我是来纠正问题的，你们的君主制度已经老朽：我的使命就是让它恢复活力。"[38]

即便是1814—1815年首次被流放到托斯卡纳海岸外的地中海小岛厄尔巴时，拿破仑也觉得很有必要树立形象，将自己塑造成带领多个民族摆脱腐朽、无能的旧统治的拯救者。一名怀有敌意的目击者注意到，拿破仑努力"在人们的心中留下印象"。厄尔巴岛上的"各个阶层"一度相信，拿破仑出现在他们当中，不管怎

样，本身会带来"非凡的资源和优势"。他向居民们承诺，厄尔巴
首府费拉约港虽然微不足道，但未来将成为"国际大都市"。[39]

拿破仑渴望得到颂扬和肯定，珍视自己作为立法者、拯救者、
改良者（不仅仅是军人）的形象，意味着他对帝国前哨的让步有
时不完全出于严格的军事和战略需求考虑。威斯特伐利亚就是如
此，这是 1806 年他在耶拿和奥尔施泰特战役中击败普鲁士之后，
在易北河以西创建的附属国，其人口大约有 200 万。威斯特伐
利亚宪法由三位资深法学家起草，拿破仑本人可能做了修改，于
1807 年底颁布。从某种意义上讲，它无疑是一部为帝国和剥削而
制定的法律文件。它最先在拿破仑的宣传工具《环球箴言报》（*Le
Moniteur Universel*）上发表，但并没有出现在该报外国新闻的栏
目中。相反，它被明确放进标题为"国内新闻"的部分里。[40]

这部宪法要求威斯特伐利亚资助 2.5 万名士兵的持续供给。
其中半数人在当地征募，其余则是法国人，由威斯特伐利亚人
支付薪饷；而这个人造的王国的统治者是拿破仑最小的弟弟热罗
姆·波拿巴。不过，他是一位"立宪国王"，与新的代表机构一同
治理国家，从纸面上看，这是德意志君主首度正式以此种方式受到
约束和监督。根据新宪法，热罗姆的新臣民中过去在普鲁士治下
曾为奴的人变成了法律承认的自由人。宪法还规定，法律面前人
人平等，也就是说，威斯特伐利亚的犹太人和他们的法国同胞一样
得到解放，而拥有贵族地位的威斯特伐利亚人不得再豁免交税。[41]

1807 年，拿破仑为华沙公国起草宪法，其特点一方面是现代
化和自由主义变革的类似结合，另一方面则是为了方便控制和继
续征服而做的规定。该国 10.4 万平方英里的土地是从普属波兰中
分裂出来的。据说，法国皇帝不到一个小时就匆匆写出了宪法的

主要内容，一名波兰目击者回忆道，他"只是偶尔转向我们，问问我们是否满意，答案当然符合他的心意"。[42]

然而，就像对威斯特伐利亚一样，拿破仑觉得新创造的波兰国家的价值不同寻常，值得花点功夫。不过，除了人力和税收，威斯特伐利亚的主要价值是作为模范，向其他德意志邦国展示拿破仑统治的好处，而华沙公国的主要作用则是边防前哨。拿破仑设想用它来遏制周围的强国：奥地利、普鲁士其余地区，在情况恶化时还有俄国。华沙公国有着充裕且特别积极的人力，这种情况有助于增加该国在边防方面的效用。

波兰接连遭受邻近强国的野蛮瓜分，并最终于1795年从地图上被抹掉，面对这样的屈辱，一些波兰人，就像被征召参加拿破仑战争的意大利人那样，似乎很欢迎为法国而战的机会。他们不一定支持法国的革命理想，也不一定出于固定收入的诱惑，而是因为他们希望在法国人领导的军团中获得军事技能帮助，将来为祖国的独立而斗争。最初，有3万名来自华沙公国的波兰人进入法国军队服役，到1812年加入者激增到7.5万人。作为回报，这个公国得到了显著的优惠。根据该国新宪法，农奴制被废除，法律面前也有一定程度的平等。随着新代议制度的实行，仅在农民中可能就有4万名男子获得了选举权。最重要的是，一些波兰人短暂地重燃希望，憧憬着向过去瓜分他们国家的俄国、奥地利、普鲁士等强国发动武装报复。[43]

这一点——波兰人和拿破仑帝国其他辖区的居民以各自的方式，找到了在拿破仑强加于己的宪法下生活的理由——很重要。人们很容易仅从主要制定者的想法和目标的角度去看待拿破仑宪法（实际上是看待所有宪法）。然而，与通常的情况相比，外国人侵者强加的宪法更有可能被生活于该法律下的男男女女做出多种多样的解释。

　　拿破仑作为无所不知、无所不能的立法者，这一理想形象被雅克-路易·大卫 1812 年的名画所抓住，这幅画描绘了法国皇帝在巴黎杜伊勒里宫书房里工作的情景。大卫是拿破仑的忠实崇拜者，这幅画并非受拿破仑委托创作的，不过有可能征求了拿破仑的某些意见，描绘了这位伟人身着军服的样子。但是，他变了。尽管他此时还只有 40 岁出头，可他对细节的掌控和判断力，连同他的健康状况与韧性，都已衰退。寒冷的天气，甚至据说油漆的气味，都会很快让他生病。[44] 就连这幅由忠诚的支持者创作的肖像画，也暗示法国皇帝的身体情况正在恶化。他看起来面部发皱，身体发福，还有脱发；他的脸上有汗，泛着光；腰间没有佩剑（但剑仍在伸手可及之处）。

　　尽管如此，大卫画中的拿破仑仍专心地站在书桌旁，他周围都是文件，身体一边有一支羽毛笔，另一边则是一卷手稿，那是他最伟大的法律成就《拿破仑法典》。从画中的立式时钟可以清楚地看到，这时已经将近凌晨 4 时 15 分了。蜡烛将要燃尽。但我们应该看得出，拿破仑尽管年事渐高，身体虚弱，仍为了欧洲的各种臣民而辛勤、有成效地工作到下半夜。与此同时，睡梦中的臣民将安然进入经历改革后管理更加完善的未来。这是拿破仑"法律战争"的传奇。

　　实际上，正如拿破仑的战争一样（大卫的名画毕竟创作于1812 年，也就是法军向莫斯科发动灾难性进军的那一年），他在其他国家的法律举措与宪政举措并不总是进展顺利。他的宪法是从外部强加的，依赖于法国军队持续的势力存在或者威胁，事实证明，这些宪法大部分都是短命的。1799 年，他为阿尔卑斯山南共和国制定的宪法就被外国军队推翻了。即便是作为模范的威斯特伐利亚王国，也仅仅存活了四年。和所有帝国缔造者一样，拿破仑总是依靠他的手下和当地的合作者。这些人往往无视他的宪法文本，或者有选择地实施宪法。[45] 而且，正如华沙公国发生的情况那样，下面的人常常以自己独特和相互矛盾的方式诠释这些文本。

不过，上述因素并不能抹杀拿破仑宪政举措的重要性。从各个方面看，事实证明它们都很重要，但总是有潜在的脆弱性。这些宪法也容易变化，有些时候会引发拿破仑未曾预见的发展。西班牙和西属美洲殖民地发生的事件，就是这方面的极端例子。

入侵西班牙语世界，遇见上帝

1807 年 10 月，大约 5 万名法军拥入伊比利亚半岛。最初，他们的主要精力放在葡萄牙，迫使葡萄牙王室和许多支持者流亡巴西。到 1808 年 3 月，入侵的法国军队已扩充到 10 万人，他们进入西班牙大部分地区，占据了包括马德里和巴塞罗那在内的主要城市。这一武装势力的作用是逼迫西班牙国王卡洛斯四世退位。不久之后，他的继任者、特别不得人心的费尔南多七世（戈雅创作的肖像画出色地表现了此人空虚和顽固冷酷相结合的个性）也流亡法国。拿破仑安排他的哥哥约瑟夫·波拿巴代替这些波旁君主，约瑟夫现在成了西班牙国王何塞一世。[46]

约瑟夫曾在科西嘉受过法律训练，作为比较受欢迎的西西里和那不勒斯国王，他为弟弟做出了有益的贡献。不过，登上西班

牙王位是性质完全不同的挑战，因为西班牙这个君主国管辖着一
个扩张到四个大陆的殖民帝国。在某种程度上，从自己的目的出
发，拿破仑承认和欢迎地理范围广袤的新西班牙领地，并以创造
性的方式应对。

1808 年 6 月，他下令实施后来称为《巴约讷法令》（Bayonne
Statute）的法律，这实际上是西班牙首部现代成文宪法。[47]法令
由曾为陆军军官的法国记者让-巴普蒂斯特·德斯梅纳尔（Jean-
Baptiste d'Esménard）起草，但拿破仑本人做了大量规划与修订。
这部宪法经一个西班牙亲法人士小型会议批准，其条款经过设计，
在某种程度上给人新的波拿巴主义政治秩序延续的假象：西班牙
仍是不受限制的君主国，贵族与神职人员的传统特权得以保留，
天主教也仍是唯一的官方宗教。不过，《巴约讷法令》也规定了改
革措施。根据其条款，马德里将设立新的议会，由来自西班牙本
土及美洲和亚洲领地的代表组成。法令宣称，"美洲与亚洲的西属
诸王国和政区"现在享有"与宗主国相同的权利"。

建立可容纳来自广阔海洋帝国的代表的超大型议会，并不是
什么新的想法。1776 年之前，为了让英属美洲殖民地居民在伦敦
威斯敏斯特议会中有直接的代表，英国曾寻求多种方案。但这些
方案从未向实施迈出过一步。从这个意义上说，拿破仑正式向西
班牙海外领地人民提供"与宗主国相同的权利"，给他们在"更大
的西班牙"立法机构中的直接代表权，是史无前例的做法，也是
他有时愿意在帝国边陲做激进政治实验的又一例证。在西班牙推
出的这一举措也进一步凸显了拿破仑对建立全球帝国的长久兴趣。
一段时间内，通过他的哥哥约瑟夫控制西班牙在欧洲之外广袤领
地的真正前景，对他来说极具吸引力。他很快就着手为更好、更

常规的越洋交通制订计划。[48]

　　拿破仑的愿景有时显得宽广且有探索性,《巴约讷法令》便是一个例子,也是最为戏剧性的例子,表明他的宪政冒险可能产生不可预见的极端后果。由于《巴约讷法令》的条款通过媒体和公告广为宣传,它的颁布实际上迫使反对新的波拿巴主义政权的西班牙政治团体以相同的方式应对。如果他们希望集合西班牙本土居民的支持,保证南美洲克里奥尔精英阶层的支撑,除了提出同样表现帝国包容性的更优良的成文宪法与之抗衡,几乎别无选择。

　　因此,1810 年 9 月,在近海的英国皇家海军舰炮掩护下,西班牙议会在大西洋沿岸的反对派据点加的斯开会,参会者不但包括本土的西班牙议员,而且从一开始就有 27 名来自南美的议员,以及来自西班牙帝国最东部的前哨菲律宾的两名议员。到此次议会的辩论和议程结束时,300 名代表中有 20% 以上来自西属美洲。就人口而言,这次会议在代表权上并没有给美洲人与西班牙本土人同等的待遇。不过,在加的斯敲定、于 1812 年 3 月最终颁布的新宪法,的确是为改革之后更包容的西班牙帝国而制定的。议长马略卡主教宣布:"我的同胞们,世界各地的居民们,我们现在已恢复了尊严和权利。"[49]

　　不出所料,《加的斯宪法》制定者借鉴了许多地方的资料,特别是法国 1791 年宪法、美国宪法、英国政治制度的印刷资料。但是,和所有宪法一样,最终文本也迎合了独特的地方要务、观点、习俗。这部宪法规定西班牙采取世袭君主制,同时削减了未来西班牙国王干涉立法的权力,只给了国王对税收的控制权。与拿破仑的《巴约讷法令》一样,这部《加的斯宪法》也规定了出版自由,并废除西班牙宗教法庭,后者传统上的任务是维护天主教的

《加的斯宪法》文本，1822 年重新发行版

正统信仰。

　　《加的斯宪法》制定者将《巴约讷法令》中较为包容的条款向前推进了一步，这主要是因为南美各地的起义正在兴起。过去强加于南美土著民族的歧视性捐税与徭役被废除。新宪法承诺大部分信誉良好的自由成年男性可以得到投票权，这适用于整个西班牙语世界：

　　　　西班牙本土及其属地和毗邻岛屿……加那利群岛和其他
　　非洲属地。北美洲的新西班牙、新加利西亚和尤卡坦半岛、
　　危地马拉……古巴岛及东西佛罗里达、西属圣多明各以及波
　　多黎各岛……南美洲的新格拉纳达、委内瑞拉、秘鲁、智
　　利、拉普拉塔诸省以及太平洋、大西洋上的所有毗邻岛屿。

亚洲的菲律宾群岛和归属其政府管理的地区。[50]

正如 1813 年初《加的斯宪法》副本最终送抵菲律宾时，马尼拉总督对民众所宣布的那样，帝国（近乎）所有的（男性）居民现在都被视为"西班牙人，相互平等，可以凭借其长处和品行获得任何工作和荣誉"。[51] 西班牙帝国中的华人、土著、克里奥尔人、混血儿都被纳入普通西班牙公民的范畴；他们的待遇至少在纸面上与种族或出生地无关，只与和西班牙国王的共同联系以及对国王的效忠有关。

而且，对西班牙语世界的大部分自由人来说，参与政治没有任何财产或教育背景的资格要求，这一点一直坚持到 1830 年。有人认为，这将使较为穷苦的男性有必要的时间接受教育，完善自我，从而在最终实行更严格的资格要求后有机会继续享有完整的公民权。

然而，非裔男性和所有女性仍然被排除在积极公民之外。不过即便在这方面，该法也留下了一些漏洞（仅留给男性）。《加的斯宪法》承诺，未来，"凭借德行和长处成为公民的大门"将向那些有"已证实的服务"记录的非裔或有部分非洲血统的男性所半开。[52] 在所谓的"服务"中，最为重要的自然是参加西班牙军队。

在明确受邀成为积极公民的种族男性的范围方面，这是至此时全球各地正式制定的成文宪法中范围最宽泛的宪法。因此，这部宪法后来吸引了拉姆莫汉·罗伊和他在加尔各答的英国与孟加拉激进盟友。不过，引人注目的《加的斯宪法》中的根本问题，被阿瑟·韦尔斯利很好地总结了。他是在西班牙与拿破仑交锋的混合部队的英裔爱尔兰人指挥官，未来的威灵顿公爵。他强硬而

PROYECTO
DE CONSTITUCION POLÍTICA
DE LA MONARQUÍA ESPAÑOLA
PRESENTADO A LAS CÓRTES GENERALES
Y EXTRAORDINARIAS
POR SU COMISION DE CONSTITUCION.

CADIZ: IMPRENTA REAL: 1811.

CON SUPERIOR PERMISO.
MÉXICO:
POR D. MANUEL ANTONIO VALDES, IMPRESOR DE CÁMARA DE S. M.
CALLE DE ZULETA, EL MISMO AÑO.

《加的斯宪法》草案，1811 年出版于墨西哥

机敏，政治上保守，是冷酷无情、极其多变的军人，也很直率。他认为，加的斯议会"很大程度上以画家创作的原则去制定宪法，也就是说，是给别人看的"。[53] 这是一部令人眼花缭乱的作品，但不是也不可能是实质的现实。

当《加的斯宪法》于 1812 年颁布时，西班牙本土的大部分仍被法国军队占领。此外，西班牙的美洲殖民地的很大一部分，包括今天的委内瑞拉、阿根廷、哥伦比亚、智利、玻利维亚、巴拉圭、乌拉圭，此时也处于公开反叛的状态。历史的一个"假设"

便是，马德里方面富有想象力的改革努力，能否遏制或推迟西班牙帝国瓦解。但如事实所证明，他们没有那个机会。虽然《加的斯宪法》在 1813 年短暂而不均衡地得到施行，但很快就被复辟的波旁君主费尔南多七世废止。1820 年的自由革命恢复了该宪法，但三年后，这部宪法同许多支持者一道被残酷镇压，直到 1836—1837 年，才最后一次短暂复兴。

尽管反复遭到失败，但事实证明，《加的斯宪法》很有影响力，甚至是颠覆性的。由于它从未得到恰当实施，其中的理想主义思想和雄心壮志也没有被常规的政治争斗与妥协所玷污。它继续发挥着开明可能性的灯塔的作用，表达了过去本该如何的诱人承诺，展现了未来将会如何的诱人前景，它不仅适用于西班牙。《加的斯宪法》成了翻译出版次数极多的宪法文件，1814—1836 年，出现了 11 个德文译本，仅在 1813—1821 年，就出版了 12 个不同的意大利文译本。此外，它还有英文、俄文、法文译本，可能也有阿拉伯文、孟加拉文、中文版本。[54]

《加的斯宪法》既可以看作由反抗拿破仑、为更广泛的殖民地权利而战的人所起草的解放主义文件，也可以看作给传统等级及价值观留有空间的政治蓝图，这助长了它跨国、跨大陆的影响力。这部宪法专为君主国而制定，给予罗马天主教主导地位，这产生了意义深远的后果。

到这个时候（19 世纪第二个 10 年），大部分重要的探索性宪法文本都出自新教主导的社会，例如美国、瑞典、巴达维亚（荷兰）共和国；或者出自具有新教背景的统治者的手笔，比如叶卡捷琳娜二世及其《圣谕》；还有一种可能，它们的推动者虽名义上是天主教的，实际上与罗马的关系并不平等，例如拿破仑本人。

早期颁布重要的新政治宪法的几个天主教主导的国家，如 1791 年的波兰立陶宛联邦，基本上都遭遇了失败。可是，《加的斯宪法》制定者的情况完全不同，他们制定的文本也有不同的命运。

1810—1812 年参加加的斯议会的代表中，天主教教士占几乎 30%，是该议会中最大的职业群体。宪法起草委员会的成员中，天主教教士也占了近半数。[55] 宗教界的代表总体上在制宪过程中发挥了与人数不相称的影响，这是因为和西班牙合法王室一样，天主教被人们普遍看成仍能将日益纷争和分离的西班牙语世界捏合在一起的最强大力量。所有这一切都有助于确保天主教会及其代表能在新宪法的条款与程序中得到突出地位。《加的斯宪法》于圣约瑟夫节（3 月 19 日）颁布，这是教历中的神圣日子，该宪法规定天主教是"且永远是"西班牙的唯一宗教，并禁止其他宗教的活动。

一些信奉新教的评论家（如托马斯·杰斐逊）对西班牙新宪法的其他方面赞赏有加，但不接受将天主教会置于至高无上地位的条款，他们认为这些条款脱离正轨，陷入了反动的偏狭状态。[56] 然而，在推动成文宪法普及方面，《加的斯宪法》的宗教条款非常重要。通过颁布这一毫不掩饰的天主教式文件，《加的斯宪法》制定者极大改变和扩展了宪法这一体裁。由于他们的工作，以及后续的译本，过去主要以新教、革命或反宗教的形式出现的成文宪法经历了部分转变。现在，天主教占优势的社会也能接受这种文件，而不必忧虑它们可能损害传统的宗教归属与文化。

以这样的方式安抚天主教徒，此后还带来了其他好处。当这种新的政治技术在许多地区因长期存在的大量文盲而遇到挑战时，天主教神父在应对这种挑战上处于强势位置。正如其他教派与信仰的神职人员一样，神父可以向他们的信徒朗读宪法中的段落，解释其优点和意义。而且，在谈论这些文本时，如果神父愿意，他们可以发挥其感情色彩甚至精神力量，激起听众的想象。[57]一些（尽管不是所有）天主教神父的此类布道行为并不仅限于欧洲。

以 1824 年在独立的墨西哥颁布的首部宪法为例，这部宪法从《加的斯宪法》中借鉴了很多内容。与后者类似，它在圣方济各节这个圣徒节日颁布。负责起草墨西哥宪法的人也和加的斯议会代表一样，小心地确认了天主教独一无二的地位，并禁止任何其他宗教活动。得到这些保证后，这个新独立的美洲国家中的天主教教士协调一致采取行动。1824 年 10 月 24 日，参加墨西哥城 14 个天主教堂区教堂礼拜的所有男女老幼都宣誓效忠新宪法。他们还聆听神父朗读并解释这个文件中包含的权利与义务。[58]

1824 年，独立的墨西哥通过了一部宪法，这个事实对《加的斯宪法》及其制定者来说，当然是最明显的失败。当加的斯代表于 1810 年集合开会时，他们希望，通过吸收来自整个西班牙帝国的代表，制定更加跨越种族与大陆的西班牙公民权条款，可以解决帝国内部的矛盾和分裂。然而，事实证明他们的让步并不够。而且，由于 1812 年首次颁布时法国军队仍驻扎在西班牙，以及费尔南多七世后来的愚蠢行为，《加的斯宪法》在西班牙海外帝国和国内都从未系统实施。

甚至在出现这些困难之前，拿破仑对伊比利亚半岛的入侵就已给连接西班牙庞大海外帝国的纽带施加了新的压力。多数西班牙美洲殖民地的克里奥尔人、印第安人、混血儿、奴隶尽管憎恨帝国派驻当地的行政长官和税吏，但仍然保持依附遥远的帝国君主。拿破仑策划使波旁君主卡洛斯四世和费尔南多七世退位，由其长兄约瑟夫·波拿巴取而代之，但这并没有立即破坏美洲西班牙裔保留的忠诚。不过，他的行为使效忠的问题复杂化，引发了西班牙帝国主权应该正确地归属何处的讨论。特别是因为法国人占领了西班牙大部分地区，西班牙语世界传统的出版审查机制开始放松，导致西班牙美洲殖民地的出版机构和政治出版物数量激增，关于未来宪法的新宣言、小册子、论文、计划不断涌现。

西班牙美洲殖民地随后发生的起义和独立战争最终从西班牙吸引了将近 5 万名士兵。到 19 世纪 20 年代中叶，西班牙的大西洋帝国已缩小到只剩下古巴和波多黎各。不过，1826 年在阿根廷、1828 年在智利与秘鲁以及 1830 年在新格拉纳达、乌拉圭、委内瑞拉起草的新独立宪法仍保留了原初加的斯模式的明显痕迹。

就这样，因为对伊比利亚半岛的入侵，也因为《巴约讷法令》的复杂影响，拿破仑促进了成文宪法在南美洲各地的传播，以及这些宪法的知识在东南亚各地的传播。一位墨西哥爱国者在 19 世纪 20 年代声明，"拿破仑·波拿巴，西班牙美洲殖民地现在享有的自由和独立要归功于你。是你向连接两个世界的锁链砍下了第一剑"。[59]

评判巨人及其杰作

不过，需要注意的是，上述结果从来不是拿破仑的意图。他的军队于 1808 年进入西班牙，目标并不是解放和分离其南美殖民地。对拿破仑本人来说，入侵伊比利亚半岛的一个诱人之处是，此举似乎带来了进入西班牙庞大海外帝国的途径以及对其施加影响的可能。拿破仑本人以及其行为造成的复杂而广泛的影响，被与众不同的革命者玛丽·沃斯通克拉夫特·雪莱精确、细致地做出了评判。

令人尴尬的是，玛丽·雪莱的很多亲属都是活动家和激进分子——她的母亲是女权主义者玛丽·沃斯通克拉夫特，在 1797 年生下她后去世；她的父亲是哲学家、无政府主义者威廉·葛德文；她的丈夫则是共和主义诗人珀西·比希·雪莱——因此她本人在政治方面的兴趣往往被忽略。可是，1812 年，尚为少女的她写下了题为《政府对民族性格的影响》（'The Influence of Governments on the Character of a People'）的论文。当她同父异母的哥哥出于礼节而在伦敦朗诵这篇文章时，首批听众中有美国前副总统阿龙·伯尔，此人尽管有一些缺点，但支持女权。[60]

玛丽·雪莱当然也适应了战争的中心地位这一现实。她出生那一年，拿破仑制定了阿尔卑斯山南共和国首部宪法。1814 年，她与雪莱私奔，在滑铁卢战役前的平静时期与丈夫一起徒步穿越满目疮痍的欧洲大陆。这对夫妇确认，他们曾住在一家法国旅馆中"拿破仑及手下一些将军休息过的那个房间里"。[61] 两年后，他们来到日内瓦，那是拿破仑早期崇拜的哲学家让-雅克·卢梭的出生地，也将是雪莱夫人本人最著名的文学创作诞生的地方。

拿破仑掌权之前，法国革命军就已入侵日内瓦，并给它颁布了一部成文宪法。到 1816 年玛丽·雪莱前来居住时，此地成了瑞士的一部分。瑞士本身就是他国军事入侵的目标，其他国家多次改写其宪法。雪莱夫人在这里写下了著名的小说《弗兰肯斯坦，或现代的普罗米修斯》，1818 年，该书首度匿名出版。它并非我们现在所说的仅仅是科幻小说或幻想小说，它可以被解读为包含政治内容的作品，是对拿破仑·波拿巴此人的多重意义的沉思；在作者的性别为人所知之前，一些评论家和读者也确实是这么解读的。

从某个层面看，拿破仑明显是雪莱夫人作品中科学怪人的灵感来源，这个怪人是反自然的、越来越狂暴的造物，不过仍有"雄辩力与说服力"，他培养了阅读的热情，特别是阅读"古代共和国首创者的历史"，以及"关心公共事务的人们管理或屠杀自身种族"的传奇故事的热情。而在另一个层面，拿破仑的生涯为玛丽·雪莱对其中心人物科学家弗兰肯斯坦的描述增添了光彩。在小说中，弗兰肯斯坦野心勃勃，相信自己高于"那群普通的规划者"，"注定要干一番大事业"。与拿破仑的军事入侵和书面实验不同，弗兰肯斯坦的目标是"为无生命的物质赋予活力"。他复活了停尸房中的尸骨，创造新的超人类。可是，这种对未知世界的探险只是成功地"给世界带来一个堕落的可怜虫，他的快乐就在于屠杀与苦难"，在地球表面，无一处地方（即便是北极）免受他的行为的危害。[62]

玛丽·雪莱几乎如伯克式保守主义者那样，坚信非有机的人为创造是危险的，但她太过激进了，写出的不仅仅是对任何实验行为的控诉。她的小说副标题是"或现代的普罗米修斯"，将弗兰肯斯坦／拿破仑与希腊神话中的巨人联系在一起，后者破坏诸神的律法，给人类送来了火，使人类能够进步。将拿破仑与普罗米修斯相联系，这个比喻在这位前皇帝一生最后几年及 1821 年去世之后很常见（一般人也赞同），因为对崇拜者乃至那些仅仅是被他的生涯弄得眼花缭乱的人而言，这种说法似乎很恰当。可以这

如同普罗米修斯的拿破仑，1815 年的法国蚀刻画

么认为，拿破仑带来的礼物对人类十分危险，但最终提升了人类。与真正的普罗米修斯一样，最终遭到惩罚，被用铁链锁在岩石之上——拿破仑的归宿，正是遍布岩石的圣赫勒拿岛。

但是，玛丽·雪莱用心地在小说中表明，弗兰肯斯坦放任的暴力与破坏并不会随着他本人的毁灭而结束。他创造的怪物最终没有被消灭。而且，正如她笔下的人物，以书信讲述整个故事的海军军官所言，满足于仅仅"在平静中寻找幸福"的人太少了。现代战争的规模不允许他们这么做。在下一部重要作品《最后一个人》（*The Last Man*, 1826）中，玛丽·雪莱以 21 世纪为背景，想象整个地球被"火、战争、瘟疫"吞没，人类社会持续军事化。她笔下的一个人物说道：

> 我已经知道，一个人或多或少是微不足道的，然而稀疏

的士兵行列有待人去填补；个人的身份可以被忽略，花名册上包含他们的全部数目。[63]

有些时候，人们仍然将玛丽·雪莱主要当成独特的浪漫文学圈子的成员，因此认为她是她所处时代不间断战争与政治混乱的见证者和富于想象力的评论者；她在小说中加入的某些观点敏锐而有洞察力。与弗兰肯斯坦一样，拿破仑的许多实验并没有随着他下台而结束，也没有因他去世而消亡。在拿破仑曾入侵、占领、统治的许多地区，他和所率军队及其附庸者给当地原有精英阶层、法律体系、治理方法、经济带来太过广泛的暴力，造成太过广泛的冲击，以至于过去的状态一直无法准确复原。

　　法国本身显然就是如此。复辟后的路易十八老迈而肥胖，思想保守且紧张不安（这可以理解），他除了以新的方式发挥"立法君主"的作用，颁布 1814 年宪章，几乎没有其他选择。这部宪章除了名称不是宪法，总的来说是成文宪法。拿破仑原有帝国的一些政区也发生了不可恢复的变化，这些变化并不总是向好。例如，事实证明，拿破仑的军队肆虐普鲁士，其规模和暴力实际上阻碍了普鲁士此前的政府改革与法律改革运动。而其他受到他影响和入侵的德意志邦国，如符腾堡、法兰克福、巴登、巴伐利亚、不伦瑞克、萨克森，在滑铁卢战役后的几年里出现了一系列新宪法，大部分宪法都像法国的 1814 年宪章一样保守，以君主制为中心。不过，这些宪法都是单一文件，概述了政府结构与规则，也常常被付印，供人们阅读、评判、讨论。[64]

　　由此可见，19 世纪 20 年代，在欧洲大陆的很大一部分地区，关于国家必要、合意的机构和标志，以及国家对人民所负的义务，

君主们开始接受新的政治文件：唐佩德罗（图上部中间男子），巴西皇帝和葡萄牙国王，1824 年巴西宪法和图中 1826 年葡萄牙宪法的主要制定者

人们的观念已经发生了不可逆转的变化。如意大利陆军一名前军官所言，越来越多的欧洲人（尽管还远不是大多数）开始相信"一部成文宪法足以改变政治体制，解决国家的所有困难"，或者至少相信宪法这种东西应该得到探索和尝试。[65]

不过，正如玛丽·雪莱在《弗兰肯斯坦》中所承认的，这些和其他一些改变不仅归功于单个巨人的思想和行动。更关键的是两种相互联系的易激发的推动力：法国革命培育的观念，以及更重要的无与伦比的军事化和军事动员水平。法国大革命和拿破仑战争期间，大批人员参加军事行动，其中一些人成为新政治观念和政治技术的传播者与推动者，在某种情况下，他们的行动主义和献身行为在拿破仑战败后仍在延续，甚至扩大。

拿破仑垮台之后，大约有 2 万名军官因被判定过分忠于这位废帝而遭军队开除。其中一些人立刻身携刀剑和政治思想，进入不同国家和大陆——波斯、埃及、奥斯曼帝国的其他角落以及中南美洲。拿破仑的一些非法裔军事支持者战后也走上了类似的道路，意大利人卡洛·路易吉·卡斯泰利（Carlo Luigi Castelli）就是其一。滑铁卢战役后，郁郁寡欢的卡斯泰利很快怀揣雄心和军事技能，前往海地。当发现此行无用时，他再次出走，在南美洲加入了西蒙·玻利瓦尔的独立运动。[66]

正如玛丽·雪莱所承认的那样，一些曾致力反对拿破仑的人在 1815 年前后也被赶入政治变革和新宪法的方向。作为一个团体的加的斯议会以及某些个人都是如此。例如，一名曾与非正规部队在伊比利亚半岛并肩抵抗法军的英国军官出版了《加的斯宪法》的首部英译本，极大促进了该宪法的流传，扩大了其影响。[67] 拿破仑的一些军事对手更进一步。俄国近卫军军官尼基塔·穆拉维约夫参加俄国 1814 年占领巴黎的行动时已掌握多国语言，在法国首都小住让他得到了更多的政治教育。他上了大学，认识了自由主义哲学家邦雅曼·贡斯当，贡斯当是拿破仑最后一部宪法的起草者。十年之后，穆拉维约夫的书库中已经积累了十部不同的已出版的宪法，他也成为 1825 年领导十二月党人起义反对反动的沙皇尼古拉一世的俄国老兵之一。[68]

不过，正如玛丽·雪莱在《弗兰肯斯坦》中所写，法国大革命和拿破仑战争所推动的大规模军事化与政治冲击，造成了混杂的后果。长久的跨地区暴力冲突助长和延续了与权利和政治改革有关的新思想、举措以及传播模式。可是，这些冲突也有助于培养关于控制的新思想及方法。其他政权和后来的活动家都注意到了拿破仑的示范，即成文印刷宪法这种新政治技术可以系统地为帝国计划服务，并嵌入计划中。我们将以托马斯·斯坦福德·莱佛士为例，此人购买了东南亚岛屿新加坡，并试图重新规划该岛。

很少有人在东南亚和英国历史框架之外研究莱佛士。但是，和玛丽·雪莱一样，他在更广泛的背景下考虑问题，并因此得到了回报。与 19 世纪初的其他新国家缔造者，如南美的西蒙·玻利瓦尔、埃及的穆罕默德·阿里、海地的亨利·克里斯托弗，以及我们后面将会介绍的、名气没那么大的塔希提统治者波马雷二世一样，莱佛士既为拿破仑的功业而着迷，也为他的一些手段所吸引。1816 年，他甚至不辞劳苦，到圣赫勒拿岛拜访了这位被流放的法国皇帝。从个人层面看，这次相见并不成功。但正如莱佛士所写，拿破仑的才能"始终值得我钦佩"。[69] 考虑到他本人希望在大不相同的地理环境中取得成功，这一点可以理解。

莱佛士是坚定且有创造力的帝国主义者，渴望看到英国势力在适当的时候扩张到婆罗洲、暹罗、柬埔寨。他白手起家，也是深思熟虑的现代主义者，据一名荷兰观察者所说，他还是"言语贩子"——能讲多种语言，和拿破仑一样痴迷于写作。1823 年，莱佛士为新加坡的大约 2 万名居民起草的宪法不是完备的独立文件，也从未全面实施。可是，他很清楚地表示这份文件是"宪法"，是由自觉的写作过程产生的。他说："我亲自承担拓宽基础的工作，并关注更重要的上层建筑，我给这个地方准备了一部宪法和一个代表机构。"他夸耀道，新加坡的新宪法将是"尽可能自由的宪法"。[70]

英国人经常为其殖民地制定宪章。但莱佛士对自己宪法的野心还受到了拿破仑榜样的影响。在莱佛士看来，新加坡与法国皇帝为其制定宪法的欧陆被征服地区一样，将通过设计、控制、成文手段而得到改善和现代化，同时如帝国中有成效的一部分那样运行。这里将有不受限制的自由贸易，所有宗教和种族都将得到宽容的对待，奴隶制和奴隶贸易将消失。莱佛士设想，新加坡居民将在道德上得到净化和提升，放弃酗酒、赌博、斗鸡等恶习。

很明显，这要归功于 1789 年后法国盛行的救世主思想，以及拿破仑自己控制性的但有时又有改革精神的政治主张。无疑，莱佛士也坚信，来自世界某个角落的人，只要有力量、理想、决心，就能够制定出宪法文本，作为改造、改善、管理世界另一地区及不同人群的手段。

莱佛士的思想与行动，一名英国跨大陆活动家的创举，还表明了一些其他意义。拿破仑·波拿巴有意无意地为新成文宪法的传播与多样化做出了重要贡献。而就在海峡对岸，拿破仑最长久的主要敌人有时也起到了相同的作用，有的人可能觉得这很荒谬，但事实无可争辩。

第5章

例外与发动机

伦　敦

转变的思想，爆发的革命，迅猛发展的印刷业，行动中的军人以及残酷的战争轨迹：这一切都加速了新政治技术的传播。在特定的时间，在特定的地点，如此发生。1831年10月，爱德华·甘斯（Eduard Gans）就接触到了一个有非凡全球意义的地点。由于有犹太血统，他在30岁出头时改宗基督教，其部分原因是为了能够在德国学术界有所发展。在柏林成功当上法学教授之后，甘斯前往伦敦，有幸到83岁高龄的杰里米·边沁家中拜会。边沁的家在女王广场，步行去英国议会大厦只需要不到10分钟。一位对此颇为羡慕的朋友事先向甘斯介绍了边沁的情况，建议甘斯"绝不要顶撞他"，而应该像"聆听神谕"般聆听他。无论这位伟人以其智慧表达什么样的观点和思想，甘斯都应该以赞许的口吻复述，促使他发表"更多的深刻见解"。[1]

可是，甘斯是伟大哲学家黑格尔的学生和同事，黑格尔关于逻辑和思想的作品下笔如此坚定，因此甘斯在令人敬畏的智者面前显得很放松。如许多曾经历拿破仑·波拿巴野蛮入侵的德意志人一样，他也出于直觉地被地方连续性的问题所吸引，相信法律制定者和政治家在对政府做重大变革前，应该关注一个社会的历史。他或许还有些爱捣鬼。

与边沁在其大宅花园中漫步时，甘斯向这位白发苍苍、衣着整洁而又有些焦躁不安的老人提出了历史、地方文化、立法之间关系的问题，他知道这很可能激怒对方。主人果然情绪爆发："你真的重视历史吗？它只承载着一些不用心的东西，聪明的事情和愚蠢的事情一样写在上面。"边沁咆哮道，法典或者政府计划根本不需要按照社会的特定历史与习俗来制定；成文宪法和其他法律一样，都应该体现普遍适用的自由正义的理性原则和权利。

对于边沁激烈的长篇大论，甘斯暗自觉得好笑，但并不感到吃惊。毕竟，这位老人在 1823 年就曾大胆发表题为《任何国家宪法的主要原则》（*Leading Principles of a Constitutional Code for Any State*）的宣言。在前一年发表的另一作品中，边沁同样坚持认为，对立法者而言，"他们会发现，每个地区、每个种族、每个时代所需草拟的大纲是一样的"。这意味着，他，杰里米·边沁，有资格为全世界任何地方的任何社会提出宪法建议，并草拟宪法和法典。这位英国哲学家有句话说得不过分："作者向往的统治领域是整个地球。"[2]

最终他们进入女王广场的边沁的大宅，它的蒸汽集中供暖系统既表现了主人的财富，也证明了他对现代的强烈认同，甘斯也看到了边沁兴趣与野心的地理范围的进一步证据。当时，富裕的欧美男士都习惯于在私人图书室中堆放古希腊和古罗马经典著作的精装本，他们也许看过这些书，也许没有。但边沁的书架上摆

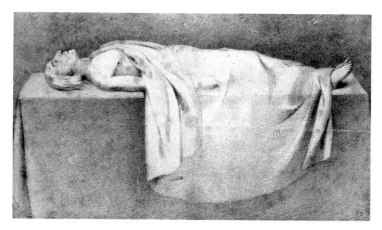

杰里米·边沁的遗体，准备接受公开解剖。1832 年的平版印刷画

满了"各种语言"的当代书籍，甘斯注意到，特别是摆了西班牙语和葡萄牙语书籍。[3]

　　这次会面持续了超过三个小时，其间这位八旬老人"像敏捷的年轻人那样，在图书室的楼梯上多次跑上跑下"。八个月后，杰里米·边沁逝世。在解剖遗体（边沁在遗嘱中坚持要走这一程序）之前，负责解剖的外科医生向死者致敬。医生提醒那些不适地聚集在寒冷的南伦敦解剖场中的应邀名人，边沁在生活中基本上是个战士，只是他的武器是语言——"个人交流或私密信函"，而他的敌人是"无知、谬误、偏见、欺骗、自私、恶习、苦难"。开始下刀之前，医生继续说道，边沁和这些敌人战斗，并不仅是为了他的祖国，也是为了"东西半球的所有国家"。[4]

　　这是夸大之词，但杰里米·边沁努力这样做过。他出生于1748 年，父亲和祖父都是成功的伦敦律师，他很早就显露才华，接受了法律训练。不过，他继承了优厚的收入和女王广场的大宅，因此免于不得不从事一项职业。相反，他利用无须工作和终身未婚的自由来写作，每天完成 10—20 页手稿。他一直坚持吃热的辣姜饼、喝黑咖啡，坚持自己设计的慢跑，挑选接待一连串来自不同大陆多个国家、涉足政治和知识的访问者和通信者。他的文章涉及各种各样的主题——经济、教育、犯罪与刑罚、伦理与帝国的罪恶、动物的权利以及同性恋合法化这样的私密话题，他与其他许多在这一阶段痴迷于政治的男人一样，也致力研究并起草宪法方案，不过他研究和起草的范围特别驳杂，令人印象极为深刻。[5]

边沁一贯支持美国，密切注视着美国过剩的成文宪法。不过，这并没有阻碍他和阿龙·伯尔建立亲密的友谊。伯尔因与亚历山大·汉密尔顿的致命决斗和后续的叛国罪指控而在美国声誉受损。尽管如此，当名誉扫地的伯尔几年后抵达英国时，边沁立刻邀请他住下，有些讽刺的是，边沁得到的回赠礼物是纽约出版的汉密尔顿等人的《联邦党人文集》。对边沁而言，伯尔吸引人的一个方面便是，他能为边沁带来积极参与新宪政事业的机会。伯尔渴望在墨西哥给自己划出一块独立区域，承诺在合适的时候派出一艘战舰，运送边沁渡过大西洋，让边沁去设计这个私人小国的法律和政府形式。[6]

正如这一插曲所示，边沁坚持在世界各地为所有政权自由应用他的专业知识。1820 年当委内瑞拉革命者西蒙·玻利瓦尔出钱请边沁提供宪法服务时，边沁说了一番堂皇的话："我不接受任何酬劳，我为一方服务时，不损害其他任何一方的利益。"他想要成为专业的自由行动者，只着眼于"人类总体的利益"。[7]这种自述明显包含虚荣心理。爱德华·甘斯一与边沁见面就注意到了这一特质。尽管如此，在数十年里，一大批有权势和好奇心的人仍然相信边沁的话语，与这位"女王广场的隐士"会面、通信，寻求他在政治和法律上的见解与建议。

大帝王也与他接触过。19 世纪第二个 10 年，俄国沙皇亚历山大一世与手下的一些大臣写信给边沁，就沙皇计划为其附属领地波兰和芬兰制定宪法寻求建议。参与反帝国斗争的人也向边沁请教。1821 年希腊爆发反抗奥斯曼帝国的独立战争后，希腊的一些政治代表人物访问伦敦时一定要拜访到边沁。次年，作为回报，他对希腊首部宪法草案提出了意见。边沁所接触的人物并不限于欧美活动家。实际上，他的顾问工作的范围说明了对新宪法的思考此时迅速渗透到世界的其他地区。[8]

边沁与加勒比地区首个黑人统治的共和国海地自然也有联系。他于 1822 年写信给该国总统、海地独立战争的混血老兵让-皮埃尔·布瓦耶说，"不管肤色有何不同"，人类表面上的差异不会阻碍全球"在法律与制度方面的共识"的发展，这符合"各方的真正利益"。当然，边沁也随信附上了海地新宪法的方案。[9]

边沁还与北非伊斯兰国家有联系，特别是通过他的"养子"哈苏纳·德吉斯（Hassuna D'Ghies）。德吉斯出身于的黎波里的一个富裕家庭，在宗教学校受过教育，会说多国语言，是虔诚的穆斯林。19 世纪 20 年代初访问伦敦时，他很快结识了边沁，两人花费了一年多时间，为的黎波里的阿拉伯语宪法以及一场可能遍及北非的更广的政治革命制订计划。两人会面的成果之一是边沁 1822 年撰写的文章《反抗苛政之保证》（'Securities Against Misrule'），这是西方作者第一次完整讨论新的宪政思想与组织如何适用于一个伊斯兰政体。[10]

如前所示，随着年龄渐长，边沁反而变得更加激进，更有魄力，但并非总是如此。早在 1789 年，他为大革命时期的法国宪法撰写提案时，就认为应该将公民权延伸到所有"男性或女性"公民，只要他们"成年、心智健全且能够阅读"。意识到大部分改革者同伴很有可能问"为什么要容许妇女获得选举权"这样的问题，边沁反问道："为什么排除她们？"[11]

可是，到了 19 世纪 20 年代，虽然妇女权利对边沁来说仍是一项私人权益，但这一目标已从他的重要公开声明和著作中消失了。此时，他感到时日无多，而本来能做的事情似乎又太多了。在这个十年的开始，他一直忙于与致力重启《加的斯宪法》的西班牙自由主义者通信，并与 1822 年葡萄牙首部成文宪法的制定者建立更紧密的联系。不过，在协助伊比利亚半岛改革者的计划的同时，边沁更努力地帮助一些试图废除葡萄牙和西班牙在南美的帝国主义统治的杰出人物。

边沁曾与贝尔纳迪诺·里瓦达维亚通信，这位独立斗士后来成了阿根廷首任总统。他写信给弗朗西斯科·德·保拉·桑坦德并与之会面，桑坦德是一位将军，后来历任大哥伦比亚副总统及新格拉纳达总统。他还定期与法学家、哲学家何塞·德尔巴列联系，德尔巴列致力于危地马拉的首部民法典，并公开赞扬边沁是"世界的立法者"。边沁与伟大的解放者西蒙·玻利瓦尔也长期维持着不稳定的关系，玻利瓦尔是委内瑞拉杰出的军人与政治思想家，他发起的解放运动帮助六个南美国家摆脱了西班牙统治，后来，他本人也转入宪法起草工作。1810 年访问伦敦时，玻利瓦尔联系了边沁，他和后来的爱德华·甘斯一样，与老人漫步花园。12 年之后，他带着有意的奉承口气写信给边沁："阁下，您是否能想象到，在美洲的这些蛮荒之地，人们说起立法者导师的名号，从未有所不敬，也从不缺少感激之情？"[12]

近年来，边沁的这些联系和其他一些跨国、跨大陆的联系引起了广泛的注意，这是当然的。然而，人们很可能过分沉迷于有关他令人敬畏的思想和极度活跃的社会关系的丰富证据，而忽略了更广泛的背景。战争和侵略行动愈演愈烈与新成文宪法逐步传播之间有种种联系，边沁现象是这一情况中的关键部分，但也带来了超出此人范畴的其他问题。

首先，我们该如何理解这个事实：杰里米·边沁出生于英国并在此度过了一生的大部分时间，而这个地方似乎拒绝成文宪法这种新政治技术的诱惑。英国至今仍是少数没有法典化宪法的国家之一，却产生了一位向往为全世界撰写成文宪法的人物，这意味着什么？

其次，伦敦也是一个问题。既然与杰里米·边沁相见的大部分外国改革者和忙碌的宪政主义者前往伦敦时主要不是为了结识他，为何这些人会被吸引到这个巨型城市？英国首都为何能吸引这么多来自不同国家和大陆的此类人物，它又能给世界其他地方参与充满危险的政治和宪政计划的个人和群体带来什么？

最后，还有一个问题，1815 年滑铁卢之战后，英国成为全球最富有、势力范围最广的国家。它带着越来越大的困难，保持这一地位直到 20 世纪初。可是，英国在漫长的 19 世纪中的大部分历史事件中都留下了帝国印记，却唯独缺席了同时代的重要主题——新宪法技术的崛起和传播。如何修正这种反常？我们应该如何在新成文宪法日益传播的故事中为英国安排角色？如果我们这么做，这个故事会有什么样的不同？

战争和例外论的限度

实际上，革新的单一宪法文本的开始和设计往往与战争及军事动员扩大的规模交织在一起，在这条规律上，英国并不是例外。与欧洲北部的其他地区一样，它实际上在很早的时候就卷入了这些潮流。17世纪40—50年代，英格兰、威尔士、苏格兰、爱尔兰爆发内战，这一重大的暴力时期导致一个共和国短暂建立。

新模范军成员的行为和思想就说明了上述观点。这支强大的作战部队在斗争中暂时胜出，击败了君主查理一世。1647年，这支军队的一些显要人物草拟了所谓的《建议要点》（Heads of Proposals），打算将其中的主张作为新宪政方案的基础。不过，更为激进和民主的，是1647—1649年由新模范军官兵制定的《人民协定》。发起者打算让"每个英国人签署"这份协定，使威斯敏斯特议会服从人民的意志。作者认为："议会所做的事情……可能被下一届议会撤销，但起于人民、终于人民的《人民协定》永远不会在议会职权范围之内被撤销。"这样的文本将成为某种基本法，免遭未来议会的任何修改。[13]

《人民协定》及其制定者失败了。但在1653年，共和派主要将军奥利弗·克伦威尔成为护国公，倡导适用于英格兰、威尔士、苏格兰、爱尔兰且有可能适用于英国海外殖民地的《政府约法》。印刷发行这一文本的意图是用其管理政府及选举。《政府约法》中加入了解放式的改革举措（如对犹太人的宽容），又一次接近于基本法的角色。1654年，克伦威尔在议会发表演讲："每个政府都必须有某种持久不变的基础，就像《大宪章》一样。"[14]

这些文件和其他一些共和主义方案随着1660年君主制复辟

而终结。但在英国，人们仍然继续撰写进取的新政府法典。1669年，政治哲学家约翰·洛克和多位英国贵族起草了《卡罗来纳基本宪法》，这是一部"不可改变"的政府形式法，为位于今弗吉尼亚和佛罗里达之间的一个拟成立的殖民地而设计。[15] 虽然这一举措也失败了，但它是反复出现的英国做法的一个早期例证。

在投入海外帝国的几个世纪间，强大而有探索精神的英国人常常为不同的定居者群体和被殖民民族草拟宪法，这一习惯延续到了 20 世纪 70 年代，当时似乎已经没有可为之制宪的对象了。英国人反复为其他民族起草宪法的这种倾向在一部著名的英国小说，丹尼尔·笛福的《鲁滨孙漂流记》的续篇中得到简短的探究。《鲁滨孙漂流记》于 1719 年在伦敦首度出版，后续出现了数百个版本和译本。笛福在政治上是狂热的辉格党人，在小说的最后，他让主人公鲁滨孙在岛上居民的要求下，为不再荒芜的小岛制定了"我亲手写的总体文件"。他安排鲁滨孙"草拟、签署并封存"一份文件，规定"每个人的种植园的边界和情况"。"至于他们的政府和法律"，鲁滨孙告诉他们，他"给他们的规则并不能好于他们自己定下的规则"。但是，他坚持"友爱和邻里和睦"的基本条件，坚持他们绝对不能"在宗教上有分歧或者争端"。[16]

不过，在笛福仍在努力写作的 17 世纪末，各色英国人并不仅仅为其他民族和地区制定政府文件，也继续在本国和本国人民中做实验。1688 年，荷兰对英格兰南部发动了大规模海陆进攻，推翻了詹姆斯二世的王朝，迫使其流亡。结果是，英国王位落到了荷兰统治者奥兰治亲王威廉与妻子玛丽手中。随后英国发布了重要的《权利法案》（苏格兰称《权利主张》），其目标是禁止酷刑，确保自由选举和请愿的权利，以及约束王权，加强议会和司法机

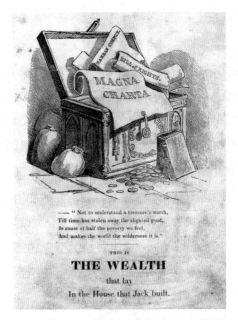

大不列颠的真正珍宝是宪法文本，而非黄金。威廉·霍恩的激进宣传册《杰克建造的政治大厦》（1819 年）插图

构的地位与自主权。[17]

你可能会想，到这时为止，这些事如此令人敬佩。但吊诡的是，17 世纪 40 年代的内战和 1688 年的革命，这些在宪政上创造性的早期剧变，在某种程度上限制了英国成文化政治重塑的进一步发展。由于这些连续的危机，王权遭到削弱，并日益受到议会的制约，而出版自由和宗教宽容等个人权利得到了比欧洲大部分地区更好的保护。不过，英国的国家机器也加强了。从 17 世纪中叶起（1688 年之后更为明显），英国政府更加擅长招募士兵、建设越发强大的海军。正如潘恩所抱怨的那样，它也更加严苛地征

税和借贷，以为这些事务支付费用，并更积极地入侵其他民族的领地。

18 世纪跨大陆混合战争的规模开始扩大时，英国并没有出现和欧洲主要竞争对手同等的财政危机和国内政治剧变，部分原因便是政府效率、控制力、武力的增长。诚然，1776 年后，英国丧失了美洲 13 个殖民地，但国内并没有发生类似的分裂与冲突。直到 1916 年因第一次世界大战而出现爱尔兰复活节起义的危机，不列颠群岛上的武装冲突才导致了不可挽回的领土分裂，以及较为成功的制宪活动（但只发生在新的爱尔兰共和国）。

1700 年之后，英国能够反复参加战争，却没有经历极端的财政崩溃或者严重的国内分裂（除了爱尔兰），这不仅仅得益于强大的征税、借贷、财富创造能力。到 1800 年，准军事化的英国东印度公司已能在印度次大陆建立超过 20 万人的军队，其中大部分是南亚人士兵，所有人的费用全部由印度的税收承担。[18]

因此，英国政府可以将大部分国内防务支出集中用于维护大规模的海军，同时以庞大的外籍军队补充其陆军。这支外籍军队越来越多地从多个大陆征募人员，而且它的开支并不由本土的英国人，而是由英国人所统治的印度臣民来承担。

对王权的及早约束，在法律中关于特定宗教权利和公民权利的规定，对威斯敏斯特议会的权力与地位的超前保护，加上强健的财政体系、大型海军以及在印度得到补贴的另一支陆军，这些条件不仅给英国创造了相当的政治稳定，也造成了一定程度的宪政方面的静态与自满。对许多（从来不是所有）居民而言，这个国家 1700 年后免于大规模内战，免遭有效入侵，以及战争方面的高度成功，都能够证明现有政治和宪政体系的有效性。一位英国作家在 1817 年欣喜地宣称：

> 我们在陆地上所向披靡，我们是海洋的主人，从南到
> 北；我们因广博的知识获得尊敬，创造力举世无匹；……各
> 国的财富涌入我们的港口。那么，在上帝的眷顾下，除了自
> 由宪政精神，我们又能将这一切成就归功于什么呢？

这种沾沾自喜的论调很常见，尤其是在 19 世纪前三分之二的时间里。[19]

例如，1848 年，当欧洲大陆的许多地区再一次为革命和战争所震撼，苏格兰历史学家、政治家麦考利勋爵，快乐地将国外爆发的"令人痛苦的风暴、雷霆、大火"与英国本身相对平静的景象对比，表示英国有此好运的重要原因显而易见。麦考利宣称："我们在上帝庇护下获得如此与众不同的幸福，应该归功于明智、崇高的宪法。"[20] 漫画家约翰·多伊尔在 1848 年发表的一幅政治速写画中同样自鸣得意（尽管他出生于都柏林，是个天主教徒）。画中，"英国宪法"如同一艘巨大的方舟，在暴雨倾盆的怒海中宁静漂浮。在方舟（读过《圣经》的人都知道，方舟最初的目的就是保护善良的人）的四周，多伊尔描绘了许多倒霉的欧洲统治者，在深及颈部的水中苦苦挣扎以求漂浮。与麦考利的散文一样，这幅画作表达了如下观点：英国是特别有福的，而这些福气的顶点是它现有的宪政秩序。

但是，一些英国人谈及他们未法典化的宪法时表现出来的热情会欺骗我们。这种必胜信念掩盖了一个事实：英国宪法究竟是什么，在这一问题上明显缺乏共识。例如，它真的是不成文的

英国宪法是天赐之福，约翰·多伊尔《（现代）大洪水》，作于 1848 年

吗？在这一点上鲜有共识。

对某些人来说，英国宪法本质中最好的一点是，它大体上被内化了，因此，它如普通法本身那样是不断变化的。支持者认为，这使它优越于任何死板地固定在纸面上的法典。1832 年，就在杰里米·边沁逝世前的数月，一名保守的记者问道："英国宪法是什么？"

> 我们的宪法就是我们呼吸的空气，我们血管中流动的血液，我们吃的食物，滋养我们的土壤，拍打我国海岸的波涛，我国女性的美丽，我国男子的力量，我国工匠的技能，我国哲学家的科学精神，我国商人的冒险精神，是让我们保持沸腾的状态、推动技艺进步、推进舒适文明生活的繁忙活动和

公民雄心……宪法不是由纸张组成的，也不会毁于纸张。[21]

不过，这种以快乐的口吻拒绝成文宪法的态度，从来就不是所有人一致的立场。对某些激进派领军人物，尤其是托马斯·潘恩而言，英国宪法没有写成至高无上、容易辨识的单一文本，并不能证明它的独特优点，而是证明它几乎不存在（杰里米·边沁渐渐倾向于这种看法）。但其他评论家则认为，从某种程度上讲，英国宪法实际上是成文的。[22] 他们将 1689 年《权利法案》等重要宪政文本引为论据。有些人甚至更进一步，认为成文宪制实际上始于英国。

因此，1917 年，受人尊敬的英国法学家、政治家，曾担任英国驻美大使的詹姆斯·布赖斯声称，约翰国王 1215 年在兰尼米德盖印签署的《大宪章》奠定了后来所有制宪努力的基础。在一战的硝烟中努力鼓舞士气的布赖斯写道："成文或刚性的宪法现已覆盖了从秘鲁到中国的整个世界，若说兰尼米德的高级教士和贵族为这一计划打下基础，建造得比他们所知的更好，似乎算不上太过不切实际。"布赖斯承认，到这个时候（1917 年），这种新的政治技术已经渗透到全球大部分地区，他的承认值得注意。[23]

我强调这种观点的多样性，是因为在宪法方面，人们有时候认为英国明显不同于世界上的其他国家。议会主权原则——拥有全权的威斯敏斯特议会通过的任何新法律，都不能限制同一议会后续可能决定的事务——往往被引为证据，证明 1750 年之后的新宪政技术从一开始在英国就必然显得格格不入。在这个国家里，成文宪法的思想一直注定要失败。

可是，在过去，和现在一样，相比于英国宪法是否成文，关于议会主权的意义和全部影响似乎并没有更多的共识。[24] 因此，出于某些超出了英国国内思想与事件的原因，有必要以一种更具质疑性的方式来研究这些主题。19 世纪初，这个国家的权力、财富、势力范围、工业发展的规模，以及最终（在其他国家帮助下）成功打败拿破仑，都意味着它在 19 世纪不可避免引起了全球其他地区观察者越来越广泛的注意。英国显然有能力将极端的现代事物、法律规则与相对的政治稳定性结合起来，对渴望在自己原来的国家推进雄心勃勃的宪政计划并寻求种种理念的个人与群体来说，这一点特别有吸引力。多个地区的政治人士受到吸引，与英国社会接触，还有一个特殊原因，那就是伦敦。

世界城市，文字与流亡者之城

E. P. 汤普森的经典著作《英国工人阶级的形成》（1963 年）出版之后，19 世纪前几十年里的伦敦的普遍形象往往是分裂和混乱无序。诚然，那里存在赤裸裸的有时甚至狂暴的分裂与动荡。1820 年，西班牙、葡萄牙、希腊以及意大利多地都发生了大规模叛乱，伦敦也出现了刺杀内阁成员的重大阴谋。但是，与同时代不同社会的许多大城市相比，伦敦相对稳定，城市本身也完好无损。

与巴黎、柏林、马德里、罗马、威尼斯和其他许多欧洲城市的经历相比，伦敦在拿破仑战争期间和刚结束的一段时间里都没有受到外国占领军的破坏。欧洲之外的城市，如华盛顿，1814 年英国军队在那里火烧国会山和白宫；或者开罗，1798 年拿破仑的士兵在该城造成了大规模破坏——伦敦与它们不同，没有遭到劫掠。葡萄牙摄政王若奥六世于 1807 年被迫离开里斯本逃往里约热内卢，而英国皇室没有因为战乱被赶出首都，被迫到海外寻求庇护。伦敦人一般也没有必要撤离他们的城市，相比之下，莫斯科在 1812 年面对逼近的拿破仑军队时变成了一座空城。随后，这座城市如列夫·托尔斯泰在《战争与和平》（1869 年）中所描述的那样，"由于士兵的烟斗、厨房、篝火、占据别人房子的敌军士兵的粗心大意而着火"。看起来，莫斯科实际上有可能是俄国人自己放火烧毁的，但最后的结果同样是灾难，这座仍主要是木质建筑的古老城市遭到了严重破坏。[25]

伦敦免于战争的严重破坏，这有助于确保该城到滑铁卢战役时的人口超过法国大革命爆发之时。即便在 17 世纪末，它可能也是欧洲最大的城市；1800 年，它可能是仅次于北京的世界第二大城市；到了 19 世纪 20 年代，它可能已是首屈一指的全球大都市，人口估计达到 160 万。这个城市规模宏大，在战争后未受损伤，富裕且有全球影响力，这些可以解释为何那么多来自不同大陆、不同国家的政治改革者和活动家难以抗拒其吸引力。[26]

以拉蒙·阿莱松·阿隆索·德特哈达（Ramón Alesón Alonso de Tejada）为例。他出身于西班牙西北部巴利亚多利德的一个富裕家庭，是当地成功的法官。尽管有着富裕的城市出身，但当他 1823 年因支持恢复《加的斯宪法》而被迫到伦敦寻求庇护时，透过文化冲击和孤独的茫然感，他最初所能看到的是英国首都"人口众多，遍地财富"。他带着伤感和惊叹写信给妻子说，这里真的是"黄金国度"。[27]伦敦当然不是这样的地方。但阿莱松的反应说明，即便是相对老练的人，刚来伦敦的时候也会感受到这座城市的广阔；对那些所在国家遭受入侵、旷日持久的斗争、内战蹂躏的人来说，伦敦又显得十分富有，不受外界影响。于拿破仑战争之后访问伦敦，就如同二战后访问美国大城市：与被枪炮毁灭的其他地方形成鲜明对照，这里仍然供应丰富的黄油，这种体验令人兴奋。

伦敦能以其突出的规模吸引外来者，还因为它所拥有的一系列特性单独看来并非独一无二，但与它这个大都市的结合达到了不同寻常的程度。伦敦是英国王室、议会、政府、外国代理者、外交官的大本营。到这个首都拜访杰里米·边沁的许多外国重要人物，他们的主要意图都是希望英国政治家能支持他们在自己国家尝试的变革。伦敦还是金融中心，由于战争破坏了伦敦的一些竞争对手，如阿姆斯特丹、法兰克福、汉堡，伦敦更具统治力。在金融上的这种主导地位也吸引了许多外国政治活动家，因此，19 世纪 20 年代初来到伦敦寻求边沁的宪政建议的希腊独立战士，就是希望从伦敦的银行和商业资本家那里借款，并从对希腊友善的富裕自由主义者那里获得捐赠。

然而，与新兴的南美国家相比，希腊申请的伦敦资金微不足道。为了在摆脱西班牙或葡萄牙统治后站稳脚跟，这些新国家以惊人的规模发行政府公债。1822 年，哥伦比亚、智利、秘鲁都发行了债券；两年后，哥伦比亚和秘鲁再次发债，墨西哥、巴西、阿根廷也跟进；诸如此类的债券还发行了很多。伦敦明显是这些融资事业的最大市场。每个南美国家都会派来一名代表，他将与这个城市的许多银行或商行接触，然后委托其向英国及其他国家的投资者销售债券。许多握有余钱的投资者贪得无厌、容易受骗；但其中也有一些人是理想主义者，认为这种投资将推动解放事业的发展。[28]

伦敦金融市场与南美变革之间的密切关系有超越金融与经济范畴的重要意义。首先，英国在南美的投资规模，是英国各大报纸用大量版面介绍南美大陆涌现的新宪法的一个原因。担忧资金安全的投资者当然渴望得到有关当地政府特质的信息。英国和爱尔兰的报纸对这种兴趣做出了大量回应。因此，1824 年 12 月，伦敦《泰晤士报》发表了关于"墨西哥宪法完成并公布"的头版文章。该文作者写道："因为整个议程和文件不可能不引起部分英国公众的兴趣，我们将详加介绍。"——他确实这么做了。[29]

英国海外投资规模的不断扩大与英国报纸分配给外国宪法的版面之间确实有密切的关系。在战事频发的 18 世纪 90 年代，有时资本很稀缺，投资风险也很高，根据一项统计，英国和爱尔兰报纸只发表了约 65 篇专门介绍"新宪法"的重要文章。到了 19 世纪第二个 10 年，随着和平回归，资金变得更加充裕，新的政治技术也迅速传播，关于这一主题的文章已增加到将近 2000 篇。而在 19 世纪 30 年代，英国和爱尔兰报刊上有近 5500 篇关于"新宪法"的文章，此外还有数以千计更短的文章、读者来信、简讯。我们可以认定，常常仔细阅读此类报道的是英国投资者。不过，对政治变革、法律文本和思想感兴趣的读者也会关注，其中不仅有英国本土的读者，也包括其他许多地区的读者，因为英国报刊定期输出到这些地方。[30]

另外，历史证明，经由伦敦流入南美的资金也是这个大陆许多革命政府的资产。战争过后，充裕的英国资本流入，能够给这些新成立的政权喘息之机，为其制定宪法、扎牢根基争取时间。伦敦也提供其他资源，协助其他地方推进宪法事业。与另一些吸引其他国家和大陆的大量访问者及政治活动家的城市一样，伦敦也是港口。在这方面，伦敦像法国南部沿海的马赛，马赛经常吸引西班牙、意大利、阿拉伯地区的知识分子及持不同政见者；或者像美国的巴尔的摩、费城、纽约、新奥尔良等港口，它们吸收来自南美、古巴、海地的政治狂热分子和流亡者；或者像奥斯曼统治的红海港口吉达。吉达是每年成千上万前往麦加的穆斯林朝圣者的中转站，在 19 世纪变得越来越重要，尤其是随着轮船的出现和后来苏伊士运河的开通。越来越多来自印度、印度尼西亚、俄国、非洲各地、奥斯曼帝国的政治上活跃（有时反殖民主义）的穆斯林乘船来到这座城市，他们相信，在抵达麦加之前，他们可能在旅途中找到加强意识形态和精神力量的机会，甚至找到战友。[31]

与其他沿海或滨河城市一样，伦敦不断吸引政治参与者、研究者以及起义分子，只是它吸引的规模独一无二。1815 年以及之后的一个多世纪，伦敦是世界最大的港口，有最大的商船队。借助英国灵活的海洋帝国力量，伦敦还享有进入各大陆多个港口的特权。帝国的港口中包括不列颠群岛本土的利物浦、格拉斯哥、加的夫、科克。此外，到 1840 年，还有马耳他的瓦莱塔、巴巴多斯的布里奇顿、东南亚的新加坡和槟城、南非的开普敦。在适当的时候，还会有澳大利亚的墨尔本、悉尼，也门的亚丁，东非的蒙巴萨、桑给巴尔，以及印度的苏拉特、门格洛尔、孟买、加尔各答，这里列出的只是一些较为著名的中心。这些繁忙的港口成为其他较小港口和贸易站网络的节点；除了与大英帝国网络中的商港做交易，伦敦还与欧洲大陆、美国以及日益转变的南美大陆上的不同地区有广泛的贸易往来。[32]

这一时期伦敦独一无二的广泛的港口网络，在很长时间里都是经济史的素材。这本身似乎佐证了大历史学家埃里克·霍布斯鲍姆表述的著名观点：1789 年之后，英吉利海峡一侧的法国成为现代政治革命的先驱，而另一侧的英国则是现代经济革命的主要代表。[33] 不过，这种将法国的政治创新与英国的经济变革做对比的方法过于简单，探索性不足，也过于以欧洲为中心。经济发展往往为广泛的政治变革提供动力，就伦敦而言，情况就是如此，而且这种情况是跨越大陆的。

这座滨河城市的多个航海网络不间断运转，不仅给英国带入商品，也带入新的政治思想、著作、活动家，还向外输送思想、著作、活动家。例如，1817—1822 年，委内瑞拉驻伦敦代表、外交家、律师路易斯·洛佩斯·门德斯（Luis López Méndez）获得了在伦敦多个船厂之外运营的 50 多艘船的舱位。他利用这些舱位运送了大约 6000 人（其中许多是爱尔兰人）前往南美，这些人成为玻利瓦尔的陆军和海军的新兵。虽然这些人的军事贡献有限，但外国战士蜂拥加入争取南美独立的武装斗争，这有很大的宣传价值。[34]

然后是海上和河上的通信联系。进出伦敦的船只为杰里米·边沁提供了方便的邮件设施，倘若他没能利用这些设施，那么他不太可能在不同大陆建立他最终享有的声誉。正如一名充满敌意但敏锐的记者在 1819 年所写，边沁能够寄出"宪法章程或法典到欧美任何国家"（实际上也能寄到其他大陆），"给那些为此向他支付邮费的人"。[35] 边沁的实际情况在不同程度上适用于伦敦的其他活动家。不管是跨越海陆边界输送信息、文本、政治活动者，还是从世界其他地方接收信息、同情者或政治避难者，所有这些活动都从这个庞大的全球性城市辐射出的海上网络阵列中得到了便利。

就新宪政而言，伦敦出版与发行印刷品的规模、速度、范围尤为重要。这既是因为伦敦的海上辐射范围，也是因为其变化的印刷业。英国较早实现工业化的一个后果就是印刷业生产率的变革。到 1800 年，伦敦开动的印刷机都使用铁制框架而非木框架，这导致印刷产品呈指数式增长。到了 19 世纪第二个 10 年，印刷业应用了蒸汽动力，伦敦的一些印刷机可以每小时印刷 1000 多页，四倍于 18 世纪的平均值。19 世纪 30 年代，英国的蒸汽动力印刷机每小时可以印刷 4000 张版本页。[36]

同样，印刷业的这些发展也常常被归入经济或商业史的范畴。但这些发展在政治上影响深远。在印刷技术稀缺、受到审查或遭战争破坏的地方活动的个人和团体，比如我们前面讲过的 1811 年委内瑞拉宪法制定者，常常用船将重要的政治文献与宣言运往伦敦。到那里以后，这些文件可以迅速得到大量印刷，然后被运到选择好的全球各地方。此外，越来越多来自其他地区的政治活动家也在伦敦建立自己的印刷点。

19 世纪初，无家可归的西班牙自由主义者在伦敦创办了一些报刊，其中许多都使用了能唤起感情的名称，例如 1824—1827 年发行的《西班牙移民休闲》(*Ocios de Españoles Emigrados*)。随后是南美人经营的报刊，包括《美洲保留节目》(*El Repertorio Americano*)。在第一个阶段，该刊物由出生于委内瑞拉的智利知识分子、外交官安德烈斯·贝略管理。[37] 1810 年，贝略与玻利瓦尔和另一位委内瑞拉活动家一起到伦敦执行一项使命，却因为战争和政治变迁而困居此地。贝略在英国首都度过了 19 年，时常过着艰苦的生活，其间娶妻生子，却得而复失。他勤奋写作，直至最终返回智利，参加了智利民法典的起草并为 1833 年的宪法做出了贡献。伦敦也有葡萄牙语报刊，包括有史以来首个以"巴西"为名的报纸《巴西邮报》（*Correio Braziliense*）。19 世纪第二个 10 年，随着葡萄牙皇权的衰落，这份报纸在巴西公开流通，运送它进入巴西港口的往往是英国商船。[38]

这些外语报纸的名称，以及它们在漫长的 19 世纪呈指数式增长的数量可以表明，伦敦有相当大的来自海外的活动家群体，他们有时候只是由此过境，有时却是自觉、长期地流亡。19 世纪 20 年代居住于伦敦的一名意大利底层改革者写道，这个城市"居住着各种类型、各个国家的流亡者"，"有宪政主义者……将军、遭到废黜的共和国总统、在刺刀下被迫解散的议会的议长"。他半开玩笑地继续写道，伦敦是"杰出人物和未来英雄的极乐世界（讽刺作家会说是流放地）"。[39] 他说的有些道理。

伦敦在这方面并非独一无二。实际上，当时有些地方吸收了更多的政治活动家和流亡者。因此，尽管 1823 年试图恢复《加的斯宪法》失败后，西班牙自由主义者大批出逃（当年西班牙有将近 10% 的公务员逃离），但并没有造成大量西班牙人移居英国首都。更多的人在法国寻求庇护，例如艺术大师弗朗西斯科·德·戈雅离开马德里后前往波尔多。其他西班牙流亡者选择在欧洲大陆、美洲、北非落脚。只有大约 10% 的出逃者前往英国，其中大部分人的去向是伦敦。[40]

这个城市的流亡者群体令人吃惊的不在于其数量，而在于许多成员的显要地位。伦敦的南美来客确实如此。历史学家卡伦·拉辛（Karen Racine）这样描写南美人的存在：

　　1808—1830 年，超过 70 名独立时代的一流领袖在伦敦一起生活和工作，包括弗朗西斯科·德·米兰达、伯纳多·奥希金斯、西蒙·玻利瓦尔、安德烈斯·贝略、何塞·德·圣马丁、塞尔万多·特雷萨·德·米尔神父、卢卡斯·阿拉曼、阿古斯丁·德·伊图尔维德、贝尔纳迪诺·里瓦达维亚、曼努埃尔·贝尔格拉诺、比森特·罗卡富埃特、胡安·赫尔曼·罗西奥、马里亚诺·蒙蒂利亚、弗朗西斯科·德·保拉·桑坦德、安东尼奥·何塞·德伊里萨里、危地马拉的艾西内纳家族和加西亚·格拉纳多斯家族的年轻人、何塞·德·拉·里瓦·阿圭罗、贝尔纳多·蒙特亚古多、何塞·华金·德奥尔梅多和马里亚诺·埃加尼亚。[41]

　　从上面的名单可以看出，参与 19 世纪 10—20 年代新独立的阿根廷、玻利维亚、智利、厄瓜多尔、危地马拉、墨西哥、秘鲁和委内瑞拉的宪法起草和建国工作的一些最重要的人物，都在同一座城市生活过，那就是伦敦。

　　拉辛的名单中包括了多位国家元首，如厄瓜多尔总统何塞·华金·德奥尔梅多，也包括了多位将军（奥希金斯、圣马丁、蒙蒂利亚），还有埃加尼亚等外交官，以及知识分子、记者、宣传者，如米兰达、贝略、阿拉曼。如果要列出此时在伦敦的南美顶级活动家，另外必须加入如下人物：弗朗西斯科·蒙托亚（Francisco Montoya）、曼努埃尔·安东尼奥·阿鲁布拉（Manuel Antonio Arrubla）等金融商业人士，他们在 1824 年积极从伦敦金融市场上为哥伦比亚求得大笔贷款；何塞·安东尼奥·阿尔瓦雷斯·孔达科（José Antonio Álvarez Condarco）这样的军火商，孔达科于 1820 年来到伦敦，为第一支智利海军购买军舰。

除了实现机械化的印刷业、密集且专业的金融机构、众多制造商、庞大的港口网络和船运设施、常驻的管理精英和他们的全球影响力这些实用的有利条件，伦敦还为政治上受困但怀着政治抱负的外来者提供了更多的无形利益，其一便是相对的人身安全。这些人中有很多人都从事政治、意识形态、军事事业，错误、失败、背叛的代价可能很大。正如英国评论家利·亨特描写 1822—1823 年为支持葡萄牙首个宪法制度而斗争的激进分子时所写："他们以一部成文宪法作为自己的盾牌，当刀剑刺穿这面盾牌时，饮下他们胸中流出的血。"[42]

相比之下，伦敦相对平静。当时这座城市只有最少的警察力量，除非外国流亡者参与反对英国的政治活动，否则警察不会袭击他们。而且，如果运气好且资金充足，在这里流亡的经历，和在其他地方一样，能够使人有时间思考、写作，有时间发展和解决复杂的理念。这对宪法的创造是很有价值的。

以法学家、政治家阿古斯丁·阿圭列斯（Agustín Argüelles）为例，他是才华横溢的演说家，将近 40 年一直是西班牙自由主义领袖之一。阿圭列斯出生于美国独立宣言发表的那一年，1806—1809 年以外交官的身份首次驻扎伦敦。后来，阿圭列斯成为加的斯议会代表及宪法委员会成员，试图在《加的斯宪法》中加入废奴主义思想，那是他在伦敦旁听威斯敏斯特议会关于结束英国奴隶交易的辩论时了解到的，但此举未能成功。1823—1834 年，他第二次来到伦敦，以政治流亡者的身份居住了更长时间。正是在此期间，他在政治流亡者的圣殿不列颠博物馆中费心撰写了颇具影响力的两卷加的斯制宪史，于 1835 年安排伦敦的一家西班牙语出版社发行他的巨著。两年后，他还协助起草新的西班牙宪法。[43]

阿圭列斯的案例提醒我们，如果运气好且有头脑，流亡国外的人可以取得不同的形式的知识收获与意识形态收获。从一个层面上讲，流亡者可以从其所居住的社群中收集信息、新鲜的观念与思想，正如阿圭列斯与伦敦废奴主义者接触那样。而被迫或自愿离开祖国，也使流亡者在更长的时期里离群索居，背井离乡；这种相对的隔绝可能有助于他们产生新思想，写下新著作。

对阿圭列斯、安德烈斯·贝略，后来的卡尔·马克思和俄国社会主义者亚历山大·赫尔岑，以及更晚的中国首个共和政权创始人、对中国多部宪法有主要影响的孙中山来说，正是在不列颠博物馆日复一日的工作中，他们重新评估了自己的思想并独自将其写下来。可以肯定的是，虽然他们身处异国他乡，但在博物馆宽大的穹顶阅览室里十分安全，这个阅览室的书面规章（由一名意大利自由主义流亡者草拟）规定，不能因为"一个人是政治流亡者"而不允许其进入这一知识空间。[44]

重塑南美，想象英国

尽管 17 世纪 50 年代之后，英国没有类似于法典化宪法的东西，但英国在当时充当了发动机，帮助其他地方的宪法加快发展，促进宪法多样化。尤其是在拿破仑战争后的几十年里，英国日益增长的财富与势力，相对的稳定性，庞大的印刷、港口、船运网络，加上其人口众多的首都拥有的各种资源，以实际和无形的方式迎合了形形色色的宪政事业的要求（不过英国的现象不是独一无二的）。

但除此之外，关于英国本身的观念也起到了塑造作用。在某种程度上，这个国家缺乏明确的成文宪法，使全球其他地区追求宪政变革的人可以多种方式重新想象和利用它的政府和法律体系。

国外对英国及其政府产生想象的一个显著例子，是在距离伦敦约 5000 英里的地方，委内瑞拉东南部奥里诺科河下游的一个小镇——当时叫安古斯图拉（Angostura）——举行的一次演讲。1819 年 2 月 15 日，在镇上一座不起眼的殖民地风格两层建筑中，西蒙·玻利瓦尔对 26 名代表组成的国会讲述了他认为在所有与会者寻求的新国家宪法中应该体现的原则。

此时的玻利瓦尔 35 岁，身材修长，棱角分明的脸上有长长的鼻子和深邃的暗色双眼，他的身心仍能适应紧张危险的生活，正如他本人所说，他是"战争之子"。他出生于 1783 年，是一名克里奥尔地主、民兵上校的儿子，最初也做过西班牙的殖民地民兵。但在 1805 年失去了妻子，接着对欧洲的两次重要访问之后，玻利瓦尔投身西班牙美洲殖民地的解放斗争，1811 年之后，他将这一决心越来越多地转化成武装行动。[45]

尽管到了 1819 年，玻利瓦尔已经取得了一系列胜利，麾下有 1.4 万名士兵，包括增多的英国和爱尔兰志愿者，但他此时的进展暂时停滞。西班牙军队及其克里奥尔人、黑人、土著支持者仍然控制着委内瑞拉的邻省新格拉纳达，占据着玻利瓦尔的出生地加拉加斯。因此，玻利瓦尔对安古斯图拉会议代表的讲话（讲话稿迅速在伦敦印刷并对外发布）旨在重振士气，争取支持。他还提出了关于"自由的委内瑞拉"和"革新的南美"的愿景。

玻利瓦尔首先向安古斯图拉的代表保证，他愿意在斗争结束后将权力交给委内瑞拉人民选择的代表。他告诉代表们，他希望避免成为"糟糕可怕的独裁者"，只想保留"良好公民的高尚头衔"。他承诺，未来将举行自由的定期选举，因为只有人民"公正的热忱"能够"保障……共和国的自由"。这样的话语很容易让人想起 1776 年的费城或者 1789 年的巴黎。玻利瓦尔对未来自由的委内瑞拉的召唤，也呼应了之前许多革命者的那种欢欣鼓舞的乐观精神。他宣称："我看到她坐在自由之神的宝座上，手握正义的权杖，头顶荣耀的王冠，向旧世界展现雄伟壮观的现代世界。"[46]

但玻利瓦尔对最好的现代政府体系——他让安古斯图拉的代表为未来的委内瑞拉起草宪法时将之铭记于心——的认同可能更令人吃惊。他告诉他们："诸位代表，我建议你们研究英国宪法，这部宪法似乎注定会给采用它的民族带来最大的利益。"玻利瓦尔坚称，他并不是在倡导"卑贱地模仿"英国制度，只是希望他们密切注意英国制度更具"共和风格的特征"。他接着说，如果仔细观察，英国几乎不能算是君主制国家：

> 我们如何能用"君主制"一词来描述一个承认人民主权、权力分割与平衡、公民自由、信仰自由、出版自由以及一切崇高政治主张的制度呢？在其他任何共和国的形式中，有更大的自由吗？我们能够从其他任何社会秩序中期待更多吗？我向你们推荐这部受人欢迎的宪法，它的权力分割与平衡、它的公民自由，对任何渴望享有人权以及与我们的脆弱天性相容的一切政治幸福的人来说，都是最有价值的典范。

玻利瓦尔还建议安古斯图拉的代表在宪法中保留元老院的位置，

这个议院的成员将终身保有席位。他向代表们保证，他并不想在委内瑞拉"建立一个贵族阶层"。但"伦敦的上院议员"，正如"罗马元老"，已证明他们自己是"政治大厦与公民自由最稳固的支柱"。他提出，新的委内瑞拉元老院可能采用世袭制，吸收在独立战争中证明自身价值的人，因此同样可以作为"自由的壁垒……使共和国长存的核心"。[47]

玻利瓦尔接着说道，出于同样的原因，尽管他们起义是为了反抗西班牙国王，但改良后的变种君主制可能仍然有助于保证新委内瑞拉的"稳固"：

> 人民对君主的崇敬是一种威望，能够有力地增强对君主权威如迷信一般的尊敬。宝座、王冠、王袍的光辉，贵族提供的强大支持，历经数代的王朝积累的巨大财富，所有国王如同兄弟般的相互保护——这些都是有利于王权的极大优势，使王权几乎没有限制。

因此，应该考虑稳固和加强行政力量之道。玻利瓦尔警告道，"无论英国行政机构的权威看上去有多么过分"，这种权威对独立的委内瑞拉也很有可能是不够的。新的共和国本质上是不稳定的，当选总统就像"一个运动员独自对抗多个对手"。对宪法起草者而言，唯一审慎的道路便是授予"共和国总统远高于立宪君主的权威"。[48]

在后续的演说与关于君主制和贵族政府用途的著作中，玻利瓦尔提出了类似的甚至更强力的论点，"只要它们（君主制和贵族政府）在必要的限制之下"。[49] 他的这些言论有时会导致一种说法：玻利瓦尔这个曾经拥有奴隶的克里奥尔种植园主之子，天性是独裁主义者，本质上是保守主义者。他于 1830 年 12 月去世（可能是因为肺结核）时，大洋两岸的批评者（包括杰里米·边沁）指责他专横甚至有帝国主义倾向。但玻利瓦尔的思想和天性远比这复杂多变，有些时候，他几乎和雅各宾党人一样有毫不妥协的极端主义思想。在 1813 年颁布的一项法令中，他曾威胁那些坚持自认为忠诚于西班牙的南美人，除非加入他这边，摆脱"暴政的枷锁"，否则将对他们"处以死刑，不得上诉"。[50]

玻利瓦尔对英国宪法某些方面的支持，在他看来也不能归结于亲英情绪。诚然，和这一阶段的许多革命家和进步改革家一样，他不懈地利用英国及其外围提供的资源。1815 年秋季，他在英国的种植园殖民地牙买加的金斯敦写下《牙买加来信》，这是南美独立运动的开创性文献之一。一家牙买加报纸以及英国媒体发表了其英文版，其印刷本从伦敦被船运送往其他地方。相比之下，19 世纪 30 年代初之前，《牙买加来信》似乎没有任何西班牙文版本付印。而且，是一位友好的英国陆军军官将玻利瓦尔的原稿翻译成英文，最初也是其他英国同情者的一艘商船，让玻利瓦尔得以逃离委内瑞拉，到达牙买加。[51]

如上所述，玻利瓦尔有充分的理由认识到，这个阶段英国的商贸、资本、船运正在侵蚀南美，事实上私人方面是如此。他最后一个认真相处的美丽情人，参政的曼纽埃拉·萨恩斯（Manuela Sáenz），正是英国商人詹姆斯·索恩的分居妻子。索恩比妻子年长一倍有余，在秘鲁经商。19 世纪 20 年代初，那里有超过 36 家英国商行在做生意。这名商人在魅力和权力上当然无法与解放者玻利瓦尔相匹敌。萨恩斯对索恩说道："你很无趣，就像你的国家一样。"[52] 说这话时，她的脸上闪过一丝憎恨，大概不仅针对丈夫，也针对英国触手一般的势力范围。

但是，尽管玻利瓦尔与英国资金、英国交通商业网络、英国同情者，以及和英国有关联的个人有许多联系，但他对英国本身却没有多少直接经验，一生中只访问过该国一次。他更熟悉其他欧洲国家——西班牙是显而易见的，还有法国。而且，和许多宪政主义者一样，玻利瓦尔有意从多个地方汲取灵感。

因此，1804 年在法国逗留时，他研究了拿破仑及其信徒，并参加了这位皇帝在巴黎圣母院举行的隆重加冕礼，从中得到了关于自我表现与领导力的重要思想。类似的是，他在 1816 年访问海地南部时搜集了关于解放南美黑奴的观点，并与该国时任总统亚历山大·佩蒂翁讨论。同样，他某种程度上受到英国政治体系诸方面的影响，时常试图在南美推荐这种体制。他的做法一定程度上是他处心积虑的机会主义思想和有意的选择的一个实例，是他不得不打的各种战争和随之而来的巨大挑战造成的结果。

所有成功的革命领袖都不得不忧虑于如何稳固他们创建的新政权。美国独立战争后，亚历山大·汉密尔顿和古弗尼尔·莫里斯等人曾狂热鼓吹在仍不稳固的美国建立世袭制的元老院，玻利瓦尔在委内瑞拉也是这么主张的；而在帝国撤出之后，实验君主制以作为促进大众效忠的机制的观点直到 20 世纪 40 年代仍吸引着印度的一些民族主义者和宪政主义者。但在过去的西班牙美洲殖民地中，为了最终赢得独立而发生的战斗牵涉到特别强烈而持久的压力。

事实证明，南美独立斗争与 1755 年后英属美洲殖民地发生的斗争大不相同。组成新美国的大部分地区都是沿北美东海岸整齐排列的原英国殖民地。即便到了 1790 年，这些地区的人口也不足 400 万，不包括美洲土著。相比之下，当时仅新西班牙／墨西哥的人口就超过了这一数字，而新西班牙只是中南美洲四个广袤的西班牙总督辖区之一。加上葡属巴西，这些领地的总面积超过 700 万平方英里。到 1830 年，南美独立战争已将这片大陆分裂成十个定义模糊、充满争议的国家：玻利维亚、智利、大哥伦比亚、墨西哥、巴拉圭、秘鲁、中美洲联邦、拉普拉塔联合省（后来的阿根廷）、乌拉圭以及其中唯一的君主国巴西。[53]

而且，南美对战利品的这种分割方式与美国独立战争的展开也有很大不同。美国当地的战士可以确保从陆地上和海上得到重要的外援，最明显的是法国的支持。这些强大的盟友迫使进攻的英军在不到八年之后让步。可是南美独立战争中没有这种严密武装的救星介入，迅速迫使局面转化成危机，缩短暴力冲突的时间。

从 1810 年南美各地开始爆发严重混乱起到 1815 年的滑铁卢战役，欧洲强国都全神贯注地应对自己的混合战争，无法在其他大陆投入全部力量。滑铁卢战役之后，所有强国都因战争而精疲力竭、债台高筑，除了西班牙和葡萄牙，其他国家都没有兴趣在南美再次大规模开战。这种情况给南美独立战士带来了机会，但也藏着危险和长期破坏之源。

由于缺少来自外界的大规模武装干预，南美不同的地方武装之间规模不大但往往很激烈的自相残杀持续了很长一段时间，某些地区从 1810 年持续到 1825 年之后。由于这些旷日持久的流血冲突，对新宪法方案和举措而言，南美大陆既是天堂，也是地狱。

之所以说是天堂，是因为那里缺乏外界的大规模军事援助，南美独立领袖走到了不得不反复努力做内部动员，从赤贫者、土著且越来越多地从奴隶和非洲裔中募兵的程度。从 1816 年起，玻利瓦尔本人发布了一系列反对奴隶制的法令，既是因为受最近的海地访问和对奴隶制的日益憎恶的影响，也是因为他意识到"共和国需要所有子民效力"，需要他们战斗。一旦以这种方式应征入伍，不管站在哪一边，黑人男性、南美土著男性、穷困的白人都很容易卷入政治主张与宪政辩论的事务之中。正如阿根廷历史学家希尔达·萨瓦托（Hilda Sábato）所言，旷日持久的战争就这样迫使南美走向政治与社会现代化。[54]

战争和大规模动员的要求在中南美进一步培养了公民参与意识。1810 年后，原先仅限于大城市的印刷厂分散到较小的城镇和普韦布洛村落。仅在 1813 年，墨西哥的尤卡坦、阿卡普尔科地区以及特拉尔普哈瓦的采矿小村就有新印刷厂涌现。[55] 这些印刷厂分发的一些材料以土著语言和欧洲语言印刷，尽可能触及更多的人。即使在实现完全独立之前，长期的大规模作战和日益广泛的印刷品供应，也哺育了多份探索性的成文宪法。根据一项估算，1810 年到 19 世纪 30 年代初，至少有 77 部国家和地区宪法在南美实施。不过还有更多宪法经过计划和讨论，最终未能成为现实。[56]

就男性投票权而言，这些文件中有的显然很民主。墨西哥再次证明了这一点。在独立前的几年里，这片土地一直正式根据《加的斯宪法》来治理，我们已经知道，这部宪法将大部分黑人排除在"积极公民"之外。但在 1821 年，墨西哥军阀阿古斯丁·德·伊图尔维德将军消除了这些种族限制，扩充了当地的公民权范围。他"实际上给予了每个 18 岁以上有工作者公民权"。[57]

不过，在某些方面，墨西哥临时制定的州宪法最能说明大众对新政治计划的兴趣：一想到使用印刷文件不仅能够描述政府的概况，还有希望重整世俗生活和当地环境，一些白人和非白人活动家是多么兴奋！1825 年，墨西哥西北部奇瓦瓦州的活动家希望使用新宪法稳固家庭，因此在其中加入条款，以剥夺公民权威胁不对父母感恩的子女。同年，尤卡坦新宪法制定者加入了旨在提高当地居民素质的条款，以书面形式要求他们公正、慷慨。两年以后，墨西哥东部的科阿韦拉-特哈斯州制定法律，惩罚试图出售选票和沉迷于贿选的居民。[58]

这就是西属美洲殖民地独立斗争带来的革新的宪政天堂；在某些地区，其影响引人注目，经久不衰。到 19 世纪中期，南美大片地区的政治生活在社会阶层和种族（但不在性别）方面比美国或欧洲大部分地区更为包容。不过，与这个相对的宪政天堂相比，还有一个势均力敌的宪政地狱。

总体而言，在这个大陆发布的众多宪法中，最初幸存下来的很少。委内瑞拉在 1810 年到 19 世纪 30 年代颁布了 6 部宪法。同一时期，有创造力和实验性的墨西哥全境实施了超过 20 部宪法。新格拉纳达各省仅 1811—1815 年就通过了至少 10 部宪法。在玻利瓦尔生命的最后 10 年（19 世纪 20 年代），原西属美洲殖民地制定的宪法存续时间几乎都不超过一年。这位解放者哀叹："我们的条约是一堆纸屑，我们的宪法是一纸空文。"[59] 枪炮和刀剑可能付出巨大的代价，最终取得胜利。但笔显然无法带来稳定。正是这种日益强烈的意识，促使玻利瓦尔转向想象中的英国制度。

其他数位南美独立运动重要领袖也和他一样，越来越沮丧和失望。例如墨西哥的天主教神父、共和主义活动家塞尔万多·特雷萨·德·米尔（Servando Teresa de Mier）和智利的爱尔兰-西

年老、瘦削、疲惫的玻利瓦尔。素描，1828 年
作于哥伦比亚波哥大

班牙裔解放者伯纳多·奥希金斯。如果说玻利瓦尔与日俱增的忧
郁情绪到 19 世纪 20 年代表现得特别明显（他在 19 世纪 20 年代
末哀伤地写道：“人们在美洲唯一能做的事情，就是移民。”），那
一部分原因是他经历了太长时间的艰苦斗争，也因为他沉溺于言
辞；还有一个原因是，玻利瓦尔（和拿破仑一样是饥渴的阅读者）
一直专注于认真思考何种政治体系能有效地代替西班牙在南美的
帝国主义统治，同时能保证秩序和稳定。[60]

　　玻利瓦尔在 19 世纪 20 年代末之前并没有与杰里米·边沁正

1759年9月英军攻占新法兰西首府魁北克，这是七年战争（跨大陆的混合战争）时期的一次遭遇战

亨利·克里斯托弗国王，理查
德·埃文斯作于约 1816 年

戎装的玻利瓦尔，何塞·吉
尔·德·卡斯特罗作

叶卡捷琳娜二世撰写《圣谕》

叶卡捷琳娜骑马肖像，维吉留斯·埃里克森作于 1764 年

1787 年制宪会议上签署美国宪法时的情景，台上站立者为华盛顿，朱尼尼斯·布鲁图斯·斯特恩斯作于 1856 年

《拟定新宪法的法国三执政》，詹姆斯·吉尔雷作于 1800 年

《拿破仑皇帝在杜伊勒里宫的书房》，雅克-路易·大卫作于 1812 年

萨迪克贝伊，路易-奥古斯丁·西米
尔作于 1859 年

乔治·华盛顿，吉尔伯特·斯图尔特
作于 1796 年

《新皇居于正殿宪法发布式之图》，安达吟光所作版画，1889 年

费多尔·亚历山德罗维奇·莫多罗夫所作的庆祝画，描绘了 1936 年 11 月 25 日斯大林在苏维埃第八次非常代表大会上做关于宪法草案的报告

1835 年，约翰·奥兰多·帕里憧憬的多样性大众印刷品在伦敦已随处可见，即便在昏暗的小巷子里也是如此

式决裂，但一直怀疑被边沁视为理想的纯理性政府架构。边沁在
很大程度上舒适地远离了非常贫穷、未受教育或凶暴的人，他可
以安全地在伦敦市中心的书房里写作，那里没有遭受战争的蹂躏，
生活富裕奢华。玻利瓦尔自己的经历当然大不相同。他以坚定的
口吻警告安古斯图拉的代表：

> 在战场上或是愤怒的示威中，人们发出呐喊，批判麻
> 木或盲目的立法者，这些立法者错误地认为，他们可以不受
> 惩罚地尝试异想天开的制度。地球上的每个国家都追求自
> 由……只有少数人愿意收敛他们的野心，建立适合于他们的
> 手段、精神、环境的政府模式。[61]

这种认识促使玻利瓦尔越来越倾向于倡导英国体系。此外，
他仔细阅读了孟德斯鸠的《论法的精神》，这本书是他童年时的家
庭教师西蒙·罗德里格斯推荐给他的，在拿破仑战争之后重新流
行起来。[62]孟德斯鸠认为，一个国家的法律与制度应该根据其特
定的文化、习俗、地理环境来制定。他还在该书的第 11 章专门选
择性地颂扬了英国宪法及其混合了君主制、贵族统治、（很受约束
的）民主制的政府形式，他声称，其中每一种成分都是对其他成
分的制衡。孟德斯鸠对英国的个人看法有时候很尖锐，但他将从
英国中央政府中发现的这种平衡视为成功国家的精髓。玻利瓦尔
也是如此，他甚至比孟德斯鸠更多地从对英国的选择性观察中找
到了支持其思想的论据。

玻利瓦尔承认，在新南美，正式的君主制度几乎是不可行的。
但他认为，可以也应该任命强有力的终身总统，也许还应该授予

总统提名继任者的权力。他在 1826 年为玻利维亚设计的宪法中提出了这一安排，并设想将其作为邻近的各个共和国的蓝图。玻利瓦尔了解，正式的南美贵族阶层可能也是不切实际的。但正如他在安古斯图拉和后来的场合中强调的那样，元老院（参议院）采用世袭制或至少终身制是很有益处的。至于整个南美大陆起而斗争的"不受约束的群众"，则迫切需要被管理，他们无数的呼声和愿望将通过"家长式政府的管理，治愈专制与战争的创伤和破坏"而得到补偿。必须找到一条安抚人心的中间道路，正如他在英国统治的牙买加所写的那样，必须找到"合适的平衡"。[63]

十字路口

其他重要的南美政治家、军人、知识分子也受到了这些主张的吸引。例如，在智利，1833 年宪法（这部宪法经过不断修正，一直沿用到 20 世纪 20 年代）的制定者有意摒弃了之前在新共和国中建立联邦制度的尝试，作为替代，他们规定了更强有力的执行机构，加入了称为"英国模式"政府的形态。[64]同样，在欧洲大陆上，人们在滑铁卢战役后的几十年里也重视务实、折中的宪制设计，支持者往往将其与英国的榜样明确联系在一起。不仅在法国 1814 年宪章这样保守的文件中，在更为自由、影响力更广泛的比利时 1831 年宪法中也能看到这种现象。

比利时 1831 年宪法是一场革命的结果，这场革命使尼德兰王国南部脱离出来，成为独立的比利时。尽管开端很狂暴，但大部分比利时立法者渴望平衡，密切关注表面上看来很稳定的英国体系。他们拒绝了联邦制，大多数人也反对共和制，反而按照英国模式，选择了世袭君主立宪制度。作为正式的行政首脑，比利时新国王将受到两院制立法机关的限制，这也参照了英国模式。和其他宪法制定者一样，比利时国民议会议员费心地采取了拼合的政策。他们拒绝了当时英国完全世袭的贵族院。尽管如此，他们很清楚，新比利时并不存在"辉煌的乌托邦"。其中一位议员宣称："我们必须关上心扉，只听从理智的声音，我们必须留意抽象与理论，冷静地权衡这一时代的现实。"关于这部比利时宪法的辩论中充斥着对孟德斯鸠《论法的精神》的赞许。[65]

这一点也不令人惊讶。该宪法的起草地布鲁塞尔距离滑铁卢战场只有 12 英里。太长的时间里，这个国家遭受了太多损失和伤害，太多的人和地方被狂暴地毁灭。对大部分比利时政治家和思想家来说，这一点至关重要，就如拿破仑失败后法国许多恢复君主制的支持者、玻利瓦尔及他在南美的一些疲惫不堪的革命胜利者伙伴一样。数十年的战争和极端的意识形态狂热之后，稳定、渐进主义、折中往往比宏大的实验方案和跃入未知境地更具吸引力。这些优先事项可能（有时也确实）使人们的思想和笔锋转向英国政治体系中真实和想象的方面。

但英国自身又如何呢？是的，在这个时代，来自世界各地的宪政主义者和改革家以多种方式，借鉴了它的政府体系、感知价值、基础架构。不过，相反的一面也很重要。英国不仅对其他国家和大陆的宪政变迁做出了贡献，自身也受到了其中一些变迁的影响。

我回顾了杰里米·边沁介入的地理范围，回顾了爱德华·甘斯在女王广场的边沁宅邸图书室书架上看到葡萄牙语、西班牙语和其他语言图书的一幕，回顾了英国和爱尔兰报刊对外国宪法的

卡特赖特少校手持他的宪法方案

呈指数式增长的报道，回顾了政治流亡者、革命者、制度改革者不断拥入英国首都的情景，还有这个国家举世无双的全球海上联系，以及重大、革新的政治文本的悠久内在传统。考虑到这一切，加之英国反复、持久参与这一时代的战争，英国人民不太可能对新政治技术的传播以及随之而来的新思想无动于衷。事实也是如此。

滑铁卢战役后，有些英国人卷入宪法传播的事例是众所周知的。1822 年春季，珀西·雪莱和拜伦勋爵向同一家热那亚造船厂购买了船只，在意大利西北海岸的拉斯佩齐亚湾举行竞赛。就像两位不熟练的诗人"船长"那样，这两艘小船也带有革命、战争、制宪的印记。雪莱的船设计不佳。那年，他因风暴覆舟身亡，这终结了他描述英国为了共和而斗争、反对查理一世的史诗创作计划。雪莱读过杰里米·边沁的著作，也曾奉献自己的思想和语言支持 1820 年的那不勒斯革命和由此短暂出现的宪法。拜伦远比雪莱富有，他将自己更大的纵帆船命名为"玻利瓦尔"号。可是两年以后，他在希腊染上热病，也去世了。他旅行前往该国，是为了参加该国摆脱奥斯曼帝国统治、争取实施自身成文宪法权利的政治解放运动。[66]

由于这两个人才华横溢，他们选择的政治活动似乎是不同寻常的，但事实并非如此。这个时期，各种各样的英国人卷入了更广泛的政治活动和宪法活动，或许举出一个较为平凡的人物的事例，更具启发，更有意义。这个人就是约翰·卡特赖特，他一度是海军中校，后成为陆军少校，他是资深改革家，杰里米·边沁的政治盟友。卡特赖特的智识天赋和独创能力远不及边沁，边沁最喜欢咒骂他为"名流"；有时候有人仍用居高临下和偏狭的言辞来谈论他（如果有的话），认为他执拗地迷恋传统的抗议方式，沉湎于搜寻奇特的古文物。但他并不只是这样。

边沁倾向于在为南美和其他地方设计的宏大政治方案中忽略土著的存在，卡特赖特则不同，他在 18 世纪 60 年代和 70 年代便已倡导保护北美洲土著居民，并踌躇地提出了他们的政治身份问题。[67] 他也支持英国推出成文宪法，至少从 18 世纪 90 年代起便在著作和演说中反复提起。

卡特赖特希望，一旦这部宪法起草，就将其"印刷传播，并进行三年的全国讨论"。他坚称，这部英国新成文宪法通过之后，其条款应该以金色字母镌刻在威斯敏斯特议会的内墙上，永远提醒立法者，他们要对全体（男性）国民赞成的基本法负责。[68] 整个法国大革命和拿破仑战争期间，卡特赖特都是忙碌的反对派，他和边沁一样，也受到流入伦敦的外国宪政主义者及其思想的激励，重新焕发了活力，并在某种程度上改变了思想方向。

得益于与流亡的西班牙自由主义者阿古斯丁·阿圭列斯的友谊，卡特赖特的一些改革著作在西班牙翻译出版。1825 年，他的最后一本书虚构了西班牙人、法国人、意大利人、德国人、英国人围绕宪政改革性质展开对话，实际上这本书只出版了西班牙文版本，献给 1820—1823 年西班牙宪政革命中最重要的军人烈士，拉斐尔·德尔列戈的兄弟。[69] 卡特赖特还通过伦敦的流亡者群体，与南美的独立活动家取得联系，特别是墨西哥的活动家，他为这个国家设计了自己的宪政方案。临终前，他说的差不多最后一句话（至少他的侄女和忠诚的传记作者是这么说的）正是庆幸墨西哥军队总司令阿古斯丁·德·伊图尔维德恢复帝制的企图失败，墨西哥因而仍然是共和国。"我高兴，我非常高兴。"垂死的卡特赖特应该会发出这样的呼喊。[70]

由此可见，杰里米·边沁忙碌地起草宪法，与外国政治活动家和改革活动家联系，这在这个时代并不算独一无二。当时其他不那么出色、不那么有名的英国活动家也参与了此类实践。卡特赖特的生涯进一步拓展了我们对此时英国宪政思想和宪政语言的范围和多样性的理解。与边沁大不一样，卡特赖特是不折不扣的巡游活动家，他不仅背负使命，还不断奔波。19 世纪 10 年代末和 20 年代初，他展开了一系列史诗般的旅行，遍及大不列颠，在露天演讲中向大量听众宣扬政治变革，并与各地的改革家群体聚会。这些活动通常只是被放在英国国内改革威斯敏斯特议会的运

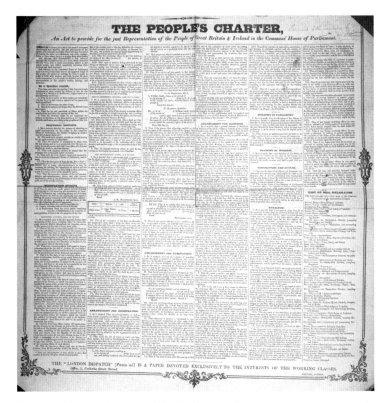

《人民宪章》的廉价单页印刷版本，约 1839 年

动的框架中去研究。[71] 不过，游走于英国各地时，卡特赖特似乎也经常推动成文宪法事业，激发人们对这个事业更广泛的兴趣与热情。

例如，众所周知，宪章运动（这场 19 世纪 30—40 年代的英国和爱尔兰群众运动引起了弗雷德里希·恩格斯和卡尔·马克思的密切注意）的一些支持者从卡特赖特那里汲取了灵感和思想。宪章运动得名于成文的《人民宪章》。这份文件 1838 年起草于伦敦，概述了一系列民主要求：普遍的男性选举权；无记名投票；为议会议员支付工资，使更穷的人可以在那里占得一席之地；等等。《人民宪章》被大量反复印刷发行，一名支持者声称，"宪章中的每条原则，都得到了卡特赖特少校的认可"。[72]

宪章派还有其他的文件方案。在这场漫长的运动中，一些参与者实验性地撰写独立宣言和权利宣言。其他人则推动由"普选"选出的国民公会，它将"在《人民宪章》基础上制定新宪法"，并最终取代威斯敏斯特议会。[73] 1838 年，英国北部一名非常普通的宪章派发言人宣称："事实是，我们没有任何宪法，现在正是时候，人民应该着手为自己制定一部宪法。"同年，另一次宪章派集会为了"定义明确的成文宪法"而干杯。[74]

约翰·卡特赖特的生涯、著作、社会关系，与后来的宪章运动所涉的言词和倡议一样，都强调了一个事实：英国和爱尔兰并非不受新政治技术兴起的影响。两个国家不时地助力这场广泛变革的成形与加速，与此同时，两国的个人、组织、倡议也在相当程度上卷入其中。不过，事实最终证明，后续的英国政府都有可能无视国内的各项运动和对大规模成文宪法变革的要求，因为在 17 世纪之后，这个国家不同寻常地避免了被入侵，不受令人震惊的海外军事失败的影响，除了爱尔兰，也没有发生严重的内战和国内武装革命。

与其他地方经常发生的情况一样，战争的性质和影响在英国也成为（不过是以独特的方式）关键因素。这个国家的战争和暴力活动模式降低而不是提高了本土成文宪法倡议的可能性。因此，英国的个人如果对在纸面上设计和创建全新的政治世界感兴趣，就不得不在全球其他地区寻找表达和机会。

第三部

新世界

第 6 章

不打算赢和不愿意输的人

皮特凯恩岛

我们必须拓宽视野，去观察多样的世界。1838 年 11 月 29 日，英国皇家海军"飞翔"号（*Fly*）单桅帆船船长拉塞尔·埃利奥特（Russell Elliott）和船员们在皮特凯恩岛登陆，发现了一个需要成文制度的民族。皮特凯恩岛是南太平洋上新西兰和秘鲁之间的一个小岛，1790 年，这里成了英国皇家海军"邦蒂"号（*Bounty*）武装运输船上 9 名哗变官兵（包括弗莱彻·克里斯蒂安）及 18 名塔希提同伴（大部分是年轻女子）最后的避难所。暴力行为、疾病、事故、艰苦的生活很快侵蚀了这一本就脆弱的群体。十年之中，白人男子只有一个活了下来。因此，皮特凯恩岛的大部分文化最初是由波利尼西亚妇女和她们的孩子塑造的。当西方船只在 19 世纪 10—20 年代开始零星接触该岛时，水手发现岛上居民多数肤色黝黑，便将这些情景画了下来。大部分居民都光着脚，身着用树皮制成的短衣，不过这些男女保留着一些来自混血出身的不同习俗。按照海军的习惯，缝纫是男人的事情，而岛上的女人则遵循塔希提民俗，在吃饭时与男性分开，她们自己聚在一起。

到 1838 年，皮特凯恩岛两平方英里的火山岩上，栖息着将近 100 人，主要是非白人，文化混杂，而他们再也不能得到距离的保护了。[1]

一名传教士登上该岛，带来了《圣经》和其他书籍，并督建了一所学校。为掠夺而来的人更多。越来越多来自楠塔基特、塞勒姆、纽波特的捕鲸船在该岛海域下锚，一些登岸的船员提出了皮特凯恩岛法律与政治地位的问题，"嘲笑岛民没有可以尊崇的法律、国家和当局"。毕竟，这些人都是美国海员和新英格兰人，他们理所当然地认为，政治认同是通过拥有独特的旗帜和某种成文宪章来表明的。但是，正如捕鲸者所言，皮特凯恩岛"既没有旗帜，也没有成文的制度"。这个小岛会不会因此而毁灭？一旦时机成熟，它会不会被人占领？1838 年抵达该岛的埃利奥特船长听到这些担忧的问题之后迅速反应，他将船上备用的一面英国国旗交给了岛民。他还仓促拟定了"几条需要遵守的规定"（他后来的说

海军陆战队中尉约翰·希利比尔绘制的从海上靠近皮特凯恩岛的情景图，1814 年

法）。这份文件留存了下来，很快被视为成文宪法。[2]

这在多个层面上都是突破。在后来被称作"宪法"的诸多文件中，埃利奥特的文件是最先认真关注环境的法规之一，考虑到皮特凯恩岛自然资源匮乏，动物数量超过人口，这是不可或缺的举措。为此，埃利奥特草拟了管理狗、猪、猫、山羊，保护树木和负责任地砍伐树木以及保护当地濒危的白鸟的规定。他还为岛上居民拟定了开化的制度。所有 6—12 岁的儿童，要强制到岛上唯一的学校学习；父母必须确保子女在开始正式上学前能够"背诵字母表"。

埃利奥特这些教育措施的灵感来源可能是他的苏格兰背景。但他最为大胆的革新似乎主要是自己的想法。他的文件规定，皮特凯恩岛"执政官和首领"的选举每年 1 月 1 日在该岛的学校校舍里举行。一旦当选，这位官员就被禁止"在没有大多数民众同意的情况下……取得任何权力或权威"。皮特凯恩岛是运行中的民主社会，它的民主制度确实与其他地方都不同。

投票选举皮特凯恩岛"执政官和首领"的人必须是成年人，并且必须"出生于该岛"或居住在该岛至少五年。这就是埃利奥特规定的仅有的资格条件。所有符合条件的岛民，不管"男性还是女性，都将在 18 岁时得到投票权"，有权参加"自由投票"。[3]这是世界历史上首部宣布所有成年男性和所有成年女性平等参加行政首脑选举的成文宪法，它在皮特凯恩岛上一直实施到 20 世纪 30 年代，只有少数修改。

当广大世界的历史学家注意到埃利奥特的革命行动时，他们通常都将其当成帝国乌托邦主义的偶然之举，当成发生在一个迷失在广阔海洋的小岛上的流浪冒险故事。即便到现在，历史学家对太平洋地区的观察也不如对大西洋或地中海，甚至印度洋的仔细，这助长了 1838 年发生在皮特凯恩岛上的事件的边缘化。这种现象一定程度上归咎于太平洋的广阔，这片大洋的面积约为 7000 万平方英里，超过了全球的陆地总面积。辽阔的海域散布着大小不一的各种岛屿。其中一些岛屿面积较大，例如澳大利亚、新西兰南北岛、日本群岛的四个主岛。而像皮特凯恩和毗邻的小岛则微不足道。

太平洋既大又分散，正如一位民族志学者所说，"海洋如此宽阔，岛屿太多"。它之所以不大为人注意，不仅因为面积辽阔，还因为环境错综复杂。[4] 太平洋上的小岛尤其容易被忽略。它们虽然景色秀丽，传统上也很受人类学家关注，但很容易被人隔绝于"真实"世界和重要的历史事件之外。然而，整个太平洋地区（包括一些较小岛屿）在宪政变革与革新方面的发展具有广泛意义。而且，这些地方实际上并不是与世隔绝的，1800 年之后，它们与外界的联系逐渐增加。

随着海上交通水平提高，且更加复杂先进，被马克·吐温称为"无垠大洋"的太平洋在实践中提供了愈加广泛多样的联系。[5] 蒸汽火车常被视为 19 世纪现代化进步的主要象征，代表着对实体空间的进一步征服。但是，就真正的长途旅行而言，铁路运输是后来者，其运行的区域也必然受到限制。相比之下，船舶能够前往地球表面的大部分地方。到 19 世纪初，船舶尺寸变大，速度和远程航行能力都在提高。更快、更大的帆船不断增加，随后又出现了轮船，它们都可用于跨越广阔的太平洋。这使大洋上众多的小岛更容易经常相互接触，也开发了岛屿与其他大陆之间的联系。更快、更坚固、更大、更充裕、更可靠的船只，也让更多商人、

两名混血皮特凯恩人的欧洲化描绘，1831 年发表于伦敦

移民、探险家、外交家、传教士、帝国缔造者能够从外界来到这个广袤的海洋世界。拉塞尔·埃利奥特途经皮特凯恩岛就是个恰当的例子。

目前，人们对埃利奥特的阅读涉猎及思想本质所知甚少。众所周知，他是受过良好教育的苏格兰人，人脉很广，关心社会。很明显，他在皮特凯恩岛上尝试制定宪法，是由很多因素决定的。18 世纪 90 年代，他的远房亲戚吉尔伯特·埃利奥特（Gilbert Elliot，姓氏的拼写有所不同）曾帮助科西嘉岛制定新宪法。[6]此外，他的"飞翔"号战舰通常在智利沿海的瓦尔帕莱索港外行动，而该国在 1822—1833 年通过了至少五部宪法。埃利奥特还受到了其他影响，前往皮特凯恩的旅途中，地理学家、登山家帕维乌·斯切莱茨基（Pawel Strzelecki）与他相伴同行。

和埃利奥特本人一样，波兰血统的斯切莱茨基是漂泊不定的理想主义者，特别关注苦苦挣扎的小国和民族。他可能参加过 1830 年波兰反抗俄国的起义；19 世纪 40 年代，他肯定会出言反对对澳大利亚土著居民的压迫。后来，他为爱尔兰饥荒的受害者做了令人钦佩的人道主义工作，1847 年及 1848 年大部分时间，他在多尼戈尔、斯莱戈、梅奥分发援助物资。与此同时，他的朋友拉塞尔·埃利奥特则在帮助苏格兰高地的饥民，那里同样遭受了给爱尔兰多地造成毁灭性打击的马铃薯晚疫病。[7]

1838 年，斯切莱茨基与埃利奥特一同扬帆起航，从 7 月份"飞翔"号离开瓦尔帕莱索起到 9 月初停靠夏威夷，波兰人和苏格兰人交流了信息、爱好、思想。两人在夏威夷短暂登岸，忙于与岛上的各位酋长、地方首领会谈，这些人将密切牵涉到 1839 年和 1840 年夏威夷宪政方案的实施。[8]因此，当埃利奥特船长抵达皮

特凯恩时，他身上带着他与地中海沿岸、欧洲大陆、南美和其他
太平洋岛屿上的宪政变革及辩论的联系。

　　埃利奥特乘坐皇家海军舰艇前往皮特凯恩岛的旅程与另一方
面更广泛的发展有联系。这段旅程是这一阶段大国在太平洋的介
入与竞争急剧升级的一个例子。从七年战争起，西班牙、英国、
法国、俄国在这个大洋上的航海、科学、殖民活动越来越多。到
19 世纪 30 年代，西班牙基本上已在这场竞争中掉队，被另一个
迅速兴起的大国取代。埃利奥特在皮特凯恩岛登陆的那年（1838
年），由美国联邦政府出资的一支美国考察队出发考察和勘测太平
洋。美国人来了。[9]

　　渴求土地的欧美移民也不断增加。1815 年的滑铁卢战役并不
标志着体现漫长的 18 世纪特点的混合战争已经终结，反而促发了
陆地和海洋上不同方向的暴力冲突。欧洲大陆内部极端冲突暂时
停歇，1812 年美英战争结束，使欧洲人和美洲人更容易在世界其
他地区开始其他模式的主张与侵略。太平洋就是目标区域。

　　1820—1860 年，大约有 500 万人（主要来自英国、爱尔兰、
北欧、荷兰、德意志诸邦）乘船前往美国。到达后，其中许多人
以及大量之前居住于美国东部各州的人开始西迁，一些人最终来
到加利福尼亚，甚至夏威夷。与此同时，来自欧洲同样地区的较
少数移民迁移到了澳大利亚和新西兰。[10]

　　这些移民的侵入造成了不同的宪政影响。外来的白人一到达
广大的太平洋地区，往往会到处奔走，推介其野心勃勃的新政府
计划。不过，他们这样做常常会牺牲土著的利益，侵占后者的土
地与资源。皮特凯恩岛是一个火山小岛，给入侵者提供不了多少
物质诱惑，但即便如此，19 世纪 30 年代的新英格兰捕鲸者面对

他们眼中褐色皮肤的半裸岛民时，也本能地采取贪得无厌的攻击姿态，这就很能说明问题了。

皮特凯恩岛的结局还算完满。岛民们得到了自己的成文宪法、行政首脑、民主进程。这一次伸出援手的合作者是外来的理想主义者拉塞尔·埃利奥特；不过脆弱的太平洋岛屿居民将击退白人入侵者的希望寄托在宪法文本上，这种过程将在太平洋其他地区被原住民族群所重演。埃利奥特将其他地方的思想带到了皮特凯恩岛，而在太平洋世界内，在塔希提、夏威夷和其他一些小岛，也有人关注 19 世纪及以后关于政府与法律的新著作，将其作为重整所在社会秩序，锻造自身生存与抵抗策略的手段。

皮特凯恩岛是一个以小见大的案例，它只是广阔大洋中一片很小的地域，却影响到了远大于己的区域。皮特凯恩岛揭示了整个大洋上的变化规模与速度，也说明了这一阶段帝国与殖民者入侵活动的增加，以及这些活动促成的新颖多样的宪政思想与著作。发生在皮特凯恩岛上的事件还说明了其他情况。它尖锐地提出了我们到目前为止还没有面对的问题：新成文宪法的出台与女性地位和女性权利之间的联系与脱节。太平洋世界经常被宪制历史抛在一边或者遗漏，可是，它本应该处于这一历史的核心。

为什么忽视女性？

1838 年，拉塞尔·埃利奥特乐于将政治权利延伸到皮特凯恩岛女性居民，积极地将这些权利写入宪法条款，这必然引发一个问题：为何 20 世纪初之前起草的其他绝大部分宪法将积极公民身份仅限于男性？答案似乎已非常明确和直观。

在多种（但不是所有）文化中，女性的法律身份传统上包含在其丈夫和（或）其他男性亲属的法律身份之中。古印度法典《摩奴法论》阐述的立场是，在理想情况下，女性应该从服从父亲的权威过渡到服从丈夫的权威，或者在必要时服从儿子或兄弟的权威。这一立场得到了来自其他许多法律背景与文化背景的评论者的广泛回应，其中包括欧洲启蒙运动的大多数参与者。德国哲学家克里斯蒂安·沃尔夫在18世纪50年代承认，婚姻是"以平等为基础的结合"，但他又说，这代表着某种"服从的合约"，通过这一合约，女性实际上接受了对丈夫的顺从。[11] 定义了这样的从属关系之后，女性难以主张甚至无法想象自主的政治身份，除非她们恰巧是执政的君主或政治领袖，身在允许女性担任这些角色的国家；或者她们因拥有大量财产、与有权势的男子关系密切而得到某种政治影响力。

总的来说，新政治技术的传播改变了女性的待遇，不过在某种程度上，在许多地方，这使事情变得更糟。18世纪90年代，马萨诸塞州颁布雄心勃勃的州宪法、赋予每个中等收入的"21岁及以上男性居民"选举权之后不过十年，该州主要的共济会团体发行了这一时期最受欢迎的一个会歌版本，它既是有关《创世记》重要篇章的滑稽片段，也是对《创世记》重要篇章的肯定：

> 在夏娃闲逛的时候，撒旦遇到了她
> 让她和此后的所有女儿都发了疯
> 为了找到共济会的秘密，她吃下了禁果……
> 可亚当吃惊得如同遭遇晴天霹雳
> 用疑惑的眼神上下打量她

夫人，现在你做了这件事，他说道

就因为你，不会有女性共济会员了 [12]

这首共济会歌曲肯定了宗教所支持的古老观点，即女性不仅身体弱小，而且轻浮、意志薄弱，因此需要严密的管理；这种肯定意义重大，因为共济会的出现和组织与新成文宪法的兴起有必然的联系。

从 18 世纪第二个 10 年起，共济会组织（定期交谈、辩论、欢宴的兄弟会组织）迅速蔓延到整个欧美。从初期开始，许多共济会组织起草和发表了他们明确称之为宪法的文件。[13] 成为共济会员，参与撰写和发布此类共济会文件，是人们更广泛地熟悉成文宪法的思想与用途的手段。许多杰出的宪政主义者，如科西嘉的帕斯夸莱·保利、美国的乔治·华盛顿和本杰明·富兰克林、法国的让-雅克-雷吉斯·康巴塞雷斯、西班牙的阿古斯丁·阿圭列斯、南美的西蒙·玻利瓦尔和何塞·德·圣马丁，或者此后西方之外的政治活动家，如印度的莫蒂拉尔·尼赫鲁、青年土耳其党领导人穆罕默德·塔拉特，也是共济会的活跃成员，这一点引人联想。可是，由于共济会与新政治技术的密切联系，在这方面女性多数被拒之门外。正如马萨诸塞州的共济会歌曲所唱，"不会有女性共济会员了"。

近几十年来，历史学家（包括笔者本人）一直热心强调，在法律、政治、宗教、意识形态、习惯限制看似冰冻的表面之下，到 18 世纪末，世界某些地区出现了一些显著变化的趋势。[14] 在大西洋两岸，女性教育的措施正在增加，尽管零散不均。城镇快速发展，使一些女性获得了更广泛的信息来源、文化参与空间、经济机会。印刷业同样迅速兴起，这对政治宪法的传播十分关键，也扩大了女性阅读、创作、出版的范围。由于这些变化，在一些人看来，女性属于单独的、本质上私人的领域的想法显得更有问题，甚至站不住脚。

其中一个迹象是，一些西方国家有限制地允许妇女涉足艺术、文化学会甚至科学学会以及展览。1787 年，一位雄心勃勃、聪明又优雅的法国律师提出允许女性进入法国王室的诸学院，他坚称，虽然两性天生有所不同，但为了启蒙的进步，两者的贡献都是不可或缺的。[15] 这位法国律师就是当时年仅 29 岁的马克西米利安·德·罗伯斯庇尔，是未来的法国共和元年（1793 年）宪法设计者，他还有其他许多事迹。大约同一时期，有些人（既有男性也有女性）开始比以前更加大胆地提出，两性的参与对政治改革模式的成功发展也是必不可少的。

英国激进分子玛丽·沃斯通克拉夫特向法国 1791 年宪法起草者之一夏尔·莫里斯·德·塔列朗-佩里戈尔呼吁道：

> 我请求您以立法者的身份考虑一下，当男人为自由而斗争，并得到准许对自己的幸福做出判断时，让女性处于屈从地位是否显得自相矛盾和不公平？……如果女性和男性一样有理性的天赋，为何后者是唯一的法官？

沃斯通克拉夫特在 1792 年出版的名作《女权辩护》献词中加入了这一雄辩（但没有结果）的呼吁。可是，她在法国创作的另一本著作《法国大革命起源与发展的历史观和道德观》（*An Historical and Moral View of the Origin and Progress of the French*

Revolution，1794 年）却被不公正地忽视了，该书给出了理想成文宪法的定义：

> 宪法是一个标准，人民团结在它的周围。它是政府的支柱，所有社会统一与秩序的纽带。对宪法原则的研究使其成为光明的源泉；它发出了理智的光芒，逐步引领整个社会精神力量向前发展。[16]

"整个社会"：很明显，对沃斯通克拉夫特而言，新的政治文件潜藏着男女平等的美好前景。

18 世纪末这些出现在某些地区显而易见的、有限但重要的变革和挑战值得铭记，因为 1900 年之前大部分宪法制定者对女性的立场似乎完全注定。而事实上，人们的态度有时更为多变，特别是在开始的时候。1787 年费城会议的辩论期间，宾夕法尼亚州代表詹姆斯·威尔逊提出，美国国会下院（众议院）的席位应该按照"所有白人及其他自由公民、各个年龄层、性别、身份的居民的总数比例"分配给各州，这一建议得到了赞同。这样，在规划这个新美洲共和国某些基本政治组织时，白人女性和自由的黑人女性得到了与自由男性相同的待遇。1804 年，一位美国参议院议员写道："在我们的宪法理论中，女性被当成政治存在。"他的意思就是如此——这隐含着意义重大的参与权。[17] 最早的美国各州宪法有时也透露出不同的信息。一开始，大部分宪法都明确地将女性排除在当地积极公民之外；其他宪法则完全没有提到女性；而新泽西的首部州宪法最初允许某些女性居民投票。

不过，新泽西州于 1807 年废除了这一条款，说明了一个不仅适用于美国的重要观点。随着新宪法变得日益根深蒂固，过去松散或者模糊的措辞通常会变得严格，排除妇女的观点也变得更加明确。人们可以从 19 世纪第二个 10 年起草或者修订的美国各州宪法中看到这种现象。这个阶段，关于白人男性民主的条款变得更加慷慨大方。可与此同时，立法者谨慎地说明，女性和（通常是）黑人男性将不能分享这种扩大的民主福利。因此，虽然"人"一词有时仍然在其一般意义（包括女性）上被使用，但在陈述公民权的条款中，"人"则特指男性。在西佛罗里达（1810 年）、路易斯安那（1812 年）、印第安纳（1816 年）、密西西比（1817年）、康涅狄格和伊利诺伊（1818 年）的新州宪法或者修正案中，立法者采用了深思熟虑的措辞，如"每位自由的白人男性""每位白人男性公民""所有白人男性居民"。[18]

欧洲各地的发展轨迹也大体相同。与美国独立相比，1789 年的法国大革命更加激发了第二性权利的讨论。不过，1791 年的法国首部宪法仅将女性归入消极公民。一些卷入法国大革命和遭受拿破仑入侵的国家甚至更不妥协。法国三级会议和国民议会至少向女性观众开放。而在 1810 年加的斯议会开始为西班牙帝国草拟雄心勃勃的宪法时，女性不仅被排除在积极公民身份的条款之外，甚至不能参与辩论。"各个阶层的男性"都"无差别"地受邀见证这一历史时刻，相反，女性不得"进入会议厅的任何通道"。[19]

宪法文本中女性待遇随时间推移而更受限制的趋势并不仅限于欧美。在夏威夷，1840 年的首部成文宪法建立了强大的贵族院，该院最初包含了相当数量的女性酋长。到 1846 年，这些女性占了该院将近三分之一的人数。可在君主政体之外，女性对夏威夷政治的正式参与逐渐减少。1850 年，夏威夷首次通过一项法

象征而非实质：以手持法国《人权与公民权宣言》的女性来象征自由。女画家纳尼内·瓦莱因创作于巴黎，1793—1794 年

律，明确将投票权限制在夏威夷男性中。到 1855 年，只有一位女性酋长留在不经选举产生的贵族院里。1892 年，女性被完全禁止成为贵族院成员。[20]

的确，在某种程度上，随着新宪法的传播，并越来越多地被视为令人向往的现代化标志，采用这种政治技术的国家倾向于复制排除女性的条款，因为这是大部分宪法从一开始就有的典型倾向。因此，紧随日本系统性政治现代化的正式开端——1868 年明治维新运动开始——之后的，是过去在江户（东京）宫廷官僚机构中权势很大的女性部门的解散。尽管早期似乎有少数日本女性至少偶然参与了当地的政治事务，但 1889 年的明治宪法拒绝给予所有女性投票权。一年之后，日本女性甚至被禁止参加政治聚会，这是参照较早的德国和奥地利法律而采取的措施。[21]

当然，这一大堆正式的排除条款既是掩盖，也是揭露。它掩盖了各个大陆上某些女性为自己设计公共参与和政治参与替代模式的途径。它也使人们没有注意到，在某种程度上，女性和地位低下的男性一样，有时候可以从新成文宪法的推行中获益，即便这些宪法不给她们投票权。例如，她们可以得到更好的教育，或者更可靠地获得自由出版的权利。仅仅将政治权利归结为投票权是错误的。

尽管如此，几乎所有地方的成文宪法都在一定程度上将女性排除在投票过程之外，这也需要解释。如果说这些正式文本仅仅将一直盛行的做法和认知以文字和印刷的方式表达出来，那还不够。正如夏威夷和日本发生的事件所说明的那样，情况并不总是明显如此。相比于仅仅用文字重申对女性参与政治的限制，新宪法往往放大了这种限制。而且，事实证明，正是这些手段，将过去对女性的排斥（这种排斥并非一成不变）转化为法律以及大量印刷的正式文件，造成了严重的后果。

一旦写入法律并印刷出版，女性的不利地位就更难改变了。皮特凯恩岛上女性的经历就间接说明了这一点。19 世纪 50 年代，随着多岩石的原避难地贫乏的资源消耗殆尽，约 200 名皮特凯恩岛居民一度移居诺福克岛，该岛在新西兰奥克兰西北方大约 700 英里处。令当地官员恼怒的是，皮特凯恩女性在新住地拒绝放弃她们的投票权，并且得到了批准。[22] 为什么会这样？因为 1838 年，皇家海军的拉塞尔·埃利奥特船长，这位得到认可的国家代理人已以书面形式定下了女性的政治权利；事实证明，此举足以在英国主张的另一块领地上保证她们的权利。皮特凯恩女性已经把这种权利写下来了。但对全世界的大部分女性来说，情况就不一样了。绝大多数的新宪法都以强硬的措辞，将残酷的事实——各国的机构和政治生活是压倒性的男性保留地——写在纸面上，印刷并定为法律。

由此产生的一种感觉是，成文宪法在某种程度上是陌生的文本，我怀疑这有助于解释为何女性似乎很少像男性那样，尝试起草自己的非正式宪法，尽管女性写作包括政治方面的写作的水平到 1750 年仍在提高。一些著名的激进派人士，如 18 世纪 90 年代初期的巴黎革命者、剧作家玛丽·古兹（笔名奥兰普·德古热），以及 1848 年参加塞尼卡福尔斯大会的伊丽莎白·卡迪·斯坦顿（一位成功律师的女儿）和她的助手们，确实发表了要求女性平等政治待遇的权利宣言。[23] 但这并不等同于宪法。

宣言是一种主张、一种抗议、一组权利要求，因此，它本质上不同于概述国家组织和运行方式的政治宪法。至于政治宪法这种文件，就连 19 世纪有雄心的女强人似乎也将其看成一种"样子"，用弗吉尼亚·伍尔夫的话说，是"男人根据自身需求打造出来，给他们自己用的"。[24] 政治宪法对女性的意义，不可能和对男性的意义一样，由女性来起草这种文件当然也是不可行的，哪怕是作为她们在家里私下的文化和文学练习。

按照某种标准，维多利亚女王可称得上是 19 世纪世界上最有权势的女性了，她在这方面的反应有助于说明这一观点。1848 年 4 月，正值欧洲多国发生革命，法兰克福国民议会即将召开，与会者乐观地希望为更加民主的统一德国起草宪法，此时女王在日记中提到了丈夫阿尔伯特亲王业余练习起草宪法的事。女王骄傲地记录道，他"为德国宪法写下了杰出的提案"，"如果得以采纳，可能有持久的大用"。次月，她描述道，"在早餐时"，阿尔伯特为她朗读了法兰克福国民议会计划采纳的真正（短命的）宪法。[25]

引人注目的是女王的被动，这是与她生活中任何领域都没有正常关联的特质。维多利亚的德语书面及口头表达都十分流利。她的家族血统和阿尔伯特的一样，都来自德意志。她很了解某些德意志邦国，对它们的命运有浓厚的兴趣。诚然，和 19 世纪末之前世界各地的所有女性一样，维多利亚没有接受过专业的法律教育，可阿尔伯特也是如此。然而，与丈夫不同的是，女王看来从未考虑过私下为德国或其他国家起草非正式的宪法。至少从这方面讲，她是 19 世纪绝大多数女性的典型。

18 世纪后半叶，在成文宪法风行之前，曾有少数女性表现得更加自信。正如我们在前面所看到的，另一位女皇叶卡捷琳娜曾大胆写下《圣谕》，并尽可能广泛地宣传这一事实和《圣谕》印刷文本。在同一个年代（18 世纪 60 年代），英国知识分子凯瑟

凯瑟琳·麦考利的铜版肖像。她手持一卷《大宪章》，一支笔已准备就绪

琳·麦考利认为，向帕斯夸莱·保利发表提示，告诉他如何为科西嘉草拟"民主"的政府形式，这并不是什么稀奇的事情。[26] 可是，成文宪法的地位变得更加稳固，成为多元化的成功政治文件类型之后，连如此有限的女性参与都似乎变少了。这是为什么呢？

战争是主要的原因，但并不是唯一原因。武装冲突的规模和要求不断扩大，造成了 18 世纪后期和 19 世纪的大部分宪法中出现大男子主义倾向，也造成女性日益与之疏离。由于这些法律机制常常用于为充足的人力供应提供回报，它们倾向于将重点放在武装力量上，而武装力量通常被视为男性对国家的独特贡献。在1776—1870年正式起草的各国宪法中，有将近3400个条款涉及陆军、海军、民兵、征兵。[27] 更加概括的好战措辞（"每个公民都是战士"之类）也很多见。由于女性无法公开在陆军、海军、民兵组织中服役，也由于她们没有得到征召或者没有人预期她们参加战斗，此类措辞和条款立即产生了将女性边缘化的效果。

在因武装斗争而产生的宪法，或者由处于特定威胁之下的国家起草的宪法中，战争的指向特别突出。当秘鲁于反抗西班牙统治的斗争成功后7年（1828年）颁布新宪法时，有资格得到公民权的前三类人是：

共和国领土内出生的所有自由男性；

秘鲁籍父亲或母亲生下的儿子；

曾经或将要在共和国陆军和海军中服役的外国人。

正如委内瑞拉在1819年、玻利维亚在1826年所做的那样，秘鲁也利用颁布新宪法的机会，为军队老兵免除了其他投票人（全为男性）所需的财产资格要求。在战场上做出牺牲足以赢得公民权。其他通过战争铸造的南美共和国，例如智利、阿根廷、哥伦比亚，特意在彰显爱国主义的仪式（包括宪法颁布周年庆典）上给予地方民兵和国民警卫队成员显眼的位置。[28]

将男性从军的义务与积极公民身份的专有资格联系起来并不是新鲜事。[29] 不过，从某种意义上说，1750年之后，这么多宪法屈从于这种思想，是有悖常理的，因为此时在世界上某些地区，女性对战事的贡献已显著增大。在法国、德意志诸邦、美国、英国，以及西班牙语和葡萄牙语世界（我怀疑在一些非西方地区），越来越多的证据表明，从 18 世纪 50 年代起，来自不同社会背景的女性组成团体，缝纫军服和军旗，护理战伤者或为其募捐，发表爱国主义宣传文章，甚至发表支持战备的演讲。[30]

　　18 世纪末和 19 世纪初，一些女性甚至公开参加武装冲突。西蒙·玻利瓦尔的情侣曼纽埃拉·萨恩斯坚持参加他参与的一些战役，令他十分不安。出于同样的原因，1808 年法国军队围攻西班牙北部萨拉戈萨时，一位名叫阿古斯蒂娜·德·阿拉贡的女子参加了前线战斗，她的形象因弗朗西斯科·德·戈雅粗粝却才气纵横的版画《战争的灾难》（创作于 1810—1820 年）而不朽。阿

戈雅笔下的阿古斯蒂娜·德·阿拉贡的形象

古斯蒂娜后来因英勇作战而得到勋章，被授予中尉的荣誉军衔，又参加了更多军事行动。

然而，戈雅画笔下的阿古斯蒂娜站在一堆血腥的男性尸体上大胆开炮，她的形象令人难以忘怀，而其穿着的精美女装无疑并不真实。即便女性穿上准军服积极作战（看起来萨恩斯曾偶尔为之），她们的行动也往往被解释为支持男性同胞的姿态（就像阿古斯蒂娜那样）。或者，就如 1848 年欧洲革命期间投身战斗的许多女性一样，女性的武装努力仅仅被解释为一种令人愉快的证明，证实了爱国主义和（或）激进热情会消耗一切，甚至席卷了较为弱小的女性群体。[31]

至关重要的原因在于，第一次世界大战之前，女性不能公开成为常规武装力量的完全成熟的成员（只有极少数例外，如西非达荷美的约 6000 名全为女性的独身专业宫廷侍卫）。[32] 她们不能成为国家正式军事机器的一部分。因此，无论女性在战争中有什么偶然自愿的贡献，她们的努力都不能让她们公开要求国家官方政治生活中的更大份额，也不能证明这方面要求是正当的。

不过，在世界少数地区，发展模式却有很大不同。这也是皮特凯恩小岛上发生的诸事件所带来的超出事件本身的启迪。当拉塞尔·埃利奥特 1838 年在该岛登陆时，他无疑对岛上居民关于莽撞的美国捕鲸者的报告感到忧虑，因为这可能预示着美国对这一地区的野心。然而，正如埃利奥特所承认的那样，试图在起草的宪法中考虑建立皮特凯恩民兵组织是毫无意义的，更不用说建立正规军了。这个岛屿不但远离潜在侵略行为的主要中心，而且总人口只有不到 100 人。在这种情况下，为男性居民提供专有的积极公民身份以换取他们对未来战争的准备，既无必要也不可行。

相反，埃利奥特可以自由选择理想主义的道路，将皮特凯恩女性纳入公民投票机制。

这种模式（在女性政治权利的早期发展阶段，远离权力中心的地方有时更适合此模式）也可以在其他地方看到。1914 年之前，世界上不成比例的少数允许女性投票的地区，或者像皮特凯恩岛一样，是地理上远离伦敦或其他帝国中心的太平洋岛屿，如库克群岛、新西兰、澳大利亚；或者是远离交通便利而显赫的华盛顿特区的美国西部广大地区（怀俄明州、犹他州、科罗拉多州、爱达荷州）；或者像爱尔兰海北部中等规模的马恩岛，该岛在 1881 年赋予了一些女性本地议会（Tynwald）的投票权；或者是芬兰，在 1906 年允许妇女投票或参选。马恩岛和芬兰这两个地区当时都属于远大于己的政治体的准自治和边缘地区，前者属于英国，后者则在俄罗斯帝国的势力范围内。

不管是在太平洋地区、美国还是欧洲，上述所有地区都有另外的局部因素在起作用。但这些地方有一个共同特性：它们都不是中心。1914 年之前，女性如果希望得到某种正式的积极公民身份，一瞥更广泛的民主，就必须与首都和统治机制，尤其是与军事力量有一定的地理和（或）文化距离。

殖民者战争

1838 年发生在皮特凯恩岛上的事件不合常规，但同时揭示了各国宪法给予女性的通常待遇，在另一个方面也引人注目。拉塞尔·埃利奥特选择为这些人的政治权利制定成文条款，而这些人当时普遍被看成黑皮肤的人，他们实质上是太平洋地区的土著居民。埃利奥特的这种行为与该地区（以及其他地区）许多地方的情况形成了鲜明对比，其他地方的外来白人以迅猛的速度霸占土地，运用宪法文本吹嘘和巩固自己的地位，几乎总是牺牲土著居民的利益。[33]

牺牲土著居民利益的殖民入侵当然不是什么新鲜事，发生在 19 世纪的殖民入侵并不仅限于太平洋地区，也不都是讲英语的人所为。从 19 世纪 50 年代末起，俄国沙皇亚历山大二世对西高加索地区采取了更凶悍的"清除"政策，以便为俄国殖民者开拓疆土。到 19 世纪 70 年代，约 200 万部落居民被赶出这一地区，有时候还伴随着大规模的屠杀。[34] 太平洋外来殖民者的与众不同之处在于其多样性。这种多样性，以及许多白人入侵者的参与程度，也推动了大胆的宪政方案产生。

值得重申的是，1820—1860 年，500 万欧洲人移民美国。抵达之后，其中许多人移居美国西部，到 1850 年，与之同往的还有约 150 万出生在美国东部的人。移民澳大利亚和新西兰的欧洲人少得多，但影响却很大。1810 年，大约 1.2 万名殖民者住在今天的澳大利亚，大部分都是从英国和爱尔兰送来的罪犯，以及看守他们的士兵与水手。到 1840 年，移民人口已增加到 20 万，并且变得更为多样。不过，彻底改变移民人数的，是澳大利亚和北美太平洋海岸连续出现的淘金热。1851—1861 年，超过 57 万人流入澳大利亚东南部维多利亚州出产黄金的中心地带。根据 1863 年一名记者的报道，在该州"10 万平方英里"的土地上，"几乎找不到一块可供土著栖息的地方"。[35]

理解这些殖民入侵的一个方法是将其视为混合战争的另一种表现形式，视为通过海上和陆上发动侵略的新阶段。有些时候，正规武装力量确实积极参与了这种侵略。19 世纪 60 年代，1.8 万名英国士兵就曾在新西兰北岛与毛利人争夺土地。但是，经常发生的情况更接近于长期游击战，殖民者使用自己的武器，或者雇用治安民团，或者投放掺毒的食物，或者只是夺取土地，迫使原住民挨饿或迁移。这种更特定的暴力行为使加州土著居民从 1848年墨西哥将该地区割让给美国时的约 15 万人，减少到 1870 年的 3万人。[36]

太平洋地区（以及其他地方）的白人殖民者使用了另一种武器。他们以成文宪法作为推动、合法化、巩固其行为的一种手段。对这一点必须加以强调，因为尽管近年来历史学家已经重现了各个帝国广泛采用法律来治理占领的地域，并迫使当地居民服从的一些方式，但新的政治技术以这种方式发挥作用的程度却一直被忽视或者掩盖。[37] 我怀疑，部分原因是人们始终认为，成文宪法一直是仁慈的手段，通常发挥着解放力量的作用。然而，对土著和女性来说，宪法常常起到排除和边缘化（也是设计宪法的目的）他们的作用，只是对女性而言不那么致命。

从一开始，美国宪法就为垂涎土著领地的白人提供了重要的支持。不过，美国各州宪法在这方面做了很多基础工作。首先，这些文本往往以书面形式详细说明了所涉州的领土边界。其结果是，使这些边界似乎根植于法律，并随着时间的推移，变得自然而然。但是，各州宪法中关于领土的条款往往是处心积虑的创造：在地图上任意画线，罔顾土著或者其他对手的领土主张。其次，美国宪法和各州宪法通常将印第安人视为不同的民族。诚然，这个群体并不总是要缴税，但他们因此没有资格投票或者竞选。因此，当遭遇暴力和无情的土地征用时，印第安人发现自己被排除

托马斯·克劳福德的雕塑《印第安人：垂死的酋长思索文明进程》，作于 1856 年。这个作品的一个版本安放在华盛顿特区美国国会大厦参议院一侧的雕带上

在政治表达与政策影响的规定模式之外。

1849 年 11 月批准的加利福尼亚首部州宪法提供了一个生动的例子。[38] 我们这么说是因为，这一年年初，该州只有 2.5 万名白人，明显少于印第安人口。而且，以某种标准衡量，1849 年的这份文件相当开明。加州宪法首印数为 1 万份（当时畅销小说的平均水平），其开篇是规定了陪审团审判、出版自由、宗教自由、人身保护的权利宣言。加州宪法还禁止蓄奴，赋予该州所有成年男性白人选举权。可是，参加加州制宪会议的一些代表主张给予印

第安人普遍权利，却没有得到批准。当地（男性）印第安人只能在"特殊情况"下拥有政治公民身份，而且申请此身份者需得到加州立法机构三分之二成员的支持。和其他迎合殖民者的宪法一样，这份文件也着手安排土地。它的第 12 条规定了未来加州的边界，将加州范围扩展到远至"太平洋沿岸及毗邻的所有岛屿、海港、海湾"。

一年以后（1850 年），这部加州宪法在澳大利亚悉尼得到引用和赞扬。约翰·邓莫尔·朗（John Dunmore Lang）对聚集在悉尼一个剧院里、喧闹而带着赞赏心情的人群说道：

> 看看加利福尼亚最近发生了什么？澳大利亚这些殖民地流动人口中的很大一部分，包括不少在品格和财务上都已破产的家族与个人，最近跨越太平洋定居那个国家……尽管如此，但这些人还是为自己制定了一部宪法，可以作为地球上任何国家的典范（热烈和持续的喝彩声）。[39]

正如历史学家詹姆斯·贝利奇（James Belich）所说，尽管为广袤的水域和不同的政治效忠对象所分隔，但 19 世纪澳大利亚与美国的殖民社会在许多方面上简直是一对双胞胎，悉尼对加州宪法的这种颂扬只是这两个大殖民地之间经常交换思想与人员的一个例子。[40] 澳大利亚和美国多数地方一样，对无限制的白人男性民主和新宪政举措的粗犷迷恋之情倾向于与无情的领土扩张一同发展，而且常常（尽管不总是）支持掠夺土著，有时甚至支持灭绝土著。

以这种方式从美国得到意识形态"弹药"的并不仅仅是邓

莫尔·朗之流的激进分子和煽动者。想想乔治·吉普斯（George Gipps）爵士的一些论调吧，他可是完全不同的一类人。吉普斯有军队背景，深思熟虑，有能力，一度兼任新南威尔士和新西兰总督，并努力约束殖民者在两地的恶劣暴行。[41] 可是，1840 年夏季在悉尼的新南威尔士立法会讲话时，吉普斯从有关土著从属地位必要性的美国著作中引用了很多内容。根据报道，吉普斯有如下举动：

> 朗读了权威著作的一些段落来证明，不但根据英国的法律和习惯，而且根据欧洲的所有殖民强国和美国的法律和习惯，任何国家未开化的土著居民总是要被置于合格的政府统治下，或者只有居住权……直到他们自己能够建立稳定的政府。总督阁下读的第一段摘自约瑟夫·斯托里的《美国宪法评注》……接下来读的一段摘自詹姆斯·肯特的《美国法释义》。[42]

这件事的惊人之处在于吉普斯对美国法学家最新著作的了解和运用。美国最高法院法官约瑟夫·斯托里的《美国宪法评注》1833 年才在马萨诸塞州坎布里奇出版，到 1840 年已被视为经典，在美国法庭上被广为引用。詹姆斯·肯特曾在纽约的哥伦比亚法学院任教，他的四卷本著作发表于 1826 年，也已有了多个影响巨大的版本。

换言之，当吉普斯 1840 年在澳大利亚悉尼对立法者们致辞时，他并不单单凭借英国法律政治理论和先例，也没有直接引用古代经典著作。相反，他将眼光投向了美国，这说明太平洋各地区的联系不仅依靠贸易、移民、帝国战争、船舶，还依靠思想。

他理所当然地认为，美国白人殖民者的迅速西进与澳大利亚和新西兰的殖民入侵有相似之处，前者为后者提供了有用的支持论据。

吉普斯赞许地引用肯特的《美国法释义》，"印第安民族的特性和习惯"，使他们"无法与白人维持依赖和受监护之外的任何关系"。肯特在其巨著中称"与他们打交道没有其他方式"，吉普斯也表示同意。吉普斯这个英国人为澳大利亚听众收集了这几个博学的美国学者的经验，他得出的结论是，只有获得"文明"，一个民族才能得到"处置他们所占据领土的权利"，并获得"建立政府"和最为重要的"制定法律"的权利。[43]

约翰·邓莫尔·朗是吉普斯等很多人常见的政治对手，他也以自己的方式借鉴美国经验。朗是白手起家的苏格兰人，有不可救药的好斗精神以及充沛精力，19 世纪 20 年代初移居澳大利亚。到那里之后，他成为长老会牧师、政治家、喜好争辩的煽动家、新闻记者，迷恋于辩文的写作，最终自称写下了 300 部作品。朗还是永不停歇的旅行家，其许多作品都是在船上写成的。他很了解美国，1840 年拜访过范布伦总统，他研究美国政治与历史，培养了一批美国通讯员，尤其是同为长老会教徒的通讯员。1822 年巴西宣布独立之后，他曾前往该国和其他新兴南美国家访问。随着年纪增长，朗的跨太平洋地区的展望进一步扩张。他梦想着未来共和制的澳大利亚联邦能够包含新西兰、新几内亚、斐济。在人生的尽头，他开始认识到他所在国家的亚洲因素，又姗姗来迟地承认中国的重要性。[44]

朗的思想发展在很大程度上说明，不管是在广阔的太平洋世界内部，还是与外界通航，都有可能建立一系列的联系。但朗的活动家生涯也说明，一个人即便曾经历过与众不同的跨地区旅行，且极度迷恋民主斗争，也完全有可能在实践中坚持排外主义立场和种族主义意识形态。

毫无疑问，朗对某些改革事业有狂热的信念。他是废奴主义者，在欧洲结交了志同道合的民主主义者，1848 年革命期间访问了德意志诸邦，在法兰克福国民议会发表讲话，呼吁所有被迫流亡的地方革命者都应该在太平洋岛屿上避难。朗还是公开的共和主义者，这在同时代的澳大利亚激进分子中不同寻常。他为第二祖国设想的宪政未来是建立"伟大的联邦共和国"，并且"像美国那样"，设立总统、副总统、参议院、众议院。[45]

不过，这个联邦制、民主的未来澳大利亚共和国是由白人组成的。与许多长老会牧师一样，朗大量援引《旧约》经文，他认为可以在其中发现古代以色列人迷恋男性普遍选举权，以及上帝不同意女性投票的证据。至于非白人原住民方面，人们指责朗认为这些人天生低人一等，他（过多）抗议任何这类指责。和其他白人殖民的狂热支持者一样，他有时会引用社会达尔文主义的早期变体，辩称澳大利亚土著与美国的土著和波利尼西亚岛民一样，都是受害者，但不一定是暴力的受害者，而可能是"自然衰变"和衰退的受害者。朗坚称，即使"白人和黑人之间没有发生真正的冲突，后者就如秋叶，在欧洲殖民化进程之前还是会消失"。[46]在他看来，这是民主政治传播令人遗憾、难以补救的阴暗面。

暴躁的性情和宗教热情，加上这种顽固的政治立场，使朗永远无法满足。他是突出的活动家，推动澳大利亚男性殖民者得到更广泛的政治权利，且有权自由出入那些被委婉地称为"荒地"的地域。可是，当这些目标取得实质性成功时，他仍然感到不满。就像出现在太平洋更广泛地区的许多政治文件一样，19 世纪 50

年代新南威尔士、南澳大利亚、维多利亚、塔斯马尼亚颁布的宪法从某些方面看，都是十分进步的文件。例如，南澳大利亚几乎所有 21 岁以上的男性居民都得到了投票权。该州和澳大利亚其他地区的男性还很快得到了无记名投票的权利，这是世界上首次大规模赋予此类政治权利。[47]

但是，这些宪法仍然是议会宪法，也就是说，在澳大利亚实施之前，它们必须得到伦敦威斯敏斯特议会的批准，从法律上说，议会可在以后修改或者终止这些宪法。朗抱怨道，"和普通乞丐一样，英国殖民者必须心怀感激地领受上等人的施舍"。这或许不是他越发刺耳地主张成立自治的澳大利亚共和国的唯一原因。与许多白人殖民者的期望相反，这些新宪法导致某些土著可以参与投票活动。到 19 世纪 90 年代，一些土著女性也可以投票。朗在这一阶段已经去世了，但这种情况并不是他常常狂热地为"澳大利亚黄金地带的自由和独立"呐喊时，所设想的未来政治局面。[48]

塔希提和回复

在太平洋地区最大的一些岛上，当时的新宪法所起的作用是推进越来越多的白人入侵者和殖民者的权利和利益，同时推动掠夺当地土著。不过，正如 1838 年皮特凯恩岛上所发生的事件表现出来的那样，这并不是事情的全貌。那么，其他太平洋岛屿有何抵抗、创造、例外呢？要过多久，在什么情况下，这种新的政治技术才能为这片广阔大洋上的土著所用呢？

塔希提发生的事件给出了一些答案，该岛是今社会群岛中最大的岛屿，与加利福尼亚和澳大利亚的距离差不多相等。1817

年，塔希提统治者、外来欧洲人承认的波马雷二世国王开始在该岛北部的帕雷修建王家"礼拜堂"。完工的建筑十分庞大，长 712英尺，四倍于华盛顿白宫的长度，可能是到当时为止太平洋地区建成的最大的人工建筑。1819 年 5 月 13 日，就在帕雷这座堂皇的"礼拜堂"中，波马雷向聚集起来的大约 6000 人（几乎是全体塔希提非白人基督徒）逐条朗读了一部新法典的内容。[49]

　　最后，波马雷邀请当地各位酋长签署对他的 18 条法典的正式同意书。接着，他寻求其他岛民的同意。一名目击者报告，"这获得了全体一致的同意，数千只手臂同时举起，发出了惊人的巨响"。以这种方式获得批准后，新法典"印在大张纸上，不仅寄给

塔希提的波马雷二世。这幅版画发表于他去世的那一年（1821 年）

每位酋长和地方行政官……还张贴在大部分公共场所"。[50]

从这些事件可以看出，波马雷是世界史上值得大书特书的非凡人物，尤其是，他并非离经叛道的人物，某些思想和行为都很符合那个时代。他出生于 18 世纪 70 年代，青年时代和中年初期的大部分时间都在塔希提和东波利尼西亚诸邻岛上与对立的酋长交战，有些时候还被迫流亡。直到 1815 年 11 月（滑铁卢战役之后 5 个月），他在特费佩（Te Feipi）战役中取胜，才感觉自己的地位足够稳固，可以专注于建立更加集权、向外扩张的塔希提国家，并将它写入法典。[51]

从这个意义上讲，波马雷与一些远比他著名的同代人，如法国的拿破仑·波拿巴（波马雷曾读过关于他的著作，十分钦佩他）、海地的杜桑·卢维杜尔、南美的西蒙·玻利瓦尔，有相同的特质。与这些人一样，波马雷首先通过反复的残酷战争确立自己的地位，然后通过发布新的法律和政治文件，彻底改造政体，建立个人权威。

不过，在其他方面，波马雷的情况明显大不相同，他的一生说明，脆弱的土著统治者通常需要有什么条件，才有机会将新的政治文件转化为他们的优势。首先，宪法能帮助波马雷将自己看作国王，并使其他人认识到他是国王。在 20 世纪初期之前，面对西方帝国在工业、经济、军事上的侵蚀，能够保留一定程度自主权的少数国家中，君主制国家占了很大的比例，例如日本、中国、奥斯曼土耳其、暹罗、汤加（该国于 1875 年颁布了自己的宪法），夏威夷一度也是如此。其他国家（如海地）则在一系列独裁领袖的控制之下。

相形之下，人们眼中的游牧社会和民族与特定的土地没有固定联系，领导结构松散且不稳定，更有可能遭到清除。英国对待新西兰毛利人有时比对待澳大利亚土著更好，原因有很多，其中一个原因是，在外来白人看来，新西兰在得到认可的酋长控制之下。早在 1830 年，伦敦的官僚就准备承认毛利人有一定程度的主权，这是帝国官员从未给予澳大利亚土著的待遇。19 世纪 50 年代，一些毛利首领希望更进一步，选出一位国王，由其领导组成联邦，他们认为这样的策略最有利于保住剩余的土地；他们的想法也很有启发性。[52]

塔希提是一个君主国，但面积太小，不足以吸引大批外来殖民者和勘探者。此外，该国还有另一项资产，但这项资产存在矛盾。18 世纪 90 年代起扩散到大洋洲的外来基督教传教士既帮助了这个小岛，也改变了它。这些人有时候被视为文化侵略的直接代理人，与帝国的任务相勾连。不过，与世界其他地区相比，传教士对太平洋地区的影响更加混杂，特别是在 19 世纪上半叶。

这种影响之所以混杂，是因为太平洋地区的许多传教士出身工人阶级和贫苦群体。有些传教士还是女性，少数属于有色人种。如贝齐·斯托克顿（Betsey Stockton）是一名得到自由的家庭奴隶，她的姓氏是新泽西的前主人留下的。在 19 世纪 20 年代，她带着《圣经》前往夏威夷，在那里开办了一所学校。[53]这种影响之所以混杂，还因为，不管是太平洋地区还是其他地方，这些人往往更关心如何保护来之不易的当地皈依者，而不是协助狂暴的白人殖民者和外来的西方军队。不过，最主要的原因是他们在工作过程中经常做的事情。与亚洲、非洲、北美的部分地区一样，他们介入太平洋地区，导致"新创造了数量前所未有的书面语言，以及数百万读者"。[54]传教士还为多处过去的处女地带来了宪政改革的重要动力——印刷机。

在汤加群岛，一名新教传教士于 19 世纪 20 年代设计了当地语言的首个实用字母表。11 年之后，他的后继者在岛上建立了第一家印刷厂。该厂运营的第一年就印刷了 1.7 万份印刷品，不仅有《圣经》和教义问答，还有其他读物和语法教材。在夏威夷也可以看到类似的时间线，美国加尔文派传教士和土著顾问一起，于 19 世纪 20 年代初设计了当地语言的字母表并建立了一家印刷厂。这为 19 世纪末出现的超过 70 种夏威夷语报纸打下了基础。和太平洋地区的其他地方一样，夏威夷也出现了大量教会学校，到 19 世纪 30 年代初，这些学校教育了大约 5 万名岛民，其中许多是成年人。[55]

许多太平洋岛屿居民迅速变得"着迷于印刷文字"，相关记述成了传教士们的老生常谈。这种带有赞许的评判记述如此之多，其中一些很有可能源于传教士的渴望——说服其他人和自己相信，他们的工作十分成功。出于对印刷文字的珍视，他们倾向于夸大印刷文字覆盖原有口头文化的能力。[56] 尽管如此，太平洋小岛极端紧密的地理环境，确实加速了文化和思想的传播。引入书面语言、印刷术、学校之后，这些小岛群落就可能像城镇一样，表现出公共领域发展的一些典型特征。

和城镇里一样，太平洋小岛上的人喜欢紧密地住在一起。这使他们很容易迅速地聚集起来讨论各种思路，就像 1819 年 6000 名塔希提男女聚集在帕雷"礼拜堂"，批准波马雷的新法典一样。小岛地理上的邻近也使新的技能和信息能够快速传播，这一点是传教士之外的观察者提出的。1841 年，当一名强硬的海军军官访问皮特凯恩时，他断定在岛上由传教士领导的唯一学校中，孩子

表现 19 世纪初期由黑人女教师监管的南非教会学校的讽刺画。不过，这幅印刷画仍然表达了当时传教活动与扫盲相混杂的特点

们的读写水平和能力"是英国同龄儿童无法超越的"。[57] 这里的岛民和太平洋其他地区的一样，似乎一直用蕉叶和棕榈叶作为纸张的免费替代品，用刀子在坚硬的叶面上刻下字母、算术题、词句。

不过，尽管传教士在引入新政治技术的一些令人熟悉的基础（成文语言、印刷术、读写能力）方面起到了重要作用，但他们在所服务地区的政治影响力通常有限而偶然。在这片广阔大洋地区的传教士绝大多数出身平凡，背景混杂，且人数稀少。尤其在1850 年之前，如果出现问题，附近也没有几个西方帝国的前哨站可供求助。因此，太平洋地区的传教士只能依靠周围的土著居民生存下去。他们也依赖于当地统治者，后者期望前者服务于有用目标，且后者另有自己的政治议题。波马雷二世的情况就是如此。

由于波马雷二世每天用于提升写作技巧和词汇量的日记不幸

遗失，而且他虽然能够阅读一些英语书籍，却只能用塔希提语写作，我们对此人的理解受到那些寻求成为其盟友的说英语的传教士的叙述及翻译的影响。波马雷身高超过 6 英尺，身形令人敬畏，一头黑发编成辫子，颧骨突出，加上天生"心胸宽广"，在这些狂热的新教徒中引发了一种自豪与担忧参半的情绪。他们担忧他酗酒，在性事方面放荡。波马雷身边的传教士自视为见证者，其中一位描述他们所见证的是新兴的塔希提"民族"组成"具有可塑性的特殊国家"，他们也为波马雷有时任意使用权力和强烈的野心所烦恼。不过，传教士们在塔希提诸岛上的命运与他和他的王朝紧密相连；而他显然也对《圣经》和一般意义上的文字十分着迷。[58]

1812 年，波马雷皈依基督教，这时距离他开始学习写作已有差不多十年了（这种先后顺序的安排或许有启发意义），从一开始，他就坚持让当地的传教士"在（他们）全面指导他读写之前……不要给任何人授课"，希望运用这些技能确立自己的权威，标志他的权力。因此，他修建了一座专门的写作屋，在一张临时的桌子上工作。不过，波马雷越来越喜欢脸朝下趴在露天环境里，用一个软垫撑着胸部，着手写作和阅读。[59]

随着日益精通书面文字，波马雷分别学习了几何学、算术、字典编纂。与另一位自发的新政府缔造者和立法者，海地的杜桑·卢维杜尔一样，波马雷也理解信件的价值，它既可以作为寻求外界支持的手段，也可以在海外树立他自己的形象，宣传他的政策。他在早期给伦敦方面的一封直率的信中写道："朋友们，请送来充足的滑膛枪和火药；因为我们的国家战事频仍。如果我被杀了，你们在塔希提将一无所有。"在这封公开信中，他补充道：

"也请送来一切写作所需的物品——大量的纸张、墨水、笔；任何书写用具都不可缺少。"当传教士于 1817 年在附近的一个岛屿上安装了一台印刷机时，波马雷也立即占用了这台文字机器，并强调在印刷机开始运转时到场，坚持亲自印出第一份印刷品。[60]

看来，波马雷马上意识到，印刷机能给他带来又一种强调权威、推进目标的手段。在大西洋两岸都公开发表的一封信中，他解释道，他希望草拟一部新的塔希提法典，"将为此进行磋商。错误的部分将得到更正，直到它非常正确时，人们才能回到自己的家里去"。[61] 制定这部法典的决定以及法典本身的内容，有些时候被归功于当地的传教士，特别是亨利·诺特，此人曾当过泥瓦匠，1797 年来到塔希提，与一名塔希提妇女确立关系已经很久了。相比之下，诺特的同行则急于强调波马雷的作用。其中一人坚称："国王读给人们听的法律都是他自己写的……后来，他还以易于辨认的漂亮字迹抄写了一份，供出版之用。"[62]

真相可能介于两者之间。由于担心被人视为干预塔希提政治，传教士们可能对自己在该岛法典上的贡献轻描淡写。与此同时，波马雷是令人敬畏而危险的统治者，非常强调自己的地位和重要性。他永远不可能忘记像诺特这样的人与自己之间在地位和权力上的鸿沟，也不可能迈向自己不希望的方向。因此，关于 1819 年 5 月他在与众不同的"礼拜堂"中朗读的法典，最合适的评判是，一方面，这是他与主要的塔希提支持者之间的合作成果；另一方面，这是他与支持他的传教士之间的合作成果。这部法典迎合了上述两个方面的利益，它表明此时的塔希提是正式的基督教国家，它规定守安息日，禁止通奸。但是，它也强调了波马雷作为统一且不断扩张的塔希提国家的国王的地位，概述了新的司法与税务体系，规定了对叛乱与阴谋的惩罚手段。

就波马雷本人而言，这部法典的颁布是他命运的顶点。他于两年后（1821 年）去世。他的儿子和继承人波马雷三世七岁时夭亡；他的女儿继任，难以立足。正是塔希提王朝这些连续的突发事件，使法国能在 1842 年宣布塔希提为其保护国。

但是，波马雷二世的举措还有更多可称道之处，尤其是因为他的法典在他死后留存下来，稳步地拓宽范围。1824 年，一个修订版本被提交给塔希提立法会议，"目的是制定和颁布新法律，修正已有法律"。[63] 这个机构里不仅有诸酋长，还包括塔希提各区行政官和当选的地主。1842 年，法典进一步修订，增加了更详尽的宪法条款。这些修订后的法典最初只以塔希提语写成，但发布的时候既有塔希提语版，也有英语版。

所有这些法典的效果，以及所涉及的政治和法律的思想和语言，都需要更深入、更有想象力的研究。而且，这些反复修订的塔希提法典看起来确实培育了各个岛屿的政治主张，也改变了岛民的观念。据说，1824 年的法典修订辩论期间，一位地位不高的塔希提人士宣称："我们就像酋长一样，投入所有的思想，这个会议将从这一大堆想法中选出最好的，不管它们来自何方。"[64] 这一系列法典刺激了塔希提语书面文字的流传，也刺激了岛上的政治辩论与知识传播，这也有助于解释，为何法国在这里的帝国主义渗透进展缓慢。尽管法国 1842 年宣布在这里建立保护国，但法国法律直到 19 世纪 60 年代才得到了至高无上的地位，而正式兼并则被推迟到 1880 年。除了延长当地人的抵抗，改变他们的政治观念与模式，波马雷的法典及后续修订版还引起了其他地方的注意。

例如，1831 年左右，皮特凯恩岛的一些居民曾在塔希提度过一段时光，很有可能在那里认识到了成文法典的效用与构造。[65]
因此，当拉塞尔·埃利奥特 1838 年在岛上草拟宪法时，他可能响
应了部分皮特凯恩岛民的建议，而不完全是表达自己的观点。太
平洋地区的其他观察者当然也注意到了塔希提的宪政创新，并承
认其重要性。1834 年，约翰·邓莫尔·朗叫嚷道："因此，根据
代表权征税是塔希提的当务之急。"朗如此评论因波马雷的举措而
在波马雷死后成立的立法会议。朗的种族和文化优越感显然受到
了伤害，他继续说道："在那个方面，塔希提人现在已经领先于国
王陛下在澳大利亚的殖民团了。"[66]

　　当时的塔希提提供了一些答案。它说明，土著领袖尤其是君
主或者成功的军事领袖，有时可能采用书面文件来增强当地的凝
聚力，至少暂时使徘徊于周围的欧美掠夺者难以得手。发生在塔
希提岛上的事情还说明了另外一点，那也是我们将在其他地区反
复看到的：西方之外强干机敏的统治者和政治行动者在国家受到
威胁的时候，能够吸取新宪政技术的元素，将其与当地的信仰、
语言、习惯相结合，并以由此产生的政治文件作为宣告和捍卫自
主权的手段，希望这可以击退潜在的入侵者。

　　波马雷二世欣赏并利用书面文字，但只达到了一定程度，这
仅仅是他的一部分作为。很有启发意义的是，在 1819 年他的法
典印刷流通之前，他选择让尽可能多的人挤进宏伟的"礼拜堂"，
并向他们朗诵法典的内容。这种行为方式不仅仅是为了回应仍以
口头交流为主的当地文化。很有可能，波马雷在帕雷的宏伟建筑
（这座礼拜堂早已消失，似乎没有留下任何图像记忆）在光环和力
量方面对于塔希提人的意义超出了当地传教士的想象。这是一个
神圣而有象征意义的空间，不仅仅是从基督教角度而言的。波马

雷如此处心积虑的做法，似乎是希望将新引进的政治与印刷技术、对基督教的友善姿态，与塔希提人的仪式与信仰结构结合起来。

不过，这里发生的事件也表明，在白人入侵行动风起云涌、远程机动能力提高的世界里，土著领袖在一定程度上缺乏安全感。世袭君主制在最好的时代是一种赌博。但对在帝国主义和殖民者入侵威胁下岌岌可危的民族而言，强力统治者去世后如果没有合适的继承人，那就可能成为一场灾难。波马雷二世没有得到充足的时间，加强他创造性的政治与法律体系。这在一定程度上正是他努力选择性利用的现代性所造成的。为了拓展收入来源，这位国王已启动了一项出口业务，用船只将牲畜运往殖民人口日增的新南威尔士。看起来，其中一艘返回的船只带来了波马雷无力免疫的病菌。

我们有必要将眼光转向夏威夷，去看看太平洋岛屿本地领导人在新宪政技术上投入力量，并取得更持久成功和影响力的例子。

夏威夷和不同的现代性

夏威夷群岛与塔希提有一些共同点。在那里，统治秩序大体上是通过战争建立的。不过，塔希提的波马雷二世直到 1815 年仍需要在战场上确立地位，这时距离他去世只有 6 年；而令人敬畏的卡米哈米哈一世早在 20 年前就已经控制了夏威夷 8 个大岛和约 15 个小岛中的大部分。和塔希提一样，传教活动也显著改变了夏威夷。到 19 世纪 50 年代，据说超过 70% 的当地居民识字。如果这是真实的数字，就意味着夏威夷此时有阅读能力的居民比例高于南欧的大部分地区。[67]

夏威夷的总面积十倍于塔希提，也远比塔希提富裕。这些岛屿位于墨西哥与中国南部的海岸之间的中间位置，可以从美洲与亚洲之间日益扩大的海上贸易中获益。但是，这片更富饶广阔的地区面临其最大的挑战。南太平洋上的小岛由于面积和资源有限，即便使用更大更快的船只，也很受距离的限制，所以长期没有引

基于夏威夷人绘画创作的版画，印刷于该群岛第一部宪法颁布时期，约1840 年

起西方国家的注意；而位于太平洋中部的夏威夷有更多的土地，距离加利福尼亚也不到 2400 英里。甚至在 1848 年加利福尼亚被美国接管之前，在夏威夷首府火奴鲁鲁过着舒适生活的大约 800 名白人中，多数都是美国人。[68]

夏威夷诸岛上的大部分传教士也是美国人。由于其中来自马萨诸塞州的威廉·理查兹在 1839 年 6 月夏威夷的权利宣言的制定以及次年的完整宪法的颁布中起到了作用，这些文本有时被视为日益渗透的美国影响力的产物。然而，和塔希提的法典一样，它们实际上是混合作品。除了吸取外国的专业知识、思想和技术，它们还迎合了土著统治者和当地主要支持者的优先考虑事项、信仰、语言体系。[69]

因此，1839 年权利宣言的初稿是夏威夷当地美国教会神学院一名夏威夷学生的作品。他的草案被直接交给了当地酋长和国王：

> 国王和多名酋长……在连续五天里，每天会面两三个小时，讨论法律和各种问题。他们宣布，在某些细节上，法律是有缺陷的，其他一些细节则是错误的，起草者奉命改写它们……然后，（它们）在国王与岛上所有重要酋长的一次会议上二读通过……接着，它们通过了三读和最后一次宣读，国王询问酋长们是否赞成，在他们说"是"之后，他回复道："我也赞成。"随后起身当场签下了他的名字。[70]

这部权利宣言和 1840 年宪法中都有夏威夷语标题"Kumu Kānāwai"，这个标题同样做了小心的折中处理。"Kumu"的意思是"主干"或者"来源"，而"Kānāwai"是夏威夷语中西方法律概念的等价词，但之前适用于当地的用水权。使用这一标题，暗示着这些新的政治文件与夏威夷群岛确立已久的信仰和习俗的联系。[71]

1840 年宪法承认夏威夷当时的统治者卡米哈米哈三世为国王。这位英俊聪敏的男子有时身着西方服饰，但对自己在政治和文化上需要走的危险道路心怀警觉，宪法赋予他指挥夏威夷群岛武装力量、签署条约、执行法律的权力。宪法还规定了首相和各岛长官的职责，并规定了一个两院制的政府，由一个贵族院和一个"人民选出"的机构组成（在这个初级阶段没有规定性别）。这些机构每年开一次会，新法律既需要贵族院的批准，也需要民选代表的"多数认可"。任何法律也不能在"未印刷公开"的情况下生效。卡米哈米哈三世是立宪君主："我们的目的是根据上述原则管理我们的王国，最大限度地为夏威夷群岛所有酋长和人民寻求繁荣。"[72]

这部宪法的目标受众既有外国人，也有本国人，这一点比大部分新宪法更为明显。虽然 1839 年和 1840 年的文件保留了本地习惯法律和语言，但也加入了预计将得到西方掠夺者认可和承认的条款与惯例：两院制立法机构、立宪君主、权利声明以及对印刷术的接受。正如一位夏威夷政治家所承认的那样，通过阐明"夏威夷岛群拥有一个政府，准备和其他政府一样实施法律"，希望西方强国能够"允许夏威夷保持独立"。因此，这部 1840 年宪法颁布之后，夏威夷与一些欧洲国家（包括俄国）、美国签订了一系列条约，最后与日本签订的条约很重要。[73] 这些协定都强调一个重点：夏威夷凭借新的宪政体制，表明自己完全是现代化国家，因此不是帝国接管的合适目标。这种策略在超过 50 年的时间里取得了成功，比美国 1898 年最终兼并这个群岛更为引人注目。

　　终结这一政治实验的，主要是夏威夷自身的经济与人口结构的变化，加上美国在太平洋地区激增的力量。但是，对宪政主义和现代化的不同理解也起到了一定作用。在夏威夷日渐增加的外籍居民中，美国人占据了多数，他们来自一个不存在贵族的共和国，自然不会支持这里的君主或世袭的酋长。在 20 世纪初的一部夏威夷宪政史中，人们可以看到这种共和主义者的厌恶情绪。引人注意的是，该书的美国作者明显将 1840 年宪法推行初期夏威夷贵族院中存在女性当成怪诞的现象，认为这是该群岛"等级制度"影响的又一有害表现，而随着夏威夷加入美国，这种影响已令人满意地被清除了。当然，这个作者的理想是共和主义和广泛的男性民主。[74]

　　不过，对一些土著利益集团来说，情况就不一样了。扩大夏威夷公民权实际上往往会增加糖料种植园主、畜牧业者、商人的选举筹码和贿选水平，而在这些人当中，美国人或欧洲人越来越多。出于同样的理由，该国君主和传统酋长的影响力受到侵蚀，夏威夷与众不同的习俗和文化规范也弱化了。与后来亚洲、非洲、阿拉伯的许多民族主义者一样，夏威夷自治的支持者被迫更多地面对这样的问题：哪种类型的现代化是他们的社会需要的？在一个不平等的社会中，哪种类型的现代化是安全审慎的？

　　每部新的夏威夷宪法都是对立观点的导火索。1852 年颁布的第二部宪法推行男性普选权，同时将国王的权力限制在宣战、签订条约、召集立法会议方面。但在 1864 年，新君卡米哈米哈五世推动通过了一部宪法，有意打造更与众不同的夏威夷。这部宪法对投票者提出了文化水平与财产资格的强制要求，从而有可能削弱英美雇主影响脆弱的低等劳动者的能力。它以单一的立法会议代替两院制，至少在理论上确保群岛的世袭酋长能与民选代表坐在一起，并监督民选代表，后者中有一部分人此时和一些政府部长一样都是白人。这部宪法还重申了王权的中心地位："国王是所有酋长和人民的君主：这个王国是他的。"[75]

这种安排持续到了 1887 年，那年一个主要由讲英语的人组成的游说团体和一个白人民兵组织迫使这个君主国接受了一部名副其实的"刺刀宪法"。1893 年，夏威夷末代君主利留卡拉尼女王企图废除这部宪法，恢复 1864 年的版本（此举得到了大众请愿的支持），导致她被推翻，以及后来美国兼并夏威夷群岛。[76]

又一个土著政权被进逼的帝国所击败，太平洋上又一块陆块被接管。但将独立的夏威夷王国最后的几十年与在塔希提迅速消亡的波马雷二世政治实验做一对比，就会注意到，19 世纪的最后三分之一的时间里，选择和危险都出现了怎样的变化。与波马雷此前的实验性工作不同，不仅夏威夷土著政权的宪法设法以各种伪装延续超过 50 年，从 19 世纪 60 年代起，夏威夷统治者还与越来越多的非西方国家建立联系。波马雷尽管智慧过人且奋发图强，也从未能想象到这些手段。

随着远洋轮船迅速增多，夏威夷统治者更能利用太平洋作为不同经济体、国家、文化之间通道的潜力。在某种程度上，这意味着他们更加坚持接触汤加和萨摩亚等太平洋小岛，甚至规划与其建立松散的政治联盟。[77] 更令人惊讶的是，夏威夷统治者还将目光投向东方，投向泛亚洲交通网。

19 世纪 60 年代起，华裔移民就不断迁入夏威夷群岛，有的在那里定居，有的则将其作为前往美国的中转站。到 1870 年，火

卡拉卡瓦国王照片的玻璃负片

奴鲁鲁已经有中国领事馆。9 年后，第一艘属于上海某公司的轮船在夏威夷停泊。1874 年后，民选的新夏威夷君主卡拉卡瓦也开始讨论由中国提供贷款铺设跨洋电报线的项目，夏威夷在该线路中将作为太平洋中间的分站。卡拉卡瓦身高超过六英尺，是思维敏捷的杰出人物，他精通多国语言，曾研习法学，对科学和夏威夷艺术与音乐的发展兴趣浓厚，也十分留意日本。1881 年，他将日本作为环球旅游的一站，在位君主启动如此雄心勃勃的旅程，可谓前所未有。[78]

卡拉卡瓦的行程包括欧洲和美国的多个地区。此外，他还访问了一系列受到西方进步威胁或者正在计划与西方竞争的国家。这些国家包括缅甸、暹罗、埃及、印度、马来半岛数国、中国、日本，每到一处，他都寻找灵感来源，并与当地领导人讨论各自的想法。卡拉卡瓦1881年在东京的一次会谈中告诉明治天皇：

> 欧洲国家的政策只考虑自己，从不考虑对其他国家造成的伤害，以及给其他民族带来的苦难。在对付东方国家的战略上，欧洲国家倾向于协同行动。相反，东方国家相互隔绝，不能互相帮助。它们没有任何对抗欧洲国家的战略。这就是当今东方国家的权利和利益都掌握在欧洲国家之手的一个原因。因此，东方国家必须组成同盟，维护东方的现状，这样才能与欧洲国家对抗。采取行动的时机到了。

卡拉卡瓦向日本天皇提议，应该有一个"亚洲国家与君主的同盟和联合组织"。[79]

从某一层面看，卡拉卡瓦对泛亚联盟的渴望说明夏威夷这一阶段正面临日益变大的压力：有来自内部的压力——越来越多的欧美商行、地主、定居者进入该群岛；也有来自外部的压力——华盛顿对太平洋的势力范围和海上控制的野心不断加强；还有19世纪80年代夏威夷土著人口显著下降带来的压力，这不仅因为疾病以及西方人对可耕地的掠夺，还因为岛上的许多年轻男性利用太平洋的广泛联系和远洋轮船，离开家乡到其他地方寻找工作和未来。

不过，从另一层面看，卡拉卡瓦的泛亚联盟计划，以及他与日本（这个国家很快将制定开创性的宪法）天皇直接沟通的渴望与能力，进一步说明了太平洋地区与众不同的政治创造力。至于宪法的传播，实践证明，这片广阔地区"海洋如此宽阔，岛屿太多"的特性是一种优势。一些太平洋小岛可以作为政治"实验室"，而这在更大、更传统的国家几乎不可能。皮特凯恩岛在 1838 年率先授予女性公民权，以及波马雷二世早期在塔希提岛上利用大型建筑向几乎所有子民宣传新法律，只是较为极端的几个例子而已。

在速度更快的船舶、引入的印刷机和新书面语言的帮助下，无垠的太平洋也有利于众多地区和众多民族交流政治、法律及其他许多领域的思想、技能、活动。当然，欧美移民带来了极端的武装暴力，也带来了自己的民主制度，这些制度压倒性地偏向于白人和男性，在其他方面则日益不加掩饰。不过，正如夏威夷的一连串政治宪法所阐明的那样，这些外来者造成的威胁也促使一些土著社会做出应对，实验自己的防御性现代化形式。

另外，只关注西方入侵对太平洋世界的影响并不合适，因为这一地区也包含了许多亚洲邻国与社会。最后，中华民国首任大总统、中国民主革命的先驱孙中山的一生或许最能说明这一点，以及更多。

1866 年，孙中山出生在中国南方沿海省份的一个工匠家庭，自始至终，造就他的经历和观点的，是广阔无边、此时却相互联系更多的太平洋地区所带来的多样可能性。[80] 在火奴鲁鲁生活的兄长资助他在火奴鲁鲁接受教育。他回国后在香港居留期间学到了有关基督教的知识和革命思想，他还在日本度过了一段很有成效的流亡时光，一度计划以菲律宾作为其政治宏图的基地。此外，他曾乘船前往欧洲、美国、新加坡，吸收了更多思想，也接触了更多人。不过即便在协助发动 1911 年的辛亥革命之后，他也总是对他在夏威夷所受的教育致敬。他回忆道："在这里，我才知道一个现代化的文明政府是什么样子的，而这样的政府又意味着什么。"[81] 这番话意味深长。

19 世纪初，太平洋各地区已经见证了政治文件变革的激进实验。但是，正如孙中山的生活与事业轨迹所表明的，到 19 世纪末，这些实验的范围和地域都在扩大。同样，不仅在太平洋地区，关于何种民族能设计宪政改革计划并从中获益，何种民族能定义现代化包含的意义，人们的期望和设想也在变化。

第 7 章

光明、黑暗以及漫长的 19 世纪 60 年代

突尼斯

侯赛因·伊本·阿卜杜拉将军于 1863 年 10 月，即美国联邦军队约 9 万人在宾夕法尼亚州的葛底斯堡战役中击溃罗伯特·李的南方邦联军队的三个月之后，写下一封信。与许多长信一样，这封信不仅有主题，还揭示了作者的内心。表面上，侯赛因的信是在回复美国驻突尼斯领事阿莫斯·佩里（Amos Perry）所提的请求。此时，美国内战的形势似乎正在转变，南方各州更有可能结束奴隶制度，佩里希望知道，突尼斯在 1846 年是如何处理自己的奴隶，主要是西非奴隶群体的解放问题的。对此，"突尼斯人是怀着悲伤还是喜悦的心情"？这个问题刺激了侯赛因，他做了一番雄辩而深思熟虑的阐述。侯赛因本人曾经是奴隶，也许在他心中，某种程度上他仍然是奴隶。[1]

更准确地说，侯赛因曾是一名"马穆鲁克"（意为"被占有的人"）。和同类人一样，他在儿童时代就从奥斯曼帝国某个部分信奉基督教的领地（他来自北高加索的切尔克西亚）被掳走。被当成奴隶卖掉后，他得到了一个新名字，接受了伊斯兰教的训练，

在奥斯曼军队及文官政府中学习如何高效行事。侯赛因从 19 世纪 30 年代起就服侍突尼斯贝伊（或总督），突尼斯当时是北非地中海沿岸的一个奥斯曼帝国省份，实质上是自治的。尽管此时的他已成为突尼斯军队的一名将官，生活富裕，且大部分证据表明，他早已得到自由，但从这封信里明显可以看出，他的心中仍残留着对过去被当成私人财物的怨恨。不过，侯赛因忧虑的主要是当前的政治局势和未来。他想向佩里领事及其在华盛顿的上级表明，他坚信自由、宪政、现代化都可以在一个伊斯兰国家实现。

这些想法建立在侯赛因对其信仰的理解之上，但也有其他基础。他在儿童时代就被迫跨越文化与地域的边界，成年以后也继续这么做。他精通阿拉伯语，也能说意大利语、法语、一些英语、奥斯曼土耳其语。和 19 世纪的许多奥斯曼改革者，如的黎波里的哈苏纳·德吉斯一样，侯赛因也是全身心投入的旅行者。1853—1856 年，他和导师海雷丁（Khayr al-Dīn）一起出使巴黎。海雷丁比侯赛因年长，也是出身于切尔克西亚的马穆鲁克、突尼斯陆军军官，还是重要的政治思想家和活动家。侯赛因身材肥胖、留着大胡子，在外形和智识上都难以与他的同伴相比，但他抓住这个机会与法国首都的一群政治家、外交家、知识分子交往，熟悉了这个国家的文化机构和书店。后来，他还访问了其他欧洲国家，以及伊斯坦布尔、埃及、美国东海岸。

侯赛因的思想在第二祖国里也得到了磨炼。他曾在突尼斯的巴尔多军校完成了军事训练，这个新近建立的学校是一个现代化思想的论坛，在传授兵法的同时还教授写作技巧。[2] 与许多受到先进宪政主义思想吸引的人一样，侯赛因的军事职业生涯也伴随着对文字和多种文学题材的兴趣。在一生的不同阶段，他写过游记、政治论文、童话故事、新闻报道、法律宣传册。

因此，当 1857 年突尼斯统治者穆罕默德贝伊决意实施一项更持久的政治改革和重塑计划时，侯赛因在其中起到了创造性的作用。最初，他被任命为突尼斯城市政委员会主席，在这个人口只有大约 125 万的国家中，突尼斯城是唯一的大城市。1859 年，他还成为该国第一家阿拉伯语报纸《突尼斯先驱报》的创始主编，这家报纸使用从西欧订购的排字块。侯赛因在这家官方日报上刊登科学与文学信息、国际与商业新闻，以及对突尼斯所经历变革的乐观报道。其中最激动人心的，是介绍在主要伊斯兰国家中将要实施的首部成文宪法。

1861 年 4 月颁布的这部宪法被称作"Qânûn al-Dawla al-Tunisyya"（意为"突尼斯国法律"或"突尼斯王朝法律"），它是一份模棱两可的文件，又有深远的意义。[3] 这部法典中没有任何关于选举、投票权、言论及结社自由的条款。与当时绝大多数非伊斯兰国家的宪法一样，它也没有任何专门针对女性的特殊条款。但这部宪法表示，所有突尼斯居民，无论信奉何种宗教、处于何种社会地位，都是"神的创造"，因此在法律面前人人平等。所有出生于突尼斯的男性，除非有犯罪记录，否则都有资格"拥有国家赋予的各项特权，包括为国家服务"。而且，这部宪法的第 87 条预示着，在未来的突尼斯，政治知识将是普及的："我们的所有臣民无一例外都有注意维护这部基本法……（并）熟悉上述法律的权利。"政府做出了努力，将不同种族、不同宗教的群体集中起来，让他们熟悉宪法的内容。例如，宪法文本印刷了犹太-阿拉伯语的版本，这是突尼斯犹太社群使用的语言。[4]

这部宪法还有其他的创新，它将突尼斯贝伊描述为"国君"，他的统治不取决于奥斯曼苏丹的意志，而是依靠世袭的权利。它确认他有该国武装部队的指挥权，可以任免部长和官员，赦免罪犯。但是，该宪法也将贝伊推向立宪君主的方向，要求他通过各部部长和新建立的由 60 名成员组成的"大议事会"来行事。大议事会最初由海雷丁担任主席，是任命而非选举产生的机构。但从某种程度上讲，它类似于萌芽状态的议会，负责审查立法并提出建议，监督和投票表决预算案。继承王位时，突尼斯统治者必须宣誓遵守这些宪政安排。如果他们此后违反了这一誓言，臣民就没有效忠的义务。

美国领事阿莫斯·佩里后来驳斥道，突尼斯国宪法本质上是一种模仿，并不可靠。他和许多西方人一样，私下里认为阿拉伯国家本质上都是不可救药的独裁国家，因此他不可能认真对待这部突尼斯新宪法。他写道，就像"一个倒霉的贝都因人被迫穿上欧洲服装"，在这场假面舞会上，"除了动作与步态的拘束，看起来既痛苦又可笑"，其他什么也得不到。⁵佩里是个东方通，这一结论在某种程度上是准确的。从 19 世纪 50 年代中期起，欧洲国家一直向突尼斯统治者施压，要求他们实行法律、政治、商业的变革，法国和英国的压力尤为明显。众所周知，驻突尼斯的法国和英国领事在 1861 年宪法的起草中发挥了作用。

不过，在该宪法规划与起草的三年间，许多突尼斯官员、教士、军人（包括侯赛因将军和海雷丁）也做出了贡献。将 1861 年的宪法命名为"qânûn"（意为"法律"），而没有努力寻找与西方的"宪法"一词更接近的等价词，这本身就标志着突尼斯人对保留当地特有元素的关心。此宪法规定所有 18 岁以上的突尼斯男子必须服兵役，同样表明了抵抗任何外国不当干涉的决心。事实上，就其基本原则而言，我们最好不要在西欧的背景下理解这部突尼斯宪法，而应将其视为世界上一个不同地区的发展成果。与 1840 年后夏威夷颁布的宪法类似，"qânûn"是精心策划的重新定位的法令，是防御性的现代化法令。

突尼斯宪法确实受到了夏威夷的一些直接影响。1843 年，夏威夷派代表到巴黎，以确保法国承认夏威夷的持续独立。这次访问后，人们知道了 1840 年夏威夷宪法的译本在法国巴黎传播的事实。[6] 侯赛因将军和海雷丁可能于 19 世纪 50 年代中期在巴黎逗留期间看到了这一文本，也可能在与法国官员的交谈中得知了夏威夷的政治实验。

无论如何，回顾夏威夷统治者如何部分利用一系列成文印刷宪法，以彰显他们的王国是"现代化、发达、文明的"，因此值得外国强国尊重和保持合理距离，这对我们掌握 1861 年突尼斯的政治事业是很有帮助的。这个国家的主要活动家还希望运用宪法工具，在面对日益激进、不平衡的世界体系时加强本国的政治独立性。

因此，正如夏威夷君主所做的那样，突尼斯的精英们使用新宪法以塑造与挑战他们和各强国之间的关系。以书面方式确立突尼斯贝伊为君主，其地位取决于与臣民的成文契约，从一方面来说，这是对奥斯曼苏丹王权的有限挑战。另一方面，穆罕默德贝伊的继承人穆罕默德·萨迪克（Muhammad al-Sādiq）费心地争取法国皇帝拿破仑三世对突尼斯新宪法的事先支持。法国皇帝是突尼斯邻国阿尔及利亚的殖民统治者，在那里驻扎了陆军和战舰，如此靠近、如此危险的强者是不容忽视的。尽管如此，当萨迪克确定在 1860 年正式访问阿尔及尔期间将与拿破仑三世磋商时，他也要确保这次会面将被设计成一种样子，即宣示两位统治者实质上的平等。[7]而且，正如夏威夷君主在与西方强国交往的同时接近亚洲各国包括崛起的日本一样，突尼斯的活动家也寻求在与奥斯曼和欧洲诸帝国交往的同时，和新兴的帝国来往。他们的眼光投向了美国。

1865 年亚伯拉罕·林肯遇刺之后，萨迪克贝伊立即派出一位将军前往华盛顿，向新任美国总统安德鲁·约翰逊递交了私人慰问信。萨迪克还送去了自己的全身肖像作为礼物。这幅肖像由法国艺术家路易-奥古斯丁·西米尔创作于 1859 年，当时贝伊仍在忙于起草该国宪法。今天，这幅肖像还在美国国务院华丽的外交接待室中展示。[8]它展现了政治、文化的信息和隐喻的用心结合。

约翰逊总统应该能够察觉到，西米尔的肖像在布局上与著名的乔治·华盛顿肖像遥相呼应。这幅美国首任总统的"兰斯唐毛葛"肖像由吉尔伯特·斯图尔特创作于 1796 年，从那以后一直被复制，以印刷品和书籍插图的形式广为流传。西米尔为萨迪克贝伊所作的肖像有意借鉴了斯图尔特的宏伟作品，但也有明显不同。

斯图尔特描绘的是华盛顿左手持着佩剑剑柄的形象。在西米尔的肖像画中，萨迪克的左手也拿着一件礼仪武器的手柄，但这件武器是弯刀。在斯图尔特的画中，站立的华盛顿背后，是厚重的红色窗帘，它被拉到一侧，展现出美国独立战争的阴云为彩虹所取代的景象，象征着和平与新的开始。西米尔笔下的萨迪克也以堂堂之势站在厚重的窗帘前，不过窗帘采用了代表伊斯兰教的绿色，它被拉到一侧，展现了明亮、干净、整修一新的突尼斯城，宣示了贝伊充满热情的现代化统治。斯图尔特眼中的华盛顿身穿黑天鹅绒礼服，右手指向摆放着《联邦党人文集》和其他美国建国文件的镶金书桌；西米尔作品中的萨迪克形象有类似之处，也有重要差异。萨迪克也身着黑衣，但他的黑衣是一件军用礼服，上面饰有奥斯曼帝国的星标和突尼斯骑士团徽章，他头上戴着土耳其毡帽。和华盛顿一样，萨迪克的右手也指向一件镶金的家具和关于国家与宪政的重要文件，这份文件明显是以阿拉伯语写就的。

萨迪克向美国总统赠送这幅画像，目的是传达多种信息：突尼斯的萨迪克贝伊是有改革精神的开明统治者，秉承其他同类统治者的传统；与乔治·华盛顿一样，萨迪克既是国家独立的武装捍卫者，也是有创造性的仁慈立法者；而且，他能够跨越不同的世界。和萨迪克委托创作的其他肖像（包括纪念他颁布成文宪法的那幅）一样，这幅 1859 年的油画宣告了另一件事：突尼斯不仅是伊斯兰国家，还是现代化的伊斯兰国家。这也是 1863 年侯赛因将军写给阿莫斯·佩里的信的核心主题。[9]

侯赛因告诉美国领事，"和其他所有伊斯兰国家一样"，突尼斯拥有"神权政府……它的法律结合了宗教与政治"。不过，侯赛因接着说，正如突尼斯 1846 年废除奴隶制所说明的，成为伊斯兰国家，绝不意味着没有自由和进步。他承认，"伊斯兰教教法"确实和许多其他宗教法律一样，传统上"接受对一个人的占有"。但是，他提醒美国人，"教规从未停止教导人们关心奴隶"；而"最重要的一个法律原则"是先知"对自由的渴望"。

身为现代人（因而自然熟悉政治经济学的经典），侯赛因意识到，"全面自由、没有奴役现象的国家，比其他国家更有可能繁荣"。但他个人投身自由与解放，不只是出于物质上的考虑。他告诉佩里："我个人认为，普遍自由和消灭奴隶制对改善人们的行为和推动文化发展有深刻的影响。"侯赛因有意无意地应和托马斯·杰斐逊的观点，他提出自由能使人自然而然地"远离粗暴、骄傲、自大等恶行"。

为了说明在没有自由的地方，人们身上可能会发生什么情况，侯赛因有意举了一个美国人的例子。他告诉佩里，1856 年他在巴黎工作时：

> 我在大剧院里……陪同我的是一个黑人男孩。令我真正吃惊的是，一个美国人像猫抓老鼠似的扑向这个孩子，将要抓住他的衣服，口中说道……"这个黑奴在大厅里做什么？我们所在的是什么地方？什么时候允许奴隶和主人们坐在一起了？"黑人男孩惊愕不已，他不理解这个男人在说什么，也不知道这个男人为什么怒火中烧。我走近那个白人，对他说："放轻松，我的朋友；我们在巴黎，不是在（弗吉尼亚）里士满。"[10]

表面上看，侯赛因在信中加入这件逸闻，只不过是为了刺激自鸣得意、偶尔有些自大的佩里，后者是不折不扣的哈佛人。只有将这封信当成整体来看，我们才会明白，将军所要指出的要点远不止于此，本质上与人们变革的能力有关——改变的可能是弊病，也可能是优点。

佩里后来在一本书中表明，他一直相信，突尼斯的"落后"是其本地居民"本性"的结果，这种本性根深蒂固，因此无可救药。但侯赛因则认为，所有地方的人都是"习惯的产物，而非本性的产物"。[11] 因此，他在信中加入了 1856 年的真实的一幕。侯赛因用这个故事指出，美国人尽管强烈认同自由，但通过接触不自由的现象，他们也会沦落为"肮脏、虚荣、狂热"的人。与其他所有人一样，他们可能因为长期暴露在邪恶的习惯和制度中而变得粗鄙、残暴，这里所指的邪恶的习惯和制度就是美国南方的奴隶制。

侯赛因清楚地暗示，出于同样的理由，突尼斯人（以及一般来说穆斯林）的思想与行为不是一成不变的，也不是天生注定的。他们可以根据普遍的习惯和不断变化的思维模式，以及开明统治者为其创造的条件，做出改变。突尼斯人已经比美国更早接受了全面取缔奴隶制，这表现出他们的适应性和改良能力。现在，突尼斯人正在再次改变他们的习惯，接受了一部政治宪法。

这封信表达了不同民族都可能发生变革、可能出现自由与不自由现象的强烈意识，这不仅仅适用于写作时的特定情况。对许多观察者而言，在世界多个地区，所谓"漫长的 19 世纪 60 年代"（19 世纪 50 年代中期到 19 世纪 70 年代中期）的状况似乎变得更加开放，更具可塑性，取得丰硕进展的潜力也更为明显。

这些观念和希望影响了与政治宪法有关的辩论与行动。此时，人们更加自信地维护宪法，它们不仅在惯常的地方以惯常的方式继续发展，突尼斯所发生的事件和 1861 年突尼斯宪法的颁布似乎证明，它们也可能出现在其他地理与文化环境中，可能迎合不同的志向和群体——不是白人，也不是基督徒。

无界之战

这种对可能性和波动性的强烈感知有许多原因，但至关重要的原因是诸战争不寻常的同步性。漫长的 19 世纪 60 年代，每个大陆都爆发了又一拨战争，它们往往交织在一起，一些政权因此摇摇欲坠或者受到严重破坏，其他一些则被完全压垮。频发的战争造就了新的国家，也改变了旧国家的边界。[12] 与 1750 年以来其他多事变的冲突时期一样，这些剧烈的破坏引发和促成了一系列新的政治宪法。

不过，这些战争中有一些不同以往的特征。在七年战争、法国大革命和拿破仑战争中，失控的冲突也蔓延到世界多个地区。可是，在那些大规模且有弹性的争夺中，主要西方强国是最持久的主角。在这方面，19 世纪 50—70 年代初爆发的各战争的情况有所不同。

当然，在其中一些战争中，欧洲国家仍然起着主导或者独特的作用。1853—1856 年的克里米亚战争就是如此，英国和法国带头对抗俄国，一定程度上是为了支撑奥斯曼帝国。1859—1870 年为建立统一的意大利而发生的战争更是如此，皮埃蒙特-撒丁王国在战争中与奥地利和意大利对立派军队交锋，有些时候会得到法国援助。同一时期发展成另一个统一事业的战争也是如此：普鲁士接连与丹麦（1864 年）、奥地利（1866 年）、法国（1870—1871 年）交战，最后以 1871 年宣布建立统一的德国并颁布德意志帝国新成文宪法而结束战争。

尽管欧洲持续发生暴力冲突，但在 19 世纪 50 年代中期到 19 世纪 70 年代中期之间最重要的战争中，都至少有一个欧洲之外的主要参战国。在最大规模的一些战争中，欧洲军队只起到辅助作用，而这一时期最大、最致命的三次战争发生在欧洲之外。

南美洲提供了一个例子。1864 年，巴西帝国与阿根廷和乌拉圭一起进攻巴拉圭共和国，这场战争被称为"三国同盟战争"。到 1870 年结束时，这场战争导致巴拉圭总统弗朗西斯科·索拉诺·洛佩斯身亡，这位雄心勃勃的军人由于早年目击克里米亚战争而着迷于军事。这场战争也使巴拉圭损失了大量男性人口。

如果与美国内战相比，这场屠杀的规模就更为明显了。从战斗中的死亡人数看，美国内战是这一时期破坏力第二大的战争。尽管如此，根据估计，每 1000 名美国军人中，因主动作战而死亡的人数不到 21 人。相反，在巴拉圭，每 1000 名居民中，在 1864—1870 年因战斗而丧生者就高达 400 人。这场战争结束后，巴拉圭随之起草了新宪法。这部宪法就在这个仍被外国占领、女性人口 4 倍于男性的国家中实施。[13]

就总伤亡人数和恐怖程度而言，三国同盟战争和美国内战都与同时代最激烈的战争相去甚远，那就是中国的太平天国起义。这次起义实际上是清廷与南方起义军之间的内战。到 1864 年结束时，经过十年以上的战乱，至少有 2000 万人因为作战、饥荒、屠杀而死亡，而且，在这场斗争的最后阶段，还出现了集体自杀现象，尤其是女性。根据有些人的估算，中国的死亡总人数高达 6000 万以上。[14]

太平天国起义体现了漫长的 19 世纪 60 年代发生的战争有别于更早时期的战争的又一个特点。西方和非西方帝国都一直迷恋战争，但这一时期引人注目的，是所有世界大国无一例外面临军事压力和意识形态挑战的程度。

三个传统海洋帝国——英国、法国、西班牙——就发生了这种情况。1857 年春季，英国在印度北部和中部的属地发生了起义，起义活动一直持续到 1859 年，远不只是主要由南亚人组成的庞大英属印度军队中的几次兵变。而且，这次起义只是大英帝国同一时期遭受的多次挫折中最大的一次。法国同样在漫长的 19 世纪 60 年代中喜忧参半。法国军队于 1859 年在意大利对抗奥地利的战争以及帝国领地（如柬埔寨）的某些战役中取得了胜利，但在其他地方没有取得同样的效果。法国企图利用美国因内战而分心的机会，派遣 3 万人的部队前往墨西哥，在那里建立君主国和法国势力范围，但到 1867 年就遭遇了难堪的失败。三年以后，拿破仑三世的第二帝国也在普鲁士军队入侵之后垮台。结果就是，法兰西第三共和国成立，并于 1875 年颁布了新宪法。[15]

西班牙也面临着内部的动乱和外部的挑战。在 1854 年的革命中，马德里发生巷战，其激烈程度在 20 世纪 30 年代内战之前，在西班牙无可超越，随之而来的是 1856 年的新宪法。1868 年，又一场革命推翻了长期执政的伊莎贝尔二世女王——当时有人称她是"令人厌烦的胖女人，面孔有光泽却松弛"，这话虽然不太友好，但也称得上准确。革命的结果是又一部西班牙宪法诞生，推行了普遍的男性选举权。同年（1868 年），古巴独立的武装斗争再起，那里是西班牙所剩无几的海外殖民地之一。这次动乱拖累了西班牙主要商业中心巴塞罗那的经济，进一步侵蚀了西班牙人作为跨大陆帝国一部分的残余意识。[16]

正如清王朝与太平天国的斗争所表现出来的那样，主要基于大陆的帝国此时也面临深重的危机。俄国不仅在克里米亚战争中失利，还不得不应对 1863 年在波兰发生的大规模起义。奥斯曼帝国在 19 世纪 50 年代和 1877—1878 年两度与俄国发生大战，还面临欧洲各行省的动乱。至于涵盖多个地区、民族、宗教的奥地利帝国，在漫长的 19 世纪 60 年代的创伤证实了 1848 年革命已经造成的破坏影响。出身哈布斯堡家族的奥地利皇帝先于 1859 年在意大利北部被法国击败，1866 年又受挫于普鲁士，被迫割让领土，放弃了在德意志土地上传统的主导地位。

正如 18 世纪中叶以来反复出现的那样，蔓延的战争加快了宪政著作及思想的传播，扩大了其影响范围。按照意大利民族主义者朱塞佩·马志尼的话说，"笔"逐渐变成了"剑的样子"。[17] 与1750 年起的一段时间类似，在漫长的 19 世纪 60 年代中，战争的经济和人力成本往往促使一些政府试图通过颁布新的政治契约来重整它们的权威。突尼斯就是恰当的例子。突尼斯贝伊愿意冒险实施改革，并在 1857 年之后实验成文宪法，原因之一就是他的前任在克里米亚战争中派遣 1.4 万人的部队支持奥斯曼帝国，在此过程中损失了该部队三分之一的兵员，并且危及该国财政。[18]

军事胜利有时也会促成宪法的制定和重塑，过去曾发生过这种现象，在 21 世纪仍可能继续发生。正如我们将要看到的，1865年内战的胜利，使美国国会中的共和党对美国宪法做了意义重大的修正，迫使战败的南方各州颁布新的州宪法，人们希望这些宪法能有持久的改革作用。这一时代也有其他军事胜利带来宪政红利的例子。撒丁国王维托里奥·埃马努埃莱二世是个高大、勇敢却平庸的人。但他在意大利统一战争中的胜利，使撒丁王国的成文宪法《阿尔贝蒂诺宪章》(Statuto Albertino) 能于 1871 年在整个意大利推行。[19]

毁灭性的军事失败的经验，也继续促使人们集中精神，推进宪法的制定。与过去一样，一些失败者往往通过颁布新的补偿性书面协议，设法取悦愤怒的人民，重构其领土，与过去的失败划清界限。战后的巴拉圭就是如此，一些欧洲战败国也是这样，例如丹麦和法国，尤其是奥地利帝国。1848 年革命后，该国一直尝试制定成文宪法，新的宪法法律在 1860 年和 1861 年试行。然而，奥地利帝国在意大利半岛的失败以及对普战争的失利，促成了更全面的政治重构——1867 年的《奥匈协定》(Ausgleich)。

这部新法律将奥地利帝国重塑为两个独立、平等的国家，通过对哈布斯堡皇帝的共同效忠而紧密相连（至少在理论上是如此）。莱塔河的一边将是"奥地利"，另一边则是"匈牙利"，但两个国家实体都包含了多个民族、宗教、语言群类。此外，奥地利将获得一部成文宪法，旨在安抚和团结桀骜不驯的不同民族。1867 年 12 月颁布的这部宪法宣告，奥地利的所有族群平等，各族群培养、表达各自语言和民族性的权利不可侵犯。[20]

这一切很容易让人想起过去的发展，事实也的确如此。因为统治者卷入代价沉重的战争而给国民带来税收和征兵方面的负担，因而颁布新宪法补偿国民；或抓住军事胜利带来的机遇和影响力，草拟或修正宪法，改造国家；或者，因为军事上的惨败而被迫这么做。1750 年之后，各个国家和帝国的所有这些反应变得越来越明显。不过，在漫长的 19 世纪 60 年代中，战争的十足污点也导致了一些更为独特的发展。

首先，世界上如此之多的帝国在这一时期遭遇沉重的压力，如中国、英国、奥地利、俄国、法国、西班牙、奥斯曼帝国和美国南方的奴隶与棉花帝国等，这使一些观察者相信，全球各地的权力关系此时正以激动人心的方式发生明显的变化。其次，关于"一个开放的世界，正以史无前例的方式经历可能有益的变化"的乐观看法，是当时技术与通信的迅猛发展所促成的。

这个时期，铁路、轮船、雄心勃勃的运河开凿计划，以及大

量发行的廉价报纸与书籍，在激增的速度和范围方面都要胜过 19
世纪上半叶。信息传播的新模式也开始出现。19 世纪 30 年代，
摄影术第一次出现时，照片模糊、昂贵且制作过程十分缓慢；
而在这个时期，它已变成一种远比过去廉价、更加可靠、用途
也更多的媒介。弗雷德里克斯堡、夏伊洛以及美国内战其他战
场上那些可怕的杀戮场黑白照片在美国各地流传之前，摄影就
已经在武装冲突中得到了专业的应用，即传播克里米亚战争的死
亡场面。[21] 当时，电报线网络也在不断延伸（1866 年，跨越大西
洋的电报网络投入使用），新闻几乎可以立刻在不同国家和大陆之
间传递。正如一位学者所言，"在电报出现之前"，信息传播的速
度不超过"一匹马或者一艘帆船；今后，它将以光速传递"。[22]

运输、通信、商业的所有这些发展都影响了战争的性质与后
果。它们还使（不仅是西方的）男人和女人能更好、更经常地了
解到世界不同地区的事件、政治人物、计划。人们更容易比较不
同国家和大陆的各种情况，包括政治形势。长途旅行也变得更容
易了，无论是从身体上还是心理上都是如此。

儒勒·凡尔纳是航海家和船东的后代，他在 11 岁就试图偷乘
家乡南特的一艘船前往印度，他的畅销小说《八十天环游地球》
描绘了上述发展趋势。这部小说 1872 年首度以法语连载，很快被
翻译成多国语言。凡尔纳让他的神秘英雄主人公菲莱亚斯·福格
（"世界上一位有教养的人"）有意识地利用新的交通工具。于是，
福格乘坐一系列轮船远航，比如从日本的横滨到美国西海岸的旧
金山。他也乘坐火车走过了史诗般的铁路线，包括当时连接印度
北部的孟买、阿拉哈巴德与南部的马德拉斯的大印度半岛铁路，
以及 1869 年完工的美国联合太平洋铁路。小说中的福格还经常使

用"沿着他的路线……延伸的"电报，这样他就能在规定的 80 天限期内环游地球，赢得可观的赌注。

为了戏剧化效果和赢得读者，凡尔纳夸大了当时科技变革与交通运输变革的规模和普遍性。然而，对这一时期速度更快的科

蒸汽与速度：儒勒·凡尔纳《八十天环游地球》早期法语版插图

技创新正在进行，人们确实有普遍而合理的认知，这种认知也进一步促进了人们对独特、加速的变革的感知。凡尔纳以非凡的才华利用了这种认知所滋养的一种信念：世界从未如现在一样，等待着人们去探索、穿行、超越。

有些历史学家一直认为，到了漫长的 19 世纪 60 年代，人们穿越、联系、认识世界不同地区的能力不断加强，这产生了一种封闭而非开放思想的趋势。[23] 也就是说，新的流动并没有挑战关于世界不同民族之间的鸿沟与不平等的成见，反而强化了它们。有一些逸事证据表明，有时候确实发生过这种现象。以威廉·苏厄德的反应为例，他是真正环游地球的人，人们不公平地忽视了他的遗作，比凡尔纳的小说晚一年（1873 年）出版的《环游世界》(*Travels around the World*)。

美国内战期间，苏厄德是亚伯拉罕·林肯政府的国务卿，令人敬畏的他发挥了不可估量的作用，且参与了后续的美国宪法重构。从政坛退隐之后，年近七旬的他于 1870 年经第一条横贯大陆的铁路向西前往旧金山，然后开始了一场环球之旅，途经日本、中国、印度各地，取道新修建的苏伊士运河进入近东，游历奥斯曼帝国以及西欧。[24] 在 1865 年杀死林肯总统的那一拨刺杀行动中，苏厄德受了重伤，一处刀伤损伤了他棱角分明的面孔，他有些时候还不得不使用轮椅。尽管如此，他仍然愿意冒险做环球旅行，说明这一阶段的交通运输质量和便利性都有提升。

在此之前，除非有深层次的宗教、经济或家庭原因，像苏厄德这样年迈体弱的人都不会选择路途如此遥远的旅行。苏厄德的这次旅行部分证明了他的坚强，以及不愿在退休后"生锈"的决心，他决心开始全球旅行也说明了新的交通网络和技术明显正在普及，使长途旅行变得更舒适、更快捷、更靠谱。据说，苏厄德每到一个新港口，问的第一个问题就是那里有没有联通电报线。

苏厄德的环球之旅还有另一方面的启示。旅途中，这位美国人似乎越来越坚信，他所遇到的不同民族正以不同的速度不可阻挡地发展。他从来不是彻底的激进分子。但是，他早期的一些讲话表明他对种族差异持有微妙、开放、相对不偏不倚的立场。1850 年，他告诉其他美国参议员："哲学委婉地表达了对所谓白人天然优势的不信任。"[25] 他并不总是反对英国，但也对其广阔的殖民帝国表示怀疑。这些立场到他环球旅行之时已经出现变化，不过，看起来在旅途中变化更大。

访问印度的时候，苏厄德指出这个国家很可能在"适当的时候"独立。尽管如此，他大体上赞同英国人在那里的作为，将他们看成秉承盎格鲁—撒克逊扩张主义的同道。他心满意足地写道，"当它们（英美）的殖民地成倍增加，充满全世界的荒凉之地时"，英国和美国不会"失去任何权力或威望"。苏厄德在旅途中"直面整个人类大家庭"，越来越多地从想象的"文明"尺度去分析他遇到的民族，他认为其中一些显然落后了。当轮船靠近埃及，他评论道："白人与有色人种的分歧使人类终极文明与团结的问题复杂化，这是多么奇怪！"[26]

威廉·苏厄德是聪明、有思想的人，曾在打败美国南方邦联及其奴隶制度方面起到了重要作用，他的《环游世界》似乎证明，全球性的种族歧视正在强化，其速度与白人殖民活动和有关种族不平等的伪科学出版物出现的速度一同增长。[27] 然而，在广泛的现实中，一切从不是那么简单的。

回到我的观点上来，这是一个战火四起的时代，许多战争都给世界上的大帝国造成了重大破坏。战争的困境显然使几乎所有帝国窘迫，在这种情况下，同时期交通的高速发展很可能证实了对不同社会与民族之间分歧的先入之见，同时也助长了对这种分歧的质疑和重新评估。在这个时代，利用变化的交通体量和速度以及距离缩短的趋势的不仅仅是欧美各国，因此这一点尤为明显。到漫长的 19 世纪 60 年代，越来越多的非欧洲人也跨越海陆边界做长途旅行，密切观察旅途中所遇到的情况。

我们已经看到，突尼斯将军侯赛因对旅行有多么大的热情。他的朋友和马穆鲁克同伴海雷丁也毫不逊色。海雷丁和其他人以阿拉伯语写作了《认识各国国情的最可靠途径》（*The Surest Path to Knowledge Concerning the Condition of Countries*）一书，于 1867 年在突尼斯出版，书中欢呼"世界被折叠了"。海雷丁认为，不仅世界上"最远的距离"和"最近的距离"通过铁路、轮船、电报系统连接在一起，在更深的层次上，全球的相互依赖程度也在不断上升。这位突尼斯改革者坚称，在这个时代，将世界看成"由确实相互需要的不同民族组成的统一国家"是至关重要的。[28] 由此可见，从政治组织和抱负来看，不同社会之间可能没有也应该没有任何不能消除的分歧。

海雷丁本人也和侯赛因一样游历甚广，但他有更加深思熟虑的智识与政治目的。他个子高，体格出众，衣着总是整洁——往往是华丽的制服，他访问过 20 多个欧洲国家，以及世界其他一些地区，"学习……强国的文明与制度"。《认识各国国情的最可靠途径》一书就是这些旅行的成果，它是 19 世纪伊斯兰世界最有独创性的宪政专著。他开始认识到，"欧洲"本身并不是铁板一块。"伊斯兰领地"（Dar al-Islam）与迥然不同的西方之间并无明确、

路易-奥古斯丁·西米尔的著名画作，描绘了骑
兵指挥官海雷丁，1852 年

固定、绝对的分歧，没有必要对抗。欧洲各国相互之间也有差异。

　　欧洲政治体系也是多变的，发展并不稳定。例如，拿破
仑·波拿巴（"一个攻无不克、不负责任而又粗心大意的人"）的
生涯说明，和其他民族一样，欧洲人有时也会放弃宪法权利，屈
服于超强的统治者。诚然，那些已经努力达到"最高级别繁荣"
的西方社会，也是已经成功"确立了自由与宪法的根基"的社会。
海雷丁已做好充分准备承认这一点。但是，没有理由认为议会体
系和"保证大众权利，以确保他们的自由"是西方独有的。世间
万物都不是静止的，一切都可以改变。他认为，没有什么能够阻
止来自不同地区、文化、宗教的人们以批判的眼光借鉴这些政治

模式。为什么要"拒绝或者无视正确的事情……只因为它来自其他人"？[29]

这些论点的惊人之处一定程度上来自它们出现的时机。《认识各国国情的最可靠途径》出版于 1867 年，当时海雷丁流亡海外，他的政治生涯显然已经结束。此外，到这个阶段，他煞费苦心地制定并为之奔走的突尼斯 1861 年宪法已经破产。尽管遇到了这些挫折，他的书仍透露出希望与自信。海雷丁和合著者在书中坚称，突尼斯人和伊斯兰世界的其他民族一样，都能"从自由的参天巨树"中获益，而且不需要为此牺牲自己的身份。他写道，"阿拉伯人"已经"与其他人自然地融合，而不是被他们吞并，也没有在这个过程中改变本性"。[30]

不仅海雷丁和合著者，活跃于 19 世纪 60—70 年代初的其他许多政治改革家也有这种乐观情绪，以及对未来可能性的广泛信念。这一时期的第三次独特而重要的武装冲突——美国内战——助长了这种情绪和信念。

走出美国内战

美国内战并不是这一时期规模最大、伤亡最多、拖得最久的战争，但它在其他方面引人注目，产生了广泛的影响。这场战争从一开始就与对成文宪法的辩论紧紧相连，并逐渐与另一个扩大的问题联系在一起：非白人能在多大程度上积极参与宪政体系？

这次冲突的根源或许就在 1787 年宪法闭口不谈的问题上。费城代表们在漫长的秘密辩论中并没有忽视奴隶制。一些代表，比如在其他方面很保守的古弗尼尔·莫里斯，有力而明智地反对这种制度。但在真正起草宪法时，"奴隶"和"奴隶制"的字眼被小心地忽略了。在这个新成立的美洲共和国中，联邦政府默许各州自行决定如何处理人们受奴役的问题，而没有明确将其作为干预的事项。美国前总统约翰·亚当斯在其漫长的一生行将结束时，在 1821 年写给托马斯·杰斐逊（也是南方奴隶主）的信中哀叹道，奴隶制就像悬在他的国家上空的一片"黑云"。这句话本身当然是带有种族主义色彩的隐喻，也暗示着美国的奴隶制目前不可能被轻松纠正，且威胁深远。亚当斯在信中继续写道："也许可以这么说，我已经看到黑人的军队在空中来回行军，他们的盔甲闪闪发光。"[31]

的确，早在美国内战爆发之前，情况就在转变和加剧，尽管方式有所不同。在一定程度上，增长的全球需求，以及越来越可用的轮船和铁路，确保原棉轻松成为美国最有价值的出口商品。因此，对黑人奴工的需求呈指数式增长。1790 年的首次美国人口普查已经确认，美国有不到 70 万奴隶。到 1850 年，官方统计的奴隶总数为 320 万人。10 年之后，这一数字逼近 400 万，这些被奴役者大部分都在南方各州的种植园里工作。由于美国南方各州出产的棉花原料在各大洲均有需求，各州在华盛顿的政治代表也为数众多，所以，各州并没有沉睡呆滞，或者远离现代化，而是处于世界最活跃、最外向的资本主义国家之一的核心。[32]

尽管如此，南方庄园主还是面临着更大的压力。1850 年，在当地宪法中取缔奴隶制的州（我们已经看到，加利福尼亚就是其一）数量首次超过了仍规定奴隶制合法的州。在黑人和白人当中，废奴主义活动都日益高涨。此外，在美国之外，19 世纪中叶，各国官方反对奴隶制的活动再起，而且不限于惯常的强国，这一点仍没有得到充分探索。

正如侯赛因将军所称颂的，突尼斯在 1846 年废除了奴隶制。19 世纪 50 年代，厄瓜多尔、阿根廷、秘鲁、委内瑞拉、夏威夷和中国太平天国起义的领袖都这么做了。在某些国家，奴隶的解放伴随着赋予黑人部分政治权利。1853 年，哥伦比亚宪法改革就涉及消灭奴隶制，允许所有 21 岁以上的男性投票。这些跨地区的变革有助于解释，为何林肯不仅将美国的奴隶制看成邪恶现象，还将其看成政治和国家的困境。他曾经抱怨，美国一些地区仍然普遍存在奴隶制，这一事实很容易被外国当成批评其整个政府形式（包括成文宪法）的口实。[33]

林肯于 1860 年 11 月当选总统，这位著名的奴隶制反对者首度入主白宫。众所周知，这促发了南方 11 个州脱离联邦。南卡罗来纳、密西西比、佛罗里达、亚拉巴马、佐治亚、路易斯安那和得克萨斯已于 1861 年 1 月退出联邦，弗吉尼亚、阿肯色、北卡罗来纳、田纳西随后跟进。早在最后几个州加入南方邦联之前，邦联领导人已命令草拟新宪法，该宪法于 1862 年初生效。[34]

这部南方宪法复制了 1787 年费城宪法的大部分条款。新独立的南方将成为共和国，将取缔贵族头衔，设立一位总统和一位副总统。参议员和众议员候选人必须遵守与北方相同的年龄限制。但是，遵从人们熟悉的这一切，并不能掩盖对宪法本质上的破坏。曾经的美国现在已经终结，正如一名对此表示赞赏的评论者所说，它将成为"逝去的事物"。作为替代，它的领土将分成两个相互竞争的共和国。这样，前一部举世闻名的美国宪法将不再如此广泛地实施。跋涉前往战场的路上，路易斯安那步兵威廉·克莱格在日记中草草写下："我们看到了一个破裂的联邦，并且理智地感觉到，毕竟没有任何成文宪法和法律……可以作为反对分裂的证据。"克莱格在战争中幸存，他是坚定的南方人。但对所参与的事件，他仍然难以苟同其逻辑。他承认，"我们一度……有全人类最好的政府"，"这是一次失败，但也是一次实验"。[35]

"但也是一次实验"：在美国内外，这是南北战争最吸引眼球的一个方面。我们可能会从这次战争早期以印刷品、演讲、私人作品形式出现的预测中看到，成文宪法的发展可能就要变得步履蹒跚了，这是世界历史上的最后一次。到 1861 年，美国宪法是这种政治体裁现存最古老的例子。鉴于南美和欧洲许多宪法有限的存续时间，美国宪法此时也可能处于崩溃边缘的这一前景，使一些观察者相信，宪法这种描绘和实施政治思想的方法已接近终点。这场游戏可能就要结束了。然而，美国内战与黑奴制度的牵涉，却逐渐成为人们注意的唯一焦点。

1862 年南方邦联宪法的 12 名起草者偏离 1787 年费城宪法模式的一个方面是，更加强调各州权利的某些方面。序言中的"我们合众国人民"改为"我们邦联各州人民，各州以其主权和独立特性行事"。不过，对各州的权利也有一个至关重要的限制。根据这部宪法，邦联各州都不得自由采取对奴隶制的立场："不得通过任何褫夺公权的法案、追溯过往的法律、否认或损害黑奴所有权的法律"。如果南方各州成功脱离联邦，随之而来的结果必然是，在这片广袤土地上，奴隶制度将永远存续。[36]

对这一点的认识吸引了不同地区的注意。它在人道与宗教、经济以及美国之外可能的反响等方面，都引发了激烈而相互冲突的辩论。加尔各答的一名改革派记者在 1861 年底写道："所有对印度的福祉感兴趣的人，出于显而易见的原因，都必然急切关心在美国缓慢推进的这一伟大斗争。"他回顾了邦联宪法的一份草案（令人吃惊的是，这份草案竟然已经送到了印度北部），对这份文本中表现出来的白人更普遍的傲慢和压迫感到担忧。"印度的英国统治者是否有任何打算或者最微弱的希望，训练他们的人民学会自治，然后……放弃他们的权力？"此人焦虑痛苦地写道，"他们是否真诚地希望提高原住民的地位？"唯一让他欣慰的是，黑人建立的利比里亚和海地两个共和国正在展现"奴隶的政治能力……依靠的是他们自身的资源"。他表示，这两个国家当然都有自己的宪法，证明了"奴隶和大部分是'天生'奴隶的那些人的自治能力"。[37]

然而，虽然美国内战的爆发很快就被纳入有关非白人权利与意愿的更广泛辩论中，但大部分于 1861 年参加战争、对抗南方邦联的美国人并没有预见到，这场胜利与提升自由或不自由黑人的政治权利有关。改变这一切的是战争本身不断发展的特性。这场战争更加集中地使用了过去所没有的致命技术。

战争开始之前，不管是 19 世纪 40—50 年代大部分时间里执掌美国战争部的南方人，还是北方的政治家，都为美国军队的现代化投入了可观的精力和税金。使用大口径子弹的快速装填来复枪可能杀伤 600 码 ① 或更远的目标，它们替代了精度远逊的旧式滑膛枪。锻铁炮架和可装六发子弹、杀伤百码处目标的柯尔特左轮手枪同时投入使用。工业创新还在其他方面改变了战争的面貌。1853—1856 年的克里米亚战争和 1857—1859 年的印度兵变都使用了铁路。但美国铁路的可用性和军事潜力更大，在南方和北方

---

① 1 码约为 0.9 米。——译者注

都是如此。南方邦联确实在工业化程度上不如北方的邻居，但由于需要将大量原棉长途运送到港口城市，南方同样投入巨资扩张铁路网。到 1861 年，南方铁路网已经延伸到 1 万英里。[38]

与世界上越来越多的地方一样，美国可用的大规模铁路网改变了战争的模式和人力成本。只要铁路保持完好，攻击部队就可以利用铁路迅速进入敌方区域。相反，守方也可以将增援部队迅速送到力量薄弱的地区。邦联军队在 1861 年 7 月弗吉尼亚州的"奔牛河之战"中就是这么做的。他们通过铁路运送新增援人员，从而改变了战场形势，夺得了胜利。铁路使部队可以大量、快速集结到重要战区；同样关键的是，铁路还可以在持久战中维持武器、食品、马匹、新人炮灰的正常补给。只要铁路补给线保持畅通且有新的增援部队可用，军队就可以坚持战斗更长的时间。因此，如果再配备了更精准的新型速射枪炮，他们消灭的人数，灭敌的速度和持久力就能远胜于过去。

美国内战以可怕的速度消耗人力，这在很大程度上是因为上述的技术变革。在 1861 年战争爆发之前，美国常备陆军兵力不到 1.7 万人。到 1865 年战争结束时，仅南方邦联各州就已经被迫征召和武装了 100 万左右的士兵，而南方的白人总人口只有 600 万人。北方的作战人员数量同样剧增。1862 年 1 月，联邦军总兵力已达 57 万人，3 年后猛增到近 96 万人。[39] 不过，战争双方面对的人力难题有很大的不同。南方自始至终都将不自由的黑人劳工用作军队的仆役和搬运工，维持农业经济和铁路运营。直到战争的最后阶段，南方领导人才愿意抛开种族意识形态，考虑征召黑人作战部队。

北方政治家和将军们面临的挑战有所不同。邦联各州只需要

死去的非裔和白人联邦士兵并排倒在战场上，1865 年发表的一幅素描

完好地生存下去，赢得时间巩固其自治地位。但为了恢复联邦，且在这个公开宣称的目标逐渐实现的时候根除奴隶制，北方所要做的远不止生存。它的部队必须进攻、征服、占领分离出去的南方各州的广阔土地。为了实现这一点，鉴于军人伤亡的速度，北方领导人越来越迫切地要跨越种族界限征召士兵。

事实证明，这是一个渐进的过程，常常显得有些勉强。1862年 7 月，经过了弗吉尼亚和田纳西的一系列代价沉重的战役，在（事实证明）马里兰和肯塔基遭受更大损失之前，国会通过了新的《民兵法案》，打开了黑人参军的大门。但是，黑人参军的条件并不平等，选择为北方而战的黑人民兵每月得到 10 美元军饷，而他们的白人战友可以得到 13 美元外加服装津贴。[40] 即使是在 1863年 1 月 1 日林肯正式发布的激动人心的《解放黑人奴隶宣言》中，妥协也显而易见。这份宣言起初是前一年夏季他在四张拼凑起来

的纸上拟下的，该文件宣告终结邦联各州奴隶制度，将投入北方
部队废除该制度，并呼吁黑人加入联邦军队：

> 自公元 1863 年 1 月 1 日起，凡在当地人民尚在反抗合
> 众国的任何一州之内，或一州的指明地区之内，为人占有而
> 做奴隶的人们都应在那时及以后永远获得自由……我进一
> 步宣告，在适当条件下，这些人可以纳入合众国的武装部
> 队，驻守要塞、阵地、驻地和其他地区，以及在各种军舰上
> 服役……[41]

　　林肯一如既往地谨慎务实，加之需要团结其盟友，因此对生
活在四个忠诚于联邦的蓄奴州（特拉华、马里兰、密苏里及他的
出生地肯塔基）的黑奴，他仍然没有确定其命运。直到 1864 年，
这些地区才得到授权，征召大批黑人入伍。不过到那个阶段，黑
人正拥入联邦陆军和海军，成为混合战争机器的人员。共有约 20
万黑人成为陆军和海军士兵，其中可能有 14 万人曾是奴隶。在内
战中为北方军队工作的黑人劳工人数更多。[42]
　　关于战后保证的宪政改革和自由方面，过分专门强调黑人高
度参与北方军事行动的作用，是错误的。早在 1861 年之前，黑人
活动家和废奴主义者就已表现得越来越有兴趣，将军事语言与军
事举措作为自卫和男性自我定义的手段，也作为强化黑人（男性）
平等公民权依据的方法。在某些美国城镇中，黑人建立了不受法
律管辖的民兵组织，并进行训练。其他地方则发展了对黑人爱国
英雄的崇拜，例如具有非洲和美洲土著血统的克里斯普斯·阿塔
克斯（Crispus Attucks），他在 1770 年的"波士顿屠杀"中遭英

国军队杀害。[43] 因而，19 世纪 60 年代黑人大量加入联邦军队时，已经存在一套语言和思想，将这些行动与黑人公民权和黑人男性选举权的要求联系起来。正如宾夕法尼亚为一队黑人陆军老兵所建的凯旋门上所书："捍卫自由者配得上全部公民权。"[44]

尽管如此，美国内战的爆发仍然有至关重要的意义。如果没有这场战争，南方种植园主阶层不会如此迅速地被消灭，即便战前废奴主义激进活动兴起，南方的奴隶制度也不会灭亡。此外，正如半个世纪前南美独立斗争中发生的那样，广泛征召黑人入伍的需求集中了人们的注意力，迫使一些拥有政治权力但过去缺乏自信的美国白人做出退让和改变，否则，他们可能不会如此之快地思考这个问题。不过，直到 1865 年 4 月 11 日晚上，也就是罗伯特·李将军在阿波马托克斯向尤利塞斯·S. 格兰特将军投降后两天，亚伯拉罕·林肯才在白宫的阳台上公开宣布，他有保留地支持黑人参军带来黑人宪政权利改善的想法：

> 一些人不满意的是，没有给予有色人种选举权。我本人宁愿现在就把它授予那些非常聪明的人，以及那些作为士兵为我们的事业服务的人。[45]

三天以后，4 月 14 日晚上 10 时，在华盛顿的福特剧院，南方邦联支持者、曾在白宫潮湿的地板上聆听林肯演讲的约翰·威尔克斯·布思向总统的头部开枪。

这是美国历史上的戏剧性事件之一，也可能是整个世界历史上的一件大事。内战之后的政治重构也是如此。林肯遇刺的几个月前，1865 年 1 月，美国国会通过了宪法第 13 修正案，正式废除奴隶制。宪法初稿中的沉默被打破了，其中添上"奴隶制"一词，是为了说明这种制度将不能"存在于美国之内"。三年以后，1868 年 7 月，第 14 修正案诞生了。这一修正案让所有美国人享有联邦和所在州的公民权，同时（至少在纸面上）阻止各州削弱或者阻碍这些权利。美国的任何一个州都不得"拒绝给予任何在其辖境内的人平等的法律保护"。1870 年，美国又进一步通过了第 15 修正案，宣布不得"以种族、肤色或之前的奴隶地位……而拒绝或削弱"男性投票权。[46]

这一连串变化的效果是潜在地以新的方式将美国宪法变成武器。从 1800 年到内战爆发，美国宪法只有一次修正。现在，仅仅五年的时间，就增加了三个新的修正案。而且，这些修正案与美国高层政治运作并无核心联系，也不是为了限制行政机关的权力——而是相反。内战的胜利者对美国宪法做了实质性的修订，使华盛顿方面能够更积极地干预各州，并改变了公民权的方向和政治权利的性质。此外，与这些举措相结合，联邦还将更宽宏的新州宪法强加于失败的南方。1869 年，仍被联邦军队严格把守的弗吉尼亚州不得不授予 21 岁以上的所有男性选举权，并为所有白人和黑人提供公共教育，"以避免孩子们在无知中长大"。[47]

事实证明，在美国国内，这些重构措施的结果各不相同，各有偏向。不过，它们在国外的影响比人们通常认识到的更广泛、更富创造性。北方在内战中取得胜利，废除奴隶制，以及通过美国宪法的显著修订，似乎拆除了种族主义的某些根基，所有这一切都助长了业已强烈的意识：变革在加速，各种可能性在涌现。在世界上的某些地区，立即出现了反应。

1867 年，美国国会通过了《重建法案》，直接促成美国南方黑人获得投票权、黑人当选州和联邦的官员。这一年还见证了突破性的宪政变革，例如新西兰发生的事情。根据同年在新西兰通过的立法，当地土著毛利人有权利在该国众议院得到 4 个席位。在 1879 年前，新西兰白人必须符合财产资格才能拥有投票权，而当时所有 21 岁以上的毛利人无论经济状况如何，都拥有投票权。当然，若按照人口比例实行比例代表制，毛利人在当时的新西兰立法机关中应该有 15 个席位，而不是 4 个。不过，这里还出现了另一个转变的迹象：被视为黑人的男性已经得到了投票权。事实上，在 12 年里，他们在新西兰享有的投票权优于中等收入的白人。[48]

这些措施无疑在某种程度上与美国的发展有联系。新西兰殖民地总督乔治·格雷爵士是独裁者，但又自称是美国宪法的仰慕者。他一直密切注意美国内战的进展，并深受亚伯拉罕·林肯言行及遇刺事件的影响，他为后者撰写了悼词和讣告。格雷在这方面的反应是更广泛现象的一个例子。虽然林肯在美国宪法开始正式重构之前遇刺，但以这位殉道总统为中心发展起来的狂热，有助于使国际社会的注意力集中在他遇刺之后美国发生的政治变革上。[49] 在不同大陆上的思想受到这些事件影响的例子中，最强烈的或许是詹姆斯·阿弗里卡纳斯·比尔·霍顿的非洲宪政计划了。

带着希望走进非洲

霍顿的历史地位难以评说。试图准确地定位他，确实是浪费时间，因为与大多数人相比，他在更大程度上是被迫选择混合不同身份的。霍顿 1835 年生于现在的尼日利亚东南部，父母是伊格博人，他是家中唯一幸存的孩子。他的父母曾被抓上往来于大西洋两岸的贩奴船，但这段海上旅程被一艘打击贩奴活动的英国巡洋舰打断了，他们被安置到塞拉利昂首都弗里敦城外的一个村子里。从 19 世纪初开始，这一定居点就是英国海军打击贩奴活动的大本营，也是英国入侵西非的一个基地和廉价黑人劳工（重要的是，不是奴隶）的来源地。[50]

这种背景一定程度上可以解释霍顿的复杂性。他在成长过程中对英国怀有感激之情，将其当成自己和家人的解放者和保护者，英国也是他个人身份认同的一部分，现在看起来这可能有些难以理解。他的父亲使用的姓氏似乎来自塞拉利昂的一名英国传教士。不过，霍顿自己在姓名中加入了"比尔"（Beale），这是向弗里敦教会学校的英国校长致敬，因为他在那个学校成了明星学生。

然而，当霍顿来到英国学习医学（先是在伦敦国王学院，然后在爱丁堡大学）时，他马上知道自己应该是非洲人，就采用了另一个名字"阿弗里卡纳斯"。毕业之后，他有更多的调整，他成为英国陆军中的一名医官，最后当上了军医少校，在衔级上与中校相当。从他最著名的照片中可以看出，他身材修长，明显健康，胡须稀疏，军服上的纽扣都扣得紧紧的。显然，有些时候，穿上这身衣服的霍顿必须压抑自己的想法和感受。他在写给一名盟友的信中说道："无论我要做任何事，我都不应该太过仓促，（也不能）屈从于感情的驱使，或者采取鲁莽的行动。"[51] 这话实际上是说给自己听的。然而，有些时候，他确实这么做了。尽管工作紧张，有时会遭遇偏见，但霍顿的英国陆军军医生涯给他带来了巨大的好处，使他在成年后的大部分时间里可以在西非（按他的话

担任军医官的詹姆斯·阿弗里卡纳斯·比尔·霍顿

讲就是"在我的同胞之间")工作和旅行，固定的薪水也为他私下的研究和大胆而有攻击性的著作提供了资金。[52]

不过，霍顿并不只是了解非洲和英国这两个地方。他坚持阅读和写作，不断扩大涉猎范围。有些时候，他从广阔的大西洋世界角度思考，这个世界对他和其他许多人来说，似乎处于加速变化的过程之中。他兴奋地写道，美国独立战争已改变了"这个伟大的美洲共和国中有色人种的地位"。他访问了塞拉利昂东面的利比里亚，加强了对那里所发生事件的认识。[53]

利比里亚 1822 年由美国殖民协会创立，作为来自美国的自

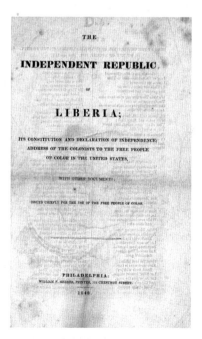

费城印刷的利比里亚 1847 年宪法，
"适用于有色自由人"

由黑人移民的避难所。最初，正是该机构为这个殖民地提供了宪法，规定了政府形式。但在 1847 年，当地黑人和混血殖民者宣布利比里亚是独立的共和国，并召开了自己的制宪会议。一名会议代表坚称，"利比里亚人民不需要'白人'的帮助，就能够为他们自己的政府制定宪法"。这些人最终起草的文件宣告："一切权力归于人民，所有的自由政府都是在他们的授权下为了他们的利益而组成的，在他们的安全与幸福需要时，他们有权改变和改革政府。"1862 年，挣扎于内战而无力他顾的华盛顿政府最终默许了这些安排。[54]

霍顿对利比里亚的组织与政府的一些特征持批评态度。作为土生土长的伊格博人，他厌恶利比里亚的非裔美国领导人在 1847 年宪法条款中排除非洲当地黑人（与黑人殖民者的待遇截然不同）的做法。不过，利比里亚对他的思想与论点发展有重要意义，这个国家说明有非洲血统的黑人"完全有能力领导自己的政府"。[55]这里发生的事情还说明，黑人能够在没有白人干预的情况下自行草拟宪法，也不会陷入（或者至少在表面看起来如此）像另一个黑人共和国海地那样的独裁主义。

霍顿适时将他对黑人和非洲人潜力的看法放到比大西洋世界更广泛的框架内。他在 1866 年写道："一个国家的历史是世界历史的一部分。"[56]正如他所看到的那样，希望理解和改善非洲人民处境的人必须注意全球的过去和现在。这就是他在发表的著作、写给有影响力的人物的信件和频繁见诸报端的文章中所追求的目标。霍顿推断，古罗马征服了欧洲的"野蛮部落"，迫使他们沿着"1100 年中引导人们走向重大发现和进步"的发展道路前进，"现在，这些发现和进步令未能受惠的其他地区的人民震惊"。但是，他认为，由于全球变革的速度加快，规模激增，如此引人瞩目，非洲迈向现代化和完全发挥潜力的进程注定要比欧洲遥远过去的实验更迅速。和突尼斯的海雷丁一样，霍顿从漫长的 19 世纪 60 年代的科技与工业变革中得出了极度乐观的结论：

> 印刷术、蒸汽机（不管是用于铁路还是航海）和电报等现代化发明，以绝妙的方式促进了快速交流，使我毫不怀疑，尽管法国和英国花了 1100 年的时间才达到现在的高度文明，但这些发明至少让西非的一部分地区将用少得多的时间来在渐进的发展上比肩欧洲。[57]

这种对现代化解放力量的信心一直伴随着霍顿。在 1883 年早逝之前，他最后的冒险之一就是创立西非商业银行，并有意在弗里敦和拉各斯建立分支机构，使非洲商人更容易得到贷款。

对经济发展的这种兴趣与霍顿的宪政改革思想密切相关。他相信，无论是欧洲移民还是西非原来当权的酋长，都不可能投资公路网、铁路、学校、银行、企业等该地区急需的东西。实现这些，需要的是系统性的政治重构。西非必须改建为多个自治的国家。最初，他在 1868 年的《西非国家与民族》（*West African Countries and Peoples*）一书和在伦敦印刷的福音派报纸《非洲时报》（*African Times*）——号称流传于"非洲海岸上每个有受过教育的非洲人的定居点"——上宣传这些思想。[58]

霍顿极力主张，西非（可能还有非洲大陆的其他地方）需要有"一些政治团体，每个团体都由一个国家政府管理"。他认为，故乡塞拉利昂可以很快地转变为拥有两院制立法机构的选举君主制国家。他还建议，冈比亚也应该有选举君主制，可能在四分之一个世纪内做好自治的准备。沿海的黄金海岸地区（今加纳）应该划分为一个芳蒂人王国和一个阿克拉共和国，后者的民选总统任期最长为 8 年。至于拉各斯和伊格博人统治的地区，也应该发展为"独立、统一、信奉基督教、文明的"诸国家。[59]

就像霍顿的惯常做法那样，这一切比看上去更激进。与另一位黑人活动家、由西印度移居利比里亚的爱德华·威尔莫特·布莱登不同，霍顿不指望通过从美国、加勒比地区和其他地方运来非洲裔人士，改造非洲及其政治。[60] 对他而言，土生土长的非洲黑人需要实现他们自己的大陆的政治复兴。至于领导人，则可以从非洲极少数受过教育的精英及中产阶级人士中选出。此外，霍顿的计划虽然提倡同时建立强大的非洲君主国和强大的非洲共和国，但在他的设想中，所有新国家都将采纳"普选权"制度。

霍顿使用"普选权"而非"男公民选举权"，是很有趣的现象。他是如饥似渴的读者，也是一丝不苟的聪明人，因此这不太可能是粗心所致。他很有可能受到了约翰·斯图尔特·密尔《代议制政府》的影响，该书 1861 年出版于伦敦。密尔在书中谴责"男公民选举权的愚蠢概念"，理由是这种制度给予男性投票者"区别于女性的阶级利益"。[61] 密尔是英国知识分子、政治家，公开支持女性公民权，更偏向于谨慎使用"普选权"，而霍顿可能出于类似的理由，也是如此立场。他对一系列西非自治国家（每个都有自己的成文宪法）的设想似乎包括女性拥有投票权，这种权利不是由男性专有。关于改善新西非女性教育的问题，他写道："应该明确她们的社会地位，不应该容忍对她们的权利的任意侵犯。"[62]

　　为什么一个白手起家、没有继承任何财富或社会政治地位、受雇于英国军队的黑人医生，在 19 世纪 60—70 年代初觉得可以用写作和印刷手段，设想和推进这类详细的计划？更重要的是，为什么非洲和欧洲的一些地位更高也更有政治权力的人会研究霍顿的著作，并在短时间里加以重视？

　　有些答案应该已经很清楚了。毋庸置疑，霍顿是个了不起的人，在许多方面都一如惯常情况。在漫长的 19 世纪 60 年代背景下，他凭借对政治变革与各种可能性的敏锐嗅觉展开活动。他是一长串雄心勃勃的军人——从帕斯夸莱·保利、拿破仑·波拿巴到西蒙·玻利瓦尔、拉塞尔·埃利奥特等人——之中的又一个人物，他们从所在职业的流动性中获得经验，从指挥他人的经历中得到自信，推进各种将改变所选地区宪政秩序的计划。与许许多多宪法制定者一样，霍顿的计划一定程度上源于战争。

　　1863—1864 年，霍顿跟随英国西印度群岛军团参加了一场明显不引人注目的战役，对手是强大的阿散蒂王国（位于今加纳）。目睹这些帝国主义军队的难堪经历，似乎给他留下了持久的印象。"运输枪炮、弹药和其他物品的工作遇到了巨大困难。"他写下这一经历。大英帝国的军队被吞没了：

　　　　部队不得不穿越茂密的丛林；有些时候，士兵们不得不跳进深深的沟壑，在那里，潮湿土壤中传播瘟疫的臭气在甜美的花香之中蒸腾起来，这些花在深深的阴暗中开出各种可以想象的颜色。有些地方是宽阔的水池，水深及膝盖（有时候甚至深及脖颈），他们不得不涉水而过，这极大地损害了纪律和良好的秩序。一条又急又深的溪流上，却没有必需的

桥梁……在他们的头上，喧闹的猴群做着鬼脸……那里到处
都是可怕的爬行动物，形状、颜色、种类各异，从巨大的蟒
蛇……到惬意地晒着太阳的短吻鳄。[63]

霍顿后来声称，在持续六个月的军事行动中，英国人甚至看
不到他们的阿散蒂对手，后者更熟悉地形，也更能抵御本地区的
炎热、潮湿、各种瘟疫。

霍顿利用他受过的医疗训练，检测和强调白人的身体脆弱之
处，这是他经常用来支撑自信心、反驳黑人天生低劣论调的策
略。但对他来说，在这场对抗阿散蒂人的战役中目睹帝国主义
军队的失败，以及英国陆军部队"因气候疾病（主要是痢疾和
热病）而倒下"的严重程度，还有更大的意义。它们有助于解
释，他后来为何能信心十足地推进自己的宪政计划。霍顿又一
次从全球历史的角度去思考。他提醒读者，在过去的几个世纪，
欧洲人入侵美洲和澳大利亚，并带去了毁灭当地土著的细菌与疾
病。但他所在的大陆与此不同。非洲杀死了入侵者。在这里的欧
洲移民或其他外国移民"阴郁地预感到生命将很快终结"是很合
理的现象。[64]

霍顿引用了驻扎在西非的英国士兵的抱怨："为什么我们要
到那里去？为什么不放弃？"此外，衣衫褴褛的士兵在危险而令
人颓丧的黑暗中变得越来越失落和迷惘，但并不是只有他们会有
此反应。1865年，在打击阿散蒂的军事行动失败并经历了其他代
价高昂的惨败和放纵之后，英国下院也决心撤军。议会的一个委
员会提出，英国现在的西非政策应该是"考虑到我们最终要撤退，
要鼓励当地人发展某些品质，让我们越来越有可能将所有政府的

管理工作移交给他们"。[65] 这个帝国似乎要回家了。

在这种情况下，为未来黑人统治的西非独立政府制定宪政计划看起来是可行的事业，而且不仅限于霍顿本人。英国突袭西非这一古怪行为的一个官方理由是，英国军队要在那里保护黄金海岸的芳蒂人，防止强大的阿散蒂敌人入侵。英军在 19 世纪 60 年代的阿散蒂战争中难求一胜，似乎对这项战略产生了疑问。加上1865 年在西非各地广为报道的英国议会决议，大英帝国的这些和其他一些失败促成了三年以后的芳蒂人联盟。这个联盟由芳蒂人各部落酋长、当地王侯、受过西方教育的官僚、贸易活跃分子和附近其他民族的代表组成，很快就与霍顿建立了联系。它的成员也开始起草实验性的宪法。[66]

芳蒂人联盟在 1871 年的一份声明中宣布：

> 在宪法中，可以看到我们思考的是改善臣民社会条件、加强教育与工业建设的手段，还包括英国慈善家将为黄金海岸的利益而设计的每一件好事，但我们认为，后者目前在整个国家还不可能完全实现。[67]

因此，该联盟决心制订并实行自治计划，提议以选举方式任命官员，设立新的国民议会、最高法院，制定共同的国防政策。此联盟还将小心地尊重当地政治与宗教传统。1871 年的宪法起草于曼凯西姆，此地位于今加纳中部，是讲芳蒂语的族群习惯上的神圣中心地带。

但是，联盟活动家们也采纳了霍顿的一些思想，尤其是他对非洲经济发展的建议。宪法草案承诺，新的芳蒂独立政府将"为所有内陆地区建设大量优良公路",为所有当地儿童"的教育而设立学校",致力发展农业和工业,引入新粮食作物并发展采矿业。此外,正如霍顿所称颂的那样,这个建立宪政秩序、由黑人统治的新芳蒂国将通过"基本法"的形式,保障"每个公民得到平等的权利与保护,可以直接或间接参与政府行政"。他在一封写给英国殖民地大臣的信中热情洋溢地介绍了这些计划的细节,最后在末尾潦草地写下一句"只有开头难"。[68]

损失与遗产

开头很重要,但上面这些还只是开头。同时研究这些不同的宪政改革项目很重要。这样就能看清,在战火纷飞的漫长的 19 世纪 60 年代,宪法是如何以各色各样充满创造力的方式,跨越不同大陆、种族、宗教、文化的差异,不断向前发展的。然而,到 19 世纪 80 年代,其中许多(但不是全部)变革流产,被推翻,或者正在遭到侵蚀。

突尼斯宪法首先破产。它于 1864 年 4 月被撤销,部分是因为当地农民暴动和宗教界的抵制,但另一部分原因是法国担忧突尼斯的现代化改革可能渗透到邻近的法国殖民地阿尔及利亚。虽然有些改革还在继续,但突尼斯的统治者越来越难以摆脱外国的贷款;1881 年,法国吞并了这个国家,占据这里直到 20 世纪 50 年代。[69] 侯赛因将军流亡意大利。在意大利,他忙于出版阿拉伯语书刊,攻击法国在北非的帝国主义行径,同时照看两个女儿,最后死在那里。海雷丁最终到伊斯坦布尔避难,为奥斯曼帝国制订现代化计划,直到生命的终点。

美国内战后的变革也步履维艰，最终从本质上失败了。1867年的《重建法案》出台以及之后第 15 修正案通过后，非裔美国男性成为整个原南方邦联地区投票者中的多数或接近多数，他们踊跃投票。但这些进步很快就在一个又一个州开了倒车。1876 年，民主党人与共和党人达成协议，同意接受共和党总统候选人拉瑟福德·B. 海斯入主白宫，交换条件是从南方撤出联邦军队，并在南方实行地方自治，这意味着复辟白人至上主义。南方白人可以自由使用暴力，以及强加严格的读写能力要求等策略，以限制黑人投票和进入市民生活，从而重夺他们的统治地位。到 1914 年，参加南方选举的黑人投票率降低到 2% 以下。[70]

从许多方面讲，詹姆斯·阿弗里卡纳斯·比尔·霍顿及其计划的命运看起来也同样黯淡，甚至更加悲惨。最初，英国官方对霍顿的建议和对芳蒂人联盟的反应不一。但到了 1874 年，这个联盟已停止活动。这个时候，英国军队又对阿散蒂人发动了一次成功的远征，正式兼并了黄金海岸。

英国新一次的领土掠夺行动只是更广泛的帝国争夺战的一部分。在漫长的 19 世纪 60 年代，不断蔓延的战争给多个帝国施加了压力。其中一些帝国被迫撤退。就非洲而言，各殖民帝国在这个阶段之前的渗透规模并不算大。当霍顿和芳蒂人联盟于 1871 年着手制订他们的宪政计划时，非洲只有不到 10% 的地区处于殖民统治之下。但到了 1900 年，情况就不一样了。欧洲强国无情地使用新科技，控制了非洲大陆的大部分地区。[71] 霍顿本人迅速回归经济领域，不再参与政治计划，不过同样没有取得什么成功。即便他在伦敦股票交易所通过老练的投机操作设法赚到了 2 万英镑（按现值算超过 200 万英镑），希望在塞拉利昂创立一所黑人学校，这笔钱也被他的后代在诉讼中挥霍掉了。

不过，仅仅关注这些不同的悲伤结局是有误导性的。事实上，漫长的 19 世纪 60 年代，探索宪政计划并潜在地从中获益的民族范围大大拓展了。在北非、西非、南美、美国、太平洋世界，宪法比以往更大胆地推广到非白人（有些情况下甚至不是基督徒）群体中，并为之所用。很多此类计划都失败了，它们并不像看上去那么有决定性。世界各地对成文宪法经常提出的一个标准批评意见是，成文宪法往往不持久。但我们还要看到，一旦成文宪法在某个地区推行，即便它后来失败了，只要形成了某种官方文件，其效果就很有可能延续，不断积累，也可能在某些时点上复活。

突尼斯 1861 年的宪法就是恰当的例子。尽管很快被终结，但它也在一座大坝上打开了缺口。这部宪法的出现比以往任何事件更有力地证明，伊斯兰国家可以实验成文印刷宪法，限制地方行政者和过度的权力。其他伊斯兰政权和活动家立刻注意到了这一点。一方面，奥斯曼苏丹于 1876 年经人说服，接受了一部昙花一现但有影响力的成文宪法。[72] 另一方面，海雷丁的专著《认识各国国情的最可靠途径》很快在他的祖国之外赢得了读者。该书讲了伊斯兰社会探索新政治主张的重要性，它被翻译成波斯语、奥斯曼土耳其语、法语、英语，供许多人学习，例如印度的穆斯林政治改革者。[73]

在突尼斯国内，1861 年宪法的失败也转变为某种成功。法国占领该国后，突尼斯活动家开始鼓吹一种论调：这些外来的欧洲人——而不是当地的贝伊——应该对宪法废止负主要的责任。就这样，宪政主义思想变成了反殖民的突尼斯民族主义思想的一个基础。1920 年，该国创立的首个民族主义政党以"宪法"的波斯语等价词"Dustûr"为名。这些趋势仍在继续产生影响。在所谓的"阿拉伯之春"运动中，突尼斯取得的相对成功可能被过分夸大了。但是这次政治运动促生的突尼斯 2014 年新宪法迄今仍然存在，这个事实可能是 1861 年所发生事件的另一个遗产。

美国重建的惨败令人沮丧，但也不是故事的全部。诚然，这一运动原有的动力衰退之后，在很长一段时间（从某种程度上说，现在依然如此），美国黑人并没有被完全当成平等的公民对待。不过毫无疑问，美国内战即便没有决定性地粉碎这种模式，至少也改变了它。战争后通过的解放黑奴的修正案仍在美国宪法文本中保持不变。借用马萨诸塞州激进的共和党参议员查尔斯·萨姆纳那句著名的评论，这些修正案就像"沉睡的巨人"。未来，它们可能会被唤醒，再掀波澜。[74]

正如新西兰迅速发生的情况一样，亚伯拉罕·林肯和他的战争所留下的记忆与传奇推动和影响了后来其他的解放事业。值得注意的是，1949—1950 年印度独立宪法起草工作的主要负责人、法学家 B. R. 阿姆倍伽尔经常在其著作和演讲中提到亚伯拉罕·林肯，甚至在自己的祖国通过宪法前夕引用了林肯的话。

阿姆倍伽尔是一名达利特，达利特是印度种姓制度中的"贱民"阶层之一。这也是林肯和美国内战的改革成果对他产生吸引力的一个原因，从某种程度上说，那些改革成果并不适合更富裕、更显赫的印度民族主义者（如莫汉达斯·甘地和贾瓦哈拉尔·尼赫鲁）。阿姆倍伽尔不仅希望宪法能够实现印度的独立和政治民主，还希望它使新的印度更公平、更平等。因此，林肯、美国内战，以及后续的宪法一度承诺改变被排挤黑人的生活，这些例子在他心中产生了特殊的共鸣。[75]

那么，詹姆斯·阿弗里卡纳斯·比尔·霍顿和芳蒂人联盟的努力又如何呢？很明显，他们的处境全然不同，力量也远比上述的其他地区弱小。他们并不是依靠现有的独立国家和政府行事的，由于可用的资源和人力非常有限，他们只能努力创造条件。因此，他们不可能留下大量官方档案，供后来的非洲民族主义者搜寻和重新使用。直到 20 世纪 60—70 年代，非洲反殖民运动达到高潮，活动家和学者才开始认真研究霍顿的生平与著作。在那之后，对这个人及其著作的兴趣又逐渐退潮。我怀疑，关于他的资料仍有一些未被开发，而他的思想在后来的非洲著作中引起的反响，还可以被发掘和更认真地分析。[76]

我们已经清楚地看到，所谓的"对非洲的掠夺"消灭了霍顿的政治计划迅速成功的一切机会，对成文宪法的传播起到了复杂而矛盾的影响。欧洲强国对新殖民地的这番狂热角逐在很多时候并没有带来多少经济和战略上的好处，掠夺之所以发生，一定程度上是因为帝国竞争的性质（和许多其他因素一样）在漫长的 19 世纪 60 年代已经改变，而且变得更不稳定。

因为这个时期发生了多次武装冲突，一些衰老的帝国（如西班牙）被进一步削弱，而其他帝国（如哈布斯堡王朝）则面临更为严重的压力。与此同时，新帝国诞生，还有一些帝国复兴。1870 年之后，统一的德国自称帝国，其领导人因此声称，他们有权在海上和陆上以帝国的风格行事。美国也变得更像一个完整的帝国。它没有像有些人预测的那样，因为内战而分为两个相互竞争的共和国，而是成功地保持了完整，到 19 世纪 70 年代，它日益富强，也更有意识地走向帝国主义。

在这些自信的帝国行列中，漫长、战争频发的 19 世纪 60 年代还见证了另一个不祥的变化，那就是日本的重塑。1868 年之后，经过又一场战争，这个国家的政治精英明确开始了一种现代化进程，这一事业的核心是起草日本成文宪法的志向。这份文件的制定和延续，以及后续发生的事件，将改变一切。

第8章
突　破

东　京

那是 1889 年的 2 月 11 日。传统上，这天是纪念传奇的首位日本天皇神武天皇即位的节日。但是，在那个星期一，东京人感受到的压力远超过往常。除了这座城市的 100 多万居民，不仅有周围村庄的人，还有乘坐火车从其他城市来的旅游者加入，其中许多人都穿着自己最好的衣服，有些人抓着清酒瓶和特制的米饭罐，以支撑他们看完庆祝仪式。靠近市中心的道路无法通行，路上挤满了游行的乐师，成群不顾寒冷和礼法、穿着奇装异服的艺伎，排成队列的学童，还有由人和牛牵引的木彩车，上面装满了镀金的微型宝塔模型和上漆的神话人像，它们一路上要相继经过多个凯旋门。可是，皇宫里的男男女女与所有这一切隔绝，在皇家花园和以石头接合的木墙保护下，为一系列精心编排的典礼而忙乱。[1]

对 36 岁的明治天皇而言，那天的仪式早就开始了。早上不到 9 时，他就披上了厚重的锦缎宫廷服装，动身前往皇宫里的主神殿。他在那里宣誓遵守新宪法，并请求他的祖先天照大神批准。

在其他神殿行礼之后，他换上了绶带装饰的军服。上午 10 时 30
分，在新国歌《君之代》乐声中，天皇步入皇宫中最为庄严宏大
的正殿。

　　一幅根据安达吟光的画作制成的木版画描绘了当时的情景。
画中，天皇站在高台之上，他头顶上是黑色和金色相间的流苏华
盖，身后是象征皇权的菊花纹章，红毯从他脚下延伸到大殿之中。
他的周围和身前是一排排朝臣、外交官、军官。他们把双臂紧紧
地放在身侧，注视着天皇将题写了日本新宪法的一个卷轴交给躬
身的首相黑田清隆。只有皇后美子（在场的极少数女性之一）仍
然坐着，但她的宝座比丈夫低一级。当天晚些时候，天皇夫妇穿
过空旷的东京街头，一个好奇的小男孩将会被压低头，以免碰巧
与天皇目光相对。事实证明，对他年幼、平凡的眼睛而言，与天
皇的这一短暂接触有太多意味。成年后的他在一首诗中写道：

> 我看到竖起皇家旗帜的骑兵，
> 随后的车驾中，
> 我看到了两个人，
> 就在那一瞬间，我的头被人狠狠按下，
> 我闻到了被雪打湿的鹅卵石的气味。
> "你会瞎的。"[2]

　　正确看待 1889 年的这一特殊日子在东京发生的情况，仍然
是种挑战。看得出，正如当时外国记者的报道，皇宫里的仪式本
质上关乎"君主送给人民的慷慨的免费礼物……（但）人民并没
有因此得到任何权利"。新宪法的颁布并没有将日本人民正式转化

为公民，他们仍然是一个古老而独特的强大王朝的臣民。按照官方对这种新秩序的评论，日本天皇是"天降的神圣帝王"，他从诸位祖先，"万世一系的王朝"那里继承了"国家统治管理之大权"，一如既往将"国家的各种立法与行政权力"集于一身。[3] 不过，尽管强调了古老的延续性，但这些表象都是有误导性的，有些时候是故意为之。以安达吟光对这部日本新宪法颁布情形的精彩描绘为例，事情并不是表面看起来那样。

尽管仪式上为新闻记者留出了十个位置，但据了解，当天并没有任何艺术家获准进入皇宫。因此，和其他纪念这一事件的日本版画一样，安达吟光所描绘的实质上是想象的场景。皇宫正殿于 1945 年遭燃烧弹焚毁，无从考证，不过可以举个例子，天皇宝座两侧似乎不太可能都挂着时钟。安达吟光在画中加入它们，部分原因是为了纪念皇帝上午 10 时 30 分正式入场。当天在场的目击者证实，正殿本身昏暗，装饰中红色占据了绝对主导的地位。因此，这幅版画中鲜艳的黄色、绿色、紫色也是不准确的。它们只是这一阶段日本发生的诸多变化中的一个例子。细腻的植物染料长期以来深受日本版画家的青睐，但此时已迅速被更便宜、更粗糙的苯胺染料所取代，这种染料主要从德国进口。就如前一年刚完工的皇宫本身，如正殿中的电灯以及美子皇后的玫瑰红层叠豪华丝绸定制礼服，安达吟光描绘的场景中很少有完全传统或者长期沿用的东西。[4]

但是，这位艺术家最有意义的手笔不是一眼可见的。他描绘了明治天皇站在高台上，将宪法交给首相的场景：毫不夸张地说，日本新政治秩序是自上而下建立并授予的。然而，就在移交之前，皇帝本人是从另一位大臣，枢密院议长伊藤博文手中接过宪法卷轴的。按照历史学家卡罗尔·格鲁克（Carol Gluck）的话，"在仪式上，皇帝实际上只是将文件从一个寡头手中转交给另一个寡头"，而安达吟光谨慎地略过了这一点（至少在这幅版画中是如此）。[5] 这并不意味着皇帝的作用不重要，从各方面讲，他都是关键人物。不过，到 1889 年，他与其说是日本的主导者，不如说是一个受到其他人影响的、不可或缺的人物。正如他的大臣偶尔向报纸透露的那样，日本天皇与棋盘上的王类似，没有了他，棋局就结束了。可在棋局当中，他很容易受到更活跃的棋子移动的影响。而且，对他和日本领土内外的其他许多人而言，这部新宪法牵涉和加速了重要的变化。

就日本本身而言，新宪法的出现代表着一场引人注目的变革。该国的一名自由主义政治家评论道，鉴于普遍的情况，这部 1889 年宪法"绝对不是由人民决定的"。然而，他继续说道，"人们绝对不能忽视这样的事实：日本民族现在是拥有宪法的民族"。[6] 他们已经完成了一次飞跃，拥有了一份包含整套基本法的文件。

从 19 世纪 30 年代起，成文宪法以更快的速度，传播到欧美之外的各个地区。但一些非西方国家的宪法很快失败或者被废除；许多宪法则出现在影响力有限或者没有全球影响力的小地方，如突尼斯、夏威夷、皮特凯恩岛。日本的情况显然不同。它的 1889 年宪法是东亚地区实施的首部宪法，这是宪法这种政治工具成为全球现象的又一个证明。日本的面积将近 14.6 万平方英里，也不是一个小国家，它的疆域大于近来统一的德国。而且，事实证明，日本宪法并不是短暂存在的，它存续到 20 世纪，只是因为战争（也是促生它的原因）才被粉碎。此外，日本在 1889 年之前迅速形成的经济、军事、科技、文化实力，使这部宪法引起了各个大陆的广泛关注。因此，东京发生的事件证明了持续的趋势，但也标志着新的开始。1889 年在那里发生的一切，预示和推动了世界秩序的变化。

变革的狂暴

从某些方面讲，这部日本宪法的出现是一如往常的。它的制定受到了恐惧和武装力量现状的影响，与外部压力、内部事件、思想都有联系。从 17 世纪初起，日本的统治权一直由连续几代的德川武士家族首领（拥有"幕府将军"头衔）行使，时任天皇仍受人尊敬，但隐居在京都的皇宫里。不过，幕府将军对国内事务的支配力起伏不定，受到限制。到 19 世纪 50 年代，日本仍分为 250 多个独立行政单位，每个单位都有自己的官僚、军队、税收体系，这些单位的首领是"大名"，他们宣誓效忠将军，实际上是自治的准封建军阀。这种地方高度分权的格局，以及日本漫长的岛屿海岸线，使日本越来越难以抵御其他相互竞争的帝国的野心和日益扩大的海上势力。[7]

因为一些统治者的努力和抱负，德川幕府治下的日本从未完全孤立于更广泛的发展。它融入了地区市场，通过中国和一代又一代荷兰商人与其他大陆保持长期的联系。不过，到 19 世纪中叶，外国干预的规模和潜在危险不断扩大。在两次鸦片战争期间（1840—1842 年与 1856—1860 年），英国进攻同为东亚君主制帝国、与日本拥有悠久关系的中国的沿海。美国也在太平洋地区越来越多地展示海军和商业的实力。1853 年 7 月，美国海军准将、1812 年战争和美墨战争老兵马修·佩里抵达江户（未来的东京）

湾，带来了蒸汽动力的海军护卫舰、大炮、水兵、陆战队、军乐队，提出了进入日本港口和市场的威胁性要求。

不久之后，另一艘外国护卫舰来了。这一次是俄罗斯帝国海军的"帕拉达"号（*Pallada*）。到此时为止，俄国海军在规模上仅次于英国皇家海军，在太平洋北部极其活跃。后来的小说《奥勃洛莫夫》的作者伊凡·冈察洛夫就在这艘船上，他在旅途中忙于创作另一篇畅销小说。考察其他沿海地区之前，"帕拉达"号停泊在日本西部的长崎港外。与佩里的"黑船"舰队（1854 年 2 月再次来临）一样，它的使命是打开日本的大门，让其接受俄国商人和俄国的影响。新的掠夺者也来到这里。1860 年 9 月，四艘普鲁士军舰抵达日本沿海，既是为了寻求签订贸易协定，也是因为德国对取得欧洲之外海军基地和殖民地的兴趣日益浓厚。[8]

尽管日本为了应对这些海上入侵而加强了防御，但此类事件一再发生，迫使这个岛国步步退让，也削弱了德川幕府的合法地位，助长和鼓动了反对派。这个局面造成的主要后果是，1868 年初到 1869 年夏季，日本发生了震动全国的"戊辰战争"。主要来自西部的宫廷贵族和低层武士家族以天皇的名义，公开立下重申天皇权威、重申日本的自主地位与声望的目标，拿起武器反抗德川将军及其军队。由此发生的陆海战役动用了 12 万名士兵，交战各方大量使用现代武器。这场斗争以德川幕府的失败而告终，至少从官方角度是如此。年轻、瘦长的天皇睦仁被胜利者从京都带到江户（此时改名东京），安顿在原德川大本营。他采用了一个新的年号"明治"，意为"开明的统治"。[9]

1868 年 3 月，这位明治天皇以自己的名义发表了"五条御誓文"，其文字是由别人为他草拟的。誓文中承诺，"广兴会议，万机决于公论"。未来，日本的所有阶级，"上下一心，盛行经纶"。"官武一体，以至庶民，各遂其志，毋使人心倦怠。""破除旧有之陋习，一本天地之公道。"最后，"求知识于世界，大振皇国之基业"。[10]

从这些雄心勃勃却含糊不明的承诺中可以看出，刚刚取得统治权的日本精英并不团结。他们的权力并不稳固，对此也不自信。尽管如此，在戊辰战争后的十年里（19 世纪 70 年代），日本仍然迅速取得了一些成就，只是这些成就在一定程度上因日本历史学家相对忽视这段时间而被掩盖了。此外，当时的明治精英阶层有时候更急于强调保守主义和延续性，而不肯承认他们的行为促成的所有变化。到 20 世纪初，1868—1869 年所发生的事件及其余波，被正式命名为"明治维新"。"维新"一词源自中国古代典籍，有更新、重生的内涵。[11] 即便如此，使用这个词并不等同于承认发生的是一场革命。然而，至少在三个方面，从戊辰战争结束到 1889 年宪法颁布之间发生的事件，称得上是激进的变革。

第一个方面，明治新政权迅速改变了日本的统治秩序，以及经济、社会、科技的组织。税收集中，部分收益又投入国家的经济和基础设施上。早在 1869 年，电报线路就开始在全国各地涌现。两年之后，新的邮政体系推出。铁路建设是优先考虑之事，到 1872 年，东京已经与主要外贸港口横滨相接。银行业和工业方面也有新举措。到 19 世纪 80 年代，日本拥有 20 多家棉纺厂，而在庞大、重要的上海煤炭市场上，日本的煤矿也超越了英国、美国、澳大利亚的竞争者。[12]

第二个方面的实质性变化来自下层。虽然明治政府很快就用征兵制代替了半自治的武士军队，并推行大众义务教育，加强对日本国民的控制，但 1869 年后，民间的非正式政治行动主义和权利话语明显抬头。这一趋势得益于印刷品的极大普及和多样化。当然，印刷品在日本并非新事物，在 18 世纪，日本就已拥有数百家书商、一系列图书馆，还有发行廉价单页报纸的传统。戊辰战争之后出现的是发行范围、数量、内容上的变化。

1864 年，商业化的日语报纸只有一家。而到了 19 世纪 80 年代，东京发行的报纸和期刊据称多于伦敦；不过，在 20 世纪初之前，即便最大的日本报纸在发行量上也小于英国、美国、印度同行。日本图书出版水平也急速上升。到 1914 年，日本图书出版的速度超过了德国之外的全球其他地区。外国政治文本的翻译在 1868 年之前就已增加，此时也变得更多了。约翰·斯图尔特·密尔的哲学著作《论自由》于 1872 年首次进入日本。十年以后，让-雅克·卢梭的《社会契约论》也传入了。[13]

印刷业的兴起和更广泛的变化，对日本社会中下层也造成了影响，这可以从千叶卓三郎（1852—1883）的经历和觉醒中看出。千叶出身于武士家庭，很小的时候就父母双亡，戊辰战争又给他的早年生活带来了灾难性的破坏。年仅 17 岁，他就"应征入伍，成为步兵"，两次为德川幕府军队出战。从失败中奋起的他成为"追求真理的流浪者"，常年在漂泊中学习。他探索数学、医学、佛学、基督教各支派。在 1880 年和短暂一生最后三年的大部分时间里，千叶以教师身份定居东京西部的木材集镇五日市，在那里过了一段平静的生活，有一些交际，取得了一定的成就。[14]

五日市主要是商业和农业中心，但那个时候镇上也有自己的"学艺讲谈会"，这是一个研究与辩论组织，对政治理论和现代政治实践感兴趣的当地人在这里与其他同好聚会辩论。与当时在日本如雨后春笋般出现的许多地方研究与辩论组织一样，这个协会的 30 多名会员主要讨论西方政治经典的翻译，如密尔、布莱克斯通、洛克、孟德斯鸠的著作，并研究从日本真实历史和神话中的事件以及儒家经典中得到的政治教训。参与这些定期聚会似乎缓解了千叶的孤独感，帮助他集中了精神。他和协会的其他会员一起，很快开始为国家草拟宪法。他还写了一篇题为《王道论》的随笔，满腔热情地论证日本当引入君主立宪制。

他在文章开头问道："在明治时代，我们需要什么？""立宪政府——是的，那就是我们需要的。"他坚称，日本必须有一部成文宪法和一个议会，尤其是因为，如 1868 年的"五条御誓文"所述，天皇本人"公开"支持这种变革。但千叶认为，日本人民也需要发挥重要的作用。他们也有权利，必须与天皇形成协作关系。他满怀对新时代表面前景的盼望，大声疾呼："难道这不是人民回应天皇的希望，建立保障人民自由的立宪政府的时候吗？"他希望，他的文章能"成为将他们送往理解之岸的小舟"。[15]

千叶很快因肺结核去世，《王道论》也随着身体虚弱的作者一同被人遗忘，其手稿直到 20 世纪 60 年代才在一间花园棚屋里被人发现。它的重要性并不在具体的内容上，更多的在于写作时的局势，以及它所说明的情况：到 19 世纪 70—80 年代，各种形式的宪政行动主义和宪政争论在日本快速发展。

千叶在提出论点时所持的那种自信说明，明治时代的领导人通过在 1868 年发布"五条御誓文"，宣布皇家认可协商会议、广泛的政治讨论、政府计划的大众参与，从而在一定程度上表示了对一系列非官方宪政行动的支持。不管有意无意，他们赋予了后续的政治与辩论组织、请愿活动、报纸、宣传小册子、翻译活动以某种合法性。正如此前在世界其他地方发生的那样，这一时期也出现了向非正式宪法起草的转变。据了解，1867—1887 年，日本出现了超过 90 份此类文本，此外肯定还有更多没有留存下来的文件。[16] 这些非正式的日本宪法中，有的提出了激进的要求，其作者比千叶卓三郎更有韧劲。

植木枝盛的作品是个极其恰当的例子。他来自中层武士家庭，研究了密尔、边沁、卢梭、托克维尔等人著作的最新日文译本以及不同国家的一系列宪法。他自己的《日本国国宪案》发表于 1881 年。他希望在日本推行联邦制政府结构，也希望最终能够建立一个全球联盟。他支持武装抵抗政府不公正压迫的权利，倡导将公民权延伸到所有日本纳税人，包括女性。在这本小册子和他的其他一些作品中，植木都明言他的目标受众是广大民众：

> 如蒙允准，尊敬的日本农民、尊敬的日本商人、尊敬的日本工匠，除此之外还有尊敬的日本武士，尊敬的医生和船员、马车夫、猎人、糖果小贩、乳母、新平民——我谦卑地向所有人讲话。你们每个人都同样拥有一件珍宝……我们称之为自由的权利。[17]

尽管这场不断发展的自由民权运动（开始被如此称呼）充满力量和创造性，但下层的这些愿望和要求因戊辰战争促成的第三个方面的主要革命性变化而被削弱，这一变化就是本质上更强硬的新日本统治阶级的出现及巩固。

这种变化的迹象在 1868 年之前就已经很明显了，其中一个例子是一张 1864 年的伦敦纸币。它上面有五名 20 岁出头的日本男

子的签名，他们都有低层武士背景，来自日本西南角传统上反对
德川幕府的长州藩。1863 年 5 月，这五人无视德川幕府的国外旅
游禁令，乔装改扮登上停泊在横滨的一艘商船，偷渡出境。他们
取道上海，在船上做工抵船费，终于抵达伦敦。毫无疑问，伦敦
仍然是世界上最富有、消息最灵通的大都市。

后来被称为"长州五杰"的他们进入伦敦大学学院学习工
程技术。他们也开始探索西方的权力、财富、革新、影响力的
本地根源，其中之一就是英格兰银行。银行职员被这五个人敢作
敢为的气度所打动，而且很有可能是因为第一次近距离接触日本
人，故而允许他们将名字签在一张 1000 英镑的钞票上。这些签
名者是谁，戊辰战争后他们身上发生了什么事情，都是值得一
看的。[18]

长州五杰之一井上胜于 1871 年成为日本首位铁道厅厅长，并
建立了日本最早的蒸汽机车制造厂。另一位是远藤谨助，后成为
1871 年新成立的日本造币局的局长，帮助确立了统一的货币。还
有一位是山尾庸三，1868 年之后，他在格拉斯哥继续学习，很快
就将精力用于扩大日本的造船厂和钢铁厂，之后又创立了日本首
家工程学院。五杰之中的井上馨，1871 年成为日本大藏大辅，后
又成为日本外相。第五人，是一位衣着寒酸却坚定自信的年轻人，
他就是伊藤博文，未来将四度出任首相，也将成为日本宪法的最
主要推动者。

在外国钞票上签名留念的五个人是那个时代野心勃勃、往往
白手起家的一类人的极端代表，这类人推动了 1868 年之后的明治
维新活动，个人也经常由此得利，在某些情况下试图引导和遏制
其变革潜力。长州五杰的背景还有其他的意味——有助于限定一

种有时过于轻易提出的主张，即戊辰战争之后日本所实施的变革都是彻底西化的做法。

当长州五杰于 1863 年开启前往伦敦的危险旅程时，他们当然是为了寻求知识、进步、新经验，但并不是受到慷慨的世界主义精神驱使。其中三人之前曾帮助烧毁了江户外围修建的英国新公使馆，将这座建筑当成了外国悄然干预日本的又一罪证。纵火者之一的伊藤博文则更进一步。他出生于 1841 年，生父是一名园丁，之后他的家庭被一个最底层的武士氏族伊藤家族所收养。他和伙伴们一样都受过暴力行动的训练。他也愿意在战场之外诉诸武力，曾亲自实施了一次成功的暗杀，暗杀对象是一位被错误地指控不尊天皇的日本学者。[19]

随着年龄和权力的增长，伊藤表面上变得更加温文尔雅、彬彬有礼，常常运用流利的英语（他于 1863—1864 年在伦敦学习英语，在随后五次访问美国期间进一步磨炼）接受欧美记者的采访。[20] 然而，伊藤对西方社会的态度可能并没有随着时间的推移而完全改变。的确，人们认真研究西方地区，抽取其精华，以求得有用的想法、体制、创造。但从海外借鉴经验不等于允许过度污染日本，或者削弱其至关重要的传统与特性。

与其他军人出身的宪政主义者（如突尼斯的海雷丁）一样，频繁访问西方国家，在某种程度上确实使伊藤及其亲近的同僚不仅能观察和学习欧美，还发展出了对欧美世界各方面特征更为尖锐的批评。人们可以在伊藤担任岩仓使团高级成员时看到这种思想上的磨砺。这是一个史诗级的外交使团，旨在收集西方国家及其技术、工业、医学、科学的信息，了解其政治组织与法律。[21] 该使团的活动从 1871 年底持续到 1873 年秋季，他们频繁往来于美国旧金山和华盛顿特区之间，并到访英国、俄国以及欧陆的重要城市及工业区。

能够访问华盛顿，意味着伊藤和这个大型使团的其他成员可以研究那里的美国宪法文档，访问国会大厦、最高法院，并与美国政治家和法律人士会面。不过，作为使团的书记员，30 岁的久米邦武提到，在重建时期游历美国，访问其首都，可以使他们这些日本高层官员产生对其他方面的看法。

久米准确地记录了一些美国黑人（尽管他们仍然面对极端的偏见）已成功当选美国众议员，而"其他一些人积累了巨大的财富"。久米接着写道：

> 很明显，人的肤色与智力无关。有识之士都知道，教育是进步的关键……可以肯定地认为，在一二十年内，有才能的黑人将会崛起，而不刻苦学习和工作的白人将会半途而废。[22]

就美国自身而言，这一判断显然言之过早。但这只是久米对岩仓使团的长篇叙述中，有关"白人"优势与权力可能转瞬即逝的多次深思之一。当使团前往伦敦时，他以满意的心情做了错误的记录："欧洲国家的当代财富与人口现象……直到近 40 年才变得很明显。"一切都可能改变。世界不同地区和民族之间的力量对比也可能发生变化。[23]

由于不同思想、印象、紧迫事项的混杂——对西方干预根深蒂固的疑心，对欧美各地的广泛接触，对全球力量对比多变的意识，以及日益增长的对日本国内自由民权运动可能失控的忧

德国漫画，描绘了 1873 年 3 月日本岩仓使团成员访问重要武器供应商克虏伯在埃森的工厂时的情景

虑——伊藤博文和同伴们在宪法设计上比往常更多关注"拼合"策略。[24]

有些时候，伊藤促使个别西方人相信，他们特殊的国家和政府体制对他和崛起的日本产生了主要影响。因此，一个美国崇拜者自豪地在其文中透露，伊藤这位大人物是如何认真研究美国宪法和《联邦党人文集》的，此事可能是真实的。的确，伊藤购书的狂热与收藏刀剑无异，据说他曾阅读并与他人讨论托克维尔《论美国的民主》英译本。[25] 但由于美国采用的是共和制政府模式，在伊藤眼中，它作为宪政模板的价值始终有限；对他和明治时代的其他领袖人物而言，海外还有更重要的参照物。

1882 年，伊藤被派入另一个前往欧洲的使团，这一次是专门考察不同的宪政制度。他首先来到了柏林，和同事们花了 6 个月时间，跟随德国著名法学家鲁道夫·冯·格耐斯特学习。此后，他们又在维也纳度过了 11 周时间，与那里的宪政学者共事，其中包括职业生涯横跨丹麦、法国、德国、奥地利的法学家兼经济学家洛伦兹·冯·施泰因。[26] 与中欧制度和专家的持续接触会对未来的日本宪法造成可观的影响。不过，伊藤同样精心地将这些特殊的影响与其他因素结合起来。在 1882 年的这次行程中，他还访问了伦敦。在那里，他多次与擅长多种语言的律师和学者 W. E. 格里格斯比（W. E. Grigsby）见面。格里格斯比现在已几乎被人遗忘，他是四处游历的比较法专家，之前曾在东京教授比较法课程，他在那里帮助教导了未来日本民法典编纂者穗积陈重。[27]

在各种各样的跨大陆旅行、咨询、阅读之中，伊藤也自始至终保持着对某些日本习惯与立场的迷恋。这种有意的混杂很好地体现在他的着装选择上。历史学家和人类学家已经注意到，在 19

世纪，进取而有雄心的非欧美人士（尤其是男性）越来越多地选择西式服装，穿戴衬衫、领带、深色夹克、马甲、长裤、大礼帽等，以作为他们的现代性的有用象征。1872 年，日本要求政府官员必须穿着西装。[28] 可是，伊藤本人的穿着习惯提醒人们，在服装和其他方面，仍有可能保留和表现多重身份。在他漫长的职业生涯中，他采用了一系列文官和武官的西式服装及发型。但从照片上可以看到，在私人场合和朋友聚会中，伊藤往往穿回和服，夏季选择白色或浅灰色，冬季则选择黑色，正如他既能阅读英语报纸，又能以日文和中国文言文写诗。

同样，当伊藤从西方不同国家、文本、专家那里学习宪政知识和榜样时，他将这些收获与保持某些日本制度、语言、信念的决心结合起来，这并不只是出于爱国情感。冯·格耐斯特认为，"宪法不是法律文件"，它本质上不过是"民族精神和能力"的象征，伊藤也有同感。[29] 设计和实施日本政治宪法的任何尝试，如果仅仅是或者主要是模仿，那将是不恰当的，也注定会失败。

因此，在 19 世纪 80 年代紧锣密鼓地筹备正式的日本宪法的过程中，有时还要出访海外的伊藤十分在意主要门徒井上毅在国内的帮助。井上也是戊辰战争的老兵，此时已经成长为引人注目的国家官员，有自己在西方的人脉关系和各种关于西方的知识见闻。他曾访问德国和法国，并亲自将比利时 1831 年宪法和普鲁士 1850 年宪法翻译成日语。而且，他还对中文和孔子思想、日本自身的法律传统有浓厚的兴趣，并坚信自己发现了本国宗教信仰与政治实践之间的联系。[30]

此外，与导师和上级伊藤一样，井上也坚信，必须在日本的异见团体和对立团体形成气候、变得不可阻挡之前，迅速制定和

老年伊藤博文身穿和服的照片　　　老年伊藤博文身穿西服的照片

实施正式的宪法。井上写道：

> 如果我们失去这个机会，犹豫不定，两三年之内，民众
> 将变得自信，认为他们能够成功，无论我们费多少口舌，都
> 很难重新赢得他们的支持……公众舆论将摒弃政府提出的宪
> 法草案，私拟宪法将最终获胜。

井上和伊藤一致认为，成文的政治宪法对日本成功实现现代化是
不可或缺的。但是，必须有限度，也必须深思熟虑，保持谨慎。
"日本的现代化才刚刚开始。"井上评论道。[31] 为了在这里取得成
功，并且保持安全，成文宪法必须体现出与过去之间的延续性。

天皇的新宪法

1889 年的日本宪法很大程度上是综合宪法，这一性质是它能够存续下去，并具有更广泛意义的一部分原因。一方面，它明显自成一格，是东亚有史以来实施的第一部政治宪法；另一方面，它的演变和起草遵循此前世界其他地区宪法的模式。

与大部分开创性的宪法一样，这部日本宪法被战争和持续的暴力威胁加速推动。正如其他地区的情况那样，日本社会兴起的宪政运动也受到了印刷品普及与混杂之局面的助力。主要负责制定这部特殊文本的人也和之前的宪法制定者一样，借鉴了其他国家与帝国的经验。实际上，他们比以前的宪法制定者更系统地做这项工作，因为此时远洋轮船和长途铁路更普及。与此同时，与以前推出宪法的非西方国家（如突尼斯和夏威夷）一样，明治时代的人们更渴望用他们的文本表达本地的特殊性，要求在世界上获得更多的关注。

官方的《日本帝国宪法义解》与 1889 年宪法一同发表，本身是为了宣传日本的特殊成就和对现代性的稳固把握。这本小册子的序言表明，它是"为所有人写的手册"，是为其他民族和国家提供的指南，说明如何以有益的方式建立国家、设计宪法。[32] 这本以伊藤博文的名义出版的小册子实际上大部分内容是井上毅的手笔，其篇幅超过 160 页，后来被翻译成英语和法语。该书的内容令人惊叹，甚至有学术深度，其中旁征博引了不同西方国家宪政实践的例子，以及日本自身的历史、法律、档案："简言之，此为研究我国之典故旧俗所得。"[33]

从一开始，《日本帝国宪法义解》就处心积虑地强调日本天皇的核心地位，以及他所代表的重要意义："万世一系之皇统。"神圣、永续的"菊花宝座"是该书更广泛的战略论点的核心：这部新日本宪法体现了爱国精神和民族精髓，既经久不息又有革新思想。书中坚称，宪法"更加巩固原有之国体，而绝非改变国体"。[34]

伊藤和同时期的其他政治寡头渴望强调日本天皇的重要意义，并以天皇作为新宪法的根基和合法依据，这就是他们选择更多关注德国的一个原因。毫无疑问，他们从 1850 年的普鲁士宪法（井上将该宪法翻译成日语）和 1871 年 4 月生效的德意志帝国宪法中借鉴颇多。[35]

德意志帝国宪法也很重视皇帝的统一权力，这位皇帝就是晋级"德国皇帝"的原普鲁士国王威廉一世。1871 年的这部宪法确认，他有权在国际上代表德意志帝国宣战以及媾和，召集国会（Reichstag）并决定开会和休会，最重要的是，他还是迅速扩张的德国武装力量的总司令。该宪法宣布："军队的组织与构成由皇帝负责，所有德军部队将无条件服从皇帝的指挥，这一义务将在军旗誓词中被明确规定。"[36]

德意志帝国宪法中的许多条款都可以在 1889 年的日本宪法中找到呼应。后者也坚持天皇与日本武装力量之间的密切联系，并（错误地）声明所有日本天皇都曾"亲自率兵征讨"。这部日本新宪法还确认了此前的征兵办法，而征兵制度也写入了普鲁士 1850年宪法和德意志帝国 1871 年宪法中。此外，登记加入民兵组织也成了所有 17—40 岁日本男子的义务：

> 依法律之规定，无论等级和家族，全国每个成年男子皆有履行兵役之义务；当他锻炼身体之时，可激发他的勇气；

以此保持一国之勇武风气，确保其不衰退。[37]

通过普遍兵役制度，最与世隔绝的农民也将变成现代日本人。

明治精英对德国经验的种种借鉴在当时得到了广泛认可，这有助于解释为何一些外国评论家将伊藤博文与奥托·冯·俾斯麦（这位杰出的政治家于德意志帝国宪法颁布的1871年成为统一后的德国的宰相）相提并论。然而，二战时日本与纳粹德国结盟，在战后，两国之间早先在政治和宪法上的这些联系受到了更具批判性的审视。一种论调发展起来，直至今日仍未完全消失：明治时代的日本与普鲁士（德国）这两个强国在宪法上的相似性，是它们同样倾向于独裁和军事侵略的证据。[38]这种说法有一定道理，但还需要证明。

对明治时代的某些政治寡头来说，德意志帝国宪法最吸引人的地方实际上是：统一的德国是刚刚出现的政治构造，是由一系列古老领地组合而成的国家，它在此时已经表现出了高度的革新能力以及很大成功。在伊藤这样的人看来，明治时代的日本也是拥有传统和古老规矩的国家。但和德国一样，它也是重塑、发展的构造物，是世界舞台上崛起的新生国家。《日本帝国宪法义解》的官方英译本扉页上，显眼地印着发行日期"明治二十二年"，而公历年份1889只是放在括号中。某种程度上，正如一个世纪前的法国革命者，明治维新事业的信徒们想要宣扬自己与众不同的时序。他们将成功开启日本的未来。

因此，除了屈从于习俗和皇权的核心地位，日本领导人还精心地将他们的国家以及他们自己与进步和现代性模式联系起来。这种愿望也有力地将他们的注意力吸引到迅速变化的德国。到19

世纪 80 年代，德国经济在钢铁、造船、铁路等领域蓬勃发展，成为 1871 年帝国宪法中一个特定章节的主题。在天文学、药理学、化学、地质学、物理学等领域，德国科学也蒸蒸日上。德国教育体系在各个层次都可能是世界上最好的。在尖端技术和革新方面的这种声誉，有助于解释 1888 年（日本宪法推出前一年），日本为何雇用了大约 70 名德国特别顾问，人数超过了日本所雇的其他国家的专家。[39]

因此，虽然在 1889 年的日本宪法中确实可以找到独裁、军事自信、保守主义的成分，但这些特性并不足以概括其内容或总体方向，至多能概括 1871 年的德意志帝国宪法而已。两部宪法都表现出了对变革的渴望和承诺。

细读《日本帝国宪法义解》，读者立刻就会注意到这些混杂的信息。的确，全书自始至终都在赞颂明治天皇和他的智慧，但也明确表示，这部宪法只有在 1890 年 11 月新的日本两院制国会召开之后才能生效。启动日本宪法的，是亚洲的这首个国会，而不是天皇正式颁布宪法的诏书。《日本帝国宪法义解》也确实指出，天皇有权修订这部新宪法，不过这些修正案必须经国会投票通过；天皇也可以颁布敕令，但如果没有国会的批准，这些敕令如日本的年度预算一样，都是无效的；天皇拥有立法权，然而"其行使必有赖于国会之同意"。换言之，日本天皇拥有至高无上的神圣地位，但只有（至少在纸面上）"依照目前宪法的条款"才有此地位。[40]

此外，正如伊藤事先对大臣们所说，1889 年宪法将给予民众某些权利。就日本国会下院选举而言，将采用无记名投票方式，但只有 25 岁以上且缴纳限定水平直接税的人有资格参加。实际上，在短期内，4000 多万日本国民中只有约 45 万人有选举权，仅略多于 1%。随后，日本能够投票者的比例缓慢上升。1925 年，日本才实现男性普选权，女性则在又一场战争结束后的 1947 年才得到投票权。[41]

但是，按照 1889 年宪法的规定，在日本的所有人都享有不被任意逮捕的自由，并有权接受法官的审判，而行为良好的法官不会遭到免职。该宪法还规定了财产权、请愿权、行动与言论自由，以及"在法律之规定范围内"的写作与集会自由。此宪法中也有一项（针对男性的）有关精英统治的措施，这是许多明治时代的政治家（他们的出身背景往往相对不出名）一定程度上所支持的。这部宪法宣布，"无论爵位之等级、官位之高低，皆不得妨碍任命公职方面任何人之平等"。此外它还确定，日本现在有正式的宗教信仰自由，"可谓近世文明之一大美果也"。[42]

《日本帝国宪法义解》精心斟酌字句，这部宪法的制定者和支持者在公开讲话和著作中也使用了类似的语言风格。伊藤的一名支持者在美国杂志上写道："通过采用政府的宪法形式，我们最有力地向世界证明，紧跟文明国家的脚步，是我们最真诚的愿望。"[43] 新日本将明确成为文明世界不可分割的一部分：西方人经常以文明为手段，证明他们在全球的卓越地位。这些对"文明"的主张，只不过是这部宪法给日本之外的活动者带来的挑战和吸引力的一部分。

日本和改变的世界

日本宪法的出现不可逆转地改变了世界上的观念以及力量关系，一定程度上是因为此时正在发生许多其他变化。就成文宪法而言，从 1889 年到 1914 年第一次世界大战爆发，新宪法版本以疯狂的速度出现。

其中一些新宪法产生于已有从事政治活动和书写政治主张之传统的地区。中美洲和南美洲自 19 世纪第二个 10 年以来一直是宪法创造力的火车头和舞台，这一时期在巴西（1890 年）、古巴（1895 年、1901 年）、多米尼加共和国（1896 年、1907 年、1908 年）、厄瓜多尔（1897 年、1906 年）、洪都拉斯（1894 年、1904 年）、尼加拉瓜（1905 年）、巴拿马（1904 年）都出现了新宪法。至于委内瑞拉，它在 1889—1914 年通过了四部不同的宪法。

这段时期，太平洋世界和欧洲的新宪法也频繁涌现，不过在这两个地区，有新国家首次加入行列，其他国家则明显变得更加活跃。长期处于奥斯曼帝国压迫之下的亚得里亚海沿岸小国黑山于 1905 年颁布了第一部宪法；而民族与政治纷争的火药桶，直到 19 世纪 60 年代才摆脱奥斯曼宗主权的塞尔维亚，则在 1888 年推出了更激进的新宪法，允许大部分男性居民投票。这部宪法于 1901 年被推翻，1903 年恢复，并延续到 1918 年。

这一时期最惊人的是，亚洲大国也开始实验成文宪法，日本只是其中一例。波斯的情况正是如此，它于 1906 年颁布了第一部宪法。奥斯曼帝国也是如此，我们已经看到，1908 年的革命迫使奥斯曼帝国恢复了此前短暂存在的 1876 年宪法。俄国也是如此，从 1820 年起，历任沙皇一直阻碍宪政改革的提案。可是，1905 年的革命催生了次年新的俄罗斯帝国根本法和选举制议会（杜马）。两者都没有取得成功，但对观念、政治词汇、人们的期望都有持久的影响。[44]

就连更庞大、更古老的亚洲帝国中国也改变了方向，但这种改变还不够。1905 年，从 19 世纪 60 年代起主导统治的人物慈禧太后承认，日本的宪政发展在两个关键方面有其重要性。正如明治精英在 19 世纪 70—80 年代的所为，她也派出一系列代表团，研究主要西方国家的政治体制。除此之外，很明显，她还派中国官员考察了日本的宪政实践。据称，这些探索性的使团是中国实施成文宪法的前奏；1906 年，清政府颁布法令，正式指定 14 名官僚着手这项任务。未能坚持实现关于政治结构改革和更广泛权利的承诺，是清王朝在 1911 年的辛亥革命中被推翻的原因之一。[45]

这一时期，还有一个庞大的亚洲帝国也处于宪政转变之中，那就是英属印度。与其他国家不同，印度在 1914 年之前的几十年里没有爆发革命，但行动主义和抵抗活动升级，革新性的宪法文本也越来越多。从 1857 年英国镇压印度起义以来，改革的压力就与日俱增。当年的一些起义军人曾起草了一份名为 "12 条命令"（Dastur-ul Amal）的政治文件，这是宪法的萌芽。[46] 19 世纪 60 年代之后，一些印度土邦也尝试起草本邦的成文宪法。但为整个印度次大陆起草完整政治宪法的第一次重要尝试（尽管是非官方的），是 1895 年的《自治法案》（Swaraj Bill）。

这部法案似乎主要是巴尔·甘加达尔·提拉克的手笔。提拉克是来自印度西部的教育家和记者，在女权问题上十分保守，但他早期的民族主义思想颇具影响力，从 1890 年起，他就是印度国大党成员。提拉克计划，如果他的《自治法案》通过，由此产生的法案将称为《印度宪法法案》。而且，正如《自治法案》前言所说，这一法律将延伸到 "整个印度"。《自治法案》中的 110 个条款包括广泛的权利规定。印度将有言论和书面表达自由、请愿自由，印度人在法律面前人人平等，并享受免费的国家教育。另外，和明治宪法一样，所有公民（实际上指的是男性）都享有担任公职的平等权利，也有义务在国家需要时拿起武器。[47]

印度历史学家还没有研究 1895 年《自治法案》各条款与六年前的明治宪法之间的呼应。但是，存在这种关联并不令人惊讶。关于日本宪法的详细解释书籍于 1889 年出版，并发行了一个英译本，而这部宪法本身也被英国和印度报刊广为报道和摘录。像提拉克这样受过良好教育的人，熟悉东亚先锋国家精心设计宪政重构的例子以及英美政治与法律著作都并非难事，考虑到他的兴趣和雄心所在，这也是难以抗拒的。

认识到这一点，有助于解释《自治法案》为何努力地在现代性、保守主义思想与传统之间求得妥协，这几方面对明治精英同样有吸引力。在提拉克的计划中，有一个为"印度民族"所设的两院制议会，正如伊藤博文及其盟友寻求建立一个两院制国会，以表现重塑和复兴的日本民族。但是，与明治时代的日本一样，提拉克改革后的印度，正式的统治权将系于一位君主之身，那就是印度皇帝、英国女王维多利亚。她和日本天皇一样，在印度的职能就是充当快速发展的领域里的一个静止点。

日本人在政治思想和成文宪法计划方面，以及在对可能之事的意识方面留下的更广泛的印记，可以在整个亚洲和其他地方被追踪到。明治天皇还政之后日本发生的事件，以及 1889 年的宪法，以不同的方式促进了 1905 年俄国革命的爆发和俄国宪法的颁布。这些事件也是 1906 年波斯立宪革命、1908 年奥斯曼帝国青年土耳其党人革命和该地区恢复宪制的成因之一。日本对中国的改革尝试与思想的影响更大。日本自我转型的事例的更广泛传播并不止于此，也没有因为第一次世界大战而停止。[48] 这是为什么呢?

部分原因在于知识与信息传播的持续进步。技术、交通、媒体的变革日益加快,意味着关于日本所发生情况的信息可以迅速传播到很远的地方。我们只需要想一想,到 19 世纪末,日本版画已经对多位西方艺术家产生了重大影响,例如文森特·凡·高、保罗·高更、詹姆斯·麦克尼尔·惠斯勒,以及众多次要地位的人物。这种规模的艺术交流,因为此时东亚艺术作品的工业化制造的摄影图像比过去更广泛地流传,而变得更容易了。不过,至关重要的是,许多外国人对日本的情况更感兴趣,也更加留意。

日本宪法的信息和宣传也是如此。从 1889 年宪法颁布的那一天起,关于该宪法的报道就通过电报和印刷品传播到了很远的地方。明治当局也积极地传播新日本宪政和其他相关信息,以此来提升国家在各大洲的形象,使强大的对手感到不安。例如,到 1907 年,日本政府为新加坡的马来语和阿拉伯语报纸提供补贴,以换取对己有利的报道和合适的刊登文章。[49]

正如提拉克的《自治法案》所表现的那样,日本的新政治活动也吸引了海外的注意,因为这些活动可能被看成一种妥协方案,在保持一定稳定性的情况下纳入了充满生机的变革。1889 年的宪法结合了至尊君主和议会;它做出了支持男性选举权的姿态,但并不过度;它从西方各国借鉴了条款和思想,但也坚持本国传统的神圣性;它为普通日本民众提供了权利,但也支持大臣的权力,同时推出了征兵制,扩大与皇权相系的武装力量。

事实证明,这些精心设计的妥协,以及日本日益的成功,对渴望实验各种现代化模式同时维持等级制度和自身地位的非西方君主特别有吸引力。夏威夷国王卡拉卡瓦将日本纳入他的世界之旅的行程，寻求明治天皇的建议与资助，就是外国王室对日本的强烈兴趣的一个早期例子。马来半岛柔佛的阿布巴卡苏丹是另一个例子。这位苏丹不得不努力应对英国对其领地的不断渗透，为此他于 1883 年费心地到日本做了 6 个月的访问，随后，他终于为本国宪法制订了计划，这是东南亚将出现的首部宪法。[50]

对于欧洲之外的君主，日本的吸引力在一战之后仍然存续。1931 年 7 月，即位一年后的埃塞俄比亚皇帝海尔·塞拉西，位于非洲之角的一个古老王国的君主，实施了一部明确以明治先例为模板的宪法，他的一些教育和经济政策也是如此。与 1889 年的先例一样，这部埃塞俄比亚宪法强调"皇帝本人是神圣的，他的尊严不可侵犯，他的权力无可争议"。它也规定了与日本相同的两院制议会，还有某些与日本相同的战略考量。正如 1889 年宪法的起草者一直以加强日本抵御和吸引西方的能力为目标，塞拉西设计宪法时也希望（一定程度上是合理的），面对意大利很可能发动的帝国主义入侵，宪法能够支撑他的国家与众不同的特性。[51]

日本的宪法及其余波在海外还产生了更具侵略性和破坏性的影响。的确，这个国家在戊辰战争后发生的一切几乎必定是颠覆性的。在许多（但不是所有）西方评论家之中，长期以来有一种陈词滥调："东方"社会注定产生专制的政府。例如，当奥斯曼苏丹于 1876 年推出成文宪法时，一些西方政治家和媒体的反应显然十分轻蔑。正如一名学者所言，这与其说是他们确信奥斯曼的此番作为必然失败，不如说是"因为他们害怕它成功"。[52] 这部宪法于 1878 年被撤销的事实只会加深偏见，为另一套先入之见提供方便的支撑。奥斯曼苏丹的倒退似乎证实了那些人的话：亚洲文化从根本上对变革不感兴趣。

　　明治时期的日本发生了许多变革，对这些观点逐步发起了无法回避的挑战。考虑一下这件事涉及哪些因素：一个大国，不位于西方世界，不是基督教国家，居民不是那些自视为白人的人，但这个国家实施了一部落地生根的宪法，这一文件规定的公民权当然严格受限，但仍然嵌入了某些民众权利，并且该文件设立了一个起作用的国会。此外，日本在实现这一切的同时，在经济、工业、教育、科技方面都发生了影响力壮阔、被广泛报道的变革。不同的地区对这些发展的反应都十分迅速，不过形式各不相同。

　　在西方评论家中，有人承认这种发展，也有人为此喝彩，但其中夹杂着忧虑和些许傲慢。一名英国评论家在 1894 年写道："直到最近，日本人最广为人知的……是制作漂亮的小摆设。这个古老的奇特民族激起了某种情感上的兴趣。"但是现在，这个作者继续写道，这个"东方民族突然向前跃进，这是不同凡响的事件"。[53]"不同凡响"的说法在这里仍然包含明显的惊讶内涵。不过，其他外国评论者更专心和兴奋地看待日本发生的变革。尤其是中国的改革者和官员，以及有志向的印度民族主义者，1889 年之后，他们有一种越来越强烈的感觉：日本的政治创造，正如其经济、教育、工业上的进步，将立刻改变世界格局，对此应该热切审视和学习。

　　19 世纪 70—80 年代，明治政府向海外派出使团，研究科技、经济、政治现代化的各种模式，其绝大多数目的地都是西方国家。然而，1889 年之后，关于到哪里寻找现代性痕迹的假设开始变化。1904—1905 年，当中国南方广东省的行政长官为该省最好的学生寻找研习政治与法律的理想国家时，他理所当然地认为，他可选择的范围已经拓宽了。他将 31 名广东学生送往美国、英国、法国、德国，而另外，他也将 56 名本地学生送到日本。这一举措是更广泛趋势的一部分。正如一名历史学家所说，20 世纪头 10 年，聪明的中国年轻人大批出国赴日本求学——到 1906 年已有 8000 人——"可能是到那时为止，世界历史上最大规模的海外留学活动"。[54]

当然，中国经海路到日本的最近距离只有 500 英里左右。不过对大部分住在更远处的人而言，亲自游历日本仍然是不可能的。但事实证明，外来者直接接触日本受到的限制，并没有阻碍日本日益扩大的全球影响。生活在西方以外的许多改革家和革命者基本上无法亲自考察日本，因此简单地选择将这个东亚帝国理想化，将希望在本国实现的任何目标都投射其上。20 世纪初，一名土耳其知识分子和改革者羡慕地写道："日本人能够在不丧失宗教和民族认同的情况下吸收西方文明，他们能在各个方面达到欧洲人的水平，那么，为什么我们还要犹豫呢？"他接着写道："难道我们不能明确地接受西方文明，但同时仍是土耳其人和穆斯林吗？"[55]

这种对日本的理想化——认为它既是应该效仿的改革典范，又是对西方强国的成功回击和替代——因为日本在战争中取得戏剧性胜利而进一步被强化。一方面，各国有颁布宪法的意愿；另一方面，为了支持战争，需要增加人力供应，提高税收水平。这两方面常常存在联系，日本也不例外。1889 年的日本宪法确认了征兵制度，使服兵役成为所有 17—40 岁的日本男性的义务。此外，在该宪法颁布之后，日本政府的税收能力显著提高。伊藤博文声称，仅 1889—1899 年，人均税负就增加了一倍。[56]

增加的财政收入中，一些用于资助日本军队，尤其是迅速发展的海军。军队建设中有一个恰当的例子说明了这一点。1868—

描绘日本在 1894 年牙山战役中获胜的日本木版画，注意画中旁观的西方媒体

1893 年，明治政府从英国主要造船厂阿姆斯特朗购买了 5 艘军舰，从法国、德国、美国的军火商那里购买了另一些舰艇。1894—1904 年，日本从阿姆斯特朗造船厂购买的战列舰进一步增多。这十年里，日本从这家公司购买了 8 艘更大的军舰，这是这个时期英国以外所有强国中提交的最大的订单。[57]

这样，日本强化了自身的装备，成为远距离混合战争的主要参与国。在火炮、军舰、人员上增加投入，帮助它赢得了 1894—1895 年甲午中日战争的胜利。中国的海军规模更大，但技术不如日本先进，尤其是炮术上。1904—1905 年的日俄战争中，斥巨资扩张的日本海军也起到了很大的作用。这场战争结束时，俄国的三支主要海军舰队中有两支已失去战斗力，基本上被消灭了。[58]

日本连续取得的胜利很快对战败国产生了宪政和其他方面的影响。从 19 世纪 60 年代起，中国在经济和军事方面的变革一直在加速。但是，被日本击败之后，中国官僚、改革者、知识分子将更多注意力放在政治、法律、制度的变革以及军事力量的加强方面。在俄国，对日作战的失败也迅速带来了政治反响。战败的严重耻辱是俄国国内不满情绪日益高涨、沙皇于 1905 年 10 月决定向宪政改革做出让步的因素之一。这场战争在另一方面逼迫了沙皇。俄国许多军队已被派往远离罗曼诺夫帝国中心的地方与日本军队交战，那里是帝国最东部的区域，因此，革命者更容易在圣彼得堡取得短暂的优势。

日本的胜利还产生了文化和意识形态方面的影响。就日俄战争而言，在各方面最鲜明的证据或许是一幅画——可追溯至 1905 年的一幅浮世绘。浮世绘是广受欢迎的日本传统艺术形式，专注于人类（有时还有动物）感官和性方面愉悦感的无数形式。但是，在这张特殊的木版画和日本战争宣传画中，重点不在于愉悦感，而在于痛苦和暴力。一名日本步兵迫使俄国步兵跪下，拉下他的军服长裤，对其进行凌辱。与日本版画中对西方人的刻板描绘一致，俄国士兵长着红色的头发。他的两手、冻僵的脸和露出来的屁股，肤色都很白。而施暴的日本人很明显不是这种形象。背景中还有一队日本士兵，在日本国旗之下向前冲锋。

性暴力是每一场战争的特征之一，但并不是这幅浮世绘的中心主题。理解这幅画的本质需要将其置于更为广阔的背景中。据估计，到 1914 年，全球有近 85% 的地区曾被占据主导地位的"白人"强国——西欧和中欧诸帝国、美国，当然还有俄国——殖民和占领过。日俄战争的结果显然与这一全球趋势相左。一个非白人、非西方的帝国在陆上和海上对抗此前被一些评论家称为"白祸"的俄国，并取得了重大胜利，这就是这幅浮世绘的由来。在这幅特别的画中，世界颠倒了。俄罗斯帝国——在叶卡捷琳娜女

侮辱和侵犯他人：日俄战争期间的浮世绘，1905 年

皇之前就不断入侵亚洲的强国——的一名步兵，被另一个民族的士兵征服和贬低。图中的白人无论从字面还是隐喻的意义上，都被亚洲的一个代表侵犯了。

这类对 1905 年日本战胜俄国的反应是普遍存在的，但通常表现得更为得体一些。阿尔弗雷德·齐默恩是出生于德国的古典学者、政治学家、犹太复国主义者，也是未来的联合国教科文组织创始人之一，他有一件著名的逸事：接到日本胜利的消息，他于最后一刻修改了在牛津大学演讲的引言。据说，他对他的本科学生说道："我们有生之年发生过的或者可能发生的最重大事件，就是非白人民族战胜了白人民族。"[59] 但更重要的是，在曾遭受欧美暴力侵犯的社会中，人们在多大程度上利用了这一事件：日本在对抗俄罗斯帝国的战争中取得了胜利。

印度的记录显示，日俄战争之后，一些家庭为新生儿取了和得胜的日本海陆军将官相同的名字。印度领导人贾瓦哈拉尔·尼赫鲁后来回忆（至少是选择去回忆），"日本人的胜利激起了我的热情，我思索了印度和亚洲摆脱欧洲奴役，获得自由的问题"。[60]奥斯曼帝国的领土自 17 世纪以来不断遭到俄国蚕食，苏丹阿卜杜勒·哈米德二世疯狂地收集日俄战争的影集，珍藏在伊斯坦布尔的宫廷图书馆中。此时在英国控制下的埃及，民族主义者、律师、记者穆斯塔法·卡米勒在这场战争发生后就用极大篇幅加以报道。日本最终获胜只是确认了他对这个国家和 1889 年明治宪法的仰慕之情。他写道："日本令我们惊叹，因为这是第一个利用西方文明抵制欧洲帝国主义对亚洲所谓'保护'的东方政体。"[61]

对当时的一些人来说，日本战胜俄国是极受欢迎的事实，因为这似乎逆转了压倒性的种族等级制度。其他人则普遍将这场冲突解读（我们将会看到，这是有选择的）为对帝国主义侵略力量的一次打击。尤其是在穆斯林群体中，有时存在一种希望（这是明治政治代理人所激发的）：新日本将成为反抗基督徒入侵者压迫及殖民的卫士。但对某些观察者而言，似乎同样重要的是，日本所战胜的敌人——清王朝和罗曼诺夫俄罗斯帝国——都可以被视为摇摇欲坠的老旧政权，一直抗拒全面的政府改革与政治改革。相比之下，胜利者日本是拥抱改革和成文宪法的国家。

一名土耳其评论家在 1904 年底写道："日本人正在为一个他们在那里拥有自由的国家而战。"当时的一名埃及记者也赞同，日本与俄国之间的冲突本质上是一场"宪法之战"；日本战士因为得到自由而受到鼓舞，而他们的俄国对手仍然在暴政的压制之下。[62]

在某种程度上，这是从日本经验中推断出的最重要的论点。日本对中国和俄国的胜利可以解读为（也确实被解读为），在西方之内和之外，宪政改革是成为高效的现代国家不可或缺的一步。圣彼得堡一家颇受欢迎的日报的记者在 1906 年不明示地评论自己的国家，对日俄战争做了如下的分析：

> 由于日俄战争的结果，东方人知道，他们能够在文明和繁荣方面追上欧洲，正如他们知道，除非用宪政代替他们高压、专制的政府，否则他们就不可能赶上。他们开始将日本短时间内的进步归功于咨议会议和依据宪法的行政管理，因此，中国人、印度人、菲律宾人都要求他们的政府实施宪法。[63]

因此，俄国人自己也越来越多地提出这种要求。

这类观点代表着一个重大的转折点。宪法已在大亚洲地区确立了地位。在这片广阔的地区，以及其他非西方国家，对同一种政治工具的实验也不断兴起。除此之外，有一个论点在这个时候更常跨越不同地区：只有拥有现代的宪法，一个国家才能足以与世界上的其他国家竞争。正如一位中国外交官和记者所说："其他国家之所以富强，主要是因为采用了宪法。"[64] 正是对此种看法的广泛接受，证实了成文宪法是真正的全球现象。

教 训

　　日本发生的事件竟会对世界其他地区产生如此广泛而根本的影响，这看起来似乎有些矛盾。明治宪法制定之后 20 年，1909年 10 月 26 日，伊藤博文在前去秘密会见一位俄国外交官途中遭人刺杀，刺客向他的胸口开了三枪。伊藤的人生与不断兴起的现代事物相交织，直到最后一刻，这次暗杀发生在中国东北哈尔滨雅致的新火车站。刺客是朝鲜民族主义者安重根，他在被处决之前做了简短的解释："我决意刺杀伊藤，是为了报复朝鲜民族

《日本是世界之王》：日俄战争期间发行的一幅宣传画

受到的压迫。"很显然，对这个人而言，日本并不是希望的灯塔，也不是非西方人热爱和效仿的榜样。它只是另一个统治和压迫的帝国。[65]

1895 年，甲午战争取胜后，日本控制了中国的台湾。在随后的日俄战争中取胜之后，日本在朝鲜也建立了保护国。1906 年，当伊藤做出重大决定，出任首位日本驻朝鲜统监后，他立即开始在那里追求他所认为的"文明事业"。次年，朝鲜实际上已被日本兼并。从这个意义上讲，明治时期的日本并不是西方帝国主义安全可靠、令人满意的替代者。相反，它急切且成功地加入了对世界各地的掠夺。那么，日本的变革（最重要的是它的宪法）为何在这么长的时间里仍能吸引不同大陆上的许多国家？

部分原因是，在那个时候，一切都不像现在看上去那么矛盾。西方强国在漫长的 19 世纪里一直在陆地和海洋扩张上处于主导地位。可在此之前，其他地区也出现过令人敬畏、有弹性的帝国，尤其是亚洲大国。因此，20 世纪初，明治时代的日本正在通过武力建立自己的海外帝国，这一事实可以（在某些方面确实）被解读为世界正开始令人满意地再次迈向正确的道路、东方明显也在回归的又一个证据。

而且，中国台湾地区以及朝鲜之外的许多人似乎并不知道，或者并不关心日本对这些地方的帝国主义侵略。在一定程度上，日本有效确立了自身作为另类的现代国家和西方侵略抵抗者的象征，这一名声足以让许多人忽略令人尴尬的事实。另外，日本的成文宪法在 1889 年后一直得到更多国内政治行动主义及政治实验的支持，它相对较长的寿命也验证了其有效性。

1918 年，第一次世界大战之后，一位英国政治家注意到，此时就连保守的印度民族主义者也为日本的榜样所吸引，因为"东方国家每次发展议会式政府的尝试都彻底失败了，也就是说，在土耳其、埃及、波斯、中国和现在的俄国都是如此"。他接着说道，相比之下，印度发言人"将日本视为出色的例外情况，称印度没有理由不能做得同样出色"。[66] 二战之后，这种诱惑力在某些地方仍然存在。日本在这场战争中的军事侵略确实夺走了数千万人的生命，但客观上也动摇了英国和其他欧洲强国在亚洲的帝国领地的稳定，给未来的独立运动带来了必要的助益。

明治宪法也仍然发挥着影响力，尽管只是间接的。在1931—1945年的抗日战争中，中国付出了极大的人力和经济代价。战后，1946年12月，《中华民国宪法》通过，其导言热情洋溢地向孙中山致敬。20世纪初，孙中山和中国其他许多青年改革者一样，多次访问明治时代的日本，钦佩该国的成就。明治时代政治实验中的大胆和革新与武装暴力反复联系在一起，即使在最意想不到的地方也持续产生影响。

结 语

　　1914 年 7 月爆发的第一次世界大战标志着变革开始阶段的结束。与 18 世纪中叶以来的其他大规模战争一样，它的蔓延无法预测，破坏（有时甚至摧毁）了政治秩序，加速了多变的思想的传播。在这一过程中，与过去的许多战争一样，它也促进了新宪法的传播，只是方式截然不同，规模也史无前例。

　　出现这种情况的部分原因是，与漫长的 19 世纪 60 年代相比，这次甚至有更多国家参战，世界上的主要帝国都被拖入战争。因此，这场战争中最为有名的杀戮场，蜿蜒穿过法国、卢森堡、比利时的西线战场，只是整个战争地理范围的一部分。以英国、法国、俄国等为一方，德国、奥匈帝国、奥斯曼帝国等为另一方的战争，将风暴带进了各国的殖民地和卫星国。实际上，这意味着整个非洲（除了埃塞俄比亚和利比里亚）、中东、加拿大、中东欧大部分地区，以及亚洲和澳大拉西亚的很大一部分地区受到了影响。各帝国对其他大陆的干涉进一步放大了这场战争的范围和影响。日本于 1914 年参战，因而战争状态必然蔓延到中国；而美国于 1917 年参战，也令它的正式与非正式的殖民地——菲律宾、古巴、夏威夷、中美洲大部分地区——卷入其中。甚至在此之前，这场战争就已波及南美洲和大洋洲，智利沿海和马尔维纳斯群岛发生了大战，新西兰则占领了德属萨摩亚。[1]

正如拿破仑战争中发生的那样，越来越多的跨大陆冲突迫使主要参战国立刻以比以往更激进的方式招募本土兵员，并从本土中心地带之外获取人力。拿破仑招募的外籍士兵绝大多数来自欧洲；而在一战中，法国则从更远的地方攫取人力。1914 年后，法国从其海外殖民地征募了超过 50 万兵力。英国也扩大了征兵范围。1914—1918 年，仅印度就贡献了 140 万士兵和近 50 万劳工。其中许多人在印度次大陆家乡之外服役，这改变了战争的特性与文化，其方式仍有待探索和有想象力的研究。从 15 世纪末以来，各种各样的欧洲人不断通过海路来到印度半岛，在那里战斗。而一战见证了大量南亚士兵和契约仆役前往欧洲大陆，参加战斗和战场工作，这在世界历史上是首次。[2]

一战中还有其他一些标志性的变化。与漫长的 19 世纪 60 年代发生的许多战争一样，这场战争中的科技变革导致了死亡率的大跳跃。只是这一次涉及的不仅仅是速射步枪、蒸汽机、电报。1914 年之后，作战涉及坦克、潜艇、飞机、机枪、毒气，以及用于协调部队行动的电话和双向电台。加上与战争相关的疾病、饥荒、事故和对平民的屠杀，这些因素可能造成了至少 4000 万人死亡，还有数百万人伤残，痛失亲友，被迫背井离乡。

英国小说家、政治活动家、未来学家 H. G. 威尔斯身材魁梧，绝顶聪明，作品多产，出版作品的速度甚至超过了他勾搭女性的速度。他最初曾支持对德作战的正义性。但是，和平还没有正式到来，威尔斯就承认"旧制度的许多部分"此时"已经灭亡"，因此需要"重建"。他认为，至关重要的是要设计出"让人们在世界

大战之后（可能）理解整个人类"的方法。[3] 对他和当时其他许多
知识分子和政治家来说，这种抚平战争创伤的重建工作和重新评
价工作中，一个必要的部分就是建立一个国际联盟，这是一个新的
专业机构，将监视、监督全球事务，从而预测、控制、遏止未来的
武装冲突。[4]

　　1918 年 5 月，威尔斯发表了急切而有影响力的论文集《第四
年：世界和平的预期》（*In the Fourth Year: Anticipations of a World
Peace*）。他在书中的一节里专门讨论了为这个未来的国际联盟起
草宪章的难题。作为可能努力达成的一个范例，也为了吸引美国
（由于战争，这个国家变得比以前强大得多）的读者，威尔斯援引
了 1787 年费城制宪会议的成就，"讲英语的智者真正深思熟虑的
创造"。[5] 今天，这一评论的文化沙文主义气息可能令我们吃惊，
但威尔斯的其他设想和语言也值得注意。

　　这场世界大战的高死亡率、对经济的极端破坏，加上一场瘟
疫的爆发（所谓"西班牙流感"，在 1918—1920 年导致 5000 万
人丧生），带来的不仅仅是悲痛和长时间的阴郁。在各个国家，
它还造成了一种有证据证明的迷失感、一种挥之不去的信念，
正如威尔斯所说，"旧制度的许多部分"已经消亡，或者变得
多余。但是，他关于国际联盟的提议说明，战后的这种忧虑
和被迫与过去断绝关系的感觉，并没有延伸到宪法起草上。相
反，1919 年初，一名身在中国的评论家说："宪法的起草永无止
境。"他还补充了意味深长的评论："在建立共和国方面，现
在有很多活动。"[6]

　　一百多年前，法国对伊比利亚半岛的军事入侵加速了葡萄牙
和西班牙帝国的瓦解，从而为多个配备实验性成文宪法的南美国

家的兴起铺平了道路。类似的大规模战争的模式加速了历史悠久的君主制帝国的消亡，推动 1914 年之后出现的以共和制为主的国家和宪法取而代之，但这种变化的规模更大，而且发生在不同的大陆。一战之后的这个阶段，君主制更加难以（但仍然不是不可能）与雄心勃勃的成文宪法舒适地并存。

1914 年，奥斯曼帝国站在德国一边参战，希望重申在中东和巴尔干半岛的地位。而在战争中成为失败的一方，不仅终结了这个帝国，也终结了苏丹的世袭统治。回望 1908 年夏季，流亡的康有为已经看到，拥入伊斯坦布尔的群众庆祝奥斯曼帝国宪法的恢复。到 1924 年，在穆斯塔法·凯末尔·阿塔图尔克，又一位出身职业军人的立法者的领导下，这部宪法让位于一部全新的宪法。新宪法的第一条直截了当："这个土耳其国家是一个共和国。"[7]

霍亨索伦王朝和德意志帝国的 1871 年宪法，以及哈布斯堡王朝和奥匈帝国的 1867 年宪法，都在军事失败的捶打中被粉碎了。实力被严重削弱的德国于 1919 年、国土大为缩小的奥地利于 1920 年都采用了新的、明确的国家宪法，这两部宪法各是为了建立一个共和国而制定的。奥地利的一些原帝国行省制定的宪法也是如此。例如，捷克斯洛伐克于 1918 年末宣布独立，到 1920 年已实施了共和制宪法。

甚至英国，表面上是主要战胜国之一，也是幸存下来的君主制国家，但也被这场战争大大削弱，这也再次影响了新宪法的传播和新共和国的出现。爱尔兰民族主义运动从 19 世纪 60 年代起就不时兴起。但是，正是因为伦敦被世界范围的战争需求所困扰，所以 1916 年在都柏林发生的、初期笨拙的小规模爱尔兰民族主义起义才得以升级成来势凶猛、不可阻挡的革命。到 1922

年，除了北部的六个郡，爱尔兰其他地方都成功脱离了明显不再存在的联合王国。新的爱尔兰自由邦成立，有了一部成文宪法；不过，1937年的又一部爱尔兰宪法才明确宣布这个独立国家是一个共和国。[8]

两年前（1935年），威斯敏斯特议会通过了《印度政府法案》。制定这部法案一定程度上是为了安抚印度民族主义者，遏制他们的反抗——这种反抗由于战争的爆发而明显加剧。大英帝国的这部法案没能令任何人满意，很快就被各种事件淹没了。不过，该法案的通过表明，即便在第一次世界大战中安然无恙地存活下来的欧洲帝国，此后也持续承受着压力。《印度政府法案》并不完美，带有帝国主义的偏见，语言明显很节制，但它也是反映战后宪政设计的丰富性、重要性的案例之一。这部法案将延续下去，构成1949—1950年印度独立宪法中三分之二的内容，该宪法是后殖民时代世界上存续最久的宪法，也是为一个共和国而制定的。[9]

但是，第一次世界大战直接摧毁了另一个历史悠久的君主制帝国——俄国，这给后来的宪法造成了与众不同的影响。[10]罗曼诺夫王朝在1905年失败的革命中幸存，并且避开了次年的制宪尝试。1914年之后，情况不同了。无论是传统形式上的俄罗斯帝国，还是罗曼诺夫皇室，都无法承受多次战争失利的冲击、这些战争对业已运行不畅的经济的破坏，以及令人难安的德国人对许多帝国反对者的煽动。

以弗拉基米尔·伊里奇·列宁为例，他在1905年革命期间发表了一本关于宪政体系的小册子。德国人采取了一种著名的方式搞颠覆行动：提供一列闷罐车，将他从流亡地瑞士偷运出来，于

1917 年偷送回俄国。正如列宁援引卡尔·马克思的比喻所做的贴切评论所言，战争"推动了历史，以火车头般的速度前进"。[11] 当年 2 月，俄国发生了又一次革命。3 月，圣彼得堡守军加入罢工的工人，迫使尼古拉二世逊位。到 1917 年 10 月，布尔什维克这个革命的社会主义政党以暴力夺取了政权。

最初，沙皇俄国的崩溃使一些原省区急切地抓住机会实现自治，并将其体现在成文法律中。以此方式，西亚和东欧之间的多民族地区格鲁吉亚首先宣布成为共和国，随后于 1921 年 2 月颁布了一部宪法。这部宪法给议会制度和宗教自由等成熟的改革措施留出了空间，也规定了更有革新性的举措。格鲁吉亚妇女现在至少在纸面上得到了与男性平等的政治权利。这部宪法还迎合了劳工组织的要求，将罢工定为神圣的权利，并以法律限制工作时间。该宪法承诺，新的格鲁吉亚将"没有阶级差别"，这一承诺甚至被弱势的儿童可领受国家补贴的服装的措施所加强。[12]

上述举措表明，一战后的成文宪法展现出纷乱、激进的社会性风格，这种情况也不只是出现在欧洲和亚洲国家。战争结束之前的 1917 年，通过一系列革命而取得政权的墨西哥政治家就起草了这一时代最为引人注目、最为持久的宪法之一。过去墨西哥宪法序言的一个特征，1812 年《加的斯宪法》的遗迹——"以上帝的名义"这一陈规——不复存在。取而代之的是，1917 年起草的宪法赋予了墨西哥政府分配国家大片地产的权利，也赋予了政府帮助小农场主和农民的义务。[13]

强调向社会和社会主义的转变，自然也是 1918 年 7 月俄罗斯苏维埃联邦社会主义共和国根本法的特征，这部法律以"被剥削劳动人民的权利宣言"开始。一战和二战之间的整个时期，甚至到 1945 年之后，这一文本都是西方左翼激进分子和改革者以及西方之外的一些反殖民活动者的参照物之一。《魏玛宪法》中也明显有意转向社会。这部宪法是 1918—1919 年德国革命的产物，这场革命源于战争引发的贫困以及俄国革命。自始至终，《魏玛宪法》的关注点都是"社会进步"。正如战后的格鲁吉亚宪法，它也赋予女性与男性相同的政治权利，还规定了国家对教育的控制、完备的社会保险体系以及"工人与雇主在平等地位上"的合作。[14] 战后一些东欧宪法也表现出了向社会坚定转变的趋势，例如 1921 年的波兰"三月宪法"宣布，"劳动是共和国财富的根基"。[15]

这些有激进风格和社会主义风格的战后宪法，许多都没能繁荣发展，甚至没有存续下去。例如，由犹太律师、学者、自由主义政治家胡戈·普罗伊斯起草的德国《魏玛宪法》虽然存在种种缺陷，但也称得上是一份精心写成的有影响力的文件。尽管如此，它仍无法阻止阿道夫·希特勒夺权，其寿终正寝也在意料之中。1917 年之后从沙皇俄国迅速涌现的各社会主义自治共和国，连同它们的宪法创造，也很快消亡了。格鲁吉亚民主共和国就是一个例子，它几乎立刻就被俄国军队推翻了。

然而，两次世界大战之间的这些和其他一些失败，并没有阻止制宪活动向社会转变的趋势；这些令人失望的现象，以及欧洲、亚洲、南美洲新独裁政权的增多，并没有导致人们对成文宪法方案的希望彻底破灭，也没有使人们长期远离这些方案。的确，这一时期最引人注目、最雄心勃勃的文件之一是一位大人物的杰作：约瑟夫·斯大林于 1936 年 12 月主导颁布的苏联宪法。

费边社会主义者比阿特丽斯·韦伯在当时写道，这部宪法有创造"世界上最包容、最平等的民主制度"的潜力，现在看来，这一判断似乎近于天真。可是，在 20 世纪 30 年代末，在不同国家都能发现这种乐观的态度，其中一部分是出于对苏联宪法非凡而动人的起草方式的反应。斯大林本人当然密切参与起草。不过在 1936 年下半年，苏联各地的 4000 多万男女公民也兴奋地参加了特别会议和讨论，撰写关于这部宪法草案的意见书。在这里，在批准宪法（从 18 世纪末起越来越普及的政治技术）的过程中，群众的参与程度达到了史无前例的水平。[16]

不过又一次，事实证明，这些革新和努力夭折了。18 世纪 60 年代的七年战争之后，俄国的叶卡捷琳娜女皇出色地忙于写作，她对关于《圣谕》的制宪会议的预期也很有独创性。可是，她很快就将所有制宪工作和组织方面的独创性撇在一边，专注于扩张帝国和巩固自身地位。1936 年的宪法发生了类似的情况，但比前者更残酷。仅仅两年之后，这部宪法也被粗暴地推到一边，大规模镇压和消灭被认为持异见或无益之人的运动全面展开。

不过，尽管经历了这些惨痛的失败，但这完全不像末日的开始。对成文宪法的价值和可能性的信念在独裁者的新时代开始时幸存下来，正如它轻松地在一战的杀戮和疏离中幸存一样。

的确，第一次世界大战有一个重要的意义，那就是它的规模增强了成文宪法的推动力，扩大了成文宪法的范围。一方面，有些帝国主义国家在 1914 年之后被迫从欧洲之外抽调人力，这有助于那些要求将权利延伸到有色人种的反殖民活动家的活动，并证明了这些活动的合理性。1915 年，一名黑人记者就加勒比海东部英国统治的格林纳达的征兵行动写道："作为有色人种，我们将为更多的东西而战斗，那是一些对我们自身无价的东西……我们将通过战斗证明，我们不再仅仅是臣属，而是公民。"[17] 出于同样的原因，女性在这场全球战争中被正式动用和征召的程度（不过只是在世界上的某些地区）也巩固和扩展了一个论点：她们现在应该以书面法律的形式，被纳入完全的积极公民身份的范围。

这种关于战争工具的主张有时候会遭到抵制，理由是它们贬损了1914年之前思想与阵营已经发生的变化。的确，第一次世界大战之前，社会主义思想和社会主义者鼓动的工会与福利改革已经在不同国家和大陆兴起。[18]女权主义运动和反殖民行动主义也是如此。然而，1914年后的战争导致的压力、冲击、要求是史无前例的，这些因素非常重要，因为它们普及、深化、推动了对现有政治制度的各种批评。空前规模的战争冲突，对作战人员和战争劳工更大、更多样化的需求，也可能集中以及缓和那些有影响力的行动者（他们以前以种族、收入、阶级、宗教、性别为由为排斥制度辩护）的思想。

1914年之后，妇女参与战争（正如殖民地居民参与同样的战事一样）的规模，关键是妇女参战的官方地位，为一些政治领导人提供了可以接受的方式，让他们做出退让，并走向有效变革。伍德罗·威尔逊在第一届总统任期（1913—1917年）内对女性普选权十分冷淡。可是，到了1918年9月——美国参战后17个月——他的言辞和立场都有显著改变，至少在关于妇女的问题上是如此。他坚定地告诉美国参议院："在这场战争中，我们与女性结成了伙伴。"他接着说道，因此，现在只承认女性是"牺牲、受苦、辛劳的伙伴，而不是特权和权利上的伙伴"，是不可想象的。[19]

因此，尽管1918年后的许多宪法都失败了，而且出现了新的一拨独裁领导者，但对于将国家、政府形式与各种权利写入有感染力的单一文件这一更广泛计划，人们并没有长期、普遍的幻灭感。当第二次世界大战再次令全球的国家与民族支离破碎，加速了西欧残存的各海洋帝国的崩溃时，宪法的制定只会以更快的速度向前推进。1945 年这场战争正式结束后，世界随后迎来了新民族国家建立的一次新高潮，先是在亚洲，从 20 世纪 50 年代中期起则转向非洲。这也导致政治宪法的又一次大爆发。[20]

这远不是故事的结局。为了在代价过大的冷战中跟上美国及其盟友的步伐，苏联付出了可观的人力物力，这也是其 1991 年解体的重要原因。它的瓦解导致东欧、中亚、外高加索地区出现或者重新出现了 15 个表面上独立的国家。每个国家都迅速制定了各自的新宪法。

在其他地方也发生了不同种类的战争。反复出现的跨大陆战争（这是从 18 世纪到 20 世纪中期这段时期的特点）可能已经停止，至少暂时停止了，但内战仍在不断增加。据估计，从 1989 年起，在世界的某些角落，每一刻平均有 20 场内战正在进行，特别是中东、非洲、中亚的部分地区。[21]

在不断发生的内战推动下，宪法起草达到了前所未有的速度。到 1991 年，世界上现存的 167 部单文件宪法中，只有大约 20 部有 40 年以上的历史，说明从 1950 年起，新文本的制定、旧文本的失败或更替都非常迅速。从那之后，宪法的变迁和制定只会变得更快。[22]

读者可能会疑惑，为何要重复这些努力？鉴于几个世纪以来，许多成文宪法寿命并不长，在保障负责任的统治和持久的权利方面也效果有限，为什么多个社会和民族仍然坚持在这种纸或者羊皮纸的政治法律手段上投入时间、想象力、思考、希望？

*

本书关注于描绘几个世纪内发生的一种不同寻常的变化，它出现在各个国家、政治活动家和普通男女的反应、思考、行动的方式以及有时候处置其信念的方式上。在解释这种变化——单一文件的成文宪法在不同地理空间的不断发展——的原因时，我强调了连续发生的大规模战争与侵略所起的作用，这是经过深思熟虑的。人们往往只从民主制度的兴起和某些（主要是西方的）宪政主义思想吸引力的角度解释这类文件的激增。而着眼于反复发生的武装冲突所做的贡献，可以得出更全面、更多样的观点，并引入更广泛的领域和声音。这也能让人们更好地意识到，从一开始，成文宪法就富于变化。它们始终以不同的形式服务于不同目的，这也是它们成功和持续的本质原因。

从 18 世纪 50 年代起，宪法预示并助力变革的共和制国家的出现，如科西嘉、美国、海地等。但是，在第一次世界大战之前，一些最有影响力的此类政治文本并不是共和制政权的产物，而是出自不同类型的君主国。西班牙的《加的斯宪法》就是如此，比利时 1831 年宪法和日本 1889 年宪法也是如此。此后，宪法常常是反帝国主义革命的产物。但在漫长的 19 世纪中，也曾有一些重要的成文宪法努力协助建立和维护帝国，这些宪法甚至到今天也可能有残留。

一些历史悠久的欧洲帝国就有这种情况，例如奥地利哈布斯堡王朝实施 1867 年的《奥匈协定》，是为了平息和遏制内部纷争。更新、存在时间更短的欧洲帝国也是如此，如拿破仑缔造的帝国；欧洲之外某些帝国也有同样的情况。美国不断扩大的州宪法网络，加上 1787 年标志性的联邦宪法，提供了一个显著的例子，说明宪法这种政治与法律手段本质上是千变万化的。一方面，美国多个州的宪法为白人男性提供了极高水平的民主和机会；但另一方面，许多此类文件也有助于进一步规范和合法化主要由白人组成的大批殖民者掠夺其他民族土地的行为，从而为建立覆盖整个大陆的美帝国打下基础。

即便在今天，宪法仍然可能成为领土扩张的辅助手段。而成文宪法另一个经久不息的吸引力，是它们为不同的政治制度提供了适合输出、有时候魅力非凡的宣言和辩护书。这是 1750 年之后宪法的诱惑力如此明显地扩大的原因之一。不同国家和帝国之间日益激烈的竞争和战争，使此类宣言深深地吸引着已经拥有权力和正在寻求权力的人。通过设计和颁布宪法，刚刚经过武装冲突而拼凑起来的新政权有望组织其居民，划定国界，发展和宣传其新兴的身份，并宣布以现代国家的身份登上世界舞台。至于根基更稳固的国家，它们可以（也逐步）使用宪法手段强化自身，对抗国内外威胁，宣示和重整通过战争或帝国主义扩张得到的领土；反之，也可能在军事失败之后重建国家，恢复自身法律地位。

因此，成文宪法为国家和统治者提供了宝贵的陈述和表达机会；但是要充分利用这些机会，政治行动者（至少在过去）通常需要运用印刷术。关于这一点，以及宪法在一定程度上被人们迅速承认为一种不可或缺的资产，有一个很好的示范，也是间接的示范。

我们已经看到，17 世纪 50 年代之后，大不列颠和后来的大不列颠及爱尔兰联合王国，都没有类似的单一的法典化宪法。由于异乎寻常地避开了成功的入侵和国内剧变，伦敦的统治者们从未（也仍然没有）觉得有迫切需要去承认一部宪法。但由于成文宪法与国家之间的竞争密切相关，且拥有如此显著的宣传和宣言价值，英国作为雄心勃勃的好战帝国，不可能完全远离它们。

英国采取的解决方案是发展和扩大宪法史这一体裁，这一策略可以利用英国密集的印刷工业和全球网络的优势。19世纪20年代到20世纪20年代，由伦敦、牛津、剑桥的出版机构出版的新的英国宪法史出版物增加了将近20倍。[23]英国法学家、辩论家、政治家不愿意设计和颁布一部正式的成文宪法，而是有意采用另一种印刷形式：以爱国精神将他们真实和想象中的政治宪法的历史广为传播和输出。

英国的这种特殊反应凸显了一些普遍而重要的观点：成文宪法逐渐成为常规和习惯，任何国家都难以忽视和拒绝；而且，这些政治手段往往与印刷文字联系在一起。但是，与印刷的这种关系也有助于保证成文宪法——虽然总是为权力服务——仍然是不稳定、不可预测的创造物。伟大的政治学家本尼迪克特·安德森解释道，成文宪法"已经被证明是一项不可能取得专利的发明"。与其他印刷文字（如18—19世纪的许多小说）一样，这种宪法"可以让各不相同，有时甚至出乎意料的人剽窃"。[24]

一方面，越来越多的宪法不断重印和输出，意味着即便是最坦率宣传民族主义的法律文本，通常也是融合的创造。宪法草拟者总是受到"拼合"方法的吸引，从源自世界不同地区的类似出版文件中取得素材、思想、条款。这是宪法不能仅仅从纯粹的国家角度来研究和解读的原因之一。另一方面，印刷、摘抄、翻译特别重要的宪法文本，如1787年的美国宪法、1791年和1793年的法国宪法、1812年的《加的斯宪法》、1847年的利比里亚宪法、

1889 年的日本宪法等，可能给世界其他地方带来诱惑、破坏、颠覆。

这类印刷材料能为缺乏宪法、需要新宪法或者受其他国家统治的国家与地区的改革者和激进分子提供思想、希望、灵感。印刷的宪法广为传播，也激励着许多行动者和热衷者（通常是男性，尤其是军人）尝试起草自己的非正式宪法，有些时候，这种宪法往往包含不同政见。而且，随着宪法文本传入其他地区，翻译成不同语言，不仅宪法这一体裁从总体上得到宣传，宪法文本自身也常常被人以不同的（有时是煽动性的）方式解读和阐释。

墨西哥将军阿古斯丁·德·伊图尔维德的《伊瓜拉计划》在加尔各答被翻译重印之后，很快被改造成了南亚人民捍卫更广泛权利的宣言。尽管明治宪法的基础是尊重世袭的日本天皇，奥斯曼帝国或伊朗的一些读过其译本的人却从中寻求建立共和国的论据。概述权力、法律与权利的文件很容易变成"易燃物"，事实证明，这不仅是许多正式政治宪法的命运，也是英国宪法史出版物的命运。20 世纪 30 年代和二战之后，特立尼达的 C. L. R. 詹姆斯和英属黄金海岸（今加纳）的克瓦米·恩克鲁玛等反殖民行动者认真挖掘了这些博学、可敬的宪法史著作，将其作为反对英帝国主义伪善和暴力行为的武器，从中寻找支持他们构筑独立国家的论据和法律观点。[25]

印刷对成文宪法全球传播的重要性，以及战争反复爆发对这种传播所起的压倒性的重要作用，不可避免地带来了这样的问题：在 21 世纪的前几十年里，宪法这种已经无所不在的政治工具还有怎样的效能和反响？诚然，过去的宪法以宣传小册子、报纸、海报、纲要、学校课本的形式不断地重现，但从未像最为热心的支持者理想中那样，受到大众认真审读。[26] 不过，这种印刷文字的政治影响力及其范围遭遇到了更为系统的挑战。

今天，在我们许多人所生活的社会中，越来越多的人不是从印刷纸页，而是从屏幕上得到类似的政治信息。数字时代还造成了政治信息的"巴尔干化"。尤其是在较为富裕的地区，那里不再是狭隘的世界，人们不会只依赖几个电视频道或者几份主要报纸，以及圣像般的单一成文印刷宪法。相反，一些未经过滤的政治信息、观点、理念，与其他许多信息一起，不断在多种媒体上展现。

成文宪法在过去能够以如此迅猛的势头发展，这应该能够提醒我们：现在，它们的延续和未来的效力及更新都面临其他的挑战。在过去，特别是 1750 年之后，战争的爆发一再导致不同的大陆出现戏剧性的分裂，这有时促进了建设性的新政治宪法的创生；而战争以及其代价和负担，也频繁地迫使国家和统治者以书面的形式向各自的民众做出表示和退让。

现在不同了。我们这些人足够幸运地生活在没有反复受到内战困扰的社会里，对我们而言，这种宪法创造和修正的刺激已不再起作用。自二战以来，无论如何战争的性质已发生了很大的改变。当今的主要大国基本上都依赖职业化、高度专业化的陆海空三军及致命的精英部队，依靠核技术、网络技术等手段。因此，现在和未来的政府不得不承认，更开明的新宪法作为确保大规模征兵、对战争时期人民持续的忠诚提供回报和刺激的手段，其效力已大大减弱。

在安全的民主制国家中，现有宪法相对比较容易修正，这种战时刺激的相对缺失也就没那么大的关系。以爱尔兰共和国（该国保持中立）为例，1972 年以来该国宪法做了不少于 35 次修正。

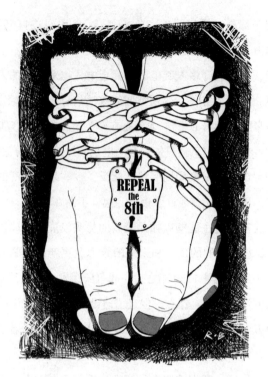

如今利用宪法：艺术家罗辛·布莱德献给 2016
年一场成功的政治运动的作品。这场运动废除
了禁止堕胎的爱尔兰宪法第 8 修正案

其中 2018 年的一个修正案允许爱尔兰立法机构做出关于可以堕胎
的规定。后续的修正从爱尔兰宪法文本中删除了渎神的罪名，并
使离婚变得更加容易。这些举措说明，法典化的宪法仍能继续发
挥宣言的功能。这些修正案用于向国际和国内宣布及说明，现代
的爱尔兰共和国现在本质上是世俗国家，不再像过去一样受到天
主教会的支配。

　　但是在美国，宪法修正案的情况就不同了。在这里，宪法的

制定和重大修改一再依赖于战争的刺激：美国独立战争、内战、第一次世界大战等。在这个国家，修正开国元勋深思熟虑制定出的联邦宪法是一件难事。二战以来，美国宪法只有过六次修正，1992 年起就完全没有修正。近几十年，美国的一个特征是政治机能失调和阻碍发展的分歧，原因之一可能就是，由许多前军人于 1787 年在费城苦心制定的标志性宪法现在已经太陈旧，限制太多，因此需要持续、专业的扩充和翻新。可是，没有大规模战争之类的外部压力，如何带来这样的改变并达成共识？另一种势不可当的紧急事态能达到这种效果吗？

但是，你可能会认为，最广泛、最无所不在的挑战是，在 21 世纪初，和往常一样，成文宪法本身并没有也不能保证好的政府，也没有确保人们拥有基本权利。现在，这种文本实际上存在于世界上的所有国家。然而，美国非政府组织对超过 200 个国家进行的年度调查的报告显示，基于其过去 14 年精心收集的证据，多国的政治权利与公民自由的水平一直稳步下降。[27] 而就在我写作这本书的时候，尽管成文宪法广泛存在，但民粹主义、极权主义、未来的独裁主义、高压和腐败的政府仍在各个大陆大行其道且不断增殖。

尽管如此，实际上部分原因也在于此，成文宪法仍然很重要。正如我努力表明的那样，这些文本作为历史现象以及研究全球历史和不同现代观发展的一种手段，都是极其重要的。对于现在，它们也很重要。虽然我们生活在一个越来越数字化的世界，这种纸质政治手段的内在精神仍有永恒的价值，它能带给人们启示，可以激发人们的精神，能够用各种语言不断复制，也很便宜，容易携带。在处于极大压力下的人身上，往往能看到这一点的生动

用宪法掩盖和申明，南非比勒陀利亚，2017 年

示例。

　　例如，让我们回到 2017 年的南非危机的爆发点，去了解"经济自由斗士"组织的一名成员的故事。"经济自由斗士"是一个极左翼组织，有时候表现出准军事组织的特征。我们的主人公参加了比勒陀利亚的一次要求时任总统雅各布·祖马（他深陷腐败之中）辞职的群众示威。看到一名摄影师靠近，这名抗议者（我们因故无从知道他的名字）很快将脸藏在一本破旧的本国宪法书后面。

　　这部著名的宪法是 1996 年 12 月由纳尔逊·曼德拉签署生效的，制定该宪法是为了宣示和推动后种族隔离时代的南非。很明显，这名比勒陀利亚的示威者使用的是廉价的纸质宪法版本，它比一般的平装本更小，是为了让尽可能多的人阅读，并且容易放进口袋里而专门定价和制作的。事实证明，它的大小仍然足以遮住这名示威者的脸。不过，此人用这种方式，用他的国家的宪法廉价平装本来掩盖自己的身份，他某种程度上也被公之于众了。通过这一行为，他将自己与改革的南非紧紧地联系在一起，从而宣布这场改革本质上与他这样的人有关。

在极为不确定、变动、不平等、暴力的世界里，宪法文本虽不完美，但有时候激动人心，有各种各样的用途且容易获得，也许仍是我们所能期待的最好的东西。正如托马斯·杰斐逊1802年所言："成文宪法也许会因为一时的激情或错觉而被违反，但它们为警醒的人提供了一种再次团结和召回人民的文本。"[28]

注　释

　　这些尾注实际上组成了一份当前的参考书目，也提供了延伸阅读的建议。每一章的开头我都给出了完整的作者、书名、出版地信息。我尽可能列出本书讨论的特定宪法的最新在线内容，以及它们的原稿纸本位置。

引　言

1. Giray Fidan, 'The Turk Travelogue: Kang Youwei's Journey to the Ottoman Empire', *Bilig* 76 (2016), 227–243. 奥斯曼的背景资料参见 Erik Jan Zürcher, 'The Young Turk Revolution: Comparisons and Connections', *Middle Eastern Studies* 55 (2019), 481–498。

2. Aida Yuen Wong, *The Other Kang Youwei: Calligrapher, Art Activist, and Aesthetic Reformer in Modern China* (Leiden, 2016), 86.

3. William Blackstone, *The Great Charter and Charter of the Forest* (Oxford, 1759), i.

4. 这一论题的经典解释参见 R. R. Palmer, *The Age of the Democratic Revolution: A Political History of Europe and America, 1760–1800* (2 vols., Princeton, NJ, 1959–1964)。这部著作的影响力经久不息，在如下书的引言中依然可见其影响：David Armitage and Sanjay Subrahmanyam (eds.), *The Age of Revolutions in Global Contexts, c.1760–1840* (New York, 2010)。

5. Theda Skocpol, *States and Social Revolutions: A Comparative Analysis of France, Russia, and China* (Cambridge, 1979), 186.

6. Max Roser et al, 'Global deaths in conflicts since the year 1400', in Max

Roser (2020) 'War and Peace'. Published online at OurWorldinData.org, Retrieved from https://ourworldindata.org/war-and-peace, consulted in 2019. 我很感谢罗泽教授允许我重现这一图表。

7. "伞形战争"这一概念归功于杰里米·布莱克教授。

8. Quoted from the book of these lectures: *General Economic History*, trans. Frank H. Knight (London, 1927), 325.

9. Jürgen Osterhammel, *The Transformation of the World: A Global History of the Nineteenth Century* (Princeton, NJ, 2014), 118–119. 美国进军海外帝国及其更广泛的背景，参见 G. Hopkins, *American Empire: A Global History* (Princeton, NJ, 2018)。

10. Sebastian Conrad, 'Enlightenment in Global History: A Historiographical Critique', *American Historical Review* 117 (2012), 999–1027, at 1027.

11. See Wong, *The Other Kang Youwei*.

第 1 章

1. 关于围绕保利发展起来的个人崇拜，参见 David Bell, *Men on Horseback: The Power of Charisma in the Age of Revolutions* (New York, 2020), 19–52; *Independent Chronicle*, 16 October 1770。

2. 最好的法语研究成果: Antoine-Marie Graziani, *Pascal Paoli: Père de la patrie corse* (Paris, 2002), and Michel Vergér-Franceschi, *Paoli: Un Corse des Lumières* (Paris, 2005); *Correspondance Pascal Paoli: Édition critique établie par Antoine-Marie Graziani* (Ajaccio, 7 vols., 2003–18), I, 84–91。

3. *Correspondance Pascal Paoli*, I, 84–91.

4. 这部宪法的一个权威版本可见于 *Correspondance Pascal Paoli*, I, 222–247; 早期的有价值研究参见 Dorothy Carrington, 'The Corsican Constitution of Pasquale Paoli (1755–1769)', *English Historical Review* 88 (1973), 481–503。

5. Carrington, 'The Corsican Constitution of Pasquale Paoli', 495–496, 500.

6. See Vergée-Franceschi, *Paoli*, chapter two; Fernand Ettori, 'La formation intellectuelle de pascal paoli (1725–1755)', in *Correspondance Pascal Paoli*, I, 11–31.

7. *Correspondance Pascal Paoli*, II, 136–138.

8. Ibid., 136–138.

9. *Correspondance Pascal Paoli*, I, 239.

10. Graziani, *Pascal Paoli*, 139.

11. 保利确实试图打造一支海军。参见 James Boswell, *An Account of Corsica, the Journal of a Tour to That Island, and Memoirs of Pascal Paoli*, James T. Boulton and T. O. McLoughlin (eds.) (Oxford, 2006), 30。

12. 他似乎已经意识到了。参见 *Correspondance Pascal Paoli*, II, 62–63。

13. 温斯顿·丘吉尔在他的《英语民族史》第三卷中运用了这一描述。从全球被卷入的地区这一点来讲，七年战争并不是一场世界大战，但它的激烈程度和对多个大陆的影响是史无前例的。

14. See Tonio Andrade, *The Gunpowder Age: China, Military Innovation, and the Rise of the West in World History* (Princeton, NJ, 2016), and Kenneth Chase, *Firearms: A Global History to 1700* (Cambridge, 2003); 战争建国潜力的经典论证参见 Charles Tilly, *Coercion, Capital, and European States, AD 990–1990* (Oxford, 1990)。

15. Robert Orme, *A History of the Military Transactions of the British Nation in Indostan* (London, 1763), 345; M. S. Anderson, *War and Society in Europe of the Old Regime 1618–1789* (Montreal, 1998), 80.

16. Daniel A. Baugh, *The Global Seven Years' War 1754–1763: Britain and France in a Great Power Contest* (London, 2011).

17. Pradeep P. Barua, *The State at War in South Asia* (Lincoln, Ne, 2005), 47; 对纳迪尔沙及其世界的简介参见 Peter Avery (ed.), *The Cambridge History of Iran* (Cambridge, 1991): 'Nādir Shāh and the Ashfarid Legacy', Vol. 7, 1–62。

18. Peter C. Perdue, *China Marches West: The Qing Conquest of Central Eurasia* (Cambridge, Ma, 2005).

19. 我在这里利用了肯尼思·波梅兰兹的书名: *The Great Divergence: China, Europe, and the Making of The Modern World Economy* (Princeton, NJ, 2000)。乔安娜·韦利-科恩的文章提供了关于 18 世纪中叶不同地区及其战争的趋同现象的有趣的侧面描述: Joanna Waley-Cohen, 'Commemorating War in Eighteenth-Century China', *Modern Asian Studies* 30 (1996), 869–899; 她讲述了乾隆的谋士们如何利用七年战争后的巴黎雕刻师，纪念平定准噶尔的胜利。

20. 混合战争的现定义，参见英国国防部网络出版物 *Understanding Hybrid Warfare* (2017)。

21. 这一信息来自我在普林斯顿大学的同事苏珊·纳坎教授。

22. See Jaap R. Bruijn, 'States and Their Navies from the Late Sixteenth to the End of the Eighteenth Centuries', in Philippe Contamine (ed.), *War and Competition between States: The Origins of the Modern State in Europe, 13th to 18th Centuries* (New York, 2000).

23. Peter McPhee, 'Rethinking the French Revolution and the "Global Crisis" of the Late-Eighteenth Century', *French History and Civilization* 6 (2015), 57.

24. Bruijn, 'States and Their Navies', 71.

25. John Brewer, *The Sinews of Power: War, Money and the English State, 1688–1783* (Boston, MA, 1989), 29–63.

26. David Bell, *The First Total War: Napoleon's Europe and the Birth of Warfare as We Know It* (Boston, MA, 2007), 17.

27. See my *Captives: Britain, Empire and the World, 1600–1850* (London, 2002), 269–307. 此时印度其他各邦遇到的挑战，参见 Tirthankar Roy, 'Rethinking the Origins of British India: State Formation and Military-Fiscal Undertakings in an Eighteenth-Century World Region', *Modern Asian Studies* 47 (2013), 1125–1256。

28. 这里，我认真阅读了 C. A. Bayly, *The Birth of the Modern World, 1780–1914: Global Connections and Comparisons* (London, 2004), especially 86–121，从中受益。不过，我希望更加强调，到 18 世纪 50 年代，西方大国参与涉及海洋和陆地的大规模战争的程度，以及这造成的许多后果。在这方面，贝利这本书（第 84—85 页）中有关全球武装冲突蔓延的示意图十分宝贵，但过于静态，也太以陆地为中心。理想情况下，这个主题的示意图应该包含越来越多在不同海洋上行动的舰船。

29. 对这一不断发展的危机，最好、最新的研究著作是 Alan Taylor, *American Revolutions: A Continental History, 1750–1804* (New York, 2016)。

30. Edward J. Cashin, *Governor Henry Ellis and the Transformation of British North America* (Athens, GA, 1994), 211.

31. See Eric Hinderaker, *Boston's Massacre* (Cambridge, MA, 2017).

32. Peter D. G. Thomas, 'The Cost of the British Army in North America, 1763–1775', *William and Mary Quarterly* 45 (1988), 510–516.

33. 未来的财政大臣查尔斯·汤曾德的话，引自 Taylor, *American Revolutions*, 98。汤曾德对美洲殖民地新税制的支持人尽皆知。但他曾担任海军大臣，这就没有那么多人知晓了。他十分清楚军舰的成本。

34. 约翰·夏伊的结论仍然适用："是武装力量而不是别的，决定了美国革命的结果……如果没有战争的支持，独立宣言只不过是一部将被人遗忘的、流产的宣言。" In John Shy, *A People Numerous and Armed: Reflections on the Military Struggle for American Independence* (New York, 1976), 165。而且，如果没有此前七年战争带来的压力，这场跨越大西洋的危机也绝对不会以这样的方式、以如此之快的速度发展。

35. James C. Riley, *The Seven Years' War and the Old Regime in France: The Economic and Financial Toll* (Princeton, NJ, 1986).

36. Rafe Blaufarb, 'Noble Privilege and Absolutist State Building: French Military Administration after the Seven Years' War', *French Historical Studies* 24 (2001), 223–246; 1763 年后法国复仇的另一面，参见 *Revanche*, Emma Rothschild, 'A Horrible Tragedy in the French Atlantic', *Past and Present* 192 (2006), 67–108。

37. Lynn Hunt, 'The Global Financial Origins of 1789', in Lynn Hunt, Suzanne Desan and William Max Nelson (eds.), *The French Revolution in Global Perspective* (Ithaca, NY, 2013), 32 and passim.

38. Pierre Serna, Antonio de Francesco and Judith Miller (eds.), *Republics at War, 1776–1840: Revolutions, Conflicts and Geopolitics in Europe and the Atlantic World* (New York, 2013), 243; 1789 年，欧洲主要国家军队规模的估计参见 Paul Kennedy, *The Rise and Fall of the Great Powers: Economic Change and Military Conflict from 1500 to 2000* (New York, 1987), 99。

39. 最好的研究著作是 John Elliott, *Empires of the Atlantic World: Britain and Spain in America 1492–1830* (New Haven, CT, 2006), 292 et seq。1763 年后，西班牙帝国重整对南美洲之控制的例子参见 Leon G. Campbell, *The Military and Society in Colonial Peru, 1750–1810* (Philadelphia, PA, 1978)。

40. Carlos Marichal, *Bankruptcy of Empire: Mexican Silver and the Wars between Spain, Britain, and France, 1760–1810* (New York, 2007).

41. Arjun Appadurai, commenting on Stuart Alexander Rockefeller, 'Flow', *Current Anthropology* 52 (2011), 557–578, at 569.

42. 最近的史学研究成果巨大。如下优秀著作各有侧重：Jeremy D. Popkin, *A Concise History of the Haitian Revolution* (Chichester, 2012); David P. Geggus, *The Impact of the Haitian Revolution in the Atlantic World* (Columbia, SC, 2001); Laurent Dubois, *Avengers of the New World: The Story of the Haitian Revolution* (Cambridge, MA, 2004)。

43. As reported in the *Pennsylvania Gazette* on 12 October 1791. See https://revolution.chnm.org/items/show/317.

44. Julia Gaffield, 'Complexities of Imagining Haiti: A Study of the National Constitutions, 1801–1807', *Journal of Social History* 41 (2007), 81–103. 1801 年、1804 年、1805 年、1806 年、1811 年海地宪法的英译版可在网上找到。

45. James Stephen, *The Opportunity; Or, Reasons for an Immediate Alliance with St Domingo* (London, 1804), 11–12.

46. 这一文本参见 Julia Gaffield (ed.), *The Haitian Declaration of Independence* (Charlottesville, VA, 2016); 在海地创办学校的非裔美国人普林斯·桑德斯关于黑人起草宪法的评论，见于他编辑的 *Haytian Papers: A Collection of the Very Interesting Proclamations and Other Documents ... of the Kingdom of Hayti* (London, 1816), iii。

47. Robert W. Harms, *The Diligent: A Voyage through the Worlds of the Slave Trade* (New York, 2002), xi.

48. David Richardson, 'Slave Exports from West and West-Central Africa, 1700–1810: New Estimates of Volume and Distribution', *Journal of African History* 30 (1989), 1–22.

49. See Richard J. Reid, *Warfare in African History* (Cambridge, 2012).

50. John Thornton, 'African Soldiers in the Haitian Revolution', *Journal of Caribbean History* 25 (1991), 58–80. 这一论题一直有争论。

51. 这一信息来自戴维·格古斯教授。

52. 杜桑的生平，参见 Bell, *Men on Horseback*, 133–170；他的书信选集，包括对战争中负伤的记述，参见 Jean-Bertrand Aristide, *The Haitian Revolution: Toussaint L'Ouverture* (New York, 2008), 112–113 and passim。目前最权威的传记是 Sudhir Hazareesingh, *Black Spartacus: The Epic Life*

of Toussaint Louverture (New York, 2020)。

53. 此人的修正主义观点存在争议，参见 Philippe R. Girard, 'Jean-Jacques Dessalines and the Atlantic System: A Reappraisal', *William and Mary Quarterly* 69 (2012), 549–582。

54. Mimi Sheller, 'Sword-Bearing Citizens: Militarism and Manhood in Nineteenth-Century Haiti', in Alyssa Goldstein Sepinwall (ed.), *Haitian History: New Perspectives* (New York, 2012), 157–179.

55. Saunders (ed.), *Haytian Papers*, 139.

56. Ibid., 97 et seq; Clive Cheesman (ed.), *The Armorial of Haiti: Symbols of Nobility in the Reign of Henry Christophe* (London, 2007).

57. Saunders (ed.), *Haytian Papers*, 126–127.

58. *The Formation of the New Dynasty of the Kingdom of Hayti* (Philadelphia, 1811) 的扉页。

59. 在此感谢普林斯顿大学谢尔比·卡洛姆·戴维斯历史研究中心的多利斯·L. 加拉韦教授 2011 年的论文 'Picturing Haitian Sovereignty: Portraiture And Self-Fashioning in the Kingdom of Henry Christophe'。

60. Laurent Dubois, *Haiti: The Aftershocks of History* (New York, 2012), 61.

61. 正如保罗·施罗德所言，1750 年之后，许多政治家"与其说是因认为战争会带来革命而害怕战争，不如说是从痛苦的经历中知道战争就是革命": *The Transformation of European Politics, 1763–1848* (Oxford, 1994), 802。

第 2 章

1. William E. Butler and Vladimir A. Tomsinov (eds.), *The Nakaz of Catherine the Great: Collected Texts* (Clark, NJ, 2010), vii –24.

2. Isabel de Madariaga, 'Catherine the Great', in H. M. Scott (ed.), *Enlightened Absolutism: Reform and Reformers in Late Eighteenth-Century Europe* (Basingstoke, 1990), 289.

3. Hannah Arendt, *On Revolution* (London, 1963), 157.

4. 七年战争后的这些和其他一些英国测绘计划，参见 Max Edelson, *The New Map of Empire: How Britain Imagined America before Independence* (Cambridge, MA, 2017)。

5. 这部撒丁语文本是 1723 年法典的延伸；Allan J. Kuethe and Kenneth J. Andrien, *The Spanish Atlantic World in the Eighteenth Century: War and the Bourbon Reforms, 1713–1796* (New York, 2014), 229–304。

6. See my 'Empires of Writing: Britain, America and Constitutions, 1776–1848', *Law and History Review* 32 (2014), 240 n.

7. Victor Kamendrowsky, 'Catherine II's Nakaz: State Finances and the Encyclopédie', *Canadian American Slavic Studies* 13 (1979), 545–555; *The Nakaz of Catherine the Great*, 14.

8. Voltaire, *The Age of Louis XIV*, R. Griffith (trans.) (London, 3 vols., 1779), I, 220.

9. Jean-Jacques Rousseau, *Of the Social Contract and Other Political Writings*, Christopher Bertram (ed.) (London, 2012), 153; see also Christine Jane Carter, *Rousseau and the Problem of War* (New York, 1987).

10. See Rousseau, 'Constitutional Proposal for Corsica', in *Of the Social Contract and Other Political Writings*, Christopher Bertram (ed.), 187–240.

11. Dan Edelstein, *The Enlightenment: A Genealogy* (Chicago, IL, 2010), 94.

12. Dan Edelstein, 'War and Terror: The Law of Nations from Grotius to the French Revolution', *French Historical Studies* 31 (2008), 241 et seq.

13. Quoted in Keith Michael Baker, *Inventing the French Revolution: Essays on French Political Culture in the Eighteenth Century* (Cambridge, 1990), 256. 另一位启蒙人物、英国人塞缪尔·约翰逊在大约同一时期提出了类似的论点。他于 1755 年在伦敦出版的著名词典中将"宪法"定义为"政府确立的形式"，但后来又提供了更加动态的定义："制定、颁布……确立的法案。"See his *A Dictionary of the English Language* (2 vols., London, 1755), I (unpaginated)。

14. M. De Montesquieu, *The Spirit of Laws*, Thomas Nugent (trans.) (London, 2 vols., 1752), I, 310–311; 叶卡捷琳娜对孟德斯鸠的看法，参见 Isabella Forbes, *Catherine the Great: Treasures of Imperial Russia from the State Hermitage Museum, Leningrad* (London, 1993), xii。

15. Montesquieu, *The Spirit of Laws, Including D'Alembert's Analysis on the Work* (London, 2015), xxviii.

16. Jean-Jacques Rousseau, '*The Social Contract*' *and Other Later Political Writings*, Victor Gourevitch (ed. and trans.) (Cambridge, 1997), 41.

17. Edelstein, *The Enlightenment*, 50. 这种不断兴起的对立法者的崇拜并不仅限于欧洲大陆。"18 世纪作品在线"（Eighteenth Century Collections Online）数据库表明，在 18 世纪的英国和爱尔兰书籍中，传说中的英国立法者阿尔弗雷德大王被提及 750 多次，其中将近七分之六出现在 1760 年之后。

18. See the English version, Louis-Sébastien Mercier, *Memoirs of the Year Two Thousand Five Hundred*, W. Hooper (trans.) (London, 1772), 214–215, 332–323.

19. Quoted in Derek Beales, *Enlightenment and Reform in Eighteenth-Century Europe* (London, 2005), 48.

20. Isabel de Madariaga, *Catherine the Great: A Short History* (London, 2002) 和 Simon Dixon, *Catherine the Great* (New York, 2001) 对她的生活和政治生涯做了卓越、明晰的总结。

21. 这位统治者处心积虑的形象塑造，包括自诩为立法者的尝试，参见 Erin Mcburney, 'Art And Power in the Reign of Catherine the Great: The State Portraits' (2014), Columbia University PhD dissertation。

22. 例如，18 世纪 90 年代的一幅色情水彩画 *Imperial Lovers behind Closed Doors*，再现于 Cynthia Hyla Whitaker (ed.), *Russia Engages the World, 1453–1825* (Cambridge, MA, 2002), 180。

23. Simon Dixon, 'The Posthumous Reputation of Catherine II in Russia 1797–1837', *Slavonic and East European Review* 77 (1999), 648–649.

24. Anthony Cross, 'Condemned by Correspondence: Horace Walpole and Catherine "Slay-Czar"', *Journal of European Studies* 27 (1997), 129–141.

25. Madariaga, *Catherine the Great*, 40.

26. Nikolai Nekrasov, quoted in *The Rise of Fiscal States: A Global History, 1500–1914*, Bartolomé Yun-Casalilla and Patrick K. O'Brien (eds.) (Cambridge, 2012), 210.

27. *The Nakaz of Catherine the Great*, 446.

28. Ibid., 446–447.

29. Ibid., 463, 518.

30. Ibid., 489, 503–504.

31. Ibid., 482, 484, 513.

32. Quoted in John T. Alexander, *Catherine the Great: Life and Legend* (oxford,

1989), 113.

33. 'Observations on the Introduction of the Empress of Russia to the Deputies for the Making of the Laws', in *Denis Diderot: Political Writings*, John Hope Mason and Robert Wokler (eds. and trans.) (Cambridge, 1992), 81.

34. 最全面的英语记述仍然是 Vincent Allen, 'The Great Legislative Commission of Catherine II of 1767' (1950), Yale University Phd dissertation，我在下面的段落中也引用了这篇论文。

35. Isabel de Madariaga, 'Catherine II and the Serfs: a Reconsideration of Some Problems', *Slavonic and East European Review* 52 (1974), 34–62.

36. Antony Lentin (ed. and trans.), *Voltaire and Catherine the Great: Selected Correspondence* (Cambridge, 1974), 49.

37. *The Nakaz of Catherine the Great*, 22.

38. Ibid., 521–531.

39. *Lloyds Evening Post,* 29/31 October 1770; Lentin, *Voltaire and Catherine the Great*, 111.

40. 关于弗格里斯，参见 Paschalis M. Kitromilides, *Enlightenment and Revolution: The Making of Modern Greece* (Cambridge, Ma, 2013), 39 et seq。

41. Michael Tatischeff, *The Grand Instruction to the Commissioners Appointed to Frame a New Code of Laws for the Russian Empire* (London, 1768), 192. 我要感谢同事叶卡捷琳娜·普拉维洛娃教授提供关于俄国使用"宪法"一词的信息，以及对本章的建议。

42. Quoted in Martin J. Daunton, *State and Market in Victorian Britain: War, Welfare and Capitalism* (Rochester, NY, 2008), 40.

43. 最新的专业传记见 T. C. W. Blanning, *Frederick the Great: King of Prussia* (London, 2013)。

44. T. C. W. Blanning, *The Pursuit of Glory: Europe 1648–1815* (London, 2007), 593.

45. *Correspondance de Catherine Alexéievna, Grande-Duchesse de Russie, et de Sir Charles H. Williams, ambassadeur d'Angleterre, 1756 et 1757* (Moscow, 1909), 241.

46. 就连译本的书名也展现了雄心：*The Frederician Code: Or, a Body of Law for the Dominions of the King of Prussia. Founded on Reason, and the Constitution of the Country* (Edinburgh, 2 vols., 1761), I, 29 and 32。

47. 古斯塔夫最好的政治传记仍是 Erik Lönnroth, *Den stora rollen. Kung Gustaf III spelad av honum själv* (Stockholm, 1986)，我引用了多处。背景资料参见 Pasi Ihalainen et al. (eds.), *Scandinavia in the Age of Revolution: Nordic Political Cultures, 1740–1820* (Farnham, 2011)。

48. Michael Roberts, *The Swedish Imperial Experience, 1560–1718* (Cambridge, 1979).

49. *The Dispute between the King and Senate of Sweden ... to which is prefixed, A short account of the Swedish constitution* (London, 1756), 1.

50. Michael F. Metcalf, *The Riksdag: A History of the Swedish Parliament* (New York, 1987). See also Marie-Christine Skuncke, 'Press Freedom in the Riksdag' in *Press Freedom 250 years: Freedom of the Press and Public Access to Official Documents in Sweden and Finland – A Living Heritage from 1766* (Stockholm, 2018). 感谢斯昆克教授关于瑞典的宝贵建议。

51. Gunnar von Proschwitz (ed.), *Gustave III, par ses lettres* (Stockholm, 1987), 156.

52. Lönnroth, *Den stora rollen*, 70–82.

53. Patrik Winton, 'Sweden and the Seven years' War, 1757–1762: War, Debt and Politics', *War in History* 19 (2012), 5–31. 换言之，在瑞典和在世界其他地方一样，这一时期的混合战争促成了标志性的政治秩序重构。

54. *State Papers Relating the Change of the Constitution of Sweden* (London, 1772), 31 and passim.

55. Ibid., 55. 关于腓特烈大王使用"公民"一词，暗指自己，参见他 1777 年的随笔《政府形式与统治者的责任》('Forms of Government and the Duties of Rulers')，可在网络上找到。

56. *State Papers Relating the Change of the Constitution*, 10. 关于这次演讲的传播，参见 Marie-Christine Skuncke, 'Appropriation of Political Rhetoric in Eighteenth-Century Sweden', in Otto Fischer and Ann Öhrberg (eds.), *Metamorphoses of Rhetoric: Classical Rhetoric in the Eighteenth Century* (Uppsala, 2011), 133–151。

57. *State Papers Relating the Change of the Constitution*, 11–12, 15.

58. Jack N. Rakove (ed.), *The Annotated U.S. Constitution and Declaration of Independence* (Cambridge, MA, 2009), 104.

59. *The Critical Review* vol. 31 (London, 1771), 65. 作者借鉴了卢梭的《社会

契约论》。

60. Diderot, *Political Writings*, 111.

61. 这次刺杀的细节参见 https://decorativeartstrust.org under 'Sweden's Culture King'; *Form of Government, Enacted by His Majesty the King and the States of Sweden* (Stockholm, 1772), 29。

62. 正如马克·菲尔普所指出的，我们甚至"不知道潘恩读了什么"。参见他的著作 *Reforming Ideas in Britain: Politics and Language in the Shadow of the French Revolution, 1789–1815* (Cambridge, 2014), 194。

63. 对他在美国的生涯的专业叙述，以及对他在英国的生涯的确认，参见 Eric Foner, *Tom Paine and Revolutionary America* (Oxford, 2004)。

64. John Brewer, *The Sinews of Power: War, Money and the English State, 1688–1783* (London, 1989), 85–86.

65. Thomas Paine, *Common Sense* (Philadelphia, 1st edn, 1776), 22; Brewer, *The Sinews of Power*, 178.

66. Thomas Paine, *Rights of Man. Part the Second* (London, 1792), 165; Thomas Paine, *Rights of Man, Being an Answer to Mr Burke's attack on the French Revolution* (London, 1791), 128.

67. Paine, *Common Sense*, 15; 类似论点，参见他的《人的权利》第二部分，例如"所有的君主制政府都是军事的。战争是它们的本行，掠夺和收入是它们的目标"。

68. Paine, *Rights of Man*, 53; Paine, *Common Sense*, 41–42.

69. James Delbourgo, *Collecting the World: The Life and Curiosity of Hans Sloane* (London, 2017), 323.

70. See my 'Empires of Writing', 242–245.

71. 感谢威尔弗里德·普雷斯特教授提供引文; Daniel J. Hulsebosch, *Constituting Empire: New York and the Transformation of Constitutionalism in the Atlantic World, 1664–1830* (Chapel Hill, NC, 2005), 8。

72. Allan Ramsay, *An Essay on the Constitution of England* (London, 2nd edn, 1766), xiv and 13.

73. Thomas Paine, *Public Good, being an Examination into the Claim of Virginia to the Vacant Western Territory, and of the Right of the United States to the Same* (Philadelphia, 1780), 24.

74. Paine, *Common Sense*, 31–32; 这部著作的销售情况参见 Trish Loughran,

The Republic in Print: Print Culture in the Age of U.S. Nation Building, 1770–1870 (New York, 2007)。

75. Quoted in Eric Slauter, *The State as a Work of Art: The Cultural Origins of the Constitution* (Chicago, IL, 2009), 39.

76. Robert P. Hay, 'George Washington: American Moses', *American Quarterly* 21 (1969), 780–791.

77. Paine, *Common Sense*, 18.

第 3 章

1. *Notes of Debates in the Federal Convention of 1787, Reported by James Madison*, Adrienne Koch (Introduction) (New York, 2nd edn, 1987). 有关禁止披露信息的规定于 5 月 29 日做出。

2. 关于这份手稿在不同时期得到的不同待遇，参见 Jill Lepore, 'The Commandments: The Constitution and its Worshippers', *The New Yorker*, 17 January 2011。

3. Pauline Maier, *Ratification: The People Debate the Constitution, 1787–1788* (New York, 2010), 70. 邓拉普和克莱普尔之前印刷了 500 份大幅纸张的宪法草案，供费城代表私人分发。我要感谢丹尼尔·许尔泽布施教授提供这一信息，以及对本章的总体建议。

4. 1835 年的一次谈话，由哈丽雅特·马蒂诺记录。参见她的 *Society in America* (New York, 2 vols., 1837), I, 1。

5. Bernard Bailyn, *Ideological Origins of the American Revolution* (Cambridge, MA, 1992 edn), 193.

6. Gordon S. Wood, 'Foreword: State Constitution-making in the American Revolution', *Rutgers Law Journal* 24 (1992–1993), 911.

7. See Alan Taylor, *American Revolutions: A Continental History, 1750–1804* (New York, 2016).

8. David Armitage, 'The Declaration of Independence and International Law', *William and Mary Quarterly* 59 (2002), 39–64. 网上的宣言文本很多。

9. See https://avalon.law.yale.edu/18th_century/NY01.asp.

10. Daniel J. Hulsebosch, 'The Revolutionary Portfolio: Constitution-making and the Wider World in the American Revolution', *Suffolk University Law Review* 47 (2014), 759–822.

11. See https://avalon.law.yale.edu/18th_century/fed01.asp.

12. Mary Wollstonecraft, *An Historical and Moral View of the Origin and Progress of the French Revolution and the Effect It Has Produced in Europe* (London, 1794), 14. 沃斯通克拉夫特在这方面呼应了托马斯·杰斐逊。

13. 亚历山大·汉密尔顿在第 24 篇中所写。《联邦党人文集》的所有文章可见于 https://avalon.law.yale.edu/subject_menus/fed.asp。

14. Harold C. Syrett (ed.), *The Papers of Alexander Hamilton* (Charlottesville, VA, 2011), Letter to Francis Childs, 14 March 1787.

15. 在这里和后续的几段中，我引用了 Michael J. Klarman, *The Framers' Coup: The Making of the United States Constitution* (New York, 2016)。杰斐逊对费城代表们的著名描述见于 1787 年 8 月写给约翰·亚当斯的信。

16. Joanne B. Freeman, 'Will the Real Alexander Hamilton Please Stand up', *Journal of the Early Republic* 37 (2017), 255–262.

17. Quoted in Jared Sparks, *The Life of Gouverneur Morris* (Boston, MA, 3 vols., 1832), I, 106.

18. See https://avalon.law.yale.edu/18th_century/fed04.asp.

19. Klarman, *The Framers' Coup*, 149.

20. 1787 年 6 月的辩论。参见 https://avalon.law.yale.edu/18th_century/debates_606.asp。最近关于宪法的修正主义思想，参见 Max M. Edling, 'A More Perfect Union: The Framing and Ratification of the Constitution', in Jane Kamensky and Edward G. Gray (eds.), *The Oxford Handbook of the American Revolution* (New York, 2013), 388–406。

21. 对这一措辞的详细分析，参见 Jack N. Rakove, *Original Meanings: Politics and Ideas in the Making of the Constitution* (New York, 1996)。

22. Michael Warner, *The Letters of the Republic: Publication and the Public Sphere in Eighteenth-Century America* (Cambridge, MA, 1990); Hugh Amory and David D. Hall (eds.), *A History of the Book in America: Volume I: The Colonial Book in the Atlantic World* (Cambridge, 2000), 361.

23. See Franco Moretti (ed.), *The Novel* (Princeton, NJ, 2 vols., 2006).

24. Pauline Maier, *American Scripture: Making the Declaration of Independence* (New York, 1997), 156.

25. Maier, *Ratification*, passim.

26. Hulsebosch, 'Revolutionary Portfolio', and see his and David M.Golove's 'A

Civilized Nation: The Early American Constitution, the Law of Nations, and the Pursuit of International Recognition', *New York University Law Review* 85 (2010), 932–1066.

27. 华盛顿的这封信又一次跨越大陆，1822 年 5 月发表于《加尔各答日报》。

28. Leon Fraser, *English Opinion of the American Constitution and Government, 1783–1798,* (New York, 1915).

29. 法国革命者热切地接受"纸质"宪法，确认了这种语气的转变。例如，可参见约翰·鲍尔斯愤怒的、多次重印的 *Dialogues on the Rights of Britons, Between a Farmer, a Sailor, and a Manufacturer* (London, 1793), 11。

30. 该数据基于网站 'Constitutions of the world from the late 18th century to the middle of the 19th century online: Sources on the rise of modern constitutionalism', edited by Horst Dippel。目前这一网站（我曾在 2019 年访问）已下线，但该网站所依据的同名系列书籍有部分复印版。参见 *Constitutions of the World from the late 18th Century to the Middle of the 19th Century: Sources on the Rise of Modern Constitutionalism*, editor in chief Horst Dippel (Munich and Berlin, 2005–)。

31. Claude Moïse, *Le projet national de Toussaint Louverture et la constitution de 1801* (Port-au-Prince, Haiti, 2001). 感谢我的同事戴维·贝尔教授提供的参考文献。

32. Julia Gaffield (ed.), *The Haitian Declaration of Independence* (Charlottesville, VA, 2016).

33. Comte de Lally-Tollendal, quoted in Elise Marienstras and Naomi Wulf, 'French Translations and Reception of the Declaration of Independence', *Journal of American History* 85 (1999), 1309.

34. Alan Bronfman (ed.), *Documentos constitucionales de Chile 1811–1833* (Munich, 2006); 智利后续的 1823 年宪法明确以美国作为榜样。

35. Francisco Isnardi et al., *Interesting Official Documents Relating to the United Provinces of Venezuela ... Together with the Constitution Framed for the Administration of Their Government: In Spanish and English* (London, 1812). 本书由安德烈斯·贝略作序。

36. Ibid., 89, 141, 151.

37. Ibid., 307.

38. David Armitage, *The Declaration of Independence: A Global History* (Cambridge, MA, 2007), 145–155.

39. 部分原因是他的祖国法国的政治需要。1848 年，在又一场革命之后，托克维尔曾作为代表参加了新宪法的制定。仅当年的 4 月到 9 月，就出版了美国宪法的七个不同的法译本。参见 Marienstras and Wulf, 'French Translations', 1318 n。

40. 开拓性的例子之一是被广泛翻译的 Jacques Vincent Delacroix, *Constitutions des principaux états de l'Europe et des États- Unis de l'Amérique* (Paris, 2 vols., 1791)。

41. *Select Constitutions of the World. Prepared for Presentation to Dáil Eireann by Order of the Irish Provisional Government 1922* (Dublin, 1922).

42. Kåre Tønnesson, 'The Norwegian Constitution of 17 May 1814: International Influences and Models', *Parliaments, Estates and Representation* 21 (2001), 175–186.

43. 麦克尼尔的话引自 Franco Moretti, *Atlas of the European Novel, 1800–1900* (New York, 1998), 190。

44. Tønnesson, 'The Norwegian Constitution', 179.

45. See Karen Gammelgaard and Eirik Holmøyvik (eds.), *Writing Democracy: The Norwegian Constitution 1814–2014* (New York, 2015).

46. 《伊瓜拉计划》的这个译本，参见网站 https://scholarship.rice.edu。

47. As reprinted in the *Calcutta Journal*, 9 May 1822.

48. 关于加尔各答的印刷文化和混合政治，参见 Miles Ogborn, *Indian Ink: Script and Print in the Making of the English East India Company* (Chicago, IL, 2007) and Daniel E. White, *From Little London to Little Bengal: Religion, Print and Modernity in Early British India, 1793–1835* (Baltimore, MD, 2013)。

49. James Silk Buckingham, *America, Historical, Statistic, and Descriptive* (London, 3 vols., 1841), I, 1. 关于白金汉的生涯和思想，参见 Kieran Hazzard, 'From Conquest to Consent: British Political Thought and India' (2017), King's College London PhD dissertation。

50. 介绍罗伊思想的两部出色作品：Bruce Carlisle Robertson (ed.), *The Essential Writings of Raja Rammohan Ray* (Delhi, 1999) and C. A. Bayly,

'Rammohan Roy and the Advent of Constitutional Liberalism in India, 1800–1830', *Modern Intellectual History* 4 (2007), 25–41。

51. See Buckingham's 'Sketch of the Life, Writings and Character of Ram Mohun Roy', *The Biographical Reporter* 4 (1833), 113–120. 我要感谢基兰·哈泽德博士提供这一参考文献。

52. Buckingham, *America, Historical, Statistic, and Descriptive*, i, 261.

53. See, for instance, Henry John Stephen, *New Commentaries on the Laws of England: (Partly Founded on Blackstone)* (London, 3rd edn, 4 vols., 1853), IV, 312.

54. *Calcutta Journal*, 7 September 1821, 6 April, 9 May, 9 November 1822, 14 February 1823.

55. Richard Carlisle in *The Republican* (London, 1820), 229–230.

56. 关于人际交流和远程通信（包括关于政治主张）如何在没有印刷术的情况下进行，参见 James Robert Pickett, 'The Persianate Sphere during the Age of Empires: Islamic Scholars and Networks of Exchange in Central Asia, 1747–1917' (2015), Princeton University PhD dissertation。

57. Preface of B. Shiva Rao (ed.), *Select Constitutions of the World* (Madras, 1934).

58. *Canton Miscellany* (1831), 32–34.

59. Philip A. Kuhn, 'Ideas behind China's Modern State', *Harvard Journal of Asiatic Studies* 55 (1995), 295–337.

60. William G. McLoughlin, *Cherokee Renascence in the New Republic* (Princeton, NJ, 1986). 关于塞阔雅及其背景，参见 Robert A. Gross and Mary Kelly (eds.), *A History of the Book in America: Volume 2: An Extensive Republic: Print, Culture, and Society in the New Nation, 1790–1840* (Chapel Hill, NC, 2010), 499–513。

61. *Constitution of the Cherokee Nation, Formed by a Convention of Delegates from the Several Districts at New Echota* (New Echota, 1827).

62. 关于后来的美国土著宪法，参见 David E. Wilkins (ed.), *Documents of Native American Political Development: 1500s to 1933* (Oxford, 2009); James Oberly, *Nation of Statesmen: The Political Culture of the Stockbridge-Munsee Mohicans, 1815–1972* (Norman, OK, 2005)。

第 4 章

1. Melanie Randolph Miller, *Envoy to the Terror: Gouverneur Morris and the French Revolution* (Washington DC, 2006)；莫里斯的日记参见 Anne Cary Morris (ed.), *The Diary and Letters of Gouverneur Morris* (New York, 2 vols., 1888), I, 136。

2. Cary Morris, *The Diary and Letters of Gouverneur Morris*, I, 16 and 26.

3. See Keith M. Baker, *Inventing the French Revolution: Essays on French Political Culture in the Eighteenth Century* (Cambridge, 1990), 252–306.

4. William Howard Adams, *Gouverneur Morris: An Independent Life* (New Haven, CT, 2003), 154；法国人在权利上的创造力和激进思想，参见 Lynn Hunt, *Inventing Human Rights: A History* (New York, 2007), especially 113–175。

5. Cary Morris, *The Diary and Letters of Gouverneur Morris*, I, 360. 关于这一文本的起草，参见 Michael P. Fitzsimmons, 'The Committee of the Constitution and the Remaking of France, 1789–1791', *French History* 4 (1990), 23–47。

6. Cary Morris, *The Diary and Letters of Gouverneur Morris*, I, 486; Miller, *Envoy to the Terror*, 23.

7. Cary Morris, *The Diary and Letters of Gouverneur Morris*, I, 486.

8. Daniel Schönpflug, *Der Weg in die Terreur: Radikalisierung und Konflikte im Strassburger Jakobinerclub (1790–1795)* (Munich, 2002), 62.

9. Miller, *Envoy to the Terror*, 9 and 88.

10. See Aqil Shah, *The Army and Democracy: Military Politics in Pakistan* (Cambridge, MA, 2014).

11. 关于本表所用信息来源，参见第 3 章的注释 30。

12. Dušan T. Bataković, 'A Balkanstyle French Revolution: The 1804 Serbian Uprising in European Perspective', *Balcanica* 36 (2005), 113–129. 涵盖 1790—1820 年的宪法尝试的综合表格还包含格兰维尔·夏普为西非塞拉利昂起草宪法的计划，参见 L. E. C. Evans, 'An Early Constitution of Sierra Leone', *Sierra Leone Studies* 11 (1932)。

13. 对这一论点的精彩呈现，参见 David Bell, *The First Total War: Napoleon's Europe and the Birth of Warfare as We Know It* (Boston, MA, 2007)。专家评论参见 Michael Broers, 'The Concept of "Total War" in the Revolutionary-

Napoleonic Period', *War in History* 15 (2008), 247–268。

14. 这些参考资料来自托马斯·多德曼教授 2017 年的普林斯顿大学研讨会论文：'When Emile Went to War: Becoming a Citizen-soldier'。

15. 目前这方面最好的英语记述是 Dominic Lieven, *Russia against Napoleon: The Battle for Europe, 1807 to 1814* (London, 2009)。

16. Patrice Gueniffey, *Bonaparte: 1769–1802*, Steven Rendall (trans.) (Cambridge, MA, 2015), 446.

17. Ibid., 55.

18. Philip G. Dwyer, 'Napoleon Bonaparte as Hero and Saviour: Image, Rhetoric and Behaviour in the Construction of a Legend', *French History* 18 (2004), 396; see also Juan Cole, *Napoleo's Egypt: Invading the Middle East* (New York, 2007).

19. Peter McPhee, 'The French Revolution seen from the *Terres Australes*' in Alan Forrest and Matthias Middell (eds.), *The Routledge Companion to the French Revolution* (London, 2016), 274–275.

20. Philippe R. Girard, *The Slaves Who Defeated Napoleon: Toussaint Louverture and the Haitian War of Independence* (Tuscaloosa, AL, 2011); Gueniffey, *Bonaparte*, 702.

21. 拿破仑对加勒比地区的长期兴趣，参见 Ute Planert (ed.), *Napoleon's Empire: European Politics in Global Perspective* (Basingstoke, 2016), 32 n。

22. 对这一阶段英国海上战争的专业（有时是颂扬）记述，参见 N. A. M. Rodger, *The Command of the Ocean: A Naval History of Britain, 1649–1815* (London, 2004), especially 380–525。

23. Edmund Burke, *A Letter from the Right Honourable Edmund Burke to a Noble Lord* (London, 1796), 26.

24. 伯克在 1792 年 12 月的演讲中做了这一类比，指责革命者想让"全世界都加入法国的兄弟会"。参见 William Cobbett, *Cobbett's Parliamentary History of England* (London, 36 vols., 1806–1820), XXX, 71–72。

25. David Bell, *Napoleon: A Concise Biography* (New York, 2015), 41–42.

26. 与这一时代的其他法国宪法一样，1804 年宪法的英译版可在维基文库中找到：https://en.wikisource.org/wiki/Constitution_of_the_Year_XII。

27. Alan Forrest, 'Propaganda and the Legitimation of Power in Napoleonic France', *French History* 18 (2004), 426–445.

28. Bell, *First Total War*, 212. 埃及人关于拿破仑入侵的看法，参见 Robert L. Tignor et al., *Napoleon in Egypt: Al-Jabartî's Chronicle of the French Occupation, 1798* (New York, 1993)。

29. Philip G. Dwyer, 'From Corsican Nationalist to French Revolutionary: Problems of Identity in the Writings of the Young Napoleon, 1785–1793', *French History* 16 (2002), 132 and passim.

30. Ibid., 140–144.

31. Bruno Colson (ed.), *Napoleon: On War*, Gregory Elliott (trans.) (Oxford, 2015), 344; Dwyer, 'From Corsican Nationalist to French Revolutionary', 146.

32. *Constitution des Républiques Française, Cisalpine et Ligurienne ... dans les quatre langues* (Paris, 1798), second section, 1–133.

33. Ibid.

34. 见一篇展览评论：'Napoleon: Images of the Legend', Musée des Beauxarts, Arras, by Kim Willsher in the London *Observer*, 3 September 2017。

35. Noah Feldman, *What We Owe Iraq: War and the Ethics of Nation Building* (Princeton, NJ, 2004), 7–8。对拿破仑帝国主义思想常带批判性的广泛分析，参见 Michael Broers, Peter Hicks and Agustín Guimerá (eds.), *The Napoleonic Empire and the New European Political Culture* (Basingstoke, 2012)。

36. 阿尔卑斯山南共和国宪法的英译版，见 *Constitution des Républiques*, 5。

37. Comte de Las Cases, *Mémorial de Sainte-Hélène: Journal of the Private Life and Conversations of the Emperor Napoleon at Saint Helena* (London, 4 vols., 1823), II, 88.

38. Thierry Lentz et al. (eds.), *Correspondance générale de Napoléon Bonaparte* (Paris, 15 vols., 2004–2018), VIII, 620 and 631.

39. 根据苏格兰陆军上校尼尔·坎贝尔爵士的记录，参见 Jonathan North (ed.), *Napoleon on Elba: Diary of an Eyewitness to Exile* (Welwyn Garden City, 2004), 71 and 96。拿破仑还向坎贝尔保证，如果他成功入侵英国，就将继续解放爱尔兰。

40. 这一参考文献来自汤姆·托尔博士。

41. Ewald Grothe, 'Model or Myth? The Constitution of Westphalia of 1807 and Early German Constitutionalism', *German Studies Review* 28 (2005), 1–19.

42. Jaroslaw Czubaty, *The Duchy of Warsaw, 1807–1815: A Napoleonic Outpost in Central Europe*, Ursula Phillips (trans.) (London, 2016), 38.

43. Ibid., passim.

44. According to Las Cases, *Mémorial de Sainte-Hélène*, I, Part 1, 189.

45. See, for instance, Ambrogio A. Caiani, 'Collaborators, Collaboration, and the Problems of Empire in Napoleonic Italy, the Oppizzoni Affair, 1805–1807', *Historical Journal* 60 (2017), 385 –407.

46. See Antonio Feros, *Speaking of Spain: The Evolution of Race and Nation in the Hispanic World* (Cambridge, MA, 2017), 233–277.

47. Ignacio Fernández Sarasola, 'La primera constitución española: El Estatuto de Bayona', *Revista de Derecho* 26 (2006), 89–109.The text (in French and Spanish) is available in António Barbas Homem *et al* (eds.), *Constitutional Documents of Portugal and Spain 1808–1845* (Berlin, 2010), 195–236.

48. Lentz et al. (eds.), *Correspondance générale de Napoléon Bonaparte*, VIII, 600, 630–631, 675.

49. See Jaime e. Rodríguez O., 'Hispanic Constitutions, 1812 and 1824', in Silke Hensel et al. (eds.), *Constitutional Cultures: On the Concept and Representation of Constitutions in the Atlantic World* (Newcastle upon Tyne, 2012).

50. M. C. Mirow, *Latin American Constitutions: The Constitution of Cádiz and Its Legacy in Spanish America* (Cambridge, 2015), 276.

51. Ruth de Llobet, 'Chinese mestizo and natives' disputes in Manila and the 1812 Constitution: Old Privileges and New Political Realities (1813–1815)', *Journal of Southeast Asian Studies* 45 (2014), 220.

52. Rodríguez O., 'Hispanic Constitutions', 77–78.

53. Quoted in C. W. Crawley, 'French and English Influences in the Cortes of Cadiz, 1810–1814', *Cambridge Historical Journal* 6 (1939), 196.

54. See David Hook and Graciela Iglesias-Rogers (eds.), *Translations in Times of Disruption: An Interdisciplinary Study in Transnational Contexts* (London, 2017).

55. Zachary Elkins, 'Diffusion and the Constitutionalization of Europe', *Comparative Political Studies* 43 (2010), 992.

56. 参见 1814 年 4 月 28 日杰斐逊给西班牙自由主义者路易斯·德·奥尼斯

的信：https://founders.archives.gov/documents/Jefferson/03-07-02-0238。

57. 但教士的支持是靠不住的。参见 Maurizio Isabella, 'Citizens or Faithful? Religion and the Liberal Revolutions of the 1820s in Southern Europe', *Modern Intellectual History* 12 (2015), 555–578。

58. Katrin Dircksen, 'Representations of Competing Political Orders: Constitutional Festivities in Mexico City, 1824–1846', in Hensel et al., *Constitutional Cultures*, 129–162.

59. Leslie Bethell (ed.), *The Independence of Latin America* (Cambridge, 1987), 197.

60. 这段生平参见 Betty T. Bennett, *Mary Wollstonecraft Shelley: An Introduction* (Baltimore, MD, 1998)。

61. Mary Shelley, *History of a Six Weeks' Tour through a Part of France, Switzerland, Germany, and Holland* (London, 1817), 17.

62. Mary Shelley, *Frankenstein, or the Modern Prometheus: Annotated for Scientists, Engineers, and Creators of All Kinds*, David H. Guston, Ed Finn and Jason Scott Robert (eds.) (Cambridge, MA, 2017), 37, 89, 107, 175 and 185.

63. In volume I, chapter ten, of the unpaginated Project Gutenberg edition of *The Last Man*, and chapter one of volume II; Shelley, *Frankenstein*, xxvii.

64. Markus J. Prutsch, *Making Sense of Constitutional Monarchism in Post-Napoleonic France and Germany* (Basingstoke, 2013).

65. Eugenio F. Biagini, 'Liberty, Class and Nation-building: Ugo Foscolo's "English" Constitutional Thought, 1816–1827', *European Journal of Political Theory* 5 (2006), 43.

66. Rafe Blaufarb, *Bonapartists in the Borderlands: French Exiles and Refugees on the Gulf Coast, 1815–1835* (Tuscaloosa, AL, 2005)。我还引用了 2018 年与扬·扬森博士在柏林召开的一次研讨会上递交的论文：'Exile and Emigration in an Age of War and Revolution'。

67. Hook and Iglesias-Rogers (eds.), *Translations in Times of Disruption*, 45–74.

68. 关于穆拉维约夫和其他加入反对阵营的俄国陆军老兵，参见 Richard Stites, *The Four Horsemen: Riding to Liberty in Post-Napoleonic Europe* (New York, 2014), 240–321。

69. Sophia Raffles, *Memoir of the Life and Public Services of Sir Thomas Stamford Raffles* (London, 2 vols., 1835), I, 304–306.

70. Ibid., II, 242–244, 304.

第 5 章

1. 关于此次会面，参见 Eduard Gans, *Rückblicke auf Personen und Zustände* (Berlin, 1836), 200–214。感谢于尔根·奥斯特哈梅尔教授指出这一资料。

2. David Armitage, 'Globalizing Jeremy Bentham', *History of Political Thought* 32 (2011), 65; *Codification Proposal, Addressed by Jeremy Bentham to All Nations Professing Liberal Opinions* (London, 1822), 44 (Italics in original).

3. Gans, *Rückblicke auf Personen und Zustände*, 207–208.

4. Southwood Smith, *A Lecture Delivered over the Remains of Jeremy Bentham, Esq.* (London, 1832).

5. 边沁的生平简介参见 Philip Schofield, *Bentham: A Guide for the Perplexed* (New York, 2009)。关于他的宪法方案与思想，参见 Frederick Rosen, *Jeremy Bentham and Representative Democracy* (Oxford, 1983); Philip Schofield and Jonathan Harris (eds.), *The Collected Works of Jeremy Bentham: 'Legislator of the World': Writings on Codification, Law, and Education* (Oxford, 1998)。我自始至终都引用这些资料。

6. Miriam Williford, *Jeremy Bentham on Spanish America* (Baton Rouge, LA, 1980), 4 and passim. 伯尔赠送的《联邦党人文集》收藏在不列颠图书馆，边沁略做了评注。

7. Theodora L. Mckennan, 'Jeremy Bentham and the Colombian Liberators', *The Americas* 34 (1978), 466.

8. 边沁已公开的书信集是近几十年来重要的编辑项目之一，也是关于多种多样的跨大陆联系的丰富资料，参见 T. L. S. Sprigge et al (ed.), *The Correspondence of Jeremy Bentham* (London, 12 vols., 1968–2006)。

9. Ibid., XI, 177–178.

10. L. J. Hume, 'Preparations for Civil War in Tripoli in the 1820s: Ali Karamanli, Hassuna D'Ghies and Jeremy Bentham', *Journal of African History* 21 (1980), 311–322; and Ian Coller, 'African Liberalism in the Age

of Empire? Hassuna D'Ghies and Liberal Constitutionalism in North Africa, 1822–1835', *Modern Intellectual History* 12 (2015), 529–553.

11. James Burns, 'Bentham, Brissot and the Challenge of Revolution', *History of European Ideas* 35 (2009), 221.

12. Mckennan, 'Bentham and the Colombian Liberators', 473; Jennifer Pitts, 'Legislator of the World? A Rereading of Bentham on Colonies', *Political Theory* 31 (2003), 200–234.

13. 这一文献内容繁多，但可以在如下书中看到精辟的总结：Edmund S. Morgan, *Inventing the People: The Rise of Popular Sovereignty in England and America* (New York, 1988), 72–74。

14. As quoted in Alan Craig Houston, *Algernon Sidney and the Republican Heritage in England and America* (Princeton, NJ, 2014), 191–192.

15. Vicki Hsueh, *Hybrid Constitutions: Challenging Legacies of Law, Privilege, and Culture in Colonial America* (Durham, NC, 2010) 55 et seq. Hsueh 认为，英国的宪政主义"完全不统一"，在海外则倾向于变得更加杂乱。

16. Quoted in Bernadette Meyler, 'Daniel Defoe and the Written Constitution', *Cornell Law Review* 94 (2008), 111.

17. Lois G. Schwoerer, *The Declaration of Rights* (Baltimore, Md, 1981).

18. 关于这支武装力量的印度历史记录得到了越来越好的研究。它对英国本身的影响没有那么大。参见 Alan G. Guy and Peter B. Boyden, *Soldiers of the Raj: The Indian Army 1600–1947* (London, 1997)。

19. Saxo, *A Hasty Sketch of the Origins, Nature, and Progress of the British Constitution* (York, 1817), 25–26; Robert Saunders, 'Parliament and People: The British Constitution in the Long Nineteenth Century', *Journal of Modern European History* 6 (2008), 72–87.

20. H. J. Hanham, *The Nineteenth Century Constitution, 1815–1914* (Cambridge, 1969), 12.

21. *The New Monthly Magazine and Literary Journal* (London, 1832), 79. "基本法从本质和意愿上是一种内在的东西，深埋于人们的心中，因此不依赖于书面表达"是一种古老的想法。

22. 谷歌的词频统计器确实说明，关于英国制度，"不成文宪法"的表述在 1860 年之后才变得普遍。

23. 在 他 为 Henry Elliot Malden (ed.), *Magna Carta Commemoration Essays*

(London, 1917) 所做的序言中。

24. 关于 2016 年英国脱欧公投的宪法有效性及议会的牵涉的混乱争论就说明了这一点。有关理论而非大众信仰，参见 Jeffrey Goldsworthy, *Parliamentary Sovereignty: Contemporary Debates* (Cambridge, 2010)。

25. Leo Tolstoy, *War and Peace*, Louise and Aylmer Maude (trans.) (Minneapolis, MN, 2016), 884; Daria Olivier, *The Burning of Moscow, 1812* (London, 1966).

26. 一份唤起回忆且图文并茂的调查报告，展示了此阶段这座城市的规模与财富，参见 Celina Fox (ed.), *London – World City, 1800–1840* (New Haven, CT, 1992)。

27. Rebeca Viguera Ruiz, *El exilio de Ramón Alesón Alonso de Tejada: Experiencia liberal de un emigrado en Londres (1823–1826)* (Lewiston, id, 2012), 43 and 56.

28. Martin Daunton, 'London and the World', in Fox (ed.), *London – World City, 1800–1840*. 英国在新南美的更广泛投资，参见 P. J. Cain and A. G. Hopkins, *British Imperialism: 1688–2015* (London, 3rd edn, 2016) and Frank Griffith Dawson, *The First Latin American Debt Crisis: The City of London and the 1822–25 Loan Bubble* (London, 1990)。相比于有时牵涉其中的政治和意识形态动机，历史学家对英国投资背后的经济和非正式的帝国主义推动因素更感兴趣。

29. *The Times* (London), 24 December 1824.

30. 正如约翰·J. 麦克库斯克所说，伦敦报纸在全球传播，部分原因是它们密集报道商业和财经新闻：'The Demise of Distance: The Business Press and the Origins of the Information Revolution in the Early Modern Atlantic World', *American Historical Review* 110 (2005), 295–321。这一段中的数字基于英国报纸档案（https://www.britishnewspaperarchive.co.uk/），该档案尚不完整。

31. 吉达的重要侧记参见 Ulrike Freitag, 'Helpless Representatives of the Great Powers? Western Consuls in Jeddah, 1830s to 1914', *Journal of Imperial and Commonwealth History* 40 (2012), 357–381。

32. 约翰·达尔文教授正在研究英国全球港口网络及其巨大影响。

33. Eric Hobsbawm, *The Age of Revolution: Europe 1789–1848* (London, 1962).

34. John Lynch, *Simón Bolívar: A Life* (New Haven, CT, 2006), 122–124；这些人的故事参见 Malcolm Brown, *Adventuring through Spanish Colonies: Simón Bolívar, Foreign Mercenaries and the Birth of New Nations* (Liverpool, 2008)。

35. *The Times* (London), 27 October 1819.

36. For an example, see Aileen Fyfe, *Steam-powered Knowledge: William Chambers and the Business of Publishing, 1820–1860* (Chicago, IL, 2012).

37. Karen Racine, 'Newsprint Nations: Spanish American Publishing in London, 1808–1827', in Constance Bantman and Ana Cláudia Suriani da Silva (eds.), *The Foreign Political Press in Nineteenth-Century London: Politics from a Distance* (London, 2017).

38. Daniel Alves and Paulo Jorge Fernandes, 'The Press as a Reflection of the Divisions among the Portuguese Political Exiles (1808–1832)', in Bantman and da Silva (eds.), *The Foreign Political Press in Nineteenth-Century London*, 73–90.

39. *Foreign Quarterly Review* (London, 1833), 174, reviewing a memoir by Count Pecchio.

40. Juan Luis Simal, *Emigrados: España y el exilio internacional, 1814–1834* (Madrid, 2012), especially 186, 195, 201, 223–227.

41. Karen Racine, '"This England and This Now": British Cultural and Intellectual Influence in the Spanish American Independence Era', *Hispanic American Historical Review* 90 (2010), 423.

42. *The Literary Examiner: Consisting of The Indicator, a Review of Books, and Miscellaneous Pieces in Prose and Verse* (London, 1823), 351–352.

43. 最新的研究是 Antonio Ramos Argüelles, *Agustín Argüelles (1776–1844): Padre del constitucionalismo español* (Madrid, 1990)。他值得被英语世界更多人知道。

44. 依赖伦敦的不列颠博物馆藏书的外国革命者的另一个例子参见 Robert Henderson, *Vladimir Burtsev and the Struggle for a Free Russia: A Revolutionary in the Time of Tsarism and Bolshevism* (London, 2017)。

45. 最易获得的传记是 Lynch, *Simón Bolívar*。

46. 关于这次讲话，参见 *El Libertador: Writings of Simón Bolívar*, David Bushnell (ed.) (oxford, 2003), 31–53。

47. Ibid., especially 42–43.

48. Ibid., 43, 45.

49. 例如, 1825 年一名英国代理者的印象, 参见 Harold Temperley, *The Foreign Policy of Canning, 1822–1827* (London, 1966 edn), 557–558。

50. *El Libertador*, 116.

51. For the *Jamaica Letter*, see ibid., 12–30.

52. Lynch, *Simón Bolívar*, 181.

53. For the story, see Hilda Sábato, *Republics of the New World: The Revolutionary Political Experiment in Nineteenth-Century Latin America* (Princeton, NJ, 2018).

54. *El Libertador*, 177; Sábato, *Republics of the New World*.

55. 这一信息来自普林斯顿大学的费利斯·M. 费西奥。

56. 这一时期及以后在墨西哥尝试过的宪法的列表, 参见 Sebastian Dorsch (ed.), *Constitutional Documents of Mexico, 1814–1849* (Berlin, 3 vols., 2010–2013)。

57. Richard A. Warren, *Vagrants and Citizens: Politics and the Masses in Mexico City from Colony to Republic* (Lanham, MD, 2007), 59.

58. 墨西哥各州宪法的文本（西班牙语）可见于 Dorsch, *Constitutional Documents*, vols 2–3。

59. *El Libertador*, 101.

60. 19 世纪 20 年代这种日益增强的幻灭感, 参见 Rafael Rojas, *Las repúblicas de aire: Utopía y desencanto en la revolución de Hispanoamérica* (Mexico, DF, 2009)。玻利瓦尔本人的情绪见 *El Libertador*, 19。

61. *El Libertador*, 47.

62. 罗德里格斯及其影响, 参见 Ronald Briggs, *Tropes of Enlightenment: Simón Rodríguez and the American Essay at Revolution* (Nashville, TN, 2010)。

63. *El Libertador*, 24.

64. Simon Collier, *Ideas and Politics of Chilean Independence 1808–1833* (Cambridge, 1967), 345–346.

65. Annelien De Dijn, 'A Pragmatic Conservatism: Montesquieu and the Framing of the Belgian Constitution (1830–1831)', *History of European Ideas* 28 (2002), 227–245; *Morning Post* (London), 2 November 1830.

66. Paul Stock, 'Liberty and Independence: The Shelley-Byron Circle and the State(s) of Europe', *Romanticism* 15 (2009), 121–130. 牛津大学伯德雷恩图书馆有一幅诗人们的两艘赛艇相互追逐的画：MS. Shelley adds. c. 12, fol. 26。

67. 因此，在卡特赖特的畅销书 *American Independence, the Interest and Glory of Great Britain* (1775) 中，他试图调和帝国改革的各种要求，安抚不满的美国白人，并为土著的土地提供必要的保护。See Jeffers Lennox, 'Mapping the End of Empire' (2018), in 'Cartography and Empire' (essay series), https://earlycanadianhistory.ca/category/cartography-and-empire-series.

68. See my 'Empires of Writing: Britain, America and Constitutions, 1776–1848', *Law and History Review* 32 (2014), 252–253.

69. John Cartwright, *Diálogo político entre un italiano, un español, un frances, un aleman, y un ingles* (London, 1825).

70. F. D. Cartwright, *The Life and Correspondence of Major Cartwright* (London, 2 vols., 1826), II, 66, 262–263, 283.

71. Classically, in E. P. Thompson, *The Making of the English Working Class* (London, 1963), 666–668.

72. *The Chartist Circular*, 21 December 1839.《人民宪章》尚未富于想象力地融入革新的宪法文本的跨国历史中。但正如加雷思·斯特德曼·琼斯很久之前所说，"为什么人们认为宪章是可取的？"这一问题是这一运动中的核心问题。参见 Gareth Stedman Jones, *Languages of Class: Studies in English Working Class History 1832–1982* (Cambridge, 1984), 108。

73. *The Chartist*, 9 June 1838, 23 March 1839.

74. *Northern Star*, 21 April 1838.

第 6 章

1. 我引用的最新研究是 Adrian Young, 'Mutiny's Bounty: Pitcairn Islanders and the Making of a Natural Laboratory on the Edge of Britain's Pacific Empire' (2016), Princeton University PhD dissertation；Nigel Erskine, 'The Historical Archaeology of Settlement at Pitcairn Island 1790–1856' (2004),

James Cook University PhD dissertation。

2. 完整的文本在 Walter Brodie, *Pitcairn's Island, and the Islanders, in 1850* (London, 1851), 84–91；埃利奥特提交给海军部上级的有关皮特凯恩岛之行及其行动的报告，可见于夏威夷大学的数字图书库：https://evols. library.manoa.hawaii.edu。

3. Brodie, *Pitcairn's Island*, 84.

4. Greg Denning, quoted in David Armitage and Alison Bashford (eds.), *Pacific Histories, Ocean, Land, People* (Basingstoke, 2014), 8; Alison Bashford, 'The Pacific Ocean', in David Armitage, Alison Bashford and Sujit Sivasundaram (eds.), *Oceanic Histories* (Cambridge, 2018)；太平洋世界在大革命时代及其后的重要性参见西瓦松达拉姆教授的最新著作 *Waves across the South: A New History of Revolution and Empire* (Cambridge, 2020)。

5. 马克·吐温在 1879 年的短篇小说《皮特凯恩大革命》中使用了这一描述，小说中想象一个野心勃勃的美国探险家接管了该岛。

6. 这部科西嘉宪法参见 National Archives, Kew, PC1/34/90。拉塞尔·埃利奥特记述皮特凯恩岛之行的手稿 'Facts and Impressions Recorded during a Cruise from the Coast of Chile' 于 1998 年在伦敦佳士得拍卖行售出，但似乎消失在私人收藏之中。

7. 斯切莱茨基在他的 *Physical Description of New South Wales, and Van Diemen's Land*（London, 1845）中感谢了拉塞尔·埃利奥特的帮助；关于他的赈灾活动，参见 Frank McNally, 'Strzelecki's List', *Irish Times*, 9 May 2019。

8. See infra 295–305.

9. J. N. Reynolds, *Pacific and Indian Oceans: or, the South Sea Surveying and Exploring Expedition: Its Inception, Progress, and Objects* (New York, 1841).

10. 我引用了一些关于这些发展的优秀研究著作：Stuart Banner, *Possessing the Pacific: Land, Settlers, and Indigenous People from Australia to Alaska* (Cambridge, MA, 2007); James Belich, *Replenishing the Earth: The Settler Revolution and the Rise of the Anglo World, 1783–1939* (Oxford, 2009)。

11. Ingrid Lohmann, 'Educating the Citizen: Two Case Studies in Inclusion and Exclusion in Prussia in the Early Nineteenth Century', *Paedagogica*

Historica 43 (2007), 17.

12. *The Constitutions of the Ancient and Honourable Fraternity of Free and Accepted Masons* (Worcester, MA, 1792), 275. 这首歌至少可以追溯到 18 世纪 50 年代。

13. See Margaret C. Jacob, *Living the Enlightenment: Freemasonry and Politics in Eighteenth-century Europe* (New York, 1991).

14. 英国的情况参见我的 *Britons: Forging the Nation, 1707–1837* (New Haven, CT, 2009 edn), 237–281。

15. Alyssa Goldstein Sepinwall, 'Robespierre, Old Regime Feminist? Gender, the Late Eighteenth Century, and the French Revolution Revisited', *Journal of Modern History* 82 (2010), 1–29.

16. Mary Wollstonecraft, *An Historical and Moral View of the Origin and Progress of the French Revolution* (London, 1794), 404; Mary Wollstonecraft, *A Vindication of the Rights of Woman*, Miriam Brody (ed.) (London, 2004), 5.

17. Jan Ellen Lewis, 'What happened to the Three-fifths Clause: The Relationship between Women and Slaves in Constitutional Thought, 1787–1866', *Journal of the Early Republic* 37 (2017), 2–3, 15–16 n.

18. 美国这些州宪法的文本可见于 Horst Dippel (ed.), *Constitutional Documents of the United States of America, 1776–1860*, parts 1–8 (Munich and Berlin, 2006–2011)。

19. Antonio Feros, *Speaking of Spain: The Evolution of Race and Nation in the Hispanic World* (Cambridge, MA, 2017), 256.

20. Sally Eagle Merry, *Colonizing Hawai'i: The Cultural Power of Law* (Princeton, NJ, 2000), 95; Robert C. Lydecker, *Roster Legislatures of Hawaii 1841–1918: Constitutions of Monarchy and Republic* (Honolulu, HI, 1918), 23, 32, 35, 44.

21. Mara Patessio, *Women and Public Life in Early Meiji Japan: The Development of the Feminist Movement* (Ann Arbor, MI, 2011), especially 45–48. 我感谢东京大学的渡边浩教授提供的关于女性和明治时代前宫廷官僚的信息。

22. 重要的是，不要将皮特凯恩岛女性的生活和她们在本岛内外的机遇浪漫化。那里不仅仅有零星发生的暴力和乱伦事件，另外，女性虽早早地得到了投票权，但从来没有选出过女性长官。以上信息见 Adrian M. Young 的论文。

23. 参见 Sally Gregory McMillen, *Seneca Falls and the Origins of the Women* (Oxford, 2008); Olympe de Gouges, *The Declaration of the Rights of Woman* (1791), on the Liberté, Égalité, Fraternité: Exploring the French Revolution website https://revolution.chnm.org/items/show/557。

24. Virginia Woolf, *A Room of One's Own* (London, 1929; 2002 edn), 77.

25. *Queen Victoria's Journals*, 3 April and 3 May 1848, XXV, 123–124, 175 at qvj.chadwyck.com.

26. Catharine Macaulay, *Loose Remarks ... with a Short Sketch of a Democratical Form of Government, in a Letter to Signor Paoli* (London, 1767).

27. 这一估算基于 'Constitutions of the world from the late 18th century to the middle of the 19th century online: Sources on the rise of modern constitutionalism', edited by Horst Dippel, accessed in 2019 的索引搜索。正如第 3 章注释 30 所述，这个数据集现在已经下线，但也出版了纸质版，仍有内容将面世。

28. See Hilda Sábato, *Republics of the New World: The Revolutionary Political Experiment in Nineteenth-Century Latin America* (Princeton, NJ, 2018), 89–131. 我要感谢萨巴托教授和丽贝卡·厄尔教授提供关于南美洲各国宪法条款的信息。

29. 当时有一点很能说明问题，例如未来的美国总统约翰·亚当斯在其 *Defence of the Constitutions of Government of the United States of America* (London, 3 vols., 1787–1788) 中所说，在"古代的民主共和国"中，"拒绝为国家拿起武器，或者退出军队"的男人将受到"身穿女装，在城市公共广场示众三天"的处罚（I. 350）。但对过去西方经典的引用掩盖了最近的深刻变化。在过去的一些文化中，服兵役被看成现有男性公民身份的义务，到 18 世纪末则不同了，更多强调为国家服兵役是男性实现独占积极公民权的必要资格条件。

30. Karen Hagemann, Gisela Mettele and Jane Rendall (eds.), *Gender, War and Politics: Transatlantic Perspectives, 1775–1830* (Basingstoke, 2010).

31. See Jonathan Sperber, *The European Revolutions, 1848–1851* (Cambridge, 2005), especially 4, 167, 172 n., 177, 185–190.

32. Stanley B. Alpern, 'On the Origins of the Amazons of Dahomey', *History of Africa* 25 (1998), 9–25。当然，将这些女战士称为"亚马孙人"，也反映了她们被人认为是多么非常规的古老存在。

33. 例如，新西兰国家图书馆中收藏的一些 H. B. 威利斯画作，以及澳大利亚国家图书馆收藏的 19 世纪 20 年代弗雷德里克·威廉·比奇画作。

34. 关于俄国殖民的情况，参见 Alexander Morrison, 'Metropole, Colony, and Imperial Citizenship in the Russian Empire', *Kritika* 13 (2012), 327–361。

35. Mark McKenna, 'Transplanted to Savage Shores: Indigenous Australians and British Birthright in the Mid Nineteenth-Century Australian Colonies', *Journal of Colonialism and Colonial History* 13 (2012), 10; and see Belich, *Replenishing the Earth*, especially 65, 82 and 261; Ann Curthoys and Jessie Mitchell, *Taking Liberty: Indigenous Rights and Settler Self-government in Colonial Australia, 1830–1890* (Cambridge, 2018).

36. Benjamin Madley, *An American Genocide: The United States and the California Indian Catastrophe, 1846–1873* (New Haven, CT, 2016), passim; James Belich, *The Victorian Interpretation of Racial Conflict: The Maori, the British, and the New Zealand Wars* (Kingston, ON, 1989).

37. 关于英帝国与国际法律秩序，参见 Lauren Benton and Lisa Ford, *Rage for Order: The British Empire and the Origins of International Law, 1800–1850* (Cambridge, MA, 2016)。

38. 背景信息参见 Madley, *An American Genocide*；1849 年加利福尼亚宪法的文本见于 Dippel, *Constitutional Documents of the United States*, Part I, 149–186。

39. David John Headon and Elizabeth Perkins (ed.), *Our First Republicans: John Dunmore Lang, Charles Harpur, David Henry Deniehy* (Sydney, 1998), 19. 美国和澳大利亚部分地区的白人殖民者之间相似性与联系的其他例子，参见 Lisa Ford, *Settler Sovereignty: Jurisdiction and Indigenous People in America and Australia, 1788–1836* (Cambridge, MA, 2010)。

40. 这里我引用了 2015 年 10 月我在普林斯顿大学协助组织的 'The Global 1860s' 会议上发布的一篇论文：James Belich, 'Folk Globalization: "Crew Culture" and the Mid Nineteenth-Century Gold Rushes'。

41. 对他紧张情绪的记述可参见 *Oxford Dictionary of National Biography*

https://doi.org.10.1093/ref:odnb/10766。这让人想起他的矛盾与困难之处。

42. National Library of New Zealand, Wellington, NZ, qMS-0842.

43. Ibid. 英国威斯敏斯特议会的一些殖民狂热者也引用了美国人对白人陆上扩张行为的辩护。参见 1850 年 4 月 19 日有关《澳大利亚殖民政府法案》的演讲：*Hansard*, vol. 110, columns 554–622。

44. 例见 John Dunmore Lang, *Freedom and Independence for the Golden Lands of Australia* (Sydney, 1857), 392–400。朗在其他大陆的政治影响与仅在澳大利亚的政治影响截然不同，需要进一步探索。对其在民族与激进主义方面重要性的正面评价，参见 Benjamin Jones and Paul Pickering, 'A New Terror to Death: Public Memory and the Disappearance of John Dunmore Lang', *History Australia* 11 (2014), 24–45。

45. Lang, *Freedom and Independence for the Golden Lands*, 45 and 59.

46. John Dunmore Lang, *Cooksland in North-Eastern Australia ... with a Disquisition on the Origin, Manners, and Customs of the Aborigines* (London, 1847), 268–269, 359; Lang, *Freedom and Independence for the Golden Lands*, 128. 朗几乎肯定读过亚历克西·德·托克维尔的《论美国的民主》，该书也表示对土著的削弱是不可避免的。

47. Malcolm Crook and Tom Crook, 'Reforming Voting Practices in a Global Age: The Making and Remaking of the Modern Secret Ballot in Britain, France and the United States, c.1600–c.1950', *Past & Present* 212 (2011), 218–219; 19 世纪 50 年代的各种澳大利亚宪法法案可在 https://www.foundingdocs.gov.au 找到。

48. Lang, *Freedom and Independence for the Golden Lands*, 218. 涵盖整个澳大利亚联邦的宪法由一个有 50 名代表出席的大会起草，直到 1901 年 1 月才推出。其中的第 127 条将"当地土著"排除在联邦之外。

49. Jeffrey Sissons, 'Heroic History and Chiefly Chapels in 19th Century Tahiti', *Oceania* 78 (2008), 320–331.

50. Ibid., 327; William Ellis, *Polynesian Researches during a Residence of Nearly Six Years in the South Sea Islands* (London, 2 vols., 1829), II, 386.

51. 有价值的背景信息参见 Douglas L. Oliver, *Ancient Tahitian Society* (Honolulu, 3 vols., 1974); Niels Gunson, 'Pomare II of Tahiti and Polynesian Imperialism', *Journal of Pacific History* 4 (1969), 65–82。

52. See, for instance, 'The Native King and our New Zealand Constitution', *The Times* (London), 16 November 1860; S. Cheyne, 'Act of Parliament or Royal Prerogative: James Stephen and the First New Zealand Constitution Bill', *New Zealand Journal of History* 21 (1990), 182–189.

53. 现在，普林斯顿大学以贝齐·斯托克顿之名字命名了一个花园，作为纪念。

54. Paul Landau, 'Language', in Norman Etherington (ed.), *Missions and Empire* (Oxford, 2009), 213.

55. Jonathan Y. Okamura, 'Aloha Kanaka Me Ke Aloha 'Aina: Local Culture and Society in Hawaii', *Amerasia Journal* 7 (1980), 119–137; Martin Daly, 'Another Agency in This Great Work: The Beginnings of Missionary Printing in Tonga', *Journal of Pacific History* 43 (2008), 367–374.

56. See D. F. McKenzie, *Bibliography and the Sociology of Texts* (Cambridge, 1999), 77–128.

57. *The United Service Magazine* (London, 1842), 611.

58. Ellis, *Polynesian Researches*, II, 10 and 124; Colin Newbury and Adam J. Darling, 'Te Hau Pahu Rahi: Pomare II and the Concept of Inter-island Government in Eastern Polynesia', *Journal of the Polynesian Society* 76 (1967), 498–499.

59. Ellis, *Polynesian Researches*, II, 178, 529.

60. Ibid., II, 393–96; *Select Reviews* (London, 1809), 417.

61. *The Christian Observer* 19 (London, 1820), 134.

62. Ellis, *Polynesian Researches*, II, 386.

63. Ibid., II, 455.

64. James Montgomery (ed.), *Journal of Voyages and Travels by the Rev. Daniel Tyerman and George Bennet, Esq.: Deputed from the London Missionary Society ... between the Years 1821 and 1829* (Boston, MA, 3 vols., 1832), II, 215.

65. Robert B. Nicolson, *The Pitcairners* (Honolulu, HI, 1997).

66. John Dunmore Lang, *View of the Origin and Migrations of the Polynesian Nation* (London, 1834), 100.

67. 还有更高的估计，参见 J. K. Laimana Jr, 'The Phenomenal Rise to Literacy in Hawaii: Hawaiian Society in the Early Nineteenth Century' (2011),

University of Hawaii MA dissertation。

68. 近几十年来，夏威夷历史研究重新焕发了活力，部分原因是夏威夷民族主义思想的复兴促进了对土著原始资料的探索与挖掘。我认为特别有价值的著作包括 Jonathan K. K. Osorio, *Dismembering Lāhui: A History of the Hawaiian Nation to 1887* (Honolulu, HI, 2002); Noenoe K. Silva, *The Power of the Steel-tipped Pen: Reconstructing Native Hawaiian Intellectual History* (Durham, NC, 2017); Lorenz Gonschor, *A Power in the World: The Hawaiian Kingdom in Oceania* (Honolulu, HI, 2019)。

69. See Merry, *Colonizing Hawai'i*; 修正意见参见 Chandos Culleen, 'The Hawaiian Constitution of 1840: Acquiescence to or Defiance of Euroamerican Pacific Colonialism' (2013), University of Arizona MA dissertation，这篇论文还提供了该宪法制定的详细情况。

70. Ralph Simpson Kuykendall, *The Hawaiian Kingdom* (Honolulu, 3 vols., 1938–1967), I, 159–161.

71. 感谢洛伦兹·贡肖尔博士提供这一信息。

72. https://www.hawaiination.org/constitution-1840.html.

73. Lorenz Gonschor, 'Law as a Tool of Oppression and Liberation: Institutional Histories and Perspectives on Political Independence' (2008), University of Hawaii at Manoa MA dissertation, 26–27.

74. Lydecker (ed.), *Roster Legislatures of Hawaii*, 6.

75. Jason Kapena, 'Ke Kumukānāwi o Ka Makahiki 1864: The 1864 Constitution', in *Journal of Hawaiian Language Sources* 2 (2003), 16–51; 这一阶段之前，白人（主要是美国人）对夏威夷政府的渗透，参见 Banner, *Possessing the Pacific*, 139。

76. 这一结局参见 Ralph S. Kuykendall, *The Hawaiian Kingdom, 1874–1893: The Kalākaua Dynasty* (Honolulu, HI, 1967)。

77. Gonschor, *A Power in the World*, 88–153.

78. 国王对亚洲兴趣的侧记，参见 Lorenz Gonschor and Louis Bousquet, 'a Showdown at Honolulu Harbor: Exploring Late 19th Century Hawaiian Politics through a Narrative Biography of Celso Cesare Moreno', *Journal of Narrative Politics* 3 (2017), 131–151。这位国王为了政治目的而进行的文化冒险，见 Stacy L. Kamehiro, *The Arts of Kingship: Hawaiian Art and National Culture of the Kalākaua Era* (Honolulu, HI, 2009)。

79. Kalākaua, as quoted in Donald Keene, *Emperor of Japan: Meiji and His World, 1852–1912* (New York, 2002), 347–348.

80. 关于他的最佳传记作品，也强调了他的生涯中航海和远洋的维度：Marie-Claire Bergère, *Sun Yat-sen*, Janet Lloyd (trans.) (Stanford, CA, 1998)。

81. Lorenz Gonschor, 'Revisiting the Hawaiian Influence on the Political Thought of Sun Yat-sen', *Journal of Pacific History* 52 (2017), 52–67.

第 7 章

1. 关于侯赛因漂泊的生涯及其复杂地位，参见 M'hamed Oualdi, *A Slave between Empires: A Transimperial History of North Africa* (New York, 2020)。

2. 关于这所军校与所在城市，参见 Kenneth Perkins, *A History of Modern Tunisia* (Cambridge, 2nd edn, 2014), 15–43。

3. Theresa Liane Womble, 'Early Constitutionalism in Tunisia, 1857–1864: Reform and Revolt' (1997), Princeton University PhD dissertation. 这部宪法的文本（法语）可在 www.legislation.tn/en/content/constitution-1959-and-previous-constitutions 找到。突尼斯已在此前通过 1857 年实施的《安全契约》（Ahd al-Aman）承认了更广泛的政治权利。

4. 我要感谢普林斯顿大学的乔舒亚·皮卡德提供这一信息。

5. Amos Perry, *Carthage and Tunis, Past and Present: In Two Parts* (Providence, RI, 1869), 207.

6. 感谢洛伦兹·贡肖尔博士提出这个建议。

7. 未出版的论文：M'hamed Oualdi, 'Are We Still Parts of the Same World? North Africans between 1860s Empires'。这场法国–突尼斯会面的精心仪式，被同时代的亚历山大·德贝尔的画作所纪念，这幅画现在在突尼斯。

8. 这一变革时期突尼斯出现的这幅画和其他政治性画作，参见 Ridha Moumni, *L'éveil d'une nation: l'art à l'aube de la Tunisie moderne (1837–1881)* (Milan, 2016) 制作的出色目录。

9. 这封信的英译文见于 Ra'īf Khūrī, *Modern Arab Thought: Channels of the French Revolution to the Arab East* (Princeton, NJ, 1983), 152–157。感谢

穆罕默德·瓦尔迪教授推荐这一文本，以及对本章的慷慨建议。

10. Ibid., 156. 佩里将这封信的副本交给了时任美国国务卿威廉·苏厄德，他本人也相信这个故事的真实性。

11. Ibid., 155; Perry, *Carthage and Tunis*, 207.

12. 在这一节中，我始终得益于 2015 年 10 月在普林斯顿大学召开的 'The Global 1860s' 大会上发表的诸论文。这一时期某些战争的全景研究参见 Michael Geyer and Charles Bright, 'Global Violence and Nationalizing Wars in Eurasia and America: The Geopolitics of War in the Mid-Nineteenth Century', *Comparative Studies in Society and History* 38 (1996), 619–657。

13. Thomas L. Whigham, *The Paraguayan War: Causes and Early Conduct* (Calgary, AB, 2nd edn, 2018); Geyer and Bright, 'Global Violence', 657.

14. Stephen R. Platt, *Autumn in the Heavenly Kingdom: China, the West, and the Epic Story of the Taiping Civil War* (New York, 2012).

15. Geoffrey Wawro, *The Franco-Prussian War: The German Conquest of France in 1870–1871* (Cambridge, 2003). 法国人和墨西哥国内的君主制野心可能比人们曾认为的更接近成功：参见 Erika Pani, 'Dreaming of a Mexican Empire: The Political Projects of the "Imperialistas" ', *Hispanic American Historical Review* 82 (2002), 1–31。

16. Guy Thomson, *The Birth of Modern Politics in Spain: Democracy, Association, and Revolution, 1854–1875* (New York, 2010).

17. Giuseppe Mazzini, 'Europe: its Condition and Prospects', reprinted in Sandi E. Cooper (ed.), *Five Views on European Peace* (New York, 1972), 443.

18. Leon Carl Brown, *The Tunisia of Ahmad Bey, 1837–1855* (Princeton, NJ, 1974), 303–310.

19. 关于这部撒丁宪法，参见 Horst Dippel (ed.), *Executive and Legislative Powers in the Constitutions of 1848–49* (Berlin, 1999), 129–162。Enrico Dal Lago, *The Age of Lincoln and Cavour: Comparative Perspectives on Nineteenth-century American and Italian Nation-building* (New York, 2015) 说明了这一时代多次冲突之间的联系。

20. 最新的一项研究参见 Natasha Wheatley, 'Law, Time, and Sovereignty in Central Europe: Imperial Constitutions, Historical Rights, and the Afterlives of Empire' (2016), Columbia University PhD dissertation。

21. See Sophie Gordon, *Shadow of War: Roger Fenton's Photographs of the*

Crimea, 1855 (London, 2017). 美国内战的照片在 Drew Gilpin Faust, *The Republic of Suffering: Death and the American Civil War* (New York, 2008) 中得到了细致的讨论。

22. David Nye, 'Shaping Communication Networks: Telegraph, Telephone, Computer', *Social Research* 64 (1997), 1073.

23. For example, Vanessa Ogle, *The Global Transformation of Time: 1870–1950* (Cambridge, MA, 2015).

24. Jay Sexton, 'William H. Seward in the World', *Journal of the Civil War Era* 4 (2014), 398–430.

25. 我要感谢普林斯顿大学的同事马修·卡普教授提供的这段引语，并感谢他对本章的大力帮助。

26. Olive Risley Seward (ed.), *William H. Seward's Travels around the World* (New York, 1873), 464, 481.

27. 19 世纪末，这一趋势在某些地区变得更加明显。参见 Marilyn Lake and Henry Reynolds, *Drawing the Global Colour Line: White Man's Countries and the International Challenge of Racial Equality* (Cambridge, 2008)。

28. Khayr al-Dīn Tūnisī, *The Surest Path: The Political Treatise of a Nineteenth-century Muslim Statesman*, Leon Carl Brown (trans. and intro.) (Cambridge, MA, 1967), 72–73; 关于这一时期的穆斯林旅行者，参见 Nile Green, 'Spacetime and the Muslim Journey West: Industrial Com-munications in the Making of the "Muslim World"', *American Historical Review* 118 (2013), 401–429。

29. Khayr al-Dīn Tūnisī, *The Surest Path*, 94, 110, 162–164.

30. Ibid., 110.

31. Lester J. Cappon (ed.), *The Adams–Jefferson Letters: The Complete Correspondence Between Thomas Jefferson and Abigail and John Adams* (Chapel Hill, NC, 1988), 571; 对这部宪法原意的不同解读参见 Sean Wilentz, *No Property in Man: Slavery and Antislavery at the Nation's Founding* (Cambridge, MA, 2018)。

32. Sven Beckert, *Empire of Cotton: A Global History* (New York, 2015), especially 199–273.

33. 例如，参见林肯 1854 年关于奴隶制如何剥夺"我们的共和国影响世界的榜样作用"的演讲: Stig Förster and Jörg Nagler(ed.), *On the Road*

to Total War: The American Civil War and the German Wars of Unification, 1861–1871 (Washington DC, 1997), 105。

34. Marshall L. DeRosa, *The Confederate Constitution of 1861: An Inquiry into American Constitutionalism* (Columbia, MI, 1991); 文本可在 www.avalon.law.yale.edu 找到。

35. Robert e. Bonner, *The Soldier's Pen: Firsthand Impressions of the Civil War* (New York, 2006), 46.

36. Matthew Karp, *This Vast Southern Empire: Slaveholders at the Helm of American Foreign Policy* (Cambridge, MA, 2016), 245.

37. *The Calcutta Review* 37 (1861), 161–193.

38. 关于南北战争之前的南方势力与变化，参见 Karp, *This Vast Southern Empire*, passim。

39. Förster and Nagler, *On the Road to Total War*, 174; Timothy J. Perri, 'The Economics of US Civil War Conscription', *American Law and Economics Review* 10 (2008), 427.

40. See https://www.archives.gov/publications/prologue/2017/winter/summer-of-1862.

41. 这一公告的文本可在美国国家档案馆网站上找到：https://www.archives.gov/exhibits/featureddocuments/emancipationproclamation/transcript.html。

42. Steven Hahn, *The Political Worlds of Slavery and Freedom* (Cambridge, MA, 2009), 55–114.

43. 关于黑人的这些和其他战前活动，参见即将出版的 Peter Wirzbicki, *Higher Laws: Black and White Transcendentalism and the Fight against Slavery* 第 5 章。

44. *The Weekly Anglo-African*, 11 November 1865.

45. Eric Foner, *The Fiery Trial: Abraham Lincoln and American Slavery* (New York, 2010), 330–331.

46. The classic account is Eric Foner, *Reconstruction: America's Unfinished Revolution, 1863–1877* (New York, 2014 edn); and see also *The Second Founding: How the Civil War and Reconstruction Remade the Constitution* (New York, 2019).

47. 但这不仅是因为华盛顿的严令，黑人和白人草根阶层的活动也在南方各州宪法的重构中起到了很大的作用。

48. 1867 年《毛利人代表法案》的历史，参见 https://nzhistory.govt.nz/politics/maori-and-the-vote。另一个事件也很重要：19 世纪 60 年代，英国政府与大约 540 位毛利酋长签订的《怀唐伊条约》开始被称为"毛利大宪章"，而不像以前那样只是被称为"新西兰大宪章"。这个条约仍然有很大争议。但这一名称变化的惊人之处，在于暗示毛利居民应该也可以拥有一部与《大宪章》类似的权利文件。感谢杰夫·肯普博士提供这一信息。

49. Richard Carwardine and Jay Sexton (eds.), *The Global Lincoln* (Oxford, 2011).

50. 对这段生活怀着同情的简介参见 Christopher Fyfe, 'Africanus Horton as a Constitution-maker', *Journal of Commonwealth and Comparative Politics* 26 (1988), 173–184；霍顿的出生地参见 Padraic Scanlan, *Freedom's Debtors: British Antislavery in Sierra Leone in the Age of Revolution* (London, 2017)。

51. Cited by E. A. Ayandele in his introduction to James Africanus Beale Horton, *Letters on the Political Condition of the Gold Coast* (London, 1866; 1970 edn), 13.

52. Ibid., 5–35.

53. James Africanus B. Horton, *West African Countries and Peoples, British and Native: With the Requirements Necessary for Establishing Self Government ... and a Vindication of the African Race* (London, 1868), 271–272.

54. James Ciment, *Another America: The Story of Liberia and the Former Slaves Who Ruled It* (New York, 2013). 1847 年利比里亚宪法文本可见于 http://crc.gov.lr/doc/CONSTITUTIONOF1847final.pdf。

55. Horton, *West African Countries and Peoples*, 16.

56. 'Circular introduction' in Horton, *Letters on the Political Condition of the Gold Coast*, vii.

57. Ibid., ii.

58. E. A. Ayandele, 'James Africanus Beale Horton, 1835–1883: Prophet of Modernization in West Africa', *African Historical Studies* 4 (1971), 696.

59. Fyfe, 'Africanus Horton as a Constitutionmaker', 176–177.

60. 关于布莱登和霍顿在此时更广泛的非洲"复兴"中的作用，参见 Meghan Vaughan, 'Africa and the Birth of the Modern World', *Transactions*

of the Royal Historical Society, sixth series, 16 (2006), 143–162。

61. John Stuart Mill, *Considerations on Representative Government* (London, 1861; Auckland, NZ, 2009 edn), 239.

62. Horton, *West African Countries and Peoples*, 193.

63. Horton, *Letters on the Political Condition of the Gold Coast*, 71; Fyfe,'Africanus Horton as a Constitution-maker', 179.

64. James Africanus Beale Horton, *Physical and Medical Climate and Meteorology of the West Coast of Africa* (London, 1867).

65. Horton, *West African Countries and People*, 19–20; Fyfe, 'Africanus Horton as a Constitution-maker', 176.

66. See Rebecca Shumway, 'From Atlantic Creoles to African Nationalists: Reflections on the Historiography of Nineteenth-Century Fanteland', *History in Africa* 42 (2015), 139–164; 其中一部芳蒂宪法见于 https://www.modernghana.com/news/123177/1/constitution-of-the-new-Fante-confederacy.html。

67. See https://www.modernghana.com/news/123177/1/constitution-of-the-new-Fante-confederacy.html.

68. Horton, *Letters on the Political Condition of the Gold Coast*, 167; Fyfe,'Africanus Horton as a Constitution-maker',180.

69. Perkins, *A History of Modern Tunisia*, 32–43.

70. 关于这些事件，参见 Foner, *Reconstruction*, and Richard M. Valelly, *The Two Reconstructions: The Struggle for Black Enfranchisement* (Chicago, IL, 2004), especially 121–148。

71. 专业总结参见 Jürgen Osterhammel, *The Transformation of the World: A Global History of the Nineteenth Century* (Princeton, NJ, 2014), 392–468。

72. 关于这一文本及其成因，参见 Aylin Koçunyan,*Negotiating the Ottoman Constitution, 1839–1876* (Leuven, 2018)。

73. Julia A. Clancy-Smith, 'Khayr al-Din al-Tunisi and a Mediterranean Community of Thought', in her *Mediterraneans: North Africa and Europe in an Age of Migration, c.1800–1900* (Berkeley, Ca, 2011), 331.

74. Quoted in Larry J. Griffin and Don H. Doyle (eds.), *The South as an American Problem* (Athens, GA, 1995), 115.

75. Vinay Lal cited in 'Interchange: The Global Lincoln', *Journal of American*

History 96 (2009), 472–473.

76. 关于霍顿的印刷资料以及他本人所作的手稿并未被充分挖掘利用，这些材料虽然很零散，但确实存在。最近从医学角度的重新评价参见 Jessica Howell, *Exploring Victorian Travel Literature: Disease, Race and Climate* (Edinburgh, 2014), 83–108。

第 8 章

1. 这一典礼及其组织，参见 Hidemasa Kokaze, 'The Political Space of Meiji 22 (1889): The Promulgation of the Constitution and the Birth of the Nation', *Japan Review* 23 (2011), 119–141。

2. Takamura Kōtarō, 'Kowtow (Promulgation of the Constitution)', quoted in Mikiko Hirayama, 'The Emperor's New Clothes: Japanese Visuality and Imperial Portrait Photography', *History of Photography* 33 (2009), 165.

3. *Commentaries on the Constitution of the Empire of Japan*, Miyoji Itō (trans.) (Tokyo, 1889), 2, 6–7; *The Times* (London), 21 February 1889.

4. 关于这些创作，参见 Kokaze, 'The Political Space of Meiji 22 (1889)', passim。

5. Carol Gluck, *Japans Modern Myths: Ideology in the Late Meiji Period* (Princeton, NJ, 1985), 43; 在为讽刺杂志《顿智协会杂志》所作的版画中，安达吟光打破了对这一事件的官方描述，将宪法颁布典礼上的天皇描绘成一具骷髅，这使他蹲了一年监狱。

6. Kokaze, 'The political Space of Meiji 22 (1889)', 129.

7. 关于这一时代的日本的卓越研究，参见 Andrew Gordon, *A Modern History of Japan: From Tokugawa Times to the Present* (Oxford, 4th edn, 2020)。

8. Edyta M. Bojanowska, *A World of Empires: The Russian Voyage of the Frigate* Pallada (Cambridge, MA, 2018); 普鲁士和德国对日本的野心参见 Erik Grimmer-Solem, *Learning Empire: Globalization and the German Quest for World Status, 1875–1919* (Cambridge, 2019), 79–118。

9. 此处我受益于普林斯顿大学的同事费德里科·马尔孔教授一篇未发表的论文 'The Meiji Restoration of 1868: The Contradictory Nature of a Global Event'，感谢他对本章提出的建议。

10. Gordon, *A Modern History of Japan*, 78–79.

11. Marcon, 'The Meiji Restoration of 1868'.

12. Fauziah Fathil, 'British Diplomatic Perceptions of Modernisation and Change in Early Meiji Japan, 1868–90' (2006), SOAS PhD dissertation, 133–137.

13. See James L. Huffman, *Creating a Public: People and Press in Meiji Japan* (Honolulu, HI, 1997); Nathan Shockey, *The Typographic Imagination: Reading and Writing in Japan's Age of Modern Print Media* (New York, 2019).

14. Richard Devine, 'The Way of the King: an Early Meiji Essay on Government', *Monumenta Nipponica* 34 (1979), 49–72.

15. Ibid., 67, 70.

16. 这一时期日本出现的一些更有贵族风格的方案在 George M. Beckmann, *The Making of the Meiji Constitution: The Oligarchs and the Constitutional Development of Japan, 1868–1891* (Lawrence, KS, 1957) 做了讨论。

17. Amin Ghadimi, 'The Federalist Papers of Ueki Emori: Liberalism and Empire in the Japanese Enlightenment', *Global Intellectual History* 2 (2017), 196 and passim.

18. Jennifer adam and Chris Shadforth, 'Curiosities from the Vaults: a Bank Miscellany', *Bank of England Quarterly Bulletin* (2014), 71–72; 当时这五个人身穿新买的西装、剪了新发型的照片参见 Hanako Murata, ' "The Choshu Five" in Scotland', *History of Photography* 27 (2003), 284–288。

19. Takii Kazuhiro, *Itō Hirobumi: Japan's First Prime Minister and Father of the Meiji Constitution*, Takechi Manabu (trans.) (London, 2014), 8 and passim. 一名伊藤崇拜者早期满怀感情的叙述，仍值得一读：Kaju Nakamura, *Prince Ito, The Man and Statesman: A Brief History of His Life* (New York, 1910)。

20. 参见伊藤在纽约与一名记者的熟练交流（1897 年 6 月 4 日在《密尔沃基日报》转载），主题是支持女性得到更高的教育，称赞她们在美国的地位。

21. 参见英国领事 1871 年 12 月的报告，见于 Fathil, 'British Diplomatic Perceptions of Modernisation and Change in Early Meiji Japan, 1868–90', 56。

22. Kume Kunitake (compiler), *The Iwakura Embassy, 1871–73: A True*

Account of the Ambassador Extraordinary & Plenipotentiary's Journey of Observation through the United States of America and Europe, Martin Collcutt et al. (trans.) (5 vols., Princeton, NJ, 2002), I, 219.

23. Quoted in Marius B. Jansen (ed.), *The Cambridge History of Japan Vol. 5: Nineteenth Century* (Cambridge, 1989), 464. 出于同样的原因，一些非裔美国人似乎也从这个使团和此前的日本访美使团中吸取了灵感，并从他们表现出的对种族隔离和白人固有势力的挑战中得到了鼓舞。See Natalia Doan, 'The 1860 Japanese Embassy and the Antebellum African American Press', *Historical Journal* 62 (2019), 997–1020。

24. Beckmann, *The Making of the Meiji Constitution* 从总体到具体，探讨了这一宪法的发展，仍然很有教益；另见 Junji Banno, *The Establishment of the Japanese Constitutional System*, J. A. A. Stockwin (trans.) (London, 1992)。

25. Kazuhiro, *Itō Hirobumi*, 218.

26. Ibid., 48–51, 71–73.

27. Peter van den Berg, 'Politics of Codification in Meiji Japan (1868–1912): Comparative Perspective of Position of Composition of Customary Law in Japanese Civil Code', *Osaka University Law Review* 65 (2018), 69–88.

28. 关于 19 世纪精英男性服装的这些变化，参见 C. A. Bayly, *The Birth of the Modern World, 1780–1914* (oxford, 2004), 12–17。

29. Quoted in Takii Kazuhiro, *The Meiji Constitution: The Japanese Experience of the West and the Shaping of the Modern State*, David Noble (trans.) (Tokyo, 2007), 55.

30. 关于井上及其思想的英语记述包括 Yoshimitsu Khan, 'Inoue Kowashi and the Dual Images of the Emperor of Japan', *Pacific Affairs* 71 (1998), 215–230；Joseph Pittau, 'Inoue Kowashi and the Formation of Modern Japan', *Monumenta Nipponica* 20 (1965), 253–282。

31. Devine, 'Way of the King', 53. 将此与伊藤博文自己在 1880 年的推论做一比较："如果我们没有决定国家的目标，那要用什么来阻止民心涣散。"参见 Beckmann, *The Making of the Meiji Constitution*, 135。

32. *Commentaries on the Constitution*, iii.

33. Ibid., 36.

34. Ibid., xi, 2.

35. 活跃于日本的主要德国活动家之一，参见 Johannes Siemes, *Hermann Roesler and the Making of the Meiji State* (Tokyo, 1968)。

36. 德国 1871 年宪法的英文版见 James Retallack, 'Forging an Empire: Bismarckian Germany (1866–1890)', https://ghdi.ghidc.org/section.cfm?section_id=10。

37. *Commentaries on the Constitution*, 24, 41.

38. 这种说法的最新版本参见 'After 150 years, Why does the Meiji Restoration Matter?', *The Economist*, 2 February 2018。

39. Grimmer-Solem, *Learning Empire*, 79–118. 感谢格里默尔-索利姆教授在德日关系方面的专业建议。

40. *Commentaries on the Constitution*, 7. 关于议会的条款见第 9、14、18、68、119 页。

41. Junji Banno, *Japan's Modern History, 1857–1937*, J. A. A. Stockwin (trans.) (London, 2016), 106–173; Hidemasa, 'The Political Space of Meiji 22 (1889)', 128.

42. *Commentaries on the Constitution*, 38–9, 54–55.

43. 伊藤的前私人秘书、日本国会贵族院议员金子坚太郎的文章，见 *The Century Illustrated Monthly Magazine* 46 (1904), 486。

44. Abraham Ascher, *The Revolution of 1905* (Stanford, CA, 2 vols., 1988–1992) 一书中有精彩的记述。

45. 正如历史学家村田雄二郎所言，"清朝最后十年的核心政治问题是宪法与国会"; see Joshua A. Fogel and Peter G. Zarrow (eds.), *Imagining the People: Chinese Intellectuals and the Concept of Citizenship, 1890–1920* (Armonk,NY, 1997), 131; see also Etu Zen Sun, 'The Chinese Constitutional Missions of 1905–1906', *Journal of Modern History* 24 (1952), 251–269。

46. 对"12 条命令"的新近评论见于 'Constitution: A Tool of Resistance Today as well as in Colonial Era', Newsd.in (4 February 2020), https://newsd.in/constitution-a-tool-of-resistance-to-day-as-well-as-in-colonial-era。

47. 关于《自治法案》及其背景，参见 Rohit De, 'Constitutional Antecedents', in Sujit Choudhry et al (eds.), *The Oxford Handbook of the Indian Constitution* (Oxford, 2016), 17–37。

48. See Cemil Aydin, *The Politics of Anti-Westernism in Asia: Visions of World Order in Pan-Islamic and Pan-Asian Thought* (New York, 2007).

49. Renée Worringer, 'Comparing Perceptions: Japan as Archetype for Ottoman Modernity, 1876–1918' (2001), University of Chicago PhD dissertation, 99.

50. 关于这部柔佛宪法，参见 Iza Hussin, 'Misreading and Mobility in Constitutional Texts: A Nineteenth Century Case', *Indiana Journal of Global Legal Studies* 21 (2014), 145–158。

51. J. Calvitt Clarke III, *Alliance of the Colored Peoples: Ethiopia and Japan before World War II* (Oxford, 2011).

52. Robert Devereux, *The First Ottoman Constitutional Period: A Study of the Midhat Constitution and Parliament* (Baltimore, MD, 1963), 90. 只有两家重要的伦敦报纸支持介绍 1876 年的奥斯曼宪法。

53. C. B. Roylance-Kent, 'The New Japanese Constitution', *MacMillan's Magazine* 10 (1894), 420.

54. Denis Twitchett et al (eds.), *The Cambridge History of China. Volume 11: Late Ch'ing, 1800–1911, Part Two* (Cambridge, 1980), 348, and see also 339–74 passim.

55. Worringer, 'Comparing perceptions', 289.

56. Kazuhiro, *Itō Hirobumi*, 88.

57. J. E. C. Hymans, 'Why Recognize? Explaining Victorian Britain's Decision to Recognize the Sovereignty of Imperial Japan', *Korean Journal of International Studies* 12 (2014), 49–78.

58. 关于这次冲突，参见 John W. Steinberg *et al* (eds.), *The Russo-Japanese War in Global Perspective: World War Zero* (Leiden, 2 vols., 2005–2007)。清王朝在军事上不仅需要与西方侵略者对抗，还要与亚洲侵略者抗衡，加上后来税负飙升，这是它转向立宪的时间较晚的原因之一。See Stephen R. Halsey, 'Money, Power, and the State: The Origins of the Military-Fiscal State in Modern China', *Journal of the Economic and Social History of the Orient* 56 (2013), 392–432.

59. Aydin, *The Politics of Anti-Westernism in Asia*, 73.

60. Steinberg et al (eds.), *The Russo-Japanese War in Global Perspective*, I, 612–613.

61. Worringer, 'Comparing Perceptions', 34, 95 n., 184.

62. Ibid., 290, 324, 369; see also Steinberg et al (eds.), *The Russo-Japanese War in Global Perspective*, I, 368–369.

63. Quoted in Worringer, 'Comparing Perceptions', 37.

64. Tiao Min Ch'ien, *China's New Constitution and International Problems* (Shanghai, 1918), 9.

65. Y. S. Kim, 'Russian and Japanese Diplomatic Responses on Interrogations Records of Ahn Junggeun', *Korea Journal* 55 (2015), 113–138.

66. Lord Selborne to the Secretary of State, 17 december 1918, British Library IOR Q/27/1, fols. 180–182.

结　语

1. 关于这次冲突的文献很多，从全球维度的出色研究参见 Robert Gerwarth and Erez Manela (eds.), *Empires at War: 1911–1923* (oxford, 2014); Hew Strachan, 'The First World War as a Global War', *First World War Studies*, I (2010), 3–14。

2. See David Omissi's *Indian Voices of the Great War: Soldiers' Letters, 1914–1918* (New York, 1999); Santanu Das, *India, Empire, and First World War Culture* (Cambridge, 2018).

3. 这是目前学者对威尔斯当时立场的总结: Fupeng Li, 'Becoming Policy: Cultural Translation of the Weimar Constitution in China (1919–1949)', *Journal of the Max Planck Institute of European Legal History* 27 (2019), 211。

4. 关于这一项目的诱惑力和某些局限，参见 Susan Pedersen, *The Guardians: The League of Nations and the Crisis of Empire* (oxford, 2015)。

5. H. G. 威尔斯在此书中的文章 'The League of Free Nations: Its Possible Constitution' 也发表在加拿大的 *Maclean's Magazine,* I April 1918，并由沃尔特·李普曼编订，发表在美国的 *The New Republic* 上。

6. H. B. Morse, 'The New Constitution of China', *Journal of Comparative Legislation and International Law*, I (1919), 183–195.

7. 新近的研究参见 Yesim Bayar, 'Constitution-writing, Nationalism and the Turkish Experience', *Nations and Nationalism* 22 (2016), 725–743。尽管宪法制定者都想要设计和宣告一种新的、现代的"土耳其特性"，但和其他许多宪法一样，1924 年的这部文本是东拼西凑的，从 1875 年的法国宪法和 1921 年的波兰"三月宪法"中特别借取了灵感。

8. 关于这些事件，参见 Charles Townshend, *Easter 1916: The Irish Rebellion* (London, 2015)；更广泛的反响与联系参见 Nrico Dal Lago, Róisin Healy and Gearóid Barry (eds.), *1916 in Global Context: An Anti-Imperial Moment* (Abingdon, 2018); Donal K. Coffey, *Constitutionalism in Ireland, 1932–1938: National, Commonwealth, and International Perspectives* (Cham, Switzerland, 2018)。

9. Rohit De, 'Constitutional antecedents', in Sujit Choudry, Madhav Khosla and Pratap Bhanu Mehta (eds.), *The Oxford Handbook of the Indian Constitution* (Oxford, 2016), 17–37.

10. See Rachel G. Hoffman's survey 'The Red Revolutionary Moment: Russia's Revolution and the World', in David Motadel (ed.), *Global Revolution: A History* (forthcoming).

11. Quoted in Geoff Eley, *Forging Democracy: The History of the Left in Europe, 1850–2000* (New York, 2002), 149. 1905 年列宁的传单《三种宪法或三种国家制度》可在网上找到。

12. George Papuashvili, 'The 1921 Constitution of the Democratic Republic of Georgia: Looking Back after Ninety Years', *European Public Law*, 18 (2012), 323–350.

13. E. V. Niemeyer, *Revolution at Querétaro: The Mexican Constitutional Convention of 1916–17* (austin, Texas, 1974).

14. German History in Documents and Images (GHDI) 提供了《魏玛宪法》的出色译本。

15. 这部文本和其他战后创造可见于 Howard Lee McBain and Lindsay Rogers, *The New Constitutions of Europe* (Garden City, New York, 1922)。

16. Samantha Lomb, *Stalin's Constitution: Soviet Participatory Politics and the Discussion of the 1936 Constitution* (London, 2018).

17. *Grenada Federalist*, 27 October 1915.

18. See, for instance, Daniel T. Rodger, *Atlantic Crossings: Social Politics in a Progressive Age* (Cambridge, MA, 1998).

19. Quoted in Neil S. Siegel, 'Why the Nineteenth Amendment Matters Today: A Guide for the Centennial', *Duke Journal of Gender Law & Policy* 27 (2020), 10.

20. 一份富有启发性的描述，展现了 20 世纪民族国家创建的接连高潮，参见 Andreas Wimmer and Brian Min, 'From Empire to Nation State: Explaining Wars in the Modern World, 1816–2001', *American Sociological Review*, 71 (2006), 872。

21. David Armitage, *Civil Wars: A History in Ideas* (New York, 2017), 5.

22. Lawrence W. Beer (ed.), *Constitutional Systems in Late Twentieth Century Asia* (Seattle, 1992), 4.

23. 这一信息来自伊恩·沃茨博士所做的研究。

24. Benedict Anderson, *Imagined Communities: Reflections on the Origin and Spread of Nationalism* (London, revised edn, 1991), 67.

25. 参见 Arthur J. Stansbury, *Elementary Catechism on the Constitution of the United States for the Use of Schools* (Boston, MA, 1828) 一书开头的哀叹。

26. Harshan Kumarasingham, 'Written Differently: A Survey of Commonwealth Constitutional History in the Age of Decolonization', *Journal of Imperial and Commonwealth History* 46 (2018), 874–908.

27. 关于这些报告，可访问 https://freedomhouse.org/countries/freedom-world/scores。

28. Quoted in David N. Mayer, *The Constitutional Thought of Thomas Jefferson* (Charlottesville, VA, 1994), 128.

致　谢

　　任何着手写作一本全球史著作的人必然会欠下各种各样的"债务"。计划和撰写本书的十年中，我一直得到普林斯顿大学同事们的支持，特别要感谢戴维·贝尔、迈克尔·布拉克曼、法拉·达博伊瓦拉、雅各布·德拉米尼、雅各布·德威克、谢尔顿·加龙、亨德里克·哈尔托赫、迈克尔·拉芬、亚伊尔·明茨克、苏珊·纳坎、菲利普·诺德、吉安·普拉克什、吉姆·拉内·舍佩勒和温迪·沃伦，他们每个人都回答了有关世界不同地区的问题，并提供了宝贵的见解。此外，承蒙杰里米·阿德尔曼、马修·卡普、费德里科·马尔孔、穆罕默德·瓦尔迪、叶卡捷琳娜·普拉维洛娃、丹尼尔·罗杰斯、罗伯特·狄格诺和肖恩·威伦茨阅读了本书手稿并提出了批评意见。哥伦比亚大学的埃里克·福纳在这方面也慷慨地做了大量的贡献。谢尔比·卡洛姆·戴维斯历史研究中心和普林斯顿的法律与公共事务计划一直是本书的灵感和信息宝库。

　　还要感谢一系列全球史业内人士。我最初通过耶鲁大学的保罗·肯尼迪和史景迁的介绍，以及与大西洋彼岸的约翰·埃利奥特的交流中，学到了全球史这种对过去历史的多样化思维及写作方法。从那以后，我从与以下人士的交流中获益良多：戴维·阿米蒂奇、詹姆斯·贝利奇、克里斯·贝利（已故）、塞巴斯蒂安·康拉德、约翰·达尔文、娜塔莉·泽蒙·戴维斯、安德烈斯·埃克特、羽田正、托尼·霍普金斯、马雅·亚沙诺夫（他慷慨地阅读了本书的草稿）、拉纳·米特、帕特里克·奥布莱恩、于尔根·奥斯特哈梅尔、艾玛·罗斯柴尔德和桑贾伊·苏布拉马尼亚姆。从会议和研讨会中得到的反馈也很多，无法一一列出，对此我深表感激。

以这种方式写一本历史书籍，所要面对的挑战和乐趣之一是，你别无选择，只能踏入其他人的专业领域。布鲁斯·阿克曼、约翰·艾利森、理查德·戈登、丹尼尔·许尔泽布施、哈桑·库马拉欣厄姆以及已故的安东尼·莱斯特帮助我更刻苦地思考法律、宪法、权力的问题。我还想特别感谢杰里米·布莱克、迈克尔·布罗尔斯、罗希特·德、丽贝卡·厄尔、安东尼奥·费罗斯、基兰·哈泽德、彼得·霍尔奎斯特、卡罗尔·格鲁克、洛伦兹·贡肖尔、扬·扬森、斯万特·林德奎斯特、阿尔约·马可、爱德华多·波萨达-卡尔博、玛丽-克里斯汀·斯昆克、伦敦大学边沁项目以及许多与我谈论过明治宪法的东京大学同行，感谢他们的友好与专业知识。

在写作本书的不同阶段，我得益于在帕萨迪纳的亨廷顿图书馆、纽约公共图书馆卡尔曼学者与作家中心、新西兰奥克兰大学的伙伴关系与逗留时期，应比约恩·维特罗克之邀在出色的乌普萨拉瑞典高级研究社团度过的一年也是如此。由于多萝西·戈德曼的慷慨与热心，我也从古根海姆宪法研究基金那里得到了巨大的帮助。

由于著书需要经历许多阶段，要感谢的人也越来越多。多年以来，许多本科生和研究生都帮助我发展和精炼了思想。特别要提到查理·阿尔贡、玛莎·格罗波、杰基卡·伊斯拉埃尔松、塞缪尔·拉泽维茨、马修·麦克唐纳、费利斯·费西奥、汤姆·托尔和伊恩·沃茨，他们在不同时期协助了我的研究与翻译工作。哈佛大学研究员学会的帕里斯·斯皮斯-甘斯再次证明，他是一位卓越的图像研究者；约瑟夫·普赫纳、杰里米·兆和盖伊·沃勒巧妙而认真地校正了我的证据材料。

和往常一样，我的文稿经纪人——纽约的迈克尔·卡莱尔和伦敦的娜塔莎·费尔韦瑟——提出了明智、支持、专业的建议。我还很幸运地遇到了很好的出版人。普罗菲尔图书公司的安德鲁·富兰克林和 W. W. 诺顿 / 利弗莱特公司的罗伯特·韦尔都是优秀的编辑，他们知道何时介入，何时放手。在本书的出版过程中，他们也展现出罕见和必要的耐心。我由衷感谢他们，同时也要感谢科迪莉亚·卡尔弗特、彭妮·丹尼尔、莎莉·霍洛威、加布里埃尔·卡丘克、彼得·米勒、瓦伦蒂娜·赞卡和其他许多为本书投入时间、精力、技巧、想象力的人。

最后，显然我要尤其感谢戴维·康纳丁不懈的鼓励、启发与支持。不过，他一直是这么做的。

琳达·科利

新泽西州普林斯顿，2020 年

出版后记

现代时期是一个风起云涌的时代，世界经历了流血战争和变革，走向现代化。这一时期，在生产力方面，发生了工业革命，创造了工厂和蒸汽动力的火车、轮船；在政治方面，开启了民主化进程，普通大众逐渐争取自身权利；在社会生活方面，经历了平民化进程，越来越多平民受教育，能读写，享用文明成果。

这一过程复杂而曲折。而本书从战争和成文印刷法律这种特殊的视角出发，考察了不同国家的这一过程。生产力的发展，使现代战争规模更大，对政治法律产生重大影响。七年战争从欧洲蔓延到美洲，欧洲多国卷入其中，军事和财政压力促发了政治让步，推动了立法和权利发展。拿破仑战争则打击了欧洲多国的旧制度，为成文印刷法律创造实验机会。军事和财政压力也激化了英国与北美殖民地的矛盾，推动了美国独立；在战争威胁仍存的背景下，美国宪法诞生；之后美国因奴隶制问题引发内战，最终重塑了美国宪法。

欧洲之外的国家也受到欧洲战争和法律的影响。轮船和火车加速了不同大陆之间的交流，放大了战争的影响。而印刷术便利了法律文本的广泛传播，影响了民众的政治观念。海地受美国独立和法国大革命的影响，反对奴隶制，争取独立，颁布自己的宪法。日本迫于欧美列强的扩张压力，开启明治维新，颁行明治宪法，以新的法律制度推动国家现代化。

值得注意的是，成文印刷法律确认和巩固了政治现代化的成果，又会成为排斥的工具。在欧洲多国，成文印刷法律规定了普通男性的公民权，同时固化了妇女无参政权利的事实。美国宪法中，黑人没有与白人平等的权利，埋下了内战的种子。而在西方各国的殖民地，成文印刷法律成了确认殖民占领、排斥土著居民的手段。

成文印刷法律作为政治工具，体现了现代化进程的曲折。它可能并不完美，但它留下了变革的可能和依据，而实际的变革，需要实际的人争取和推动。

服务热线：133-6631-2326　188-1142-1266

服务信箱：reader@hinabook.com

后浪出版公司

2023 年 10 月

图书在版编目（CIP）数据

战争、法律与现代世界的形成 /（英）琳达·科利著;
姚军译. -- 北京 : 民主与建设出版社, 2024.5（2024.6重印）
书名原文: The Gun, The Ship and The pen
ISBN 978-7-5139-4544-8

Ⅰ.①战… Ⅱ.①琳…②姚… Ⅲ.①国际政治—研
究 Ⅳ.①D5

中国国家版本馆CIP数据核字（2024）第057919号

The Gun, the Ship and the Pen: Warfare, Constitutions and the Making of the Modern World
by Linda Colley
Copyright © Linda Colley, 2021
This edition arranged with Rogers, Coleridge & White Ltd (RCW)
Through Big Apple Agency, Inc., Labuan, Malaysia.
Simplified Chinese edition copyright © 2024 by Ginkgo (Shanghai) Book Co., Ltd.
All rights reserved.

本书简体中文版由银杏树下（上海）图书有限责任公司出版。

版权登记号：01-2024-1103

战争、法律与现代世界的形成
ZHANZHENG FALÜ YU XIANDAI SHIJIE DE XINGCHENG

著　　者	[英]琳达·科利		
译　　者	姚　军		
出版统筹	吴兴元	责任编辑	王　颂
特约编辑	曹　磊	营销推广	ONEBOOK
封面设计	许晋维		
出版发行	民主与建设出版社有限责任公司		
电　　话	（010）59417749　59419778		
社　　址	北京市海淀区西三环中路 10 号望海楼 E 座 7 层		
邮　　编	100142		
印　　刷	北京盛通印刷股份有限公司		
版　　次	2024 年 5 月第 1 版		
印　　次	2024 年 6 月第 2 次印刷		
开　　本	880 毫米 ×1194 毫米　1/32		
印　　张	13.5		
字　　数	302 千字		
书　　号	ISBN 978-7-5139-4544-8		
定　　价	92.00 元		

注：如有印、装质量问题，请与出版社联系。